鲁迅

人间鲁迅

林贤治 著

人民文学出版社

下

十　孤岛上

在权力和金钱的包围中间,他抗拒、守望成孤岛。

而涛声在远方……

已逝的岁月未必不堪回首。在海边,他默默地为自己建造一座坟:既是埋葬,也是保存。

埋葬和保存都因为期待。

77　印象:有费而失了生活

到了厦大的头一个晚上,鲁迅就住进了生物学院三楼靠海的第一间房子。在一处的人,大抵面笑心不笑,无话可谈,只有天风海涛的啸声,日夜不绝于耳。

真是寂寞透了!

次日是星期天,在林语堂家里吃过午饭,就一个人沿着海滨,慢慢地走,慢慢地拾贝壳。大海使他感觉亲近,亲近得遥远。少年,青年,许许多多往事都同大海相关联。看贝壳已经盈掬,而往事却不堪捡拾了,其实即时的自己不就是一枚被大波遗弃在荒滩的介类吗?

一连几天都到海边去,偶尔,也在丛葬间散步。真弄不清楚,到底是逃避寂寞呢,还是寻找寂寞?

离他的住所不远处,有郑成功修筑的一道城墙。听说,城脚的沙,被人盗运到对面的鼓浪屿去卖,快要危及城基了。一天清早,他望见许多小船,吃水很重,都张着帆驶往鼓浪屿。想到是那些卖沙的同胞,他的心,就像眼下潮打的空城一般……

人们有谁记得往日的英雄和烈士呢……

身处海角,整个人都变得特别地孤独起来。

本来,在这样风景佳丽的地方,要是换了别样的文士,或许恰是消闲的好去处。他可不行,一旦感觉孤寂时,连学生宿舍中的京调及胡琴声,听起来也要为之窒息。太不随俗了。

然而,名人一样有身不由己的时候。即使像蚕蛾一样,用茧子把自己封闭起来,仍然不可回避外界的干扰。

厦门是一个荒岛。新文化运动的兴起已经有了近十年的时光,像厦门大学这样的高等学府,读的还是《礼记》、《大学》之类,写的也是文言文,时代的季风几乎一点也吹不进来。在群贤楼大礼堂开会或观剧,男女各坐一边,河界清清楚楚。有一个男学生给班上的女同学写信,要是在北大根本算不了什么,在这里却闹得满城风雨。只有少数几个文科学生,会暗暗传阅《小说月报》和《语丝》等新刊物。他们从中熟悉鲁迅等作家的名字,知道鲁迅要来厦大了,都十分雀跃,好像学校顿然变得光辉了许多。

到校的第五天,一个叫俞荻的学生访问了鲁迅。

小人物大抵是胆怯的。他见鲁迅在房内整理书籍,便在门旁站定,不敢惊扰;许久,才轻轻地叫一声:"鲁迅先生!"

鲁迅发现了他,立即微笑着让进屋内,生怕怠慢了年轻的客人。所有事前的顾虑都一下子忘掉了,眼前,一双历尽沧桑的眼睛,使他感到特别的慈爱和亲切。

俞荻告诉鲁迅,几年来自己怎样喜欢读他的作品,接着谈到厦大的现状,以及对厦大的未来的希望。大约鲁迅是初次接触到这里的尊孔复古的情况,听说学生还得"之乎者也"地弄文章,他感到很惊奇,幽默地笑了一笑,说:"是这样的吗?应该改变一下。"

过了不久,俞荻又同采石、梅川、卓治等同学一起来访。在鲁迅的指导下,青年学生组织起了两个文学社:"泱泱社"和"鼓浪社"。它们分别创办了《波艇》月刊和《鼓浪》周刊,两个刊物,都请鲁迅负担审稿和改稿工作。

他有师大旧学生三人,都是国文系毕业的,现在在厦门的中学里任教。一天,他们邀他到南普陀午餐,对他的南下表示欢迎。座中作陪的,还有林语堂、沈兼士和孙伏园。

这次聚会,师生间谈了许多:五四运动,民主与科学,舆论的先驱作用,读经与白话运动,等等。往日的学生走出了社会,犹能保持改革的锐气,不满于文化界的萎靡停滞的现状,渴求把白话文推广到民众中去,主张旗帜鲜明地反对复古派,都是极其难得的。鲁迅感觉到,他们在当地相当孤立,希望有强大的援军。可是,自己目前的状态,不是很叫学生失望吗?

还是趁呆在厦门的机会,尽可能地为他们做点什么吧!

一个人很难逃脱环境的支配。如果环境与个人的愿望相违,纵使竭尽努力,结果往往还是以失败告终。

9月20日,学校开学了。

鲁迅原来准备开设三门课程:一、声韵文字训诂专书研究;二、小说选及小说史;三、文学史纲要。因为无人选修专书研究,便剩下每周各两小时的文学史和小说史了。林语堂很希望他能多讲,在他也情不可却,如教授文学史,只要看看这里旧有的讲义和别人的办法,随便讲讲便够了,然而他还是想认真地编一编,功罪在所不计。

仅仅为了一个朋友的好意也值得这样,他想。

愿望是一回事,现实又是一回事。厦大的全盘的结构,其虚浮与混乱,令人寒心。

首先,厦大给他的印象,就是硬将一排洋房,摆在荒岛的海边,像他后来写信给章廷谦说的那样。四面都是荒滩,无屋可租,宿舍也只容四百人,即使有人要来,也无处可住。学校当局说要本校发达,还不是梦想吗？他怀疑早先就没有计划,甚至根本没有人认真考虑过,所以至今仍然散漫得可以。同来的教授讲师,全都被搁在作陈列室的大洋楼上,居无定所。虽然听说现在正在赶造教员的宿舍,但何时建成,谁也不敢预料。

他自己所住的地方距课室不远,如果上课,必须走九十六级的石阶,来回就是一百九十二级了。他幽默地告诉朋友说,简直是"收拾光棍"。住在这里,喝开水也很不容易,不过他改变了策略,抽烟而少喝茶,也就勉强可以做到与环境相适应了。

教科的课时本来不算多,但加在身上的别的工作却太繁:本校季刊的作文,本院季刊的作文,指导研究员,诸如此类,实在很够做的了。学校当局又急于事功,问履历,问著作,问计划,问年底有什么成绩发表,使他看得心烦。他曾经希望,将先前所集成的《汉画像考》和《古小说钩沉》印出,因为看这类书的人一定很少,折本无疑,自己是印不起的,惟有有钱的学校才合适,但是到了这里以后,看过情形,只得将印《汉画像考》的想法取消了。即使单是拿出去一本《古小说钩沉》,他们也未必给出版的,他想。

在国学院里的顾颉刚,虽是《语丝》的同人,却是胡适的信徒。另外还有两三个人,凭感觉,似乎也都是顾颉刚推荐的,大同小异而更浅薄,语言无味不足算,夜间还唱留声机,咿呀呀的梅兰芳之类,那是足够讨厌的。惟一的方法是少说话,不过这也太苦了。

此外,有一种很特异的现象,就是这里的人很欺生,因为是闽南,所以把他和南来的教员称为"北人"。被称作"北人"者,在他还是第一次。

语言不通,消息闭塞,加以饭菜之坏,虫类之多,都无处不在提示:此地不可居!

三周以后,他迁居到号称集美楼的一个四无邻居的大房间里去。一来离开了周围的那些无聊人,不必一同吃饭,听些无聊话,二来到平地走扶梯二十四级,比原先要少七十二级,这就很值得庆幸的了。

可是，换一处居所就可以叫人兴奋起来吗？

搬房的当天，就有两件事令他气愤难耐。其一是房间里无一件器具，向办公室要罢，襄理黄坚故意刁难，要他开账签名。小小襄理的位置，直如明朝的太监，可以倚仗权势，胡作非为。他平日便看不起黄坚，遇到这事情，不禁大发其怒。怒气发过以后，器具便有了，又添了一张躺椅，且由总务长亲自监督搬来。还有一件，足见校方用钱的悭吝。因为房中有两只电灯，电机匠便来取走其中的一只，其实对于一个教员，多少一只灯泡又何必如此计较呢？灯泡宝贝似的被拿走以后，连电路也忘了关闭，直到由自己发现了把人叫回来，才给粗率地关上，真是麻木到了万分。

为了抚慰远方的恋人，他在迁居的当晚写信道："今天晚上，心就安静得多了。"像他这样一个备受刺激，且又容易激动的人，实在没有安定的可能。虽然时有学生来谈，涓涓情谊，又如何浇得透心灵深处的大寂寞？

一年后，当他回忆起居处楼上的这段日子，字里行间犹有一股逼人的冷气：

……夜九时后，一切星散，一所很大的洋楼里，除我以外，没有别人。我沉静下去了。寂静浓到如酒，令人微醺。望后窗外骨立的乱山中许多白点，是丛冢；一粒深黄色火，是南普陀寺的琉璃灯。前面则海天微茫，黑絮一般的夜色简直似乎要扑到心坎里。我靠了石栏远眺，听得自己的心音，四远还仿佛有无量悲哀，苦恼，零落，死灭，都杂入这寂静中，使它变成药酒，加色，加味，加香……

在这样的境遇里，许寿裳还得让他谋职，他有什么办法呢？到厦大的第四天，他就很失望地告诉许寿裳说："今稍观察，知与我辈所推测者甚为悬殊。"及至一个月后，他又说："为求生活之费，仆仆奔波，在北京固无费，尚有生活，今乃有费而失了生活，亦殊无聊。"对于在京时的教学生涯，尤其是在女师大中的紧张战斗的日子，是很可使他怀恋的。所以，几乎在同一时候，他给许广平的信中重复了同样感慨的话："我想，一个人要生活必须有生活费,人生劳劳,大抵为此。但是,有生活而无'费',固然痛苦;在此地则似乎有'费'而没有了生活,更使人没有趣味了。"

生活,是何等地吸引人又折磨人的事情呵!

原来他打算同许广平分头单干两年的,现在,他已经明显地感觉打熬不下去了,于是决定改变计划:一年!至多敷衍一年!

78 《坟》

北伐战争以意想不到的速度向前推进。

7月,国民革命军分三路从广东出发,主攻目标是直系军阀吴佩孚。前锋于7月11日攻克湖南首府长沙,8月占领平江和岳阳,10月10日夺取了整个武汉。短短三个月内,革命战争的烈焰遍及长江流域,吴佩孚的主力已被击溃,一个全新的军事政治格局开始形成。

正当北伐革命军攻下汉口,包围武昌的时候,鲁迅来到厦大。在沉寂的生活中间,这个消息恐怕是惟一可以给他鼓舞的了。9月14日,他写信告诉许广平说:"此地北伐消息也甚多,极快人意。"此后,还经常不断地传递着有关这方面的传闻。

这时,厦门市区的阔人纷纷搬进号称"万国公地"的鼓浪屿里来,因为他们以为革命军一来,马上就要"共产"了。这种气氛,使鲁迅自然回忆起民元的日子。多少梦想,都因为革命的成功而告破灭了,但愿眼前发生的一切不复成为虚幻!

南方人的精神状态,加强了他对中国革命的信心。双十节的一天,看国旗在庄严的仪式和万岁的呼声中徐徐升起,他的灵魂也随之猎猎高扬起来。在校内,有演说,运动,放鞭炮,所有的活动都充满活力,使他欢喜非常。厦门市上也很热闹,商民都自动地挂旗结彩庆贺,不像北京那样,要等官方的盼咐,才迟迟挂出一张污秽的五色旗来。北京的人,似乎是厌恶有这样的一天似的,沉沉如死。这里人民的思想则很不同,在他看来,实质上是属于国民党一边的,并不老旧,所以双十节才过得像一个节日。他听北京过年的鞭炮听厌了,乃至对鞭炮也产生了恶感,奇怪的是,这回竟觉得实在有点好听。

广州方面如何呢?

许广平刚刚带领学生游行回来,便写信告诉鲁迅说,那边的人民是冒雨庆祝的,到处舞狮助兴,锣鼓喧天,商人燃放大炮竹,比较北京只挂一面国旗是热闹得多了。而且在那里,五色旗已被取消,国旗代以一色的青天白日,气象是很可快慰的。

对于鲁迅,北伐战争是他与中国社会的最富有生机的联系,是他自五卅运动高扬起来的政治意识在新时期中的衔接点。因此,纵使远离了斗争的环境,甚至不时感觉到无可诉语的寂寥,他仍然能够从整体上保持一种饱满的状态。他对"学者只讲学问,不问派别"一类论调最反感,当政治问题足够构成影响中国国民命运的最迫切的问题时,为什么要回避呢?他以为,在这时候标榜所谓的"超脱"只能是知识分子的虚伪和耻辱。难道研究造炮的学者,将不问是蒋介石,是吴佩孚,都一律为之造吗?回答是否定的。在他看来,国民革命军总司令蒋介石与军阀吴佩孚分别是中国的革命和反动势力的代表,是完全对立的两极。

事实上,集党政军大权于一身的蒋介石正在悄悄地培植个人势力,等待机会给中国革命以毁灭性的打击。居漫天幕中,鲁迅当然难以识辨,即使已经知道在国民党内部也有不同的派别。

要对一个人做出准确的判断不是容易的。尤其是中国式的政客,由于几千年频繁的权力斗争的经验而被培养得格外阴柔。热情和轻信不是错误。反革命的得计,只是因为伪装得太好了,何况时势总是在掩护他们!

但不管怎样,北伐战争仍在进行……

11月11日,鲁迅接到广州中山大学的聘书。

广州,是他神往的地方,不仅因为那里有他的"害马"。但是,机会来到以后,他竟迟疑着不敢决定了。

本来他早就有了离职之意,而且有过想到广州,联络投奔革命的创造社,进一步打击研究系的"野心"的,他所以彷徨无计者,为人,就只怕自己一走,林语堂要立刻被攻击。从北京到厦门不过两个月,无论是校方的聘书还是私人的合同,期限都还未满。想到林语堂在校做事的勤勉和对故乡的热心,他就感到歉疚。对于自己的南来,他知道林语堂是颇费周折,而且期许甚高的;到来以后,一家人也颇为自己的生活操心。前些时候被黄坚的举动所激怒,他曾一度辞去研究教授的兼职,因为听说林语堂为此一度睡不着觉,这才将辞意取消。而今,难道就可以绝裾径去了?

学生对自己的感情尤其好,到课堂里听讲的人数最多,不但是国文系的全部,而且还包括英文和教育系的。惟恐在这里住不惯,有几个本地的学生甚至星期天也不回家,预备自己会到市上去玩,他们好一块陪去作翻译。这样,怎么能走呢?每想起这些就使他感到不安。大事情他可以应付裕如,可诧异的是,却能为这样的小问题所牵引。

至于在自己这一面,所虑的是功课太多,倘使孙伏园也到了广州办副刊,做文章一定也万不可免。这时,他已经确信教书与作文是势不两立的了,况且,受了高长虹的打击,他便决计不再被人利用来做工具。根据孙伏园亲历的和报上披露的情况看,广州的局面好像也有点可虑,如果政府移至武昌,熟人随之离粤,则不但不能实行自己已有的大计划,恐怕连经济来源也将成了问题。更何况,自己根本不是搞行政方面的材料,治校行吗?

此间,许广平的去向,成了一个带决定性的因素。

回到母校以后,她被校长廖冰筼聘为训育主任兼舍监,负责学生的思想和管理工作。鉴于环境的复杂性,她没有公开国民党党员的身份,却致力于孙中山的三民主义教育,开展同右派学生的斗争。学校的学生会为右派所把持,在未经校方许可的情况下,曾单方面推选参加广州学联的代表,从而引起纠纷。为此,许广平同左派的校长和教职员一起进行坚决抵制,开除了两名反动骨干分子。"树的派"于是纠集起来散发传单,扬言罢课,要挟校方收回成命。他们直呼校长为"反革命",发出画有短剑和手枪的恐吓信;对于许广平,也同样抱着敌视的态度,背后骂她是"共产党走狗"。考虑到校长的软弱和改革无望,她决定离校。

这时,适值有人介绍她到汕头做妇女部长,她便将情况告诉了鲁迅,虽然行止未定,毕竟表态说"以去汕成分为多"。

鲁迅感到很为难。倘使"害马"真的他去,那么虽到广州,又与在厦门何异呢?

如果留下来,就等于下决心继续忍受各方面的压力,物质的,精神的。对于敏感的鲁迅来说,这不是容易做到的事情。

他给章廷谦去信说:"至于学校,则难言之矣。北京如大沟,厦门则小沟也,大沟污浊,小沟独干净乎哉?既有鲁迅,亦有陈源。"相当多的教授,惟校长的喜怒是瞻,妒别科之出风头,中伤挑眼,攻击排挤,正不下于北京。据鲁迅的观察,顾颉刚是反对国民党的。他自称只佩服胡适、陈源两个人,俨然学者,不问外事而专一看书,其实都是假象。单是他所安排的羽翼,就有七人之多,而且携眷而来,大有江山永固之概。最可恶的黄坚,便是他所荐引,他说鲁迅是"名士派",散布不少不利于鲁迅的流言,鲁迅是知道的。初来厦大时,他曾经在林语堂面前反对章廷谦来校任教,但写信给章廷谦时,却又说"事已办妥了",这种虚伪圆滑,专用手段的做法尤为鲁迅所不满,鲁迅知道,他无非是害怕章廷谦与自己相亲近会危及他的地位,所以才极力加以排挤罢了。

既然不想在这里挣帝王万世之业,本来这一切都尽可以一笑置之,然而他总是放不下,有时候想起来颇气愤。他向许广平吐露说:"我是不与此辈共事的,否则,何必到厦门。"他有一种天生的洁癖。

北京是官地,厦门是商地,厦大当局则既官且商。校长是尊孔的,但又很看重金钱,因为在教授们的身上投资不少,便汲汲乎要收获些经济实效。林语堂窥知此隐,所以极力张罗,以国学院的名义开了一个古物展览会。

开会之前,沈兼士要鲁迅将所藏的碑碣拓片拿去陈列。他答应了。房子里只有一张小书桌和小方桌,他见摆不下那么些古董,便伏着身子,把它们摊在地面上慢慢选出。待拿到会场时,除了孙伏园自告奋勇帮助陈列之外,再没有第二个人。这样,师生俩只好一起穷忙,高处还得在桌上加放椅子,由鲁迅亲自站上去。弄到中途,黄坚竟然硬把孙伏园叫去了。沈兼士看不过去,便跑过来帮忙,因为喝了一点酒,跳上跳下,连累晚上大吐了一通⋯⋯

许广平知道了这情况,揶揄他说:"一点泥人,一些石刻拓片,就可以说开展览会吗?好笑⋯⋯"

"你以为可笑吗?还有可笑的呢。"鲁迅回信时,果然又说了些展览会上的乌七八糟的情形:国学院考古导师陈万里将他所拍的几张古壁画照片陈列起来,说是与"考古"有关,此外还有牡丹花,北京夜景,刮风和苇子之类。莫名其妙,然而谁也不觉得可笑。还有国学院从商科借的一套历代古钱,大半是假的。鲁迅主张不陈列,没有通过,便又建议标明"古钱标本",也不见实行。后来如何呢?结果是看这假古钱的人最多!

总之没有办法,留在厦大就得吃些这样大大小小的苦头。

不久,还遭遇了两位名人:一个是到南普陀寺讲经的太虚和尚,一个是到厦门演说的马寅初博士。对于他们,厦门大学是极备欢迎的。不料,鲁迅上午在信里说了佛教青年会欢迎太虚的笑话,下午便收到了公宴太虚的请柬。

他决计不去,厦大的职员硬要拉他,说要是不去将影响到学校的声誉。他一时窘极,根本没有想到个人的行动会如此涉及全体,只得穿一件蓝洋布大衫赴宴去了。

入席时,要他同太虚一起并排上座,他坚决推辞,换了一个哲学教员供上去。在宴会上,太虚并不专讲佛理,却多说些世俗的事情,而作陪的教员偏偏好问佛法。还有许多看热闹的乡村妇女,听说太虚是得道和尚,结果跪下来大磕其头,得意之状可掬。识字与不识字的,都一样愚不可及,使鲁迅从旁看了不免要感到悲哀。

对于中国银行总长马寅初,厦大所有来自北大的教授列队欢迎,只有鲁迅一个人没有参加。

他告诉许广平:"我固然是'北大同人'之一,也非不知银行之可以发财,然而于'铜子换毛钱,毛钱换大洋'学说,实在没有什么趣味,所以都不加入,一切由它去罢。"浙江学生拉他同去照相,他毫不敷衍,严词拒绝。学生们都觉得奇怪,其实他们不知道,在北京女师大风潮中,马寅初是同陈源们一起站在杨荫榆一边的。"道不同不相与谋",这便是鲁迅做人的原则。第二天,校长设宴招待马寅初,又要请他作陪。他发火了,在通知单上写一个"知"字:完了。

反正来厦大也不是为了陪阔人的。

沉重的打击来自高长虹和《狂飙》的一群。想不到的是,后院起火了!

对于放火者固然激愤,对于被焚毁者却不无悲凉。创办《莽原》,组织"未名",鲁迅把希望全都寄托在青年的身上,根本没有想到自己还要因此遭受新的压迫。至于对厦大,对林文庆,对顾颉刚之类,说实在的,却从来未曾期待过。

鲁迅离京以后,《莽原》由韦素园等主持。其中,有部分不能确定刊用与否的文章,则寄给鲁迅亲自决定。

向培良投去一个独幕剧《冬天》,韦素园答复说可以发表,但是由于版面的关系,结果一而再地迁延了两期。直到9月下旬,韦素园听说《冬天》已经收入即将出版的《沉闷的戏剧》一书,便将原稿退给了向培良。《冬天》是向培良自觉比较光明的一个剧本,他认为压稿和退稿是别有用心的,于是愤愤不平,立刻和韦素园闹了起来。这次吵闹,成了鲁迅和高长虹等冲突的导火索。

这时,高长虹住在上海,收到向培良的来信后,在10月17日出版的《狂飙周刊》发表了两则"通讯",公开向鲁迅挑战。

在《给韦素园先生》中,高长虹连连诘责,咄咄逼人,最后说:"《莽原》须不是你家的!林冲对王伦说过:'你也无大量大材,做不得山寨之主!'谨先为先生或先生等诵之。"在《给鲁迅先生》中,说韦素园"曾以权威献人,今则用以自献",又说由鲁迅"自任"编辑的《莽原》内部有"党伐"现象,"几无处不显示有入主出奴之分"。在表白与韦素园等彻底决裂的态度以后,他一方面希望继续得到鲁迅对《狂飙》的"助力",一方面迫使鲁迅表态。

其实,在这以前,高长虹对韦素园编辑的《民报》副刊中的广告就已非常反感。广告说,副刊"专登载学术思想及文艺等,并特约中国思想界之权威者鲁迅、钱玄同、周作人、徐旭生、李玄伯诸先生随时为副刊撰著,实学术界大好消息也。"高长虹认为,中国所需要的正是自由思想的发展,为什么要提"权威"呢?因此他把广告看做是韦素园对"周氏兄弟"的有意吹捧。所谓"曾以权威献人",出处就在这里。从思想到实践,高长虹都是一个安那其主义者,他对"权威"的态度也许是可以索解的吧?但是,这也毕竟暴露了他对鲁迅的甚深的积怨。

鲁迅远在厦门,怎么可能对北京发生的纠葛立刻作出判断呢?其中底细,他还需要看一看。不过,单看那文章,高长虹未免太过分了!

几乎是紧锣密鼓,高长虹不待答复,又发表了一篇长文:《1926,北京出版界形势指掌图》。

鲁迅成了主要的攻击目标。文章说:"鲁迅当初提议办《莽原》的时候,我以为他便是这样态度。但以后的事实却不能证明他是这样态度。这事实却证明他想得到一个'思想界的权威者'的空名便够了!"年龄、疾病,都成了嘲笑的材料,说:"鲁迅遂戴其纸糊的权威者的假冠入于身心交病之状况矣!"此外还捏造了许多事实,如说鲁迅骂郭沫若骄傲之类。用意很明显,无非是通过侮辱鲁迅的人格,推倒《莽原》进而推广"新生的狂飙周刊"的销路。

他的《心的探险》一书是经鲁迅选定的,封面也是鲁迅所作,但是,他却宣称是"自作自编"的;还诬说鲁迅主张删掉的几篇是书中的成功之作,动机盖出于"嫉贤妒能"。后来,他干脆将原书易名为《从荒岛到荒原》,从《乌合丛书》中抽出,改交光华书局出版。在打油诗《戏答》中,他把鲁迅影射为独霸《莽原》的"妖精",而把自己比喻为《莽原》的父亲:"与她和好有一年,生了个小儿叫草原,满望小草成灌木,妖精翻脸出真相","而今妖心有七窍,抚养草原把仇报,生子不必知父名,我今生子种祸根……"简直利令智昏了。

高歌和向培良也相随诅咒鲁迅。高歌在《青年与老人》中写道:"青年怀里抱着的是理想,老人怀里抱着的是世故。青年是时代的创造者,老人是时代的坠后石。"其实,也是重复着高长虹的"世故老人"、"绊脚石"的调子吠影吠声。向培良一面写信要鲁迅替他谋事,一面又说鲁迅"差不多已经是我们前一个时期的人物"。尚钺也将编好的小说集《斧背》,从"乌合丛书"中抽出来,交上海泰东图书局出版……

这一系列的言动,足够使鲁迅寒心。

高长虹泼辣有余,本来可以算一个战斗的伙伴的;即使浮躁了些,也想不到他会卑劣到如此地步。鲁迅自觉最近也渐渐地倾向于个人主义,然而一个人顾及自己,甚至于以"超人"自居,就可以不顾一切地以践踏别人为乐吗?

在北京的几年,拼命地做,忘记吃饭,减少睡眠,带病吃药来编辑,校对,作文,谁料结出来的都是苦果子?

借自己的升沉,看世人的变化,该是怎样的一种心情!先前做顺民时,每日来客不绝,但到了段祺瑞、章士钊们把自己当成祸首,压迫一来,就有人立刻来索还原稿,无须选定和作序了。甚至还要乘机下石,连请他吃过饭也是罪状了,说是在拉拢他;请他喝过好茶也是罪状了,因为好茶是奢侈的证据。现在的社会,大抵是可利用时则竭力利用,可打击时则竭力打击。譬如高长虹,简直天天吮血,一看见无血可吮便想一棒打杀,大有将肉卖做罐头以获暴利之概。而且在青年中间,又何止乎一个高长虹!

"身心交病"的字眼,对鲁迅来说尤其具有挑衅性,那隐藏的意思实在太可恶了!

深夜。

周围死一样静。窗外山脚下,闪烁着野烧的微光;南普陀寺的傀儡戏仍未收场,时时传来锣鼓的声响,每一间隔中,更是寂静难耐。电灯特别的亮,这亮度如同寂静一样,构成为一种强烈的感觉,尖锐得像刀子一样使人受伤。于是,他觉得有哀愁来袭了!

不知怎的,他蓦然忆起了他的一个已在印刷中的杂文集——

《坟》。

此刻,他似乎有些后悔于这集子的印行了,接着又很奇怪自己的后悔。这是怎么一回事呢?他极力地想,也想不出一个确定的因由,只知道,反正这后悔在先前是不大遇到的。

《坟》。

这里包含着一种死亡的意识。他太敏感,于死是接触得太早了。晋时的刘伶,平日喝得酒气熏天,使人荷锸跟在后面,道:"死便埋我。"虽然自以为旷达,而人们也以为旷达,其实哪里是这样呢?故事把他心底的许多东西都掩盖住了。至于自己,集杂文而名之曰"坟",究竟也还是一种取巧的掩饰:表面上是结束,是埋葬,实际上是保存,是对过往的追怀。

过去是可留恋的。虽然自己一向反对读古文和写古文,却又偏偏把自己写就的古文收进集子里,这不是很顽强的留恋吗?写作古文的时候,自己还是一个远离故国的少年,追溯人之历史,考察科学源流,论说文化偏至,呼唤摩罗诗人,那是怎样一种燃烧般的激情呵!民国成立以后,对于从前追求未果的一切,已经有很长很长的时间未曾忆及,也无从忆及了!今天,借印行集子的机会复制了出来,又将如何呢?过去的毕竟已经过去,那神魂是永远无法追蹑的了!……

《坟》。

为了一种留恋,就这样暂存了逝去的生活的余痕。如果过往的仍然可以算作生活,那么,借此也可证明自己确曾生活过了。而且,再放一点可恶的东西在憎恶自己的人的面前,给他们的世界多一点缺陷,正如给来者多一点微末的欢喜一样,正是自己所愿意的。然而,你就不怕自己的那些和古书很有些关系的文字和思想,会毒害偏爱自己的果实的人么?这时,他不由得记起三四年前的一件往事来了。有一个学生来买他的书,从衣袋里掏出钱来放在他手里,那钱,灼热地分明带着体温……

可是,有什么办法?在自己,也只能弄这样的东西。他几乎无时不觉得,在进化的途中,自己也是无数"中间物"中的一分子,是应该而且必然与光阴偕逝,逐渐消亡的……

《坟》。

总算是一个结束了。至于将来怎样被踏成平地,也无须去思量。只是前路如何,自己实在不知道。近来的牢骚特别多,说到底还是个去路问题。即如今日,收到中大的电文,就不能确定是否应当前往。大的方面,自然更难说了……

上午读陆机的《吊曹武帝文》,忽然觉得古人伤逝的心情是很可理解的。曹操在《遗令》中写道:他死后的葬礼可以简单一些,但遗物中的皮衣和印绶不要分,妓乐仍当留在铜雀台上按时作乐。生命都不复存在了,皮衣、印绶、妓乐还留着做什么呢?一个明达的哲人,竟也免不了这般的恋旧……

十天前,曾经给《坟》写过一篇题记寄北京,此刻犹想就同样的名目说些话。于是他写了,就叫《写在〈坟〉后面》。

写着写着,不觉几倍于题记那么长,结尾是:"惟愿偏爱我的作品的读者也不过将这当作一种纪念,知道这小小的丘陇中,无非埋着曾经活过的躯壳。待再经若干岁月,又当化为烟埃,并纪念也从人间消失,而我的事也就完毕了。"紧接着,又拉来陆机吊曹操的八句韵文,作为余绪留在最后面:

既睎古以遗累,信简礼而薄葬。
彼裘绂于何有,贻尘谤于后王。

嗟大恋之所存,故虽哲而不忘,
览遗籍以慷慨,献兹文而凄伤!

79 回击高长虹:夜·太阳·月亮

"我本来不大喜欢下地狱,因为不但满眼只有刀山剑树,看得太单调,苦痛也怕很难当。现在可又有些怕上天堂了。"在一则通信里,鲁迅写道,"四时皆春,一年到头请你看桃花,你想够多么乏味?即使那桃花有车轮般大,也只能在初上去的时候,暂时吃惊,决不会每天做一首'桃之夭夭'的。"

单调枯燥的生活是可以扼杀文思的,写什么呢?

后来他回忆说,"我曾经想要写,但是不能写,无从写"。大约这也就是他所说的"有饭吃而头痛"之一端罢?然而责任,良心,习惯,又使他不能不写。在厦门的几个月间,他一面发牢骚,一面确也作了不少事:写完最后几篇《旧事重提》,编完《华盖集续编》,还有《坟》;写《〈嵇康集〉考》一类学术性的文字,翻译一些日本的短文,还有相当分量的通信,记录着他与周围环境的紧张关系,以及灵魂的最微末的震颤。

看完淦女士的《卷葹》,编好董秋芳的《争自由的波浪》并作小引,陈梦韶的《绛洞花主》也是由他写了引言介绍出去的。

"三一八"惨案发生后,董秋芳就陈源的《闲话》写了一篇短文,骂他是"狗彘不知"的"畜生",登在《京报》副刊上,陈源凭仗系主任的权力进行报复,使董秋芳不能毕业,同时攻击他是"受鲁迅指使"的"语丝派"。离京时,鲁迅要他把《京副》发表过的一些俄国短篇小说和散文集中起来寄给自己,这就成了后来的《争自由的波浪》。未始不可以说,这是对陈源的报复的报复。集子原名《大心》,改动是经过鲁迅同意的,它表达了中国底层的声音:自由!自由!自由是不可遏止的!

在鲁迅的指导下,《鼓浪》和《波艇》终于出版了。鼓浪社里有数的几个作者,在他看来,或则受创造社的影响,过于颓唐,或则像狂飙社的嘴脸,大言无实,将来下去也不见得就有好结果,但是他仍然去"打杂"。除了看稿改稿,编印和发行工作也都必须过问的。《波艇》很幼稚,为了鼓动空气,他也一样地怂恿出版。

自高长虹公开寻衅以来,他就不只一次试图说服自己改变方针:丛书不编,文稿不看,回信不写,关门大吉,自己看书,吸烟,睡觉。然而,只要遇到了求助的青年,他就又无法顾及自己,避免牺牲了。

鲁迅不拘于做小事情,但是他毕竟是做大事业的人,宏观着历史和社会的各个方面。他不会忘记中国由来已久的人肉筵宴,总时时想着怎样从底下掀掉它。

厦门,作为中国的一块地方,当然不可能没有几千年官僚政治的烙痕。由于近海,近商,倒也多出一份与正统的权力崇拜不同的风气:拜金主义。说起厦大,鲁迅便觉得:"中枢是'钱',绕着这东西的是争夺,骗取,斗宠,献媚,叩头。"其实,"权"与"钱"在这里不可能截然分开,无论是人身依附还是人身买卖,都一样教人不自由。

在反抗的行动到来之前,必须造就一种空气,使人们获得一种状态。在厦门,鲁迅除了鼓励创办新文学杂志以外,还作了几回演讲。演讲之风,是他到了厦大以后才慢慢兴起来的。

10月14日上午。群贤楼大礼堂。在例行的周会上,他作了近一个小时的演讲,题目是:《少读中国书,做好事之徒》。

他居然把少读中国书同"救中国"联系起来,使听讲的人大感意外,虽然他提倡少读中国书主义不自今日始。他指出:多读中国书的流弊至少有三点:一、使人意志不振作;二、使人但求平稳,不肯冒险;三、使人思想模糊,是非不分。相反,他是主张多看西文报纸杂志的。

其次,他劝大家做好事之徒。他说,世人对于好事之徒往往不满,其实不然。今日的中国,这种"好事之徒"却不妨多。因为社会一切事物,就是要有好事的人,然后才可以推陈出新,日渐发达,新大陆的发现,北极探险,以及科学家的种种发明,没有一件不是从好事来的。他深知做好事之徒不容易,所以最后说,万一不能做到,则我们对于"好事之徒",应该不可随俗加以笑骂,尤其对于失败的"好事之徒",更不要讥笑轻蔑!

演说不断为掌声所打断,发表在《厦大周刊》时,"少读中国书"的内容却已不见。校长根本不会同意这样的结论,故从演讲稿中予以删除,不过,此后请他演讲,却也被他回绝了。

应权力者的邀请演说是一大苦差。要演说,当然要说一点自己要说的话,否则,宁可一声不响,算是死尸。净说些与己无关的话,又何苦呢?

偏偏又是权力者。集美学校校长叶渊请厦大国学院的人去演说,分为六组,每组两人。鲁迅正好同林语堂一起分到第一组。前一天晚上,就有秘书来联络。鲁迅问他,叶渊办学如何?那秘书说,校长一向是主张学生埋头读书的,不喜欢他们有什么活动。鲁迅告诉他,自己同校长的尊意正相反,不如不去的好罢。秘书说道不妨,尽可以随便说说。

第二天鲁迅如邀去了。招待很隆重。叶渊知道他是一个思想激进的文人,惟恐演说与自己相左,特地请他先吃些好东西,然后才带他走进礼堂。

饭已下肚,如何说呢?他明知与校长的意见不同,也只好照样说了:聪明人不能做事,世界是属于傻子的。现今世上,聪明人虽然很多,可是不能做事,为什么?因为他们想来想去,过于计较个人的利害得失了,即使肯做有利于社会别人的事情,也常常不真诚,不彻底。农民,工人,青年学生,他们能奋斗,肯牺牲,是被称做愚民和傻子的一群。但是,惟有他们才能做出事情来。世界是傻子的世界,他们是社会的改造者和创造者,未来是属于他们的。

叶渊听了,大摇其头,《集美周刊》当然没有发表这演讲辞。后来,集美学校闹风潮,叶渊说:都是鲁迅不好。可见印象之深。

12月12日,厦门大学学生自治会创办的平民学校举行开学仪式。当天上午,二百多个工农男女学生排队进入大礼堂。会上,鲁迅向这些贫苦的子弟作了演说。

在给《争自由的波浪》做的"小引"中,他正是以平民和"上等人"相对立的观点,赞颂了苏联的十月革命的。革命是不是成功了?那么就得看平民是否比先前抬了头。至于中国是否会有平民的时代,他说无从断定,但是他们代表了革命的希望,却是的确的。

平民学校,原是根据鲁迅的提议,由一群"傻子"临时组织而成。学校的教室是借用的,教员是兼职的,条件十分简陋。对于这所学校,鲁迅事先就有过捐款,听说开成立会当然很高兴。学生跑来要他演说,他把编写中的讲义一扔就出来了。

他不能不来,不是奉旨而来,无须顾忌什么,只是想说话。他说:"你们都是工人农民的子女,你们因为穷苦,所以失学,须到这样的学校来读书。但是,你们穷的是金钱,而不是聪明才智。你们平民的子弟,一样是聪明的,穷人的子女,一样是有智慧的。你们只要能下决心去奋斗,就一定会成功,有光明的前途……"

礼堂很静,有一种轻悄的切切的声响,是不是有人啜泣了?

他说:"没有什么人有这样的大权力:能够叫你们永远被奴役。没有什么命运会这样注定:要你们一辈子做穷人。你们自己不要小看了自己:以为是平民子女,所以才进到这平民学校来……"

说到要读书,要关心国家大事时,他突然发问道:"半个月前,你们听见说革命军攻下泉州城没有?"有一个女子回答说:"听见的!"他感到非常满意,接着说:"军阀被消灭了,中国才会好起来,你们的境况才会好起来!……"

五分钟。演讲结束了。就这样,他交给了学生以一个发自心底的祝福。

接着是校长辈的冗长的讲话。有一个曾经留学西洋的教授说:"这学校之有益于平民也,例如底下人认识了字,送信不会再送错,主人就喜欢他,要用他,有饭吃……"不待说完,鲁迅就溜出了会场,到邮政代办所查看"害马"的信件去了。

忍耐是有限度的。

既然鲁迅面对社会问题是一个进攻的好手，那么，当高长虹向他步步进逼的时候，他就不可能安于防守。

对于青年的攻击，他是从来不去还手的，不像对待前辈和地位相同的一群。他觉得，他们都还脆弱，不如自己禁得起践踏。然而，要是以忍让为可欺，或纠缠，或奴役，或责骂，或诬蔑，闹个不完，大有避进棺材，也仍当戮尸的样子，那是不行的。他愤慨了。他必须奉行他的个人主义，因为他发现他们大多是挂新招牌的利己主义者，所以决定不再彷徨，拳来拳对，刀来刀挡。

11月20日，他做了一篇《所谓"思想界先驱者"鲁迅启事》，分发《莽原》、《语丝》、《北新》、《新女性》等期刊揭载。同时出击，火力相当猛烈。

启事撇开高长虹个人，刀锋正对由他领衔的"狂飙社"。他声明说，在北京编辑的三种出版物，所用稿件都是以个人名义送来的，向来不知道"狂飙运动"是怎么一回事。这样，高长虹关于他破坏狂飙社的种种指控便不攻自破了。至于"思想界先驱者"的称号，他认为这是狂飙社特赐的"第三顶'纸糊的假冠'"，便把它同陈源类似的嘲骂先后联系起来。"暗中所加，别有作用"，那意味就很明显了。但是，对于所有的"假冠"，他的态度是："头少帽多，欺人害己"，"本人事前并不知情，事后亦未尝高兴"。

文章虽然简短，却比高长虹的长文要刻毒得多。

鲁迅始终觉得，高长虹的突然翻脸是有来由的，但是，投稿的纠葛显然不是惟一的原因。在给韦素园的信中，他作了各种猜测，说到某一种可能的原因时，他好像有点不便明言，只是说："我推测得极奇怪，但未能决定，已在调查。"

作为文坛上的一种现象，他认为有进一步揭示的必要，因为启事毕竟做得太简单了。

过了一些天，他接连写了两篇文章：《〈走到出版界〉的"战略"》和

《新的世故》,以新颖的形式,泼辣的语言,狠蜇了像高长虹一类青年的"天无二日,唯我独尊的酋长思想"。他指出,这类青年在内太要虚饰,在外太依附和利用了先驱。他们缺乏做人的真诚和勇气。对于前进的青年来说,其实是本无所谓"绊脚石"者的。如果敢于唾弃旧时代的好招牌,敢于正视和坦白自己,则即使真有绊脚石,也会成为踏脚石的。

文中,他插入一段相当长的自白。他说,他是一个很平凡的人,要动转,要睡觉,但有个性。他不能没有个性。他承认,他是"党同伐异"的,从来不挂什么"公理"、"正义"之类的金字招牌。他一再申明自己的做人原则:

> 我乃党同而伐异,"济私"而不"假公",零卖气力而不全做牺牲,敢卖自己而不卖朋友,以为这样也好者不妨往来,以为不行者无须劳驾;也不收策略的同情,更不要人布施什么忠诚的友谊,简简单单,如此而已。

对高长虹的"调查"结果,证实了他的推测不为无因。根据传说,他终于查看了《狂飙周刊》第17期发表的一首题为《给——》的诗。

诗中说:"月儿我交给他了,我交给夜去消受。……夜是阴冷黑暗,他嫉妒那太阳。太阳丢开他走了,从此再未相见。"韦素园的解释是:"太阳"是高长虹自况,"月儿"是许广平,鲁迅则是"夜"。

是不是这样呢?推断未必是确切的,他想,也许是别人的神经过敏,也许是狂飙社的同伙故意附会宣传,但是,出于"单相思病"所引起的病态反应也不是没有可能的。他疑心你破坏了他的好梦,因此嫉恨你。你与她同车离京,是不是存心带她到厦门"消受"呢?上海,北京,不都有了一些类似的传闻了吗?更早一些时候,他在《狂飙》里说的:"我对鲁迅先生曾献过最大的让步,不只是思想上,而且生活上。"什么叫"生活"?那意味不是很明显的吗?……

"如果真属于末一说,则太可恶,使我愤怒。"12月29日,鲁迅写信告诉韦素园说:"我竟一向在闷葫芦中,以为骂我只因为《莽原》的事。我从此倒要细心研究他究竟是怎样的梦,或者简直动手撕碎它,给它更其痛哭流涕。只要我敢于捣乱,什么'太阳'之类都不行的。"

他迫不及待,第二天就跟高长虹"捣乱"了。

"捣乱"就是胡来。无须正规战法,论辩还有什么必要呢?该弄的都弄过了。当他决定以讽刺性的形象把高长虹一类标本化的时候,作过的《补天》便成了新的诱惑,在女娲胯下画一群小东西确曾使他感到惬意。太可恶了!……太阳,月亮,太阳,月亮……读了诗之后,一整天脑子里都旋转着太阳月亮,于是,他也就连带想到了射日的羿和奔月的嫦娥。《淮南子》:"羿请不死之药于西王母,姮娥窃以奔月。"恰好,太阳月亮都可以混到一块。还有《孟子》说的:"逢蒙学射于羿,尽羿之道,思天下惟羿愈己,于是杀羿。"哈哈,连小人也有了!……

鲁迅完全避开羿"射十日"、"断修蛇"、"禽封豨"的黄金时代,而表现他的困境。由于善射,乃致连生活也不能维持。为了喝一口鸡汤,他居然来回跑了二百里路,还得挨老太婆一顿毒骂,外贴十五个白面炊饼;接着,又差点儿遭了弟子逢蒙的暗算,幸而有防身的"啮镞法";最后是妻子嫦娥弃他而去,独自飞升。总之是运交"华盖",接连倒霉。他从来未曾有过"追月亮"的打算,道士送的金丹就一直被他放在首饰箱里,即使后来说是要"追上去",也不是为的月亮,而是被他视为生命的嫦娥。

逢蒙和嫦娥都是利己主义者,逢蒙学会了射术,便要谋害老师,而且到处造谣诽谤,破坏羿的声誉,贪天之功以为己有,在领教了逢蒙的各种卑劣手段以后,羿仍然笑着教训他:"你闹这些小玩艺儿是不行的,偷去的拳头打不死本人,要自己练练才好。"又说:"本人面前捣什么鬼,俺向来就只是打猎,没有弄过你似的剪径的玩意儿……"嫦娥贪吃懒做,让羿终日为她奔忙,还喋喋不止,且用高长虹式的语言骂道:"若以老人自居,是思想的堕落。"羿不但毫无怨尤,而且仍然为她设想,以致自责起来:"不过乌老鸦的炸酱面确也不好吃,难怪她忍不住……"他善良,坦诚,大度,无须听女乙女辛诸如"战士"、"艺术家"之类的奉承话,一样不要"纸糊的假冠"。但是,他又是疾恶如仇,不容欺负的,怒射月亮的场景足以表现他的战士的雄姿。他目标如一,不改初衷,在遭到亲人叛离以后,依旧追随不舍。文章多处写到马,对于一匹多年陪伴他的坐骑,他充满着关切之情。当他不得已终于做出服药升天的决定以后,仍然对女庚说:"你去吩咐王升,叫他量四升白豆喂马!"

这便是小说《奔月》最后的一句话。

羿与逢蒙、嫦娥的态度在这里有了最鲜明的对照。鲁迅在给许广平的信中写道:"我愤激的话多,有时几乎说:'宁我负人,毋人负我。'然而自己也觉得太过,做起事来或者且正与所说的相反。"在羿的身上,是掺和着鲁迅的人格气质特点的。

总之,羿是一个悲剧英雄。鲁迅借他抒愤懑,获得某种愉快,但也表达了内心深处的孤寂之感。

小说登在1927年1月25日版的《莽原》上面。离厦时,他这样做了总结:"但从去年以来,我居然大大地变坏,或者是进步了。虽或受着各方面的斫刺,似乎已经没有创伤,或者不再觉得痛楚,即使加我罪案,也并不觉着一点沉重了。这是我经历了许多旧的和新的世故之后,才获得的,我已经管不得许多,只好从退让到无可退避之地,进而和他们冲突,蔑视他们,并且蔑视他们的蔑视了。"

他的反击是有力的。《奔月》发表后,尚钺便有信来,显出大不舒服的样子。不久,狂飙社也就解体了,其中或许有别的原因,但是鲁迅接连的报复性行动肯定起了促进的作用。从此,高长虹真的走出出版界,带着他的"贫穷与自由",开始了长长的漂泊生涯。

80 "置首于一人之足下,甘心十倍于戴王冠"

鲁迅在厦门的生活,始终笼罩着淡淡的哀愁;但他也承认,中间还夹带些愉快:复仇的愉快,爱的愉快。

上海分手以后,当他乘海轮颠簸于浪涛之间,便一直凝视着后面不远不近的一只轮船,疑是许广平乘坐的广大号。这时,他发现自己已经离不开"害马"了。到了厦大以后,几乎每天都到邮政代办所里等许广平的信。寄出的信也很频繁,有时天天一封,一天两封,甚至在夜里出门把信投入邮筒,直到接到许广平的"命令",不准"夜半临深池"而后已。

预期会面的日子太迢遥了,哪怕是两年。时空的距离使人煎熬得苦。作为一种抗拒,他常常独坐而默念远人,尤其在电灯下,窗外大风呼呼或明月皎皎的时候。

比起男性,女性的思念特别热烈而柔韧。从赴广州的头一封信开始,许广平便用英语"亲爱的老师"称呼鲁迅,文中或称"乖弟弟"、"傻孩子",具名是英语和拉丁语的合写:"你的害马",信写得很长,很细致,常常以鲁迅的健康和安全为念。她也喜欢默念,在那夜不成寐和早上梦醒的时光。为了使鲁迅在冬季取得一种恒定的温暖,她赶织了一件藏青色毛背心,同一枚日本进口的"金星石"图章一起寄去。在图章上面,镌刻着世界上最美丽的两个字……

从此,信件穿梭般往来,邮筒成了彼此共同关注的中心。

对于鲁迅,许广平不但交付了全部的女性的热情,而且以她对社会和人生的直观把握,影响着自己的这位阅历丰富而疑虑颇多的师长。

到校才几天,她便了解到全校学生的政治态度以"右倾"为多,有少数是西山会议派,其余都是盲从。对中山大学的五委员,她也做了比较中肯的分析,以为从总体上"完全左倾"。在她看来,广州虽然复杂,但思想较为自由,"现代派"是禁止的,而"共产书与人"则可以明火执仗,通行无阻,所以积极鼓动鲁迅前来广州。

后来,她颇惊异于"广州一般人也不欢迎共产",通过进一步观察,发现在"党立政府"内部派别繁多,甚至出现"互相倾轧"的"叫人闷气"的现象。她认为,广东"民气甚盛","有似法国革命时情形",如果共产党与国民党左派联合,是不难打倒右派的,但是,也得看北伐的前景如何,是否可以继续向帝国主义胜利进攻,在党内组织方面是否压倒反动派。她虽然已经发觉中大的一些委员向右转,向后转,中央政府的人物,也多是灰色接近树的派的,然而仍旧主张鲁迅按原计划南下。

她表白自己的看法说,一个人在没有被打倒或自行倒下之前,教书是好的,倒下后则可以闭门创作。但是,在中国人的心目中,倒下后的著作是否还一样保持原有的地位呢?鲁迅认为,"以中国人的脾气而论,倒后的著作,是没有人看的"。她对此持有同样的见解,所以,即使已有中大为右派掌权的传言,还是殷殷劝诱道:"你是人目为没深色彩的,姑且做文艺运动,再看情形,不必因他们气馁……"

总之,许广平是很有主见的。在与鲁迅两人之间长达一个多月的关于"牺牲论"的讨论中,亦刚亦柔,或纵或收,更见新女性的丰采。

鲁迅接到中山大学的聘书后,心里很乱,收到许广平的信好几天了,也想不到如何作复,这在他是很少有的。11月5日,他终于执笔写了。他把到广州"不合"的几点告诉许广平,其中着重的一点是,"不愿失了我的朋友"。回顾不平的世路,感触良多,他觉得真正为他悲哀的只有两个人,就是自己的母亲和"一个朋友"。他故意称许广平为"朋友"已不复是一种调侃,欲亲反疏,这里蕴含着沉重的心情和亲切的期待。对于此后所走的路,他列举了三条,随即表示难于下一决心,希望"朋友"代为选择,给他"一条光"。

从文字上,许广平已经感应到了他近来几天的空虚和苦闷,所以在16日的信里,这样深情地劝解他:"你的弊病,就是对一些人则期望太殷,于是不惜赴汤蹈火,一旦人家不以此种为殊遇而淡漠处之,或以待寻常人者对你,则你感觉天鹅绒了。这原因,是由于你感觉太锐敏太热情,其实世界上你所深恶痛绝的和期望太殷的,走到十字街头,还不是一样吗……"又说:"至于异日,唉!那你还是照我上面所说罢,不要认真,而且,你敢说天下间就没有一个人矢忠尽诚对你吗?有一个人,你说可以自慰了。你也可以由一个人而推及二三以至无穷了,那你何必天鹅绒呢……总之,现在还有一个人是在劝你,就请你容纳这点意思……你有闷气不妨向我发,但愿莫别闷在心里。"前一天,也即鲁迅发信求援的时候,她已经明确表示去留的态度了:"你如定在广州,我也愿在广州觅事,如在厦,我则愿到汕,最好你有定规,我也着手进行。"

她把主动权完全交给了鲁迅，对于她，一样愿意"合同"早满的。此前说去汕头，其实并没有非去不可之意，只是鲁迅害怕失去，心里太急躁罢了。

11月21日，许广平收到鲁迅一连几封"发牢骚的信"。下午，她在复信中详细地谈了学校的事情，但是对于"一条光"的期冀却不置一辞。太为难了。

两个人相爱，中间多出一个人，总是绕不开，总是要回到那里去。但是，自己是没有责任的，需要维护的只有爱的权利。他可不同了。在社会上，他是一个有地位的人，对于婚姻的背叛，必将给他带来极其不利的影响，从经济直到声誉。此外，他还有家庭，母亲，容得下硬做吗？他的负担是沉重的。可是，你不能代替他下决心，你没有分担的资格。中国的道德是森严的，上流社会尤其如此。如果各种攻击不至于危及生活，那倒也罢了，然而也不行，所谓真的人生到底是什么东西？要爱，就无所顾忌地爱去，何必给人以这么多枝节的纠缠呢！

次日深夜，她冒着"煽动的嫌疑"，终于直率地写出了自己的意见，虽然遇到敏感的地方还是不得不拐一个弯子。

关于鲁迅到广州的"合"与"不合"问题，只消寥寥数语就解决了，足见她的明敏。鲁迅十分关心她的行止，这是她知道的，因此明确表示"留粤成分为易"，以免除他的后虑。剩下的，便都是"一条光"了。

她对鲁迅说："你的苦了一生，就是一方为旧社会牺牲，换句话，即为一个人牺牲了你自己，而这牺牲虽似自愿，实不啻旧社会留给你的遗产，听说有志气的人是不要遗产的……"在这里，"遗产"显然是指代朱安。她分析了鲁迅作为"觉悟"的"农奴"，又不能抛弃"遗产"的种种困境以后，说："我们是人，天没有叫我们专吃苦的权力，我们没有必受苦的义务，得一日尽人事求生活，即努力做去，我们是人，天没有硬派我们履险的权力，我们有坦途有正道为什么不走，我们何苦因了旧社会而为一人牺牲几个，或牵连至多数人……"最后，谈到"遗产"的处理问题："而事实上，遗产有相当待遇即无问题，因一点遗产而牵动到管理人行动不得自由,这是在新的状况下所不许,这是就正当解决讲,如果觉得这批评也过火,自然是照平素在京谈话做去,在新的生活上,没有不能吃苦的。"她把所说的一切交与鲁迅去裁决,如果鲁迅还是不能抛弃"遗产",她也仍当爱着,仍当"吃苦",仍当牺牲。她愿意背十字架。

可是,对于许广平的爱情,鲁迅还不是充满信心的。空间的障碍,从某种程度上加强了他固有的自卑和疑惧心理。因此,对于许广平的去汕,他是无可如何的;况且,从根本上说,他就很不赞成她专门从事政治活动,关心政治而又得保持某种距离,要给社会做事而又要顾及自己,大约这就是他所说的"矛盾思想"。他知道许广平生性好动,一旦置于政治环境之中,那结果将很容易滑入政客一流。这种担心不是多余的,他讨厌政客。所以,在11月18日的信中,他不安地问道:"我不知道你自己是要在政界呢还是学界?"

此后一周间,鲁迅进入了一种自省状态:你说,决心献身于社会事业有什么不好呢?你反对青年读中国书,不就是希望他们做"好事之徒"的吗?待到她真的行动起来时,你又为什么要阻拦呢?你不觉得你太自私,太要别人为你做牺牲了吗?你知道,她还是一个青年,没有你的暮气⋯⋯想到这些,他的心就沉下去了。

11月20日,他写信报告说:"从昨天起,我的心又平静了。"虽然他自称是因为做出了赴粤和回击高长虹的两项决定,其实"平静"之来,与许广平的去向密切相关。26日的信,他的真实心态便袒露出来了:"HM不如不以我之方针为方针,而到于自己相宜的地方去,否则也许做了很牵就,非意所愿的事务,而结果呢还是不能常见,我的心绪往往起落如波涛,这几天却很平静。我想了半天,得不到结论⋯⋯自然,以后如何,我自然也茫无把握。"接着说:"我想HM正要为社会做事,为了我的牢骚而不安,实在不好。想到这里,忽然静下来了,没有什么牢骚了。"HM,即是许广平信中习惯使用的罗马拼音的缩写:"害马"。显然,鲁迅心里得不到真正的安宁。他之所谓"平静"者,实际上是故态复萌,自轻自贱,听其自然而已。

11月27日,他接到许广平22日的复信和包裹通知单,"一条光"果真把灰暗的心理照亮了。

雾散云开,晴天霁日。当晚,由于学校发生用电事故,电灯俱熄,无法写信。直到次日午时,几页笺纸就给一种压抑已久的激情填满了。

他检讨说:"我一生的失计,即在历来并不为自己生活打算,一切听人安排,因为那时预计是生活不久的。后来预计并不确中,仍须生活下去,于是遂弊病百出,十分无聊。后来思想改变了,而仍是多所顾忌,这些顾忌,大部分自然是生活,几分也为地位,所谓地位者,就是指我历来的一点小小工作而言,怕因我的行为的剧变而失去力量。但这些瞻前顾后,其实也是很可笑的,这样下去,更将不能动弹。"很明显,鲁迅接受了许广平关于"遗产"处理的建议。对于将来,他这样写道:"总之我以前的办法,已是不妥,在厦大就行不通,所以我也决计不再敷衍了,第一步我一定于年底离开此地,就中大教授职。但我极希望那一个人也在同地,至少也可以时常谈谈,鼓励我再做有益于人的工作。"

兴奋之余,他说:"我觉得现在HM比我有决断得多。"表示了由衷的感佩。

对于前信提及在政界还是学界的问题,许广平自觉学力不足,教学固然不易,而以"直率之傻气",也颇难于适应政界环境。但是,"不惯在金钱下呼吸"是可以肯定的。无论是鲁迅迟疑于抛弃"遗产",还是两人分头做事的计议,其实不都是曲为经济而没法吗?所以她说,"人总得要钱,但以钱来叫精神吃苦,总不上算",从而主张"反叛",另寻"改善的方法"。这完全是出于以爱情为本位的考虑,结果,她在11月30日的信中做了最后的决定:"汕头我未答应去,决意下学期仍在广州,日来中央政府移至武昌,我的心又飞去好几次,但一默念,总是决定不去,无论如何,我想抵抗物质压迫,试试看是它胜过我,还是我打倒它。"

不意读到鲁迅的"平静"说,这使她的心重又变得烦乱起来。为什么不从两个人的共同生活这方面去考虑呢?为什么只是考虑单个人?所谓"社会事业"者,说破不值一文钱,难道你愿我终生被播弄于其中而不自拔？而且你仍愿忍受旧地方的寂寞无生趣的苦境？单独为"玉成"他人而自放于孤岛，难道这是应当的么？她觉得书信的传递实在讨厌，写罢，措辞多不达意，恐怕还会引起鲁迅的一些奇怪的想法；不写几个字罢，又怕鲁迅等着看信。这时，她真想有一个见面的机会，能彼此痛痛快快地谈上一场！

通信都是参差进行的。鲁迅根本不会想到他的"平静"会带来别人的不平静，至今，他一直沉浸在"一条光"的暖意之中。

12月2日，他写信给许广平说："在钱下呼吸，实在太苦，苦还不妨，受气却难耐。大约中国在最近几十年内，怕未必能做若干事，即得若干相当的报酬，干干净净。"所以，办事与教书虽然都是淘气之事，在目下也只能如此。他已经能够侃侃而谈了。

这个为现实所困扰的人，居然还有兴致提到相当遥远的未来生活，说："我想此后只要以工作赚得生活费，不受意外的气，又有点自己玩玩的余暇，就可以算是幸福了。"在自己的生活范围内，他好像从来没有使用过"幸福"的字眼，这该算是第一回罢？谈到去广州的事宜，他说，中央政府的迁移与否于自己并没有什么。他直率得可爱，说："我并非追踪政府，却是别有追踪。"屈指算来，留厦至多也只有两个月了，还是容易混过去的，何况还有"默念"呢。他以十分亲昵的语调告诉许广平："这默念之度常有增加的倾向，不知其故何也，似乎终于也还是那一个人胜利了。"

信刚刚发出，就又想写了，其实并没有要紧事，闲谈而已。他兴奋得有点过度。下午，当他在信中谈及未来的广州之行，言辞颇带幽默："政府一搬，广东的'外江佬'要减少了，广东被'外江佬'括了许多天，此后也许要向'遗老'报仇，连累我未曾搜括的外江佬吃苦，但有害马保镖，所以不妨胆大。"接着，他报告了身体的状况，以及节制吸烟的计划。近来，他吸烟已经发展到每天三十支了。回忆在北京时，许广平深夜流泪劝戒烟的旧事，心里很难受，深觉辜负故人的好意。想到动情处，他写道："但愿明年有人管束，得渐渐矫正，并且也甘心被管，不至于再闹脾气的了……"

接到许广平12月2日来信,他的神经突然紧张起来,立即写信解释所谓"平静"的缘由,他说,惟恐牺牲别人是自己的一贯思想,但无论如何,将"害马"卖掉的意思是绝对没有的。

假使自己愿意做牺牲呢?许广平接信后,立即写信说他的怕将人当牺牲的思想是十分错误的。她说:"天下断没有人而肯甘心被人宰割,换言之,这一方出之爱护,那一方出之自动愿意,则无牺牲可言。"她认为天下是无所谓"牺牲"的,个中道理,三尺童子可知,而鲁迅这个"三尺多的小孩子"反而误解,于是下罚令道:"当记打手心十下于日记本上。"

同一天,鲁迅收到许广平的一小批礼物:三封来信,一件背心,一枚图章。自然,他很高兴,当即把背心穿在小衫外面,并告诉许广平说,这种穿法比穿在夹袄之外暖得多。他问:"或者也许还有别种原因?"

其实,不说穿比说穿了要暖和得多。几天前,许广平有信取笑他说:"'默念增加',想是日子近了的原故,小孩子快近过年,总是天天吵几次,似乎如此,你失败在那一个人手里了么?你真太没出色了。""出色"乃"出息"的笔误,鲁迅抓住这点,又带出了一小篇"胜败论"。他说:"我之失败,我现在细想,是只能承认的。不过何至于'没出色'?天下英雄,不失败者有几人?恐怕人们以为'没出色'者,在他自己正以为大有'出色',失败即胜利,胜利即失败,总而言之,就是这样,莫名其妙。置首于一人之足下,甘心十倍于戴王冠……"

简直是微醺中的话了。

鲁迅读到关于"牺牲"的阐释,还有何话说呢?但他并不承认该"打手心",只是宣布:见面时再行"争斗"。

至此,"牺牲论"的讨论方告结束。

12月底,章廷谦应聘到了厦大。

来前,由于他接到北京朋友的来信,说是厦大里有人要谋他的饭碗,想把他挤掉,一时颇为犹豫。鲁迅是主张他前来就职的,虽然也说了

"勿作长久之计","随时预备走路"的话。仍然以为可行者,理由很简单:"只要为'薪水',念兹在兹,得一文算一文。"

这种"薪水观念",给章廷谦很深的印象。

到校的第二天,他便到图书馆楼拜访鲁迅。住室的陈设是:一只小水缸,上面浮着一只马口铁的水构;水缸旁边有铜制的打汽炉,大大小小的铝锅,烧开水用的水壶;板壁上挂着若干大小不等的纸包。自然还有床、书桌、书架、脸盆、暖水瓶,以及其他的碗盏、瓢盆、桌椅板凳之类。

一间可容五六十人的大教室,被利用为卧室、书房、接待室和小厨房,既空虚又充实,既杂乱又严整。

鲁迅动手烧水了。他熟练地倒上酒精,然后打汽,点火,扭动汽门,蓝色火焰便从引擎四沿篷然而出,呼呼作响。整个房间散发着一股浓重的气味。

"常常这样吗?"

"每天大约三四次。"

"这样,如何看书写东西呢?"

"现在也惯了。"

接着,两人又从桌面上吃剩的半碟子炒豆腐干丝谈到饭菜。鲁迅说,今天这个还算好菜,可以吃下半盘;有时不但饭中带沙,炒菜也会夹带一些蚝的碎壳,那是会把嗓子给划破的。他介绍孙伏园走前的状况,说是那时连菜也没有了,只有饭,不得已买罐头牛肉吃,或者由孙伏园自己动手做。章廷谦不禁"嚯"了一声,他对孙伏园的烹调技术是很了解的。

"伏园有一次烧出一满盘血红的白菜来,我问是'什么菜?'他说,'似乎红烧白菜之类',你想'之类'上面还要加个'似乎'也就可想而知了。"

章廷谦听罢,和鲁迅一同大笑起来。

"伏园的本领比我高,"鲁迅说,"我是连'似乎'之类,也没有法子弄的。肚子饿的时候,只好吃点心和散拿吐瑾了。"

其实他是会烧菜的。有一次请吃午饭,章廷谦才发现,他竟是烹制火腿的好手:不但收拾得干净,而且善选佐料,火候也恰到好处。

就在吃火腿的当晚,当章廷谦再去看他时,发现他穿着的棉袍前身烧了一个大洞,直径约半尺左右,忙问:"酒精炉出事啦?"

"没有,"他笑了笑,"叫香烟给烧的。"

原来午饭后,章廷谦辞出时,他正坐在书桌旁边的躺椅上吸烟,大约不久便这样睡着了。

"烧伤了没有?"

"没有。"

"是被烫醒的吗?"

"没有。"

"那么,你怎么会忽然醒来的呢?"

"我也不知道,"他幽默地一笑,"忽然醒来,已经是这样一个局面了。"

章廷谦将这件遭了火灾的棉袍子拿回家去,请女工缝补好再给他。后来到了上海,他还穿过这件打了补丁的袍子。1928年8月,在给章廷谦的信中,他还特地提起这位在厦门给他补过袍子的大嫂。

在沙漠中生活,人情就是绿洲。但是,要找水,还得到广州去。

81 放 火 者

国学院会议。

代理主任张星烺传达了院长的意旨,希望国学院添设几名顾问,藉此联络感情。顾问人选,首推理科主任刘树杞。人们议论纷纷,个别有节制地表示了反对意见。

刘树杞以其同校长林义庆的私谊,得兼代理大学秘书,统摄全校,炙手可热。倘如此,也就尽管过他的官瘾去好了,何必把手插到国学院里来呢?如果对国学一窍不通的人可以作国学院的堂堂顾问,国学院将沦为什么东西?……

鲁迅发言道:假使是院长或校长的命令,那么大可以奉命遵行,倒也像是一回事;要是取决于会议的,就很想正式说几句话。倘顾问真可以联络感情,我不明白,没有顾问时,我们研究国学的人什么时候同理科等等人们失却了感情?若从联络感情计,我们的顾问实在太难请了。比如海军总司令不以为然,我们也可去请他来"顾问",恐怕不太易办吧?

顾问的设置,无非是一种现象,表明上下贪图空名而不干实事而已。会后,他告诉林语堂:不干了。

12月30日,他单独提前出题考试,次日辞去校内一切职务。

他原本打算学期结束时撤走的,现在受了刺激,只好临时改变计划。不过,他所以把时间确定在一个月的最后一天,也不是没有因由的。对于教职员的薪水,学校当局太计较了,像孙伏园,离开学校十来天的也想全月扣除。他固然不想沾放假中的薪水的便宜,但也不想在势利眼底下蒙受损失,不早不迟,不多不少,凑了一个足数,总算是人我两清了。

说是原则也罢,赌气也罢,反正他愿意这样。

一丛荒冢。

鲁迅的离去,使学生们无比依恋,尤其是文学青年。一天,泱泱社的一群,邀请鲁迅到南普陀西南面的小山岗上照相。

坟场。中国是一座坟场,厦门更是死地,过往的这些岁月便了无生气地完结在这中间。太富于象征意味了。早些时候不是编了《坟》吗?好在很快就要离开……

最使鲁迅喜欢的还是周围的龙舌兰。它高大,强壮,在铅灰色的丛冢和枯黄的坡地上,剑形叶竖起一簇簇绿色的苗焰。如果说坟代表死,龙舌兰便代表生。亦死亦生,方死方生,生命跨过死亡前进,结束和起始同时进行……

鲁迅半躺着,同学生拍了一张散漫的集体照以后,又特地挑了一座许姓祖坟作背景,单独地照了一张。他说这张照片将寄到上海,赶印到那本《坟》上去。

下午,他高兴地写信告诉许广平:"今天照了一个照相,是在草木丛中,坐在一个洋灰的坟的祭桌上,像一个皇帝……"

提出辞职以后,学生会代表马上给鲁迅送来挽留书,待知道无法挽留时,便组织了一个有五六百人参加的空前盛会,为他送行。

4日下午,又是群贤楼。校长主任之流全都来了。

校歌唱过以后,主席致送别词,称鲁迅为智德兼备的学者,大仁大勇的导师,并拿他跟孔夫子相比,以为有过而无不及,鲁迅没有想到,临走之前,还会被造成这样一个大人物。

在雷动的掌声中,他上讲台了。

"对于种种褒奖的话,只能使我汗颜,"他说,"不久以前我在北京有人骂我是学匪,不但骂,还要通缉。我着实不敢担保:今后不会有人再加我以小偷的罪名。"一阵笑声过后,他接着谈社会的改造,中国的前途,总之希望青年有一种使命感。

后来,林文庆说话了,黄坚也说话了,且称鲁迅为"吾师",简直像敷衍一个恶鬼一样敷衍他,使他感到非常好笑而又懊恼。

赴会,饯行,说话,喝酒,一连几天被弄得一塌糊涂。直到1月8日,由于泱泱社成员谢玉生的邀请,还得到中山中学做一次演讲。

这所中学的学生大多是在集美学校风潮中,被校长以"赤化"罪名开除以后转学来的。因此,鲁迅也乐于借在厦的一点残余的时间,跟他们交流思想。他从校名开始,生发出大段关于革命问题的讲话。他说,孙中山先生致力国民革命四十年,结果创造了中华民国,但是,现在只有"民国"的名目,没有"民国"的实际,"革命尚未成功",希望大家不要忘记中山先生的这句遗嘱。他还说,大家平静地生活在没有炮火的后方,自然也可以一样从事革命工作的,但是可不要忘记:革命是在前线!……

演讲完后,下午便到民钟报社去。他不能不去。此行实在使他像夏天穿湿汗衫一样,感觉浑身不舒服。

原来,关于他的辞职消息一传出,立即惹起了学生的愤慨,有的便借此攻击学校。而被攻击的一方,当然要竭力将鲁迅说得坏一些,以减轻自己的罪孽。于是,一时间谣言蜂起,其中之一说是因为胡适派和鲁迅派相排挤,所以走掉的。连鼓浪屿的日报《民钟报》也将此事写成通讯,登在报上。

自己孤身一人,根本不成其"派",更谈不上彼此的排斥与冲突,虽然与个别教员的不合是实有的事。但是这么一来,学校本身的腐败就被掩盖了。他以为有澄清事实的必要,顾颉刚等也希图及时消除这方面的影响,便约同林语堂一道向报社交涉。

报社总经理表示歉意,并答允登出启事更正。事情就这么过去了。

谁知"排挤说"的势力才见减弱,又放散了别种的谣言,说是因为"月亮"在广东,鲁迅一个人在厦大生活太苦,所以要去的。在送别会上,居然有教师公开这样说。

真是"天下纷纷,何其定乎?"

所谓谣言者,其实也并非毫无根据。

鲁迅来厦大,原来就不打算把自己完全卖给这里,用许广平信中的话来说,"旅行"而已。他们预定分头工作两年,过后总要会合的,只是当初未能把地点确定下来,即使大体倾向于广州。为此,两人都曾经不约而同地打听过厦门到广州的具体走法。这有什么奇怪呢?正如鲁迅自己说的,"如果是'夜',当然要有月亮,倘以此为错,是逆天而行也"。

恶意的中伤,无损于他分毫,甚至可以说,谣言更促成了他同"月亮"结合的决心。要知道,他根本不需要学者之流的破"面子",他是从卑贱和污辱中一直走过来的。

信中谈及高长虹时,他便说过:"用这样的手段,想来征服我,是不行的。我先前的不甚竞争,乃是退让,何尝是无力战斗。现在就偏出来做点事,而且索性在广州,住得更近些,看他们卑劣诸公其奈我何?"以前,他已经托请孙伏园为许广平在中大谋职了。由于临时的人事变动,中大副主任委员朱家骅同意孙伏园的提议,请她做鲁迅的助教。这样,两人就完完全全地可以生活工作在一起了。用鲁迅的话来说,大约也算是"将计就计"吧?

这时候,许广平却表示了双重的顾虑:其一在资格方面,而最重要的,还是政治色彩问题。

早在一个月前,谈到将任"中大女生指导"的事,许广平向他说:"指导等于舍监,也是拘束不自由,又该校此次复试,所收学生,似闻仍是两派都有,将来或仍有事情,是我当这事困难的一因,因时人已公认我们女师一部分表同情于革新的教职员为共产人(也和北方军阀一样见解,好笑),又我在中大服务,如发生问题,恐怕连累你,则还是我不在你的学校似好些。"基于这种考虑对于做鲁迅的助教,也就不免犹豫。12月30日,她写信说:"听伏园说,朱甚骂共派人争地位利害,大有右袒之意,我不是那派人,但女师风潮以后,难保没有人不诬陷,令人闻之色变,所以我的找事,左的地方入去了,就是证明我的左,或者直目为共,右的地方,又受怀疑,你引我同事,恐牵连到你自己。"

鲁迅不怕连累吗?有趣的是,这回却是他比"害马"有决断得多。

1月2日致许广平:"我近来很沉静而大胆,颓唐的气息全没有了,大约得力于有一个人的训示。我想二十日以前,一定可以见面了。你的作工的地方,那是当不成问题,我想同在一校无妨,偏要同在一校,管他妈的。"

1月6日致许广平:"至于引为同事,恐牵连到自己,那我可不怕。我被各人用各色名号相加,由来久了,所以无论被怎么说都可以。这回我的去厦,这里也有各种谣言,我都不管,专用徐世昌哲学:听其自然。"

1月11日致许广平:"助教是伏园去谋来的,俺何敢自以为'恩典',容易'爆发'也好,容易'发爆'也好,我就是这样,横竖种种谨慎,还是被人逼得不能做人,我就来自画招供,自说消息,看他们其奈我何。"又说:"我对于名誉,地位,什么都不要,我只要枭蛇鬼怪够了。……我爱'对头',我反抗他们。……他们貌作新思想,其实都是暴君酷吏,侦探,小人。倘使顾忌他们,他们更要得步进步。我蔑视他们了。我有时自己惭愧,怕不配爱那一个人;但看看他们的言行思想,便觉得我也并不算坏人,我可以爱。"最后,进一步劝导说:"不必连助教都怕做,对话都避忌,倘如此,那真成了流言的囚人了。"

拆穿了把戏,不管所有流言,偏做对头料定你不肯做的事情,这时,你便获得了胜利。

在学校当局看来,鲁迅无疑是一个蛊惑人心的危险分子,省得捣乱计,当然愿意放他走的。但是,为了对付已经开始骚动的学生,且为了图一个爱惜人才的美名,他们又必须做出另一副姿态,于是让刘树杞出面挽留,并致聘书。

各种送别会和饯行宴连接不断。一面挽留,一面送行。林文庆就亲自宴请两回:一回私宴,一回公宴。

其实,除了顾颉刚一流,林文庆也是鲁迅所讨厌的人,虽然他对作为教员的自己一直很恭敬。鲁迅总觉得他不像中国人,而像英国人,是基督徒而信奉孔子,还作过一本讲孔教的书。对于治校,他一贯好大喜功,不求实绩。由于陈嘉庚实业失败,裁减了学校基金,他便拿国学院开刀,将这个学术研究机构的预算缩减了半数,不复印行《国学季刊》,以及计划出版的教授的种种专著。鲁迅将《古小说钩沉》的稿子拿出去,不到半点钟便回到了自己手上,从此,悄无声息地长搁在箱子里了。

在正式提出辞职之前,林文庆已经料知他有去意,曾特意请他作客,他谢绝了。在通知单上写上"敬谢"两个字,就像拒赴欢迎马寅初的宴会那样,这在厦大是少有先例的。

最后的宴请,他还是勉强去了。不过,他照例做他的古怪演说,甚至讥讽主人。难怪他自己也说:"他们听到鲁迅两字,从此要头痛。"

在有几十人参加的公宴上,林文庆说,私立学校的最高权力在董事不在校长,董事是捐款人,校长只能照董事的意思办理。显然,他在借机为自己矫饰。鲁迅忽然问道:"谁都可以作捐款人吗?""自然可以,"林文庆说,"谁出的钱,谁便可以说话。"鲁迅借着醉意,从衣袋里取出一枚铜板放在桌面上,笑道:"我也来做一个捐款人,现在可以说话了吧?"林文庆觉得这个人实在难以对付,但也无法,只好当一回玩笑将铜板收下。

鲁迅来时静悄悄,临走却意外热闹了许多。

两年前,厦大曾经闹过一次很有名的风潮;现在,由于鲁迅的离职,沉寂的死海终于再度掀起了波澜。1月7日,全校贴满了"驱逐刘树杞,重建新厦大"等标语,挽留运动迅速转变成为改革学校的运动。学生自治会发动和组织了全校学生大会,成立驱刘执行委员会、罢课风潮委员会,上书当局,并发出罢课公告。除鲁迅的任课科目考完以外,其余各科考试,均因风潮而停止……

8日早上,林文庆宣布,刘树杞已自动辞去一切职务。

接着,学生会又派代表到省政府控告林文庆,教职员也要求学校实行委员制,取消校长制。这时,林文庆亲自宣传说,鲁迅到厦门,原来意在捣乱,并非准备教书的,所以北京的位置,至今也没有丢。

这样的传言又怎能吓倒鲁迅?"总算还不愧为'挑剔风潮'的学匪",——他还颇以此自得呢!1月6日,他告诉许广平说:"但我却又成为放火者,然而也只得听其自然,放火者就是放火者罢。"

1月16日,天空布满凝云。

图书馆大楼前面的黄花夹竹桃犹自灿烂地开放,而有一个人,从此是再不可得见他的影迹了。

苏州轮。

随他而去的,是几个一同离校的学生,衣箱、书筐、铺盖卷和网篮……

夜。月亮。碧玉般的水面上,一大片银鳞闪烁……

他在摊开的信笺上,诗一样写道:"总之一面是一望汪洋,一面却看见岛屿。但毫无风涛,就如坐在长江的船上一般。小小的颠簸自然是有的,不过这在海上就算不得颠簸;陆上的风涛要比这险恶得多……"

十一　梦　与　醒

抱着梦幻而来,结果从梦境被放逐而去。
但因此,他也就认识了许多:革命、政党、领袖……
失败和受骗是最好的训练,他变得更加骁勇善战了。

82　大钟楼内外

这个在北京遭到通缉的逃亡者,到了广州以后,立即成为备受欢迎的人物。

青年学生对鲁迅特别感兴趣。他们是一群天生的不安定分子,对社会现实怀有本能的不满和改造的热情,因此,自从有了鲁迅来校执教的消息,便纷纷开始打听、猜测、议论,直到中大的布告厢里出现了周树人的名字,目送他搬进庄严瑰丽的大钟楼。

从此,大钟楼成了瞻望的目标。

随着党派之间的关系进一步复杂化和紧张化,中大内部的斗争也变得日趋激烈起来。两年来,从学校领导到教员学生,政治思想基本上是两大营垒,尤以学生中的楚河汉界更分明。左派学生组织叫新学生社,还有一个社会科学研究会,由中国共产主义青年团领导,毕磊是其中得力的领袖人物。右派学生组织是由原来的民权社分化出来的孙文主义学会和树的派,还搞了一个左派青年团,学生会主席李秀然是它的总头目。右派组织的人数不多,但能量很大,一起开会时常常纠集打手,寻衅捣乱。会后,左派搞组织,他们同样以组织相对抗。在宣传方面,左派创办了《做什么?》,他们就马上出版《这样做》,针锋相对,纠缠不休。

鲁迅搬进大钟楼以后,访问者接踵而来。或新派,或旧派,或左派,或右派,或有名,或无名,或慕名,或奉命,各式各样,色彩纷呈。既有毕磊,便有李秀然;既有徐文雅,便有朱家骅。国民党的头面人物陈公博、甘乃光、孔祥熙、戴季陶等还请吃饭,送礼物,表示出罕有的热情。作为中国思想界的著名斗士,鲁迅不能不成为各派政治力量共同争取的对象。

如何应付眼前的局面呢?

他需要观察。置身于漩涡之中,稍有不慎,随时都有覆灭的可能。这是生平未尝遭遇到的全新的局面。虽然,即时的环境还不如袁世凯时代的险恶,但是复杂得很,他已经能够凭借他的敏感意识到潜在的危机了。然而危机何在?却又未能具体地加以辨识。是的,他必须把航船向前推进,而此刻最重要的问题是:把稳舵柄,绕开礁区。

对于中国共产党,应当说,鲁迅至今仍然缺乏深入的了解和基本的认识。在厦门,他只知道一个共产党的总名,到了这里以后,才知道其中尚有 CP 和 CY 的区别。即使此后接触了一些共产党人,读过他们赠阅的各种刊物如《少年先锋》、《做什么?》等,倾向于其中的革命主张,但是,他也必须保持一定的距离,即如被诬为"共产党走狗"的许广平,以被目为有"色彩"者为可怕一样。人必须能生存,然后才能战斗。至于国民党,虽然已经清楚知道其中有左右之分,但关系到个人时也都很难一一判别,何况在政界,变色龙多的是呢!

沉默是不得已的事情。

不知怎的,顾颉刚的影子也来到了广州。

岭南大学中文系的职员钟敬文,一天收到顾颉刚从厦大寄来的一封信,其中报告了鲁迅来粤的消息,使他读后非常高兴。第二天,他吃过早餐,立即去找国民党省党部直辖的报纸《国民新闻》编辑梁式,又邀了几位朋友,一同去找倾慕已久的鲁迅先生。

在大钟楼,他们先找到孙伏园。可庆幸的是,鲁迅就住在他的隔壁,只是此刻睡着还未起来。于是,他们一边漫谈,一边静静地等候。

不久传来咳嗽声,凝神听着,大家都不免肃然起来。孙伏园出去好一阵,大约是报告情况吧,结果鲁迅走过来了。他穿着一领灰黑色的粗布长衫,脚下是绿面胶底的陈嘉庚式运动鞋,面部苍黄,颧骨突出,长发而短髭,嘴上含着半段香烟,态度从容舒缓,虽然不见一丝笑影,却也没有他的文章那般凌厉的样子。是一个十分平凡的人。

谈话开始了。

鲁迅表现出相当的热情,说话深刻而风趣。回答问题时,由于担心对方听不懂他的绍兴口音,偶尔重复几遍。但是,听到对他的恭颂之词,脸上便流露出不愿听下去的神色。

黄尊生是一位世界语的提倡者,几乎一开始就发出邀请,说:"明天有一个大会,是为欢迎一个周游世界的世界语学者而开的,希望周先生参加。"鲁迅似乎对参加这样的会议并不热心,以不认识广州的路向来推却。黄尊生当即请梁式领路,梁式说:"如果周先生明天去,我便来陪行。"他只好答应了。

接着,黄尊生对鲁迅恭维了一番,说他从前在北京,曾极力提倡世界语云云。鲁迅连忙否认,说那是周作人,不是他,言下颇有点不愉快。

话题很快转到了厦大风潮,鲁迅很愤慨,谈了种种内幕,颇致叹于学校前途的绝望。突然,他问起《现代评论》,说:"许久不见了,不知道近来它的态度怎样?"

钟敬文回答说:"现在,它也渐渐赞成国民政府,像是要革命起来了。"

"是吗?"鲁迅笑道,"这才真没有法子呢!"

梁式几位请他今后常为《国民新闻》的副刊写稿,他说,怕一时找不到说话的材料,原因是没有什么可闹的事,就不会引起多写文章的欲望,而且初到一个地方,事情太隔膜,要说话也无从说起。并且解释说,半年来在厦大,不能写出什么文章来,也就是这缘故。

说到厦大,钟敬文转达了顾颉刚的好意,说是信中说鲁迅初到,人地生疏,一定有许多不便,因此嘱咐他要随时效点微劳。

不知道是顾颉刚的原话呢,或是钟敬文的托词,不料鲁迅听了,只是极简短地回答一声:"哦!"半句道谢的话也没有。

钟敬文以为鲁迅没有听清,又说了一次,而他的回答还是一声"哦!"

孙伏园看了看大家,并不插话。

大家面面相觑。

谈话的气氛马上冷了下来。

人总苦于不能摆脱世界的纠缠。次日,鲁迅果然如约赴会并作了演说。到底说了些什么呢?其实什么也没有说,说了等于没说。还不是平空赚得"新文学大家"、"世界语同志之模范"的纸冠吗?他不满意自己。

要做到彻底的沉默是不可能的。虽然,他从书本子上知道古来森严的党锢之祸,而且亲历了清末民元以来的各种险恶的风波,但是天生的好斗性格,却不容许他留在世故的茧壳里。他憎恶中庸、忍让,以此为卑怯,既然他是一个时时解剖自己、审判自己的人,就必然会从极度的克制中挣脱出来,虽则从旁人看来或许有失凶猛,而显得格外沉重与迂回。总之,他不能放弃他的文明批评和社会批评,他知道那是他的使命。即如蜜蜂,有刺便用,一用便丧失掉自己的生命也在所不惜。这是无可如何的事情,正如这种两难的状态构成了他的基本命运。

1月25日,才隔了一天,鲁迅又出席了以学校特别党部和学生会名义召开的欢迎大会。

大会由朱家骅主持并致欢迎词,他说,周先生是思想先驱者,新文化的革命家,杰出的战士,诸如此类。又是纸糊的假冠。

说完,朱家骅走到旁边,向一个个子矮小的长发布袍的人鞠躬,请他演说。呵!鲁迅先生就是他?他就是名作家、思想界的权威者?这时,掌声像大海的浪潮一样哗然响了起来……

鲁迅把腰微微一屈,站起来踱到了讲台前面。

庄严静肃的大礼堂。楼上楼下,密密麻麻坐满了学生,他们正屏息等待着一个导师的慷慨激昂的演说。

然而,他却慢吞吞地用低沉的声调开口了。

他说:"开欢迎会这件事是不大好的,因为我实在没有什么值得欢迎。现在欢迎了,不说话不行,要说又无话可说。朱先生说我是'革命家',我这个人能有什么'革命'?和章士钊斗就算'革命';当时,我在教育部当差事,章士钊把我的差事给撤了。我有一个老娘要养活,没有钱了,当然要斗,不给饭吃,就斗到底!就是这么回事,这能算'革命'吗?因此我要申明,我并非什么'革命家'和'战士'。如果我真是一个战士,便该不来广东了,应该留在北京或厦门同恶势力作斗争,然而,我现在是悄悄地到了广州了……"

他说得很轻松,幽默,的确没有沾带一点战士的火药味儿。

"从前我很惹人讨厌,这里也讨厌我,那里也讨厌我,实在无地可跑了;这时恰好中山大学委员会打电要我来这里,"他咽了一口唾液,继续说道,"我为什么要来呢?听人家说,广州是很可怕的地方,而且赤化了!既然这样,我就想来看看究竟是怎么回事……"

说到广州印象,他的声调依然是那般平缓。他说:"我到这里快一个礼拜了,并没有看见任何可怕之处。据我两只眼睛所看见的,广州比起旧的社会,不见得有什么两样。纪念列宁的电影,还有许多工会的组织,在外省确实看不到,但这也并不稀奇,原来是很平常的现象。说是'赤化'罢,连红颜色的东西也不大看见。街上的红布标语,中间也还用白粉写的字——'红中夹白'。我是从来不'革命'的,我对这种革命还有点害怕呢!……"

能够说害怕革命吗?怎么可以攻击"革命的策源地"呢?鲁迅未免太放肆了!在热烘烘的革命舆论中成长的青年,自然少有思考所在环境的本质,像这样一盆浇头冷水,怎么能不使他们感到震骇!一个自称不是"战士"的战士,就这样不期然地开始发起攻势了。

可是,谁也不曾怀疑他的坦诚。他睐了睐眼,习惯地把全场环视了一遍,然后说道:"广东实在太平静了,因此,刺激和压迫,也不免太少了,诸位青年不知是何种感觉,我是觉得不大舒服的。因为我从前受的刺激和压迫太多了,现在忽然太轻松了,反而不高兴起来。我好比一个老头儿,本来负着很重的担子,负惯了,忽然把担子从肩膀上放下来,一定觉得像少了什么似的,怎么可能高兴呢?"他也提高了嗓子,大声地说:"这个时候,我以为极像民元革命成功的时候。大家不要以为目的没有了,要做的事也做完了,个个觉得很舒服了,这样下去是不行的!许多要做的要建设的还未着手,我们必须紧张一点……"

他的眼睛闪闪发亮。最后,说到文艺运动,便如剥茧抽丝般一气往下说:"文艺这东西是不可少的,究竟我们还有意思,有声音,有了这些便要叫出来,我们有灵魂,得让它叫出来使大家知道。虽然有的是旧的意思,有的是新的意思,但不论新旧,也当一齐叫出来……有的以为怕人家骂,这也不要紧,若是没有人骂,反而觉得无聊得很。好比唱戏,台下的拍掌喝采,固然要唱下去,就是喝倒采,也要唱下去,唱完了才算……思想旧也不要紧,也可以发表,旧的对于新的来说不是全无意义的。有了旧的,才可以表示新的。有了旧的灭亡,才有新的发生,旧思想的灭亡,就是新思想的萌芽了……我以为文艺这东西,只要说真话,暂时总可以存在的,至于将来,可也不必管它,现在是过渡的时代。不过,新的运动也该开始了!……"

学生坐不住了,变得骚动起来了。

他挥了一挥那双瘦硬有力的手,口号般说出了最有力量的话:"现在不是沉静的时候了,有声的发声,有力的出力,现在是可以动了,是活动的时候了!……"

演说告终,长时间的掌声淹没了所有活跃的思考……

他溜了出来,学生们也一起跟着他向门外拥去,把他重新包围起来。问题连珠炮式地发出来,简直无法应付。他诚挚地说了许多话以后,才脱离了大家的包围,回到大钟楼去。

从此,他便没有安静的时刻。题字的,谈话的,求序的,问难的,一天到晚地闹个不已。

演说也还做过几回,这实在是无法逃避的事。临时到来一班青年,连劝带逼,便绑架似的拉将出去。于无可奈何之中,只得自作规定:演说以十分钟为限。这样,他又觉得自己是到"革命的策源地"来做洋八股了。

鲁迅在广州的活动,成了广州地方报刊的热点之一。

新闻、评论、肖像,不断刊登出来,甚至有人开始研究他的胡须了。与初到厦门的气氛相反,一时间,真是热闹得可以。

"我们久处在这工商业化的广州,心灵真是感觉得枯燥极了,烦恼极了:我们很希望鲁迅先生能多做些作品惠与我们,给我们以艺术精神上的安慰。同时,希望先生继续历年来所担负的'思想革命'的工作,引导我们一齐到'思想革命'的战线上去!"《广州民国日报》副刊《现代青年》的文章,喊出了广州知识青年的心声。

鲁迅的讲演,即使是批评,青年也一样报以积极的热烈的响应。张迂庐著文说,鲁迅是"敢于向牛鬼蛇神正视的","最有对待叭儿狗的本领"。毕磊写道:"广东文坛实在太寂静了","我们必须用全力来打破,用全力来呼喊,在这沉静的沙漠上猛喊几声。"刘一声第一次这样指出鲁迅的战斗特点:"有人说过他是用医生诊视病人的态度去写小说的。这话如果不错,那么,他当然是用泼皮打狗的态度去写论文的了。在前者,他用的是解剖刀,在后者,他用的是短棒。他对于封建社会和它的遗孽是如此的仇视,憎恨到使他丢了医生的解剖刀,变成泼皮,拿起短棒,去和他们相殴打。"又说:"他的攻击法是独战的,不是群众的,所以他不高喊冲锋陷阵的口号,只是冷笑,呐喊。"最后,他用了激烈的反诘语气鼓动说:"两广的青年呵!我们欢迎鲁迅,我们认识了鲁迅么?我们有决心和勇气去创造这个新时代的使命么?"

这时,广州的民气的确很盛,没有谁指责鲁迅犯了"攻击罪"。

83　香港三日

广州。香港。汽轮缓缓行进。

2月18日这一天,鲁迅应了香港《大光报》的邀请,到香港青年会演讲。许广平相陪前去作翻译,同行的还有前来联系的青年叶少泉。

清晨,细雨霏霏。此刻,既不像赴厦时的繁杂,也不像来粤时的紧迫,心情是许久所没有的宁静,浑然如水天一色。虽然天气并不晴朗,但也并非阴暗,而且雨丝柔柔的并不冷。

许广平就在身边。本来,趁尚未开学的机会,出去玩玩也不错。无奈前些天游越秀山时伤了脚,至今未愈,到街上闲走是不行的了。然而,即便如此,也很好的。

奇怪的是船上有一个商人,不知怎的,竟知道鲁迅的名字。他很为鲁迅担心,以为这次赴港很可能会遭到谋害,说:"你老远跑到广东来教书,如果无端横死,作为广东人将会觉得抱歉的。"于是,他一路上替鲁迅谋划,禁止上陆时如何脱身,到埠捕拿时如何避免,等等。到埠以后,却不见有任何动静,而他还不放心,临别时再三叮嘱,说遇到危险可以找他,或躲避到别的什么地方。说完,留下地址才走。

其实,人到了香港还是安全的,并没有意外的干扰。船抵省港码头,发起人赵玉振随即驱车将鲁迅一行三人接到中华基督教青年会下榻,演讲会场也借用了青年会的礼堂。按照青年会的惯例,凡听讲的都要预先领取入场券,这一回,听说有一批来历不明的人索去不少,然而并不入场。这样,会场多少显得有点冷落,但是无碍于演讲的照常进行。

——《无声的中国》!

鲁迅从祖先留传给我们的可怕的遗产——文字和语言,说到思想感情的交流和传播之难,以致不能说话,互相隔膜。"我们受了损害,受了侮辱,总是不能说出些应说的话。"他说:"拿最近的事情来说,如中日战争,'拳匪'事件,民元革命这些大事件,一直到现在,我们可有一部像样的著作?民国以来,也还是谁也不作声。反而在外国,倒常有说起中国的,但那都不是中国人自己的声音,是别人的声音。"

我们需要声音,自己的声音,现代的声音。可是直到现在,中国人又继续耍着旧戏法,鲁迅不禁发出心底的浩叹。"要恢复这多年无声的中国,是不容易的。"

他认为,单是文字改革或文学革新是不够的,因为腐败思想,能用古文做,也能用白话做。因此,思想革新的提倡是必然的,那结果,便是社会革新的发生。

说到社会革新,他说:"中国人的性情总是喜欢调和,折中的。譬如你说,这屋子太暗,须在这里开一个窗,大家一定不允许的。但如果你主张拆掉屋顶,他们就会来调和,愿意开窗了。没有更激烈的主张,他们总连平和的改革也不肯行。"鉴于中国的民族性格,他发挥一贯的反中庸思想,坚决主张使用过激的手段,因为事实证明:在失去常态的社会里,也只有非常的手段才是正常的,切实可行的。

时代不同,情形也就两样,香港已经不是孔子时代的香港了。他列举了世界上几种殖民地民族如埃及、安南、朝鲜、印度,名为"没有声音的民族",特别地加以暗示:在英帝国主义控制下的香港是一样没有声音的。

面对会场上的青年,鲁迅以煽动性的语言,说出自己的希望。他说:"青年们先可以将中国变成一个有声的中国。大胆地说话,勇敢地进行,忘掉了一切利害,推开了古人,将自己的真心话发表出来。——真,自然是不容易的,譬如态度,就不容易真。讲演时候就不是我的真态度,因为我对朋友,孩子说话时候的态度是不这样的。——但总可以说些较真的话,发些较真的声音。只有真的声音,才能感动中国的人和世界的人:必须有了真的声音,才能和世界的人同在世界上生活。"

结论是:或者抱着古文而死掉,或者舍掉古文而生存,二者必居其一。

演讲原定两天,第二天是孙伏园,因为没有来,便由鲁迅代替他了,这一次的题目是:《老调子已经唱完》。这里说出了一个怪现象:本来,凡是老的和旧的,都已经唱完,或将要唱完的。可是,中国的老调子就是唱不完!

所谓的"特别国情",大约就是指此。其实,老调子已经将中国唱完好几次了,只是仍然可以唱下去。为什么?有人以元朝的蒙古人和清朝的满洲人为例,说他们所以也跟着唱起我们的调子,就是因为中国的文化具有巨大的同化力的缘故。那么,所谓"同化"是怎样产生的呢?鲁迅指出,那是因为蒙古人和满洲人的文化比我们落后得多,倘使别国的文化同我们的相匹敌或更进步,情形便大不相同了。现在不像元朝清朝的时候,现在的外国人,已不比蒙古人和满洲人,他们的文化并不在我们之下,怎么办?

惟一的方法,首先是抛弃老调子:旧文章,旧思想,旧文化。"我们的老调子,也就是一把软刀子。"鲁迅特别强调说:"中国人倘被别人用钢刀来割,是觉得痛的,还有法子想;倘是软刀子,那真是'割头不觉死',一定要完。"

常常有人以外国人的赞美,证实中国文化好得很,应该保存。这恰恰是软刀子。鲁迅认为,中国的传统文化与现今的民众的生存毫无关系,所以也就毫无益处可言。"中国的文化,都是侍奉主子的文化,是用很多的人的痛苦换来的。无论中国人,外国人,凡是称赞中国文化的,都只是以主子自居的一部分。"鲁迅总结道:"保存旧文化,是要中国人永远做侍奉主子的材料,苦下去,苦下去。"

关于中西文化,鲁迅并没有陷入沙龙中的才子们那种自以为高妙的玄思。他有他的价值取向。他的观点是质朴、坚实的,渗和着由痛苦的个人生活所培养起来的生命情感的全部内容。

鲁迅指出,大凡称赞中国旧文化的,多是住得安稳的阔人,他们怎么能不再唱那些老调子呢?而对于没有金钱没有地位的单纯的青年,他认为,第一是跨出房门,走向社会;其次是自己想想,想到就做。跨出房门是危险的,其实做人便总有些危险,要不危险,除非进牢狱。但是,坐监却又独独缺少自由。贪安稳就没有自由,要自由就要担风险,这是无法两全的。

每次演讲,都为香港青年留下两条可供选择的道路。其实他知道,能为他们所接受的道路只有一条,这就是:生存和自由。

他把话说完,第二天一早,便同许广平一起坐小汽船走了。

在香港,尊孔读经、保存国粹的复古空气非常浓厚。政府总督金文泰亲自发起提高香港学生的汉文程度的运动,办法是"多读经史",并且对各个学校做出有关经义考试的严格规定。中国幅员广大,各地的政治、文化状态发展不平衡,像厦门、香港就颇不同于北京和广州。这里,基本上是原封不动的疆土,殖民政策与固有的封建文化合流了,而商品经济还来不及发挥它的巨大的破坏和瓦解作用。鲁迅的演讲,实际上是重复七八年前一些文章里的精神,用他的话来说叫"老生常谈"吧?七八年过去,还不见得有什么改变,本来这是很可悲哀的,然而又有什么办法?既然当局要唱他们的"老调子",他也只好唱自家的"老调子"奉陪了。

2月25日,鲁迅写信给章廷谦,发牢骚说:"我在这里,被抬得太高,苦极。作文演说的债,欠了许多。阴历正月三日从毓秀山跳下,跌伤了,躺了几天。十六日到香港去演说,被英国人禁止在报上揭载了。真是钉子之多,不胜枚举。"接着又说:"我想不做'名人'了,玩玩。一变'名人','自己'就没有了。"

不做"名人"就能保存"自己"吗?就可以避免类似的名人的苦恼吗?他没有说。

84 改造"沙漠"的工作

3月1日,中山大学举行开学典礼。

鲁迅发表了照例的十分钟演说，谈的是读书与革命。他除了开头引用孙中山遗嘱中的一句话以外，丝毫没有动用时行的漂亮的理论，倒是从多少显得有点灰色的进化论和人性论出发，阐述关于社会革命的思想。这是很独特、很有意味的。

他说，人本来是进化的，前进的。前进即革命，故青年人尤应是革命的。但是后来变得不革命了，这是违反人类本性的堕落，用宗教家的话来说，就是受了魔鬼的诱惑。因此，必须通过教育，训练，学习，使丧失了的本性回归。回复本性，就是向前进行到革命的地方。不过，读书可以读得革命，也可以读成不革命或反革命的。他曾经在另外的地方说过，革命不是什么特别可怕的东西。革命就是革新，其实是与社会的进步联系在一起的。在这里，他要求中大学生一面读书，一面革命，强调这样一种使命感，即把个人同社会的命运考虑结合起来。

"要改革的地方很多：现在地方上的一切还是旧的，人们的思想还是旧的，这些都尚没有动手改革。我们看，对于军阀，已有黄埔军官学校同学去攻击他，打倒他了。但对于一切旧制度，宗法社会的旧习惯，封建社会的旧思想，还没有人向他们开火！"在说到改革的现状和任务时，他是主张政治军事和思想文化两条路线的斗争同步进行的。所以他说，以从读书而来的东西为武器向旧制度进攻，便是中大青年的责任。

鲁迅指出，责任是长期的，工作是艰巨的。他说："有许多早就应该做的，古人没有动手做，便放下了，于是都压在后人的肩膀上，后人要负担几千年积下来的责任。这重大的事，一时做不成，或者要分几代来做。"一代人能够完成的责任，却偏偏留给后一代去完成，这对于人类进化的历史来说无疑是一种罪过。吃苦，吃力，在现在的社会状况之下，也只能这样。

讲话中，他同时描绘了一种理想人格。

在课堂上讲授创作论时，鲁迅曾经引用厨川白村的《苦闷的象征》里关于"两种力"的描述："有如铁和石相击的地方就迸出火花，奔流给磐石挡住了的地方那飞沫就现出彩虹一样,两种的力一冲突,于是美丽的绚烂的人生的万花镜,生活的种种相就展开来了。"他发挥说,迸出火花的两种力是社会矛盾,是矛盾着的两种社会力量,是光明与黑暗、前进与倒退的斗争。就是个人,身上的矛盾也是根源于社会矛盾的。只有深刻地意识到了自身矛盾的人,才能产生痛苦的撞击与冲突,发出美丽绚烂的火花。也就是说,没有矛盾和痛苦的人,安稳的人,平和的人,他的人生是暗淡的。

鲁迅讲课,常常越出文科知识的范围,引导学生正视社会,审视人生,带着理想教育和审美教育的性质。因此,同北京厦门的学生一样,广州的学生也很喜欢听他的课。由于听众太多,讲课就不能留在教室里了,只能搬到大礼堂去。上课时,大礼堂里坐满了人,连四周的窗台也坐满了人,更多的,是站在门窗以外。

他讲授的课程是:文艺论、中国文学史、中国小说史。如果专门教书,还是有一点闲暇的,不意套上了文学系主任兼教务主任的头衔,于是不但睡觉,连吃饭的工夫也没有了。

做"主任"之类是他万分不愿意的,早在厦门时期,他便几次在信中表示拒绝的意思,到了广州以后,也因为他的推辞而推延了一段时间。由于感于校方的信任和礼遇,最后,他还是答应下来了。

从此,开始了他在广州的"忙碌的时期"。

在这期间,他不时向朋友发出无奈的喟叹:"学校大事,盖无过于补考与开课也,与别的一切学校同。于是点头开会,排时间表,发通知书,秘藏题目,分配卷子……于是又开会,讨论,计分,发榜。工友规矩,下午五点以后是不做工的,于是一个事务员请门房帮忙,连夜贴一丈多长的榜。但到第二天的早晨,就被撕掉了,于是又写榜。于是辩论:分数多寡的辩论;及格与否的辩论;教员有无私心的辩论;优待革命青年,优待的程度,我说已优,他说未优的辩论;补救落第,我说权不在我,他说在我,我说无法,他说有法的辩论;试题的难易,我说不难,他说太难的辩论;还有因为族人在台湾,自己也可以算作台湾人,取得优待'被压迫民族'的特权的辩论;还有人本无名,所以无所谓冒名顶替的玄学底辩论……"后来,当他回想起这时的无休无止的辩论时,不禁叹道:"人是多么和有限的生命开着玩笑呵。"

两个月前,《华盖集续编的续编》便已基本编定,本想在开学以后找一个较为宽余的机会再看一次的,可是鉴于目前的形势,决意不再往下拖了,匆匆定稿便寄到北新去。把厦门所做的短文,附进《华盖集续编》,本也应当了结倒霉的华盖运了,谁知道,在广州会不会重又华盖罩顶呢?

晚雨初晴,月影绰约。

中大的几个学生来到大钟楼,邀请鲁迅参加他们的文学组织——南中国文学会的成立会。他没有推辞,立刻同大家一起下楼,穿过湿漉漉的操场草地走了。

东如茶楼。太白厅。上楼时,这里已经有好几个人在等候了。周鼎培、林长兴、杨仪、祝庚铭等,一共二十人左右。

鲁迅靠窗坐下,大家很快就漫谈起来了。

因为来的多数是中大学生,又值开学不久,大家都不免有点庆贺的意思,由衷地表示说:"先生担任学校的文学系主任和教务主任,我们感到特别高兴!"

"我从厦门来时,原来并没有约好做'主任'的,到了广州,接待人员便把我的行李搬进大钟楼,据说那房子是非主任不准住的。既然如此,那么就是主任了。"回答颇有点自嘲的意味。

接着,学生坦率地向鲁迅倾诉了自己的心愿:南中国文学会准备办一个刊物,希望他能给予支持,为创刊号写稿。此外,他们还请鲁迅介绍自己的创作道路,提问一些有关文学的根本问题。

鲁迅说:"文章还是你们自己先写好,我往后再写,不然人家会说鲁迅又来广州找青年为自己捧场了。"

"我们都是穷学生,如果刊物头一期销路不好,就不一定有本钱出第 2 期了。"

"要刊物销路好也很容易,"鲁迅笑了笑,说:"你们可以写文章骂我。骂我的刊物,销路总是好的。"

大家全都笑了。座中的气氛顿时变得热烈起来。

鲁迅看了看大家,认真地说:"我走过的路不好走,而且对你们也未必合用,各人应该有各人的路子。"

他接着回忆起给自己的创作带来深刻影响的少年生活,感慨地说:"从前,人们看我像王子一样,但是后来又看成叫化子都不如了。我觉得,这不是一个人住的社会,于是从那时候起,我就痛恨它了!"

"先生,您没有见过资本家吧?"

"我过去从未见过资本家,到了厦门大学,却的确见到了,并且很吃了一点他们的气。"

他结合自己的经历,表白了自己一贯的文学主张。他认为,文学作品必须把社会上的黑暗势力真正地表现出来,加以痛斥和打击。说着,他从个人创作中举了一些例子,主要是《呐喊》和《彷徨》里的作品。他问大家有没有读过《阿Q正传》?看不看得懂?他说,阿Q确是集合了许多人的特点写出来的,主要是为了暴露国民性的弱点,使大家警醒的。谈得最多的是《祝福》。他说,在这样的社会里,祥林嫂是没有办法摆脱她那悲惨的命运的;问题不在于她能否冲破黑暗的环境,问题倒是在于中国人能否了解这个社会的黑暗。

谈到对青年的看法,他说:"现在有些青年的思想太矛盾。"这里触及的,仍然是他几年前说的"二重思想"问题。比起一味僵化的旧派,"二重思想",也许不失为某些新派人物的一大特点。

对于各地因受迫害而转学中大的学生,学校进行了一次考试,按成绩取录和编级。于是,有些成绩不好的学生非常不满,甚至把成绩榜撕毁了,说:"我们是因为革命才受迫害的,成绩不好,也应该得到谅解。"针对这种情况,鲁迅说:"革命是不会要求谅解的,既要革命,又要人谅解,那么革命就大可不必了。"对在座的文学青年,好像是特意的提示,他详细地谈了关于人的素质问题。

一边讲，一边不断地抽烟。那是市面上最便宜的彩凤牌。人在烟雾中，仿佛大家都同时感觉到了一种哲学的深隐的蕴味，他的话，的确不是一下子可以完全听明白的。

广州的文化空气相当岑寂。没有文学社团，没有文艺书出版，没有像样的文艺书店。双门底的旧书店和广雅书局卖的是线装书，丁卜书店虽然有些理论性读物和新作品，但是太少了，而且它的经营带有商业性质，店面兼卖床上用品之类，根本不可能满足文学青年的需要。

鲁迅决计办一家书店，同创造社的出版部一起"挑拨"一下。

孙伏园初来广州的时候，已经有这样的打算，结果，在芳草街44号楼上找到几间屋子，专意等书的到来。但不久，他便漂流到武昌去了，只余下几间空空洞洞的屋子交付给鲁迅。

这回该轮到鲁迅卖书了。他一面向北新书局要书，一面催促未名社把出版的书刊寄来，但目前仍旧是空空洞洞，只得将空房子锁起，从自己的腰包陆续掏出六十元钱抵付房租。总算在开书店了。他颇为得意地对许广平说："虽然没有书，然而这是可以支持的，中山大学总还不至于欠教员的薪水。"

等到书籍陆续寄到以后，他却以为太麻烦，又不想把自己投入到数铜钱一类的活计里去。钱是有用的，然而又是可恶的。著书毕竟不同于卖书。他找许广平商量说，不如托一个熟人随便出掉它算了。许广平建议由她的妹妹许月平料理代售业务，鲁迅很高兴，立刻同意了。接着给书店起名目，他以为书籍多是北新书局的，而这里又不是书局，倒是前房摆书后房住人的一般人家，便叫做"北新书屋"。

书屋开始的营业还不错，大约五个月以后，却随着鲁迅的辞职而关闭了。结账时，不但没有赢利，倒亏了差不多一百元。

播下的种子未必全部腐烂，但是，开书店的计划究竟失败了。

失败：鲁迅的主题。

几十年间，失败成了他的主要经历，因此也就同时成了他长时期痛苦思索的问题。回顾整个的中国历史，又何尝不是一段长长的失败的纪录呢？所幸者，还有一群前仆后继不断奋斗的人，如孙中山，便是出色的代表。民国的成立，可以说是他的成功，但是现今所以仍然要进行北伐战争，就说明了民国只是一个虚名，实质上已转为失败。可宝贵的是，中山先生不是那类轻易被胜利冲昏头脑的人物，他清醒地意识到这一点，所以至死还说"革命尚未成功，同志仍须努力"的话。这句遗嘱，是鲁迅经常提起的。革命成功而不叫喊成功，仍然寄希望于永远的革命，这才是真正的革命者。他所以对孙中山怀抱敬意，与其说是事业上的，无如说是人格上的。中国人每以成败论英雄，鲁迅却不然，往往从失败的英雄身上发现人格的光辉。

没有人会记起那些失败的、已故的战士，中国人太健忘了！……

……灯光的绚丽并不稍弱于炮火，在学校里，晚上来看演戏的特别多，他们高声哗笑着，拥挤着，连凳子也踏破了几条，比平日的集会显得更其热闹……

这就是孙中山先生的纪念日，死者的纪念日。

即将临近的黄花节，也该一定极其热闹的吧？在热闹场中，鲁迅又一次深深地感到革命家的孤寂与伟大。他想，恋爱成功的时候，一个爱人死掉了，只能给生存的那一个以悲哀，然而革命成功的时候，革命家死掉了，却能每年给生存的大家以幸福。同是爱，结果竟如此地不同！……

夜里，独坐着想起黄花节，想起埋葬于黄花岗的七十二烈士，想起孙中山以及其他的先驱者，早先的一些感受又从心头浮现了出来。他决意为死者和生死写一点文字，这便成了来广州以后的第一篇文章：《黄花节的杂感》。

他悲愤地写道："久受压制的人们，被压制时只能忍苦，幸而解放了便只知道作乐，悲壮剧是不能久留在记忆里的。" 3 月 29 日的战事虽然失败，由于中华民国的出现，牺牲的战士便成了革命成功的先驱，悲壮剧刚要收场，又添上一个团圆剧的结束，这于生者是很可庆幸的。然而，纪念烈士的办法就仅仅在于热闹一通吗？他认为，加紧做自己应该做的工作，才是最好的纪念方式。

这是因为，为烈士所奋斗牺牲的目标至今没有达到，在某种意义上说，甚至永远也无法达到。他写道："所谓'革命成功'，是指暂时的事而言；其实是'革命尚未成功'的。革命无止境，倘使世上真有什么'止于至善'，这人间世便同时变了凝固的东西了。"所以，那些无论何时何地，永远宣布革命为大好形势者是说诳者。这样的论调，与其说是鼓舞人心，毋宁说是麻痹斗志。事实上，由于战士的牺牲，一方面固然培养了花果，但同时也生出了一批专事赏玩、攀折和摘食花果的人们。

黄花节的一天，他应邀到岭南大学的纪念会上作了一次演讲，说的仍然是关于失败与成功，前驱与后继一类的内容。他太执著于某一个思想了。

当天下午，他从大钟楼搬出，移居白云路上的白云楼。

85　"文学无用"论

鲁迅离京的时候，许寿裳曾托他在南方谋职，然而到了乌烟瘴气的厦大以后，却一直苦于找不到机会，为此，常常在信中向许广平吐露内心的不安。后来，他把事情转托孙伏园，终于在中大找到了一份教职。待他来到广东，亲自接洽以后，立刻写信催促许寿裳南下。

经过一番辗转而重逢故友，别有一种愉快。鲁迅得悉许寿裳到达广州的讯息，因脚伤不便行走，便请许广平立刻驱车接来。

大钟楼上，于是有了两张书桌，两副床铺，分别安置于屋内对角线的两端。从当晚开始，直到开学前十多天，鲁迅每日同许寿裳、许广平一起吃馆子，看电影，上公园，逛书店，星期天犹作远足旅行。许寿裳发现，他是少有这种豪兴的。

大钟楼大而无当，深夜有十几匹头大如猫的老鼠赛跑，清早有成群的工友在门外引吭高唱,晚饭过后,鲁迅方面的来客络绎不绝,大谈而特谈,大约到11时才散,客散以后,鲁迅才开始写作,有时至于通宵达旦。许寿裳习惯早睡早起,但各行其是,互相间丝毫也不感到窒碍。

3月中旬,鲁迅开始找房子了。

各种访问对他的干扰实在太大,他总想静下来专注于他的工作,而且天性又不是那种喜欢热闹的人,后来他听说顾颉刚要来中大,尤其是在文科主任傅斯年那里获得证实以后,便再也呆不住了。他对顾颉刚讨厌到了极点,只要中大接受了顾颉刚,那么辞职对他来说将是必然的选择。但他不想在辞职以后脱离中大,好像早日独立出去,就可以免除悬想中的某种屈辱似的。莫名其妙的洁癖。

租赁的房子是白云楼26号二楼三房一厅的一组。鲁迅把南向的最大的一间让给许寿裳,他住偏西的一间,把相挨的另一间留给许广平。楼下两侧是走廊,螺旋式的楼梯是二三楼共用的通道,会客厅就在入门处,有长方形的窗子正对着马路。饭厅也设在这里,三个人常常一边用饭,一边讨论问题或者聊闲天。

白云楼确乎是一个清静的所在。鲁迅的窗下有一条河涌,小艇往来其间,时有疍家妹的歌声荡起;远处,还可以望见如练的珠江,数点帆影,一脉青山……

是应该做点什么事情的时候了!

记得一个多月以前,《新时代》登了一篇文章,题目是《鲁迅先生往哪里躲》,里面说:你不要尽在大学教授室里编你的讲义,更不要只叫青年们尽情地喊和尽量地写,而自己却默然无语。希望你不要做"旁观者",继续"呐喊",喊破沉寂的广州青年界的空气,这是你的使命。如此社会,如此环境,你不负担起你的使命来,你将往哪里去躲?虽然写得很严厉,很尖锐,但他知道那是广州青年的好意,于是教许广平以《鲁迅先生往那些地方躲》为题,回答道:他是需要"辗转"的生活的,他是要找寻敌人的,他是要看见压迫的降临的,他是要抚摸创口的血痕的。等着有终竟到来的机会,他就有文章可做了……

这机会还要等到什么时候呢？想起青年的忠告和许广平的答复，鲁迅便感到愧赧。可以自慰的是，搁置许久的《眉间尺》，终于在日内完成了。

那是一个古代的复仇故事。

复仇是他热爱的主题。有失败便有复仇，它们是孪生兄弟。

这里写的眉间尺是一个尚未长成的少年。以十六岁的年龄负担复仇的使命未免太早了，但是没有办法，青年一代的命运就是这般沉重！在眉间尺动身报仇之前，小说通过一个打鼠的场面刻画他的优柔性格。开始，他对老鼠的落水感到畅快，继而目睹它丑陋的形体而产生憎恨，用芦柴把它按下水底，但又因了它的小红鼻子而觉得可怜，如此反复几次，终于在惊觉间将它踏死。这时，他又觉得很可怜，仿佛自己做了大恶似的，非常难受。他蹲着，呆看着，站不起来。

显然，这里有着同顾颉刚调侃一下的意味。

然而眉间尺复仇的对象毕竟还不是一匹老鼠，而是强大得无法比拟的国王。因为王妃生下了一块铁，国王知道是异宝，便决计用来铸一把剑保国防身。不幸的是，眉间尺的父亲偏偏是被选中的铸工。他深知国王善于猜疑，又极残忍，一定会在宝剑炼成之后把自己杀掉，于是把雄剑留给后一代，只把雌剑献给国王。果然，第一个以血饲剑的人就是这铸工。为了防鬼魂作怪，还把他的身首分埋在前门的后苑。历代统治者都有一种病态的疯狂。小说写他在宫内常常感到无聊，常常要发怒，无论无聊或发怒时，"总想寻点小错处，杀掉几个人"。

这样，代替眉间尺报仇的强者出现了，那是一个名叫宴之敖的黑色人，他无条件地牺牲自己，但又拒绝"义士"一类名称，以为是莫大的污辱。他对眉间尺说："仗义，同情，那些东西，先前曾经干净过，现在却都成了放鬼债的资本。我的心里全没有你所谓的那些，我只不过要给你报仇。"另外，还有一段很深沉的自白："你还不知道么，我怎么地善于报仇。你的就是我的；他也就是我。我的魂灵上是有这么多的人我所加的伤，我已经憎恶了我自己！"他把自己同众多不幸者的命运一起背负在身上，悲愤是深广的，仇恨是强烈的。他知道复仇所需的代价，因此必须把眉间尺的剑和头抓在手里，当然，这是不得已的事。当他提起眉间尺的头时，不禁对着温热的已死的嘴唇接吻两次，并且冷冷而且尖利地笑起来。他怀有热情，但又极其冷峻，他的爱全部消融在火一般的仇恨里了。

的确，黑色人是善于报仇的。在强权者面前，他非常讲究策略，决不蛮干。他利用国王戏弄生命的习性和无聊透顶的心态，诱至金鼎旁边看眉间尺的头在沸水中跳舞歌唱，然后掣动青剑，将国王的头劈落鼎里。当两头在水中死战，眉间尺被王的头咬定不放时，也就是黑色人献身的机会了，他从容地劈下自己的头，入水以后，即刻径奔王头，死劲咬住王的下巴，撕得王头合不上嘴，直咬得王头眼歪鼻塌，满脸鳞伤，气息奄奄，沉到水底里去。这就是黑色人的韧战精神。

鲁迅曾经使用过"宴之敖"的笔名，在黑色人的身上，分明赋予了自己的复仇性格和战斗激情。

黑色人唱的歌深奥古怪，其实，鲁迅是故意弄成这个样子的。一来为了表明，真正的战士，其复仇的行动本不易为一般的人们所理解。小说里所安排的眉间尺途中受困的情节，与黑色人的歌唱是有着内在的联系的。复仇的战士无形中成了示众的材料，眉间尺那种"怒不得，笑不得，只觉得无聊，却又脱身不得"的状态，同样包含了作者的自我注释。再者，通过复调的运用和叹词的设置，以有限的几个实词，强化复仇的内容，明显是剑与血之歌。

意味深长的是，这战歌几乎每首都突出一个"爱"字，爱乎爱乎，爱乎呜呼……

爱未尽是轻柔的，爱是刻骨般沉重的东西。

正是由于鲁迅对赖以生存的中国土地怀有一种类似"恋母情结"般的感情，所以才选择了文学作为自己的终身事业。可是，他永远潇洒不起来，不像别的作家那样至少有一份虚拟的快乐。在他的文学世界里，满布着痛苦的喧嚣和坚忍欲裂的哑默。他珍重这种痛苦。当他一旦意识到时代需要火与剑的毁灭的力量,而且在革命战争的进程中因兴奋而备感旧世界的撕扯与崩坏时,竟把自己所热爱的文学价值都给否定掉了。

4月8日晚间,他在应修人的陪同下,在黄埔军官学校作了一次题为《革命时代的文学》的演讲,其中说的就是"文学无用"论。

这是他第一次公开表白的文学社会观。两个月前,他还曾表示过对于文艺运动的热忱,虽然演讲的对象可能对内容和调子会产生一定的影响,但是最根本的是个人思想的变化,至少表明了某些视角的偏移。鲁迅未必是固执的,他不间断地解剖自己,扬弃自己和改变自己,然而又是固执的,他永远不会放弃对现实问题的关注,以及对社会进步的信仰。

演讲开始时,他宣布了自己对前人所讲的文学理论的疑点。"文学文学,是最不中用的,没有力量的人讲的;有实力的人并不开口,就杀人,被压迫的人讲几句话,写几个字,就要被杀;即使幸而不被杀,但天天呐喊,叫苦,鸣不平,而有实力的人仍然压迫,虐待,杀戮,没有方法对付他们,这文学于人们又有什么益处呢?"他接着比喻说:"在自然界里也这样,鹰的捕雀,不声不响的是鹰,吱吱叫喊的是雀;猫的捕鼠,不声不响的是猫,吱吱叫喊的是老鼠;结果,还是只会开口的被不开口的吃掉。"他是从政治家和文学家不同的历史地位出发,阐述文学和政治的关系的。中国数千年的超稳定的权力结构,注定文学要成为政治的附庸和奴隶。这里包含着他几年来在北京所得的经验,既是对过往的总结,也是对未来的预见。

他认定革命可以改换文学的色彩,但是否定把文学当成革命的宣传工具。在讲述中,他使用了"小革命"的概念,以为革命就是进化,是进步的政治。"革命"一词,在这里是作为历史性的时代转换的意义上被使用的。对于"革命文学"的创作,他有一段很精彩的论述:

　　……好的文艺作品,向来多是不受别人命令,不顾利害,自然而然地从心中流露的东西;如果先挂起一个题目,做起文章来,那又何异于八股,在文学中并无价值,更说不到能否感动人了。为革命起见,要有"革命人","革命文学"倒无须急急,革命人做出东西来,才是革命文学。

在这里,他十分强调作家必须获得自由创作的条件和状态。在文学的外部所附加的各种规范不是重要的,更不要说是虚伪的装潢了。作家首先应当忠实于自己对于生活的主观感受,惟有真诚,才是检验文学价值的最基本的标准。文学创作必须充分发挥作家的主体意识,而主体意识的质量,也即素质是决定一切的。

他把大革命划分三个阶段,谈它对于文学的影响:一、大革命之前多是"叫苦鸣不平的文学",但这类文学于革命没有什么影响,有影响的只是怒吼的文学,复仇的文学。二、大革命时代既忙且穷,因此文学只好暂归沉寂。三、大革命成功后,将产生两种文学,即对旧制度的挽歌和对新制度的讴歌。

那么,如何看待广东的社会和文学的性质呢?他指出:"中国革命对于社会没有多大的改变,对于守旧的人没有多大的影响,所以旧人仍能超然物外。广东报纸所讲的文学,都是旧的,新的很少,也可以证明广东社会没有受革命影响;没有对新的讴歌,也没有对旧的挽歌,广东仍然是十年前底广东。不但如此,并且也没有叫苦,没有鸣不平;止看见工会参加游行,但这是政府允许的,不是因压迫而反抗的,也不过是奉旨革命。"所以他认为,"非先行变换现代社会底状态不可"!对"革命的策源地"做这样的判断和批评,确乎是十分放肆的。

与"革命文学"宣传者的观点不同,他认为,无论中国或世界都没有平民文学。他对中国的小说和诗评价不高,其实在他看来,在一个专制的等级社会里是谈不到平民文学的。必待工人农民得到真正的解放,然后才有真正的平民文学。

最后,他取文化学的角度探讨文学的性质。"自然也有人以为文学于革命是有伟力的,"他说,"但我个人总觉得怀疑,文学总是一种余裕的产物,可以表示一民族的文化,倒是真的。"他坚持文艺必须为人生,但同时坚持与政治保持适度的距离。正因为他把文学同文化联系起来，所以认为在真正革命的环境里，是应该容许唱起挽歌吊旧社会的灭亡的。当然，这样的文学必然"都是悲哀的调子"，但有人便以为这是"反革命的文学"，鲁迅对此表示说，"倒也无须加以这么大的罪名"，充分表现了他的宽容。

当他以"愿意听听大炮的声音，仿佛觉得大炮的声音或者比文学的声音要好听得多似的"结束演讲，心里竟觉得不安起来，好像把最重要的意见给遗漏了似的。大炮，它可以为革命所利用，难道就不可以为反革命所利用么？何况空气是如此紧张，单一的鼓吹武力是否适当？……

一个怪圈。二十年前的问题，再度返回到眼前来了。

随着北伐战争的节节胜利，国共合作关系出现了破裂的危机。

在中山舰事件和整理党务案发生以后，蒋介石加紧进行反苏反共活动，一方面争取同北方奉系军阀，以及日本、英国和美国等帝国主义国家达成"和解"，一方面武装摧毁由国民党左派和共产党占有优势的各省党部、工会和农会，培植右派势力。他接连发表声明演说，向武汉政府提出"集中党权"的要求，宣称个人拥有"制裁的能力"，叫嚷"谁反对我的革命，就是反革命"，初步呈现了作为一个政治流氓和大独裁者的性格。

负有指导中国革命任务的共产国际，一直相信蒋介石和汪精卫，把国民党当作中国惟一强大的革命组织，在军事上和经济上不断给予援助，极力帮助它在统一战线中取得领导权。由于中国共产党是共产国际的一个支部，受共产国际的直接领导，因此，陈独秀等尽管对某些问题存在不同的意见，在共产国际的监督和约束下，也不能不放弃自己的独立主张而执行其指示，从而导致灾难性的错误。

3月22日，上海工人第三次武举起义成功，北伐军占领全上海；24日，继而攻克南京。这时，统一战线内部的斗争愈来愈尖锐，中国革命的症结问题完全暴露出来。

蒋介石于3月26日由南京到上海，立即采取一系列行动，反对上海总工会，禁止总工会集会，宣布戒严，改组上海的政治和军事机构，并且支持西山会议派发起的"护党救国运动"。这样，"消灭共产派"的斗争愈来愈有了具体的形式。4月7日，蒋介石委任白崇禧为上海驻军司令，任务之一是解除"一切非法武装分子的武装"。9日，国民党中央监察委员会八名委员致电汪精卫，警告武汉方面不得藐视南昌党部的权威，强调国民党是领导国家建设和国家革命力量的惟一革命党。其实是打着"革命"的旗帜，把象征性权力和强制性权力统一起来，为一个反动政党的未来的专制统治扫清道路。

与此遥相呼应，4月6日，军阀张作霖派出警察袭击苏联大使馆，逮捕了李大钊等大批共产党人和国民党左派人士，28日，李大钊被判处绞刑。

鲁迅是从香港《循环日报》上看到李大钊被捕的消息的。他不禁深深怀念起《新青年》时代的这位谦和的旧同事，李大钊的圆圆的脸，细细的眼睛，和中国式的下垂的黑胡子便时时在眼前浮动，一连几天不曾消失。现在该怎么样了呢？他问，但是无法回答。

记忆与怀念，使他忧心如焚，寝食不安……

来到广州不久，曾听许广平谈过廖仲恺遇害的经过，当时就提出了这样一个问题：宋教仁被杀后，袁世凯复辟称帝，现在廖仲恺被害，下一步将会是什么局面呢？住了两个月，鲁迅骇然发觉广州并非是什么"革命的策源地"，而是军人和商人所主宰的国土。政治阴谋在庄严的大幕下进行，即使身在广州，也不可能知道得很清楚的，只是不如在厦门时的过于隔膜罢了。每天读报纸，看墙报，还有各种报纸和宣言，他沉重地感到：革命的果实有可能被最后葬送。

他决定再说些坏话。现在，他已不复如初来时的谨慎了。

4月10日，当广州热烈庆祝北伐军攻占上海和南京的时候，他写下《庆祝沪宁克复的那一边》，希望给革命的人们增加一点危机意识。

"黑暗的区域里，反革命者的工作也正在默默地进行，虽然留在后方的是呻吟，但也有一部分人们高兴。后方的呻吟与高兴固然大不相同,然而无补于事是一样的。最后的胜利,不在高兴的人们的多少,而在永远进击的人们的多少。"他引用了俄国革命领袖列宁的一段名言,批评中国的革命者对革命的长期性缺乏认识,说:"小有胜利,便陶醉在凯歌中,肌肉松懈,忘却进击了,于是敌人便又乘隙而起。"他知道这是中国人的常见病,这种揭发,与前些时候对孙中山的革命精神的赞扬正相契合。

文章重申了两年前关于打"落水狗"的主张。他认为,中国历来的胜利者都是苛酷的。近来,报纸大谈"南北和解",《现代评论》改变腔调,他都觉得是十分可虑的现象。革命同反革命随时都有妥协的可能,因此他提醒说,在中国,凡有大度、宽容、慈悲、仁厚等等美名,大抵是名实并用者失败,只用其名者成功的。

他给庆祝活动泼冷水,说:"庆祝和革命没有什么相干,至多不过是一种点缀。"他发现了一种近于"悖论"的现象:革命的势力一扩大,革命的人们一定会多起来;然而这样的人们一多,革命精神反而会转为浮滑、稀薄,以至于消亡,再下去就是复旧。他以佛教为例,批判当前投机革命的人物,强调革命者必须对革命抱有真诚的信仰。他说他有一种"偏见",以为坚苦的小乘教是真正的佛教,而居士的出现和大乘的弘扬,戒律荡然,正是佛教的败坏。对于中国革命来说,他的观察和推断是十分深刻的。

总之,革命的策源地也可以做反革命的策源地,最先成为革命的后方,也就必然最先出现信仰危机。这就是庆祝的"那一边"的问题所在。

他希望这样几句"出轨的话",不至于使大家扫兴。革命本身是容许批评和欢迎批评的。所以他说,拒绝批评只能是"革命精神已经浮滑的证据"。

由于中国社会的基本矛盾没有改变,鲁迅思想的侧重点,仍然在于对付北方军阀及其背后的主子与胯下的文人。与创造社联名发表宣言是对外的,《庆祝沪宁克复的那一边》和后来的讲演都是对内的,是对于国民党和革命军队的忠告，因此，这类文章都不曾寄给北京的刊物，他根本不想在敌人的治下去发表。作为一个理想化的目标，他希望革命能够在不断的坚苦的进击中，使自己的队伍趋于纯洁。

严格来说，《庆祝沪宁克复的那一边》不属于时事评论，而是思想评论。它虽然指出了革命的潜在的危险，立意究竟高远，有一种战略的眼光。然而，他没有想到，文章来不及发表，一场巨大的灾变就在革命队伍内部发生了！

86　熔岩喷出了地面

大屠杀开始了。

4月12日凌晨，蒋介石利用上海流氓头子黄金荣、杜月笙等雇佣一批流氓，冒充工人，在白崇禧部队的支持下，以"上海工界联合总会"的名义袭击工人纠察队，强占上海总工会会址，搜捕和杀害共产党人和工人领袖。当此危急之际，上海总工会发起规模巨大的抗议集会，数万工人高呼"还我武器"、"打倒新军阀"等口号游行请愿，队伍到宝山路遭到反动军队的枪杀，死者一百多人，伤者不计其数。接着，反动派下令禁止罢工和游行，解散上海总工会，取缔一切革命组织。凡被认为是共产党员，立即逮捕、枪毙、杖毙、绞死、杀头，甚至腰斩及凌迟。自由、独立、人权，统统都是废话，大独裁者的意志成了亿万人的法律。从12日到15日，上海有三百余人被杀，五百余人被捕，此外尚有五百余人流亡失踪。

"四一二"政变发生后，血痕迅速扩大。4月15日，广州的李济深、古应芬、钱大钧也采取了同样的行动，他们出动大批军警，包围中华全国总工会广州办事处、省港罢工委员会和东山苏联顾问住宅，解除黄埔军校和省港罢工委员会纠察队的武装，查封工会、农会、学联、妇联等团体，逮捕共产党员和工人群众二千一百余人，秘密杀害一百余人。

血雨腥风。蒋介石于4月18日在南京成立"国民政府"，与武汉国民政府相对立。它对内发布的第一号命令，就是"清党"。

纯洁党的组织成了清洗异端和独裁专制的遁词。从此,在国民党反动势力所及之处,如广西、江苏、浙江、福建、四川、安徽、广东等,一批又一批革命者在"清党"的口号下遭到惨杀。

武汉政府处于反革命势力的包围之中。蒋介石继续抓住"北伐"的旗帜,作为欺骗全国人民和对抗武汉政府的政治资本。不久,曾经被目为"左派领袖"的汪精卫终于公开叛变,于是汪蒋合流,中国革命宣告彻底失败而来到了一个新的起点。

嘭嘭嘭!嘭嘭嘭!……

许广平翻身起床,连忙跑了出去,开门一看,原来是大钟楼时候的老家人阿斗。

"不好了!"他一边喘气一边说,"学校开始抓人了!到处贴满了标语,里面也有牵涉到老周的,叫他赶快逃走吧!"

许广平怔住了。

阿斗又说了些催促的话,这才走下楼梯。

楼下。许多军队跑步开过,大约是在执行什么任务吧?在河对岸,平时作工会办公处的店铺楼上也有些两样了,似乎正在查抄……

她侧耳听了听鲁迅房内的动静,是均匀的鼾声,心里突然安定了不少。她认真估量了一下,觉得鲁迅大约还不至于十分危险,于是,一口气跑到在共产党方面做事的老同学邓颖超处。到了门口,发现铁门已经关闭,接连按了几下门铃,才见一个熟识的青年走出来。隔着铁门,她把见到的情况说了。那青年严峻而平静地说:

"大姐已经走了。"

她长舒了一口气,立刻赶返白云楼,叫醒鲁迅,告诉他已经发生的一切。

说是思想上毫无准备吧,革命失败种种,好像都曾经料想过;说是真的料想过吧,眼前的事实却又的确太意外了!"讨赤",这也叫"讨赤"?国民党北伐军岂不同北方军阀一气了吗?这不正是研究系所欢迎的吗?

如果这样，还要像从前一样挂上那么好看的主义和旗子来干什么？……

——骗子！流氓！屠夫！

昨天还大谈苏联，大谈共产，一阔就变脸了，就以共产青年的血洗自己的手了！什么"信仰"呀，"效忠"呀，他们哪一天有过信仰？……

——无耻的叛卖！

然而，他一句话也没有说，不能说，只感到悲愤难耐。他默默地看了许广平一眼，就踱到窗前，狠狠地抽烟，一支接一支地抽！……

前几天写文章说，在中国只有用大度和宽容的美名者成功，名实并用者失败，总算没有说错。但接着，你就揶揄了一群轻信的"大傻子"，今天你说，你算不算"大傻子"呢？傻透了！你以为人们只要听得进你的忠告，就可以避免危机，岂不是太小觑了革命的暴发户了吗？问题是，当你已经完全明白过来以后，也只好仍然做你的"大傻子"！因为你无计可施，你无法改变，你只能接受他们一手造成的现实！譬如你是教务主任，你有保护学生的责任，可是你能够吗？又譬如你是弄文学的，而且人们都知道你"呐喊"过来，你有揭露所有这一切罪恶的责任，可是你能够吗？

他艰难地吐了一口气，接着是一阵咳嗽……

大雨滂沱。

从大街到校内草坪，委地的木棉花如被践的血迹，斑斑点点……

中山大学是凌晨开始被包围的。宿舍楼的每一层都有树的派的头目，带领武装，拿着事先拟好的名单冲入房间，叫名抓人。当紧急会议在会议室里召开的时候，搜捕仍在进行。

鲁迅是冒雨赶来赴会的。

学校是司教育的，爱护、培养和造就人才是学校的职能，怎么能够同军方站在一起摧残学生呢？学校没有了学生，与庙堂有何区别？他考虑从教学的角度出面干预，总不至惹出什么麻烦，教务主任嘛！更何况，现在是什么时候！初到广州，同来访者谈到对革命负责的问题时，他确曾说过:"这种事不会分到我身上。"其实说说而已,他从来说的轻松,想的沉重,当无数年轻有为的生命呼叫着呻吟着在血泊中仆倒时,他就坐不住了!

各主任围坐在会议桌四周:压抑,不安,沉默。

鲁迅说:"学生被抓走了,学校有责任,仅仅宣布一个事实恐怕是不行的。既然大家来了,就都说说话,看应当怎么办?……"

雨声哗哗……

"如果军队可以随便到学校抓人,学校就没有安全了,"鲁迅环顾一下大家,说,"作为教员,我们应当对学生负责,希望学校出面担保他们。人被抓走了,至少我们也得知道为什么被抓走?他们有什么罪?而且被抓走的不是一个两个,而是几十个!……"

大家开始小声地议论起来。

鲁迅对坐在对面的朱家骅说:"我看,你应当找李济深出个布告,不准搜查教授宿舍。"

"这个或许可以,"朱家骅点点头,然后严肃地说,"至于学生被捕,这是政府的事,我们最好不要对立。"

"怎么能说学生的命运与学校无关呢?"鲁迅激动起来,问朱家骅道,"对于被捕的学生,政府能否解释:他们究竟违背了孙中山总理的三大政策的哪一条?"

实在无法解释。提问太彻底了。太彻底的问题是不能解释的。

"这是党校,"朱家骅说,"我们应当服从党的决定,不要有什么不同的意见。"

鲁迅说:"五四运动时,为了营救学生,甚至不惜发动全国工商界罢工罢市。当时,朱家骅、傅斯年、何思源都参加过,知道这种情况。作为那个时候过来的人,为什么到今天把这些全给忘了?为什么成百成千个学生被抓走,我们又不营救了呢?"

"那时候是反对北洋军阀。"朱家骅缓缓说道。

总不能说今天的革命政府也是军阀政府吧?"现在,就是要防止新的军阀统治,不走它们的老路。"戴着脚镣跳舞。这时,鲁迅只能这么跳。

雨声哗哗……

他见大家都噤口无语,知道自己的努力只有徒劳,便站了起来,再说了一遍"应该对学生负责"一类明知是空话的话。至此,会议也就结束了。

许寿裳和许广平都在等他的消息。他把经过仔细说了,气愤之余,连晚饭也吃不下。看来,他只有"罢饭"一法了!

次日,他捐款十元慰问被捕的学生。比起他们所支付的巨额代价,自然这是个可怜的数目,但也没有法子想,就算是一种表示罢。

真想把自己关起来,关成一座孤岛,不复看外面世界的罪恶与痛苦,可是,你能拒绝四面血潮的撞击吗?你能遏止来自内心深处的风暴?

希望幻灭了!对于广东,从前是那般神往,从北京,而厦门,不断打听北伐的消息,以为凭借火与剑就可以为中国开出一条新路。其实各省的图样无异,都不像在人间,差异的只在所用的颜色而已;而今,怕全都要抹上同一种猩红了!逃掉五色旗下的铁窗斧钺风味,想不到在青天白日之下,却又有了缧绁之忧!

血的游戏已经开头,不知何时才是一个结束?活了几十年,杀人的事经见不少,可从来没有见过这样杀人的,连段祺瑞也不敢这样杀人!"三一八"该是民国以来最黑暗的一天了,那时候还可以说话,写文章,今天能够吗?要知道,他们是革命的代表,反对他们当然是反革命了……

无声的中国!当它需要声音的时候,声音却同正义和良心一起被绞杀了!今天,中国到底是进步了,还是退步了?难道仅仅因为从前是军阀统治,现在变为党阀统治吗?以党治国就变得这么可怕?打着"党"的名义,是不是就可以这般骄横肆虐,为所欲为?这是什么党?国民党?它有什么权利把自己置于国民之上?

"普天之下,莫非王土。"现在,他才真正体验到,一个政党要比一个暴君更为可怕!

即使如此,你便怎样? 至于抗议,你没有这份权利!

…………

——辞职!

地位不要,名誉不要,薪金不要,自己总可以处置自己吧? 如何? 决定了!

4月21日,鲁迅向中山大学正式提出辞职,与此同时,许寿裳和许广平也与鲁迅同进退,辞去了各自的职务。

鲁迅的辞职是一件大事情。只要看他初来时欢迎的盛况,便可推知走后的影响。一个月前,当鲁迅声明不与顾颉刚一道共事时,傅斯年出于挽留,不得已采取一个妥协的办法,即不让顾颉刚任课,派他外出购买图书,鲁迅深知傅斯年的用心,但也没有立即便走,虽则不愿继续做他的"大傀儡"。于是,校方以为通过努力,可以让鲁迅收回成命。因为这个人的存在,毕竟不失为一种漂亮的装潢。

他们不了解鲁迅。他是不走回头路的。顾颉刚来粤,委实使他感觉大不舒服:中大开学时,自己费去气力不少,时既太平而学者莅至,天下人哪个有这等福气! 然而,他的辞职却有着更为深刻的原因:对于广东,他已经完全失望了。

当然,这不是局外人所能知道的。

辞职的第二天,文科学生派出代表挽留他,他杜门不见。全校学生大会也做出挽留的决定,于次日派出四名代表,前来白云楼寓所。

代表们诧异的是,敲门时,应声的明明是他,而回话却是"周先生不在家"。他们认定是他的声音,于是,一再恳求,他才开了门,说:"你们打着代表的头衔来,所以我不会。"有为的青年都被捕了,被杀了,在如此恐怖的时刻被委为代表者,会是什么人物呢? 对于青年,他早已不如先前那般的敬重了,而况目睹了他们在这场血的游戏中所扮演的角色:分成两大阵营,或则投书告密,或则助官捕人,且对别个的不能再造的生命和青春,毫不顾惜,甚至有得意之色!

谈了三个钟头,鲁迅便无意再谈了。疲倦了。

作为校方代表,朱家骅曾多次来访。对于朱家骅,鲁迅觉得并不如戴季陶和傅斯年的可恶,话可以谈,但也不同他敷衍。后来,中大委员会两次派事务管理处主任沈鹏飞前来挽留,他动火了,干脆拒绝不见。

智慧是痛苦的,意志使他顽强。当环境强迫他接受的时候,他坚持了自己的选择。

何去何从?

"我住在上月租定的屋里,想整理一点译稿,大约暂时不能离开这里。前几天也颇有流言,正如去年夏天我在北京一样,哈哈,真是天下老鸦一般黑哉!"

在4月26日给孙伏园的信中,他透露了自己的动向。姑不论这"流言"将来怎样蔓延到将要打官司的地步,反正他不会立刻从血泊旁边走开。他因成熟而世故,知道自己虽然灰色,一旦离开就会立即变成赤色的了。他必须留在这里,继续承受各种刺激和折磨。

为了尽可能地减轻心头的重压,他又使用起在北方用过的老法子:麻痹和忘却。

然而,消沉是不行的,总得在纸片上誊一些文字,即使曲折一些,也得留一点时代的爪痕,使屠伯们逃脱不了世代子孙的诅咒!

当天,他便为结集成书的《野草》写了一篇十分激切的《题辞》。

"当我沉默着的时候,我觉得充实;我将开口,同时感到空虚。"所谓"空虚",其实是无法开口,无话可说,是对于以屠杀开其端的政治专制的抗议。因此,这已非昔日的空虚可比了,"过去的生命已经死亡",他为彷徨时代的结束而深感慰藉。

他写道:

　　地火在地下运行,奔突;熔岩一旦喷出,将烧尽一切野草,以及乔木,于是并且无可朽腐。

但我坦然,欣然。我将大笑,我将歌唱。

天地有如此静穆,我不能大笑而且歌唱。天地即不如此静穆,我或者也将不能。我以这一丛野草,在明与暗,生与死,过去与未来之际,献于友与仇,人与兽,爱者与不爱者之前作证。

为我自己,为友与仇,人与兽,爱者与不爱者,我希望这野草的死亡与朽腐,火速到来。要不然,我先就未曾生存,这实在比死亡与朽腐更其不幸。

去罢,野草,连着我的题辞!

在屠刀底下,的确不是"大笑而且歌唱"的时候;但是在此之前,就能"大笑而且歌唱"吗？在"革命的策源地"里,几个月来,实在没有过像样的颂歌和诅咒。只有当大屠杀的发生,赤裸裸地暴露了黑暗的存在,你才确信你的战斗即将开始了!

未来的战斗是炽烈的,一如喷出的熔岩。复仇的愿望使你变得亢奋和明快起来。你知道,在一个万千民众为生存而抗争的时代里,咀嚼个人生命的悲苦,对良知是怎样的亵渎,因此,你才希望"野草的死亡与朽腐",忏悔于过往的彷徨而以抗争为祷。自然,你也曾希望你的文字从速消亡,正如今天希望"烧尽一切野草,以及乔木",并且"无可朽腐"一样。但是,无论如何,光明的日子只能落在战斗的后头。

你相信,"大笑而且歌唱"的时刻一定到来,打破死亡的静穆而来,随着地火的激喷而来。叛卖与屠杀,只是证明从前叫喊的"革命时代"其实尚未到来而已。正因为新时代还没有到来,这才又有了新的希望。

就这样,你抗议现实,抗议自己。

你渴求战斗!

87　白云楼:现代的隐者

战斗能改造环境,但也需要环境。

"四一二"大屠杀,与其说增强了他的理想主义和英雄主义成分,无如说加深了他对中国现实,尤其是革命问题的认识。现在,鲁迅确信,那些平时大叫"革命!革命!""打倒!打倒!"而结果又叫"严办!严办!"的所谓"革命文学",于革命倒是极其有害的。中国不需要廉价的颂歌。他决定继续其暴露文学的写作,因为惟有它才是战斗的,才能在一个专制的苦难的时代里教人清醒、愤怒、奋起抗争。但是广州不行,太恐怖了。战斗者必须懂得保存自己。最大的痛苦不是溺身于痛苦之中,而是找到了摆脱痛苦的出路以后却动弹不得。于是,他只好每天把自己关起来,整理一点旧作,算是慢慢等待,慢慢吃自己的灵魂。

最先整理的旧稿是《旧事重提》十篇,编集时,改名为《朝花夕拾》。

在不到一千字的《小引》里,他两次提及时局的"离奇"和心绪的"芜杂"。他由离开中大而想及离开厦大,由头顶的飞机而想及在北京时奉军的飞机,无论是阔人的事业或是穷人的生涯,也都前后一样有着惊人的相似。他说:"中国的做文章有轨范,世事也仍然是螺旋。"虽然自己相信进化论,而时间的长度毕竟不是标尺,中国的事情往往就是这样无限期地作恶性的循环。

广州的天气热得早,夕阳射进西窗,逼得他只能勉强穿一件单衣。他就这样伏在书桌上弄他的文字,有时候,便抬头看看桌面的一盆"水横枝"。

那是一段老树,无需泥土,只是浸在水中便有枝叶抽出,青葱得可爱。植物的生命是顽强的,然而,它赖以维持的大地是那般狭窄,给予是那般菲薄,怎么可能蓬蓬勃勃地生长起来呢?每想到那被压抑的生命,他心里便有一点凄怆的况味,所以写道:"看看绿叶,编编旧稿,总算也在做一点事。做着这等事,真是虽生之日,犹死之年,很可以驱除炎热的。"

本来现在就不是整理旧稿的时候。

一天,山上正义来访。

山上正义笔名林守仁,日本作家、诗人和新闻记者。1926年10月,他以日本新闻联合通讯社的特派记者身份，来到正处于革命高潮的广州。今年2月，在鲁迅来粤以后不久，他曾有过一次访问。他是鲁迅的崇拜者，一直认为鲁迅是出色地生活着的中国人，中国文学的勇敢而顽强的引导者。

当此黑暗、血腥的时刻，出于对鲁迅的处境的关心，他又前来寻访了，自然也不无一点职业的好奇心。他想看看，这位已经隐蔽起来的战士，是不是依然保留着昔日傲兀的姿态。

比起大钟楼，这里窄小多了，但因此也显得更为谨严。最触目的是靠墙的一列书架，其上塞满了木板土纸的毛边书，主人就陷入这汉魏丛书和唐宋诗文等古书堆中，以毛笔楷书，默默地翻译随他一起从北京流亡到这里的德国童话《小约翰》。

两个人对坐着，彼此一下子找不出什么可说的话，大约都同时感受着一种令人窒息的气氛。

正在这时候，窗外响起一阵急促的号声、口令声和脚步声。他们靠近窗口往下看，原来是一群工人模样的人举着"工会"和"纠察队"的旗子，从大马路上并排走过去。

电杆上，贴着很多标语，写着"打倒武汉政府"、"拥护南京政府"等等；下面，还有因为没有彻底剥光而残留着的"联俄容共是总理之遗嘱"、"打倒新军阀蒋介石"等意义完全相反的标语。

"真是无耻之徒！直到昨天还高喊共产主义万岁，今天就到处去搜索共产主义系统的工人了！"鲁迅果然忍不住说话，语调里包含着一种近乎冷峻、阴暗和绝望的东西。

山上正义不禁回想起初次会见的情景。

那时候，鲁迅初到广州，广州的文学青年表现出异乎寻常的欢迎态度，但接着就有人表示不满和失望了。他们所期待于鲁迅的，是要他作为一个实际运动的领导者，同他们一起走上街头，高声议论革命与文学或革命与恋爱的话题，同群众一起摇晃着旗子游行和演说。可是，出现在他们眼中的鲁迅，毕竟不是民元时代的中学教员，而是一位阅历丰富，在高唱三民主义的广州发现危机的严峻的观察家,一个既如饥如渴地追求着光明,又在那光明和学生们的轻率的喧声中预感到未来的黑暗和压迫的怀疑论者。

在大钟楼,山上正义曾问起对广州的看法,鲁迅回答说:"广州的学生和青年把革命游戏化了,在平和的环境里容易受娇宠,使人感觉不到真挚和严肃。倒是从经常处在压迫和摧残之中的北方青年和学生那里,可以看到严肃认真的态度。"

谈到革命文学问题,他还这样说过:"在广州,尽管有绝叫,有怒吼,但是没有思索;尽管有喜悦,有兴奋,但是没有悲哀,没有思索和悲哀的地方,就不会有文学……"

因为鲁迅说久未吃到日本的饽饽,山上正义就带他到英法租界沙面,从一家日本人的店里买了,带到珠江边上的一棵老榕树下,一边吃,一边听他说话。反映在他眼里的广州,乃是一个以独裁代替自由,以群众代替个性,以专政代替平等,以教条代替创造的地方,几乎到处都呈现出与政治宣传截然相反的事实。这不能不使他感觉困惑、焦躁、愤慨,但也分明留有一种很深的创痛。

他对外国朋友显得相当直率,而在公开的演讲里,就谨慎得多了。听着他那无顾忌的议论,山上正义立刻想到:他不会在广州长久呆下去的吧?即使想呆下去,也是无法做到的……

现在,他的种种议论果然得到验证了,而自己的判断,看来也未必是无谓的杞忧。山上正义发现,眼前的鲁迅消瘦多了,仍然穿着灰黑色粗布衫,头发显得特别长。他嘴里含着半截香烟,毫无笑意,不但没有一个预言家的自得之色,反而更加冷峻和阴郁了。

山上只是默默地听着,找不到一句可以安慰的言语。

在这以后,两人还见面交谈过几次。山上觉得,革命与文学,是鲁迅的两个基本视点。对此,他的观察十分独到,而且前后表现出惊人的一致性。

他说:中国并没有什么新文学运动,什么也没有,一切都走向死灭。

在连使用白话都被视为异端的土地上,是不会有什么文学建设的。

他说:在中国是不能靠搞文学吃饭的。在报纸杂志等没有得到发展机会的中国,就是写了小说也卖不出去。没有哪个书店会出版卖不出去的书。光是写没有出版希望的书,那就只能饿死。

他说:我的小说都是些阴暗的东西。我曾一时倾慕过陀思妥耶夫斯基等人,今后我的小说大约也仍是些阴暗的东西。在中国,能够有什么光明的东西呢?

他说:中国革命的历史,自古以来,只不过向外族学习他们的残酷性。这次革命,也只是在"三民主义"和"国民革命"等词句的掩护下,肆无忌惮地实行超过军阀的残酷行为而告终。可悲的是,我们仅仅在这一点上学习了工农俄罗斯……

他并不打算写什么评论之类,说完也就算发表了。在充满着政治恐怖的日子里,能在房子里发发牢骚已经是一种福气,还想怎么呢!

神圣的悲愤,使山上正义对他产生了极大的好感,从这时候起,决心翻译他的最富有思想洞察力的作品——《阿Q正传》。记者发现,鲁迅早在十年前就预见了今天的事情,并从中道破了今天徒有其名的革命的罪过和失败的意义。

《小约翰》整理完成,他作《引言》道:

> 荷兰海边的沙冈风景,单就本书所描写,已足令人神往了。我这楼外却不同:满天炎热的阳光,时而如绳的暴雨;前面的小港中是十几只蛋户的船,一船一家,一家一世界,谈笑哭骂,具有大都市中的悲欢。也仿佛觉得不知那里有青春的生命的沦亡,或者正被杀戮,或者正在呻吟,或者正在"经营腐烂事业"和作这事业的材料。然而我却渐渐知道这虽然沉默的都市中,还有我的生命存在,纵已节节败退,我实未尝沦亡。只是不见"火云",时窘阴雨,若明若昧,又像整理这译稿的时候了。

此书的开译和整理,均在大屠杀之后,这种巧合不能不使他感到愤慨。在这里，他既悲愤于世人的隔膜和都市的沉默，但又不甘沉没，傲然宣布自己的存在。他是说：只要不死，我仍然要战斗的！

其实，他从来未曾停止过战斗，只是在他看来，这种发牢骚的话算不得战斗而已。但是，有什么法子呢？话不能不说，又不能直说，只好转换为别种不同的方式。譬如写点引言或后记之类，再就是搞点翻译，让洋鬼子替自己发挥发挥。

他陆续译出几篇日本的杂文。其中，《书斋生活与其危险》一篇还写了译者附记，表示同作者不同的意见。作者要书斋生活者和社会接近，使自己知道"世评"，从而改正种种偏宕的思想。他却以为这意思是不完全的，因为，首先得看怎样的"世评"。他说："假如是一个腐败的社会，则从他所发生的当然只有腐败的舆论，如果引以为鉴，来改正自己，则其结果，即非同流合污，也必变成圆滑。据我的意见，公正的世评使人谦逊，而不公正或流言式的世评，则使人傲慢或冷嘲，否则，他一定要愤死或被逼死的。"在他看来，舆论是同社会现状密切相关的，它首先取决于权力者的思想，因此，"世评"这东西决不可靠。很显然，他是否定官方当前的各种政治宣传，提醒人们保持应有的批判意识的。

社会明明是腐败的社会，舆论也明明是腐败的舆论，但却不能实指，只能加上一个稳稳当当的"假如"二字来领衔。腐败呵！腐败呵！甚至连"自由"或"不自由"的话也都不能说，如果非说不可，那结果，也便说成了这么一个样子："译此篇讫，遥想日本言论之自由，真'不禁感慨系之矣'！"

噫嘻！

88　爱就是成为一个人

鲁迅的处境愈来愈坏。

香港的《工商报》造谣说，他的辞职是因"亲共"而躲避。不久，《循环日报》又有文章说他原是《晨报副刊》的特约撰述员，意即研究系的人，现在是共产党的同道，果然"到了汉口"去了。为此，他立即去信更正，说明"仍在广州"，可是石沉大海，一直不见登出来。

不得已，他只得直接写信给广州市公安局长，报告他的住址，表示随时听候逮捕。虽然接到了公安局长的安抚信，又有个别的国民党的上层人物保证他的安全，而他仍然免不了苦闷和烦躁。有一次，他告诉梁式说，黄埔军校的某高级军官就住在他寓所的上楼，那军官也认识他的，住在这种地方怎能说是躲藏呢？虽然在给朋友的信里说得很洒脱，又是"'管他妈的'可也"之类，而实际上他却无法摆脱由于安全问题所带来的紧张。

对于他，既有公开的恐吓，也有暗中的算计。有人在报上警告他，说不要把胡子变成灰色，也不要变成红色；有人以他曾在陈独秀办的《新青年》里作过文章为据，证明他是共产党。还有借访问、研究、谈文学，每天前来侦探思想的。遇见盘问式的访问，总得格外小心，提防被抓到什么把柄。致命的还有"鲁迅派"问题。在一个党外不准有党，党内不准有派的时代，自成一派当然危险了。而广东人和"学者"们又偏偏有将人定为某一派的嗜好，否则心里便不舒服。

这么一来，要他做序的书，便托故取了回去；他在期刊上的题签，也被暗暗撤换了。从前的什么"战斗"、"革命"一类头衔固然全部革掉，有一种报纸，甚至竭力不让"鲁迅"二字在上面出现。如果一人受罪倒也罢了，最使他不安的是延及跟他从厦门同来的几个学生，后来，竟至于找不到学校可进，其中有一个，曾经有同乡忠告他说："你以后不要再说你是鲁迅的学生了吧！"

还有邮来的函件或书刊，总是背着各种什么什么检查讫的印记，是不是审查机关对自己的邮件特别感兴趣？一个酷爱思想自由的人，却生活在一个连信件也可以随意检查的国度里，怎么能不感到苦恼呢！

就在这政治气候十分恶劣的时候，许寿裳离开了广州。

对于朋友为自己而辞职，他是反对的，因为饭碗实在不容易找。但是劝阻也没有用，许寿裳一样是血性男儿。那么走就走罢！不久自己也当离去了,只是从此缺少了一个谈话的对手,一个知己者,一个可以倾诉可以托付的人!见过那么多惨酷的死亡,对于离别,他竟也有些伤感。

送走许寿裳的次日,他收到中山大学同意辞职的来函,历时一个多月的"挽留"运动遂告结束。总算完成了一件事。不过,另外的问题又向前逼近了,不由得他不去想。如果说在厦门时是"肚子不饿而头痛",现在,则颇有点"肚子饿而头昏"了。那么,将来教书呢?抑或创作?寓沪呢?还是回京?

要保持良心和责任,就必须失掉快乐和自由……

许寿裳走后,二楼顿然变得空空荡荡。

他感觉到了空空荡荡。

她也感觉到了空空荡荡。

在空空荡荡的大沙漠里,只剩下两个人,其中的任何一个都是另一个的依靠和目标。他们都焦渴,他们的生命之泉都在与社会的苦斗中日渐干涸了。他们只有在一起才会有水,有汩汩的温柔的流动。譬如庄子寓言里的涸辙之鱼,吻和唾沫,此刻同时成了生理上和生活上的第一需要。沙漠里没有太阳,只有风和黑暗。他们必须彼此紧靠在一起,并筑的两副肩膀,足够抵挡风沙的切割,心点燃心,就能生起熊熊的篝火,照亮共同的道路。他们都是长路漫漫中的"过客",是受伤者,在一起的时候互相抚摩和包扎伤口,至少可以减少若干疼痛,就这样艰难地撑拄着继续前行……

爱就是成为一个人。他们彼此间的呼唤已经许久了,心连在一起,而他们还是两个人。北京时期是两个人,厦门时期是两个人,广州时期还是两个人。岂止时间和空间才构成了结合的障碍?传统观念的存在才是最可怕的距离。可是,现在,一切的羁绊都消失了……

没有婚礼,没有鲜花,没有任何奢侈品的艳色与芳香,也没有任何人的祝福。他们深信两具灵魂的内容,所以敢于藐视现代文明人的最庄严最华丽的婚仪,而坚持选择了爱情的最原初最朴素因而也是最合理的形式。既是爱情，又是友谊。具有友谊性质的爱情无须发出扰人的嚣音，默默中，却激发了人生最强久的活力……

过了些时日，许广平使用一种特别的文体，暗暗记录下一生中最值得纪念的时刻，与鲁迅在一起的那个初夏的夜晚：

魔　祟（独幕剧）

人物：

睡魔——简称魔

睡的人——睡

睡的人的爱者——爱

时间：一个初夏的良宵，暗漆黑的夜，当中悬一弯蛾眉般的月。

地点：一间小巧的寝室，旁通一门，另一间是书房。

睡　寝室的电灯熄灭着，月亮是暗暗的，死一般静寂，只有微微的呼吸，以判别床中睡的人还是活着，隔壁书房的灯光，从木门的上面的横式长方的玻璃上透射些光照过来。睡着的B一点也不动，约莫有三个钟头罢！如常的死般睡着。

爱　书房中，她的爱者G，在书桌前收拾他照例做完的工作，伸个懒腰，静默的长伸出两腿来，似乎躺在帆布椅样的把身子放在坐的藤椅上，口吸着烟卷，想从这里温习他一天的课业，又似乎宁静百无所思似的，待烟吸完了，轻轻踱进寝室，先把未关好的窗门收起来，想是要放轻些，勿致惊醒B的好梦，不想反而不自然地铿的一声，窗关了的声响，魔被挑拨其蛮性，发为不清澈而反抗的声："什么？把窗子弄的那样响！"

　　爱听不清魔说的甚么，只放轻脚步走到床前，扒开帐口，把手抱住B的脖子，小声地喊着B，继而俯下头向B亲吻，头几下B没有动，后来身子先动了两下，嘴也能动了，能应G的叫声了，眼睛闭着，B的手也围住G的颈项，坐了起来。B不久重又睡下,这时床上多添一个G。

魔　你那么大声关窗子,把我弄醒了。

G,声并不大。

B,以后由我关好了,我先关窗再睡。

G,不用,你睡了醒透再关就好了。

……

　　死一般静寂来到,没有别的话语,直至良久。但B时时闭着眼,用手抚摩G的脸,继又吻他,总是手,吻,继续的在G的身子上,经过多少时,G说,我起来喝点茶,又吸一枝烟,重又躺在B旁,仍然没有话说,待烟都变成灰,已经散布在床前地下,G说,大约有两点钟了,我们灭灯睡罢!寝室暗黑,这时有些少光从正面的窗外射进来,B是静静的,G老是叹气,B没敢问,陪了经过好久时间,有点鼾声从G那里发出,B放心睡下,偶然G动了动,B赶快曲着身子来抱他,但总觉得他是被睡魔缠扰般不能自主地回抱。

魔　在那帐顶上狰狞发笑,G是长叹,B不知用什么法打尽那魔。

这是一篇纪实文字。

剧中睡的人B是许广平,睡的人的爱者G指鲁迅,其间还安插了一个窥探隐私的狰狞的睡魔。表面上看来,睡魔的角色是虚拟的,意在加强某种戏剧意味和神秘色彩,然而在他们的生活中间,却实在是一个难以逾越的存在。

早在北京的时候,便有几个人鬼鬼祟祟地刺探他们的秘密,到离京时,类似桃色新闻的传言已经蜂起了,且随即跟踪他到了厦门。鲁迅虽然气愤,但也无法,只好咬紧了牙关忍受。后来,他奋力挣扎到了广州,作为一种反抗,干脆让许广平当了自己的助教,演讲时兼作翻译。搬进大钟楼的头几天,许广平替他布置卧室,挂窗帘,买食物及其他杂物;以后有客来访,也往往由她烹茶,拿出糖果和西洋饼干接待。所有这些工作,都是超出弟子或助教的本分的。然而,即使有意公开他们的关系,也只能到达这种程度。他们有必要做出保留,就因为考虑到了这横亘的魔祟,尤其在这多事之秋。

直到几个月后离开广州,他们才除掉了令人气绝的面具,在一起同居。对于公众舆论,他们是挑战者,从来藐视它的力量,但是又不得不期待它的承认。在旧道德和新道德之间,鲁迅毕竟也是"中间物",他无法跳出一个古老的荒诞的文化环境对他的限制。

89　两次演讲・一场官司・系列杂感与"包围新论"

白云楼不是安全岛。

鲁迅既是名人,就难免要被利用,倘要奉行"敝帚"的原则躲起来,是万万办不到的。来访者仍然不少,侦探思想的固然有,但也有借助声望的;有伺机降罚的,自然也未灭绝纯粹的仰慕者。7月间,他曾先后应邀作过两次演讲:一次在知用中学,一次在广州市教育局主办的"夏期学术演讲会"。与其说不得已而为之,毋宁说出于个人的意愿。这个教师出身的人喜欢演讲,虽然次数太多要使他发烦,因为语言毕竟有文字所不及的好处,即席的随意发挥是颇具诱惑力的。况且,当此动乱的年代,公开露面反倒要比隐居更为安全些。

两次演讲仍然由许广平作翻译,有这样的同行者在身边,会给他增加更多的安全感、机智和勇气。在广州的最后一次演讲是十分出色的,可以毫不夸张地说,这是他戴着脚镣跳舞以来,跳得最自由最成功的一次。

在知用中学的演讲是由一位青年朋友,国文教员禢参化邀请前去的,讲的是《读书杂谈》,一个很安全的题目。

经过"四一二"大屠杀,国民党反动派实行"党化教育",对青年学生加紧进行思想统制。就像针对"尊孔读经"而主张"少读中国书"一样,面对当前的这种政治态势,他也就带有针对性地提倡做"思索者"和"观察者","用自己的眼睛去读世间这一部活书"。血迹是可以掩盖的吗?

有谁不能读懂血迹？他有一段话说先前吃过干荔枝、罐头荔枝、陈年荔枝，并且由这些推想过新鲜的好荔枝，结果吃过了，才知道和原来所猜想的不同，结论是非到广东来吃就永远不会知道。其实，他说的广东的荔枝也犹如广东之革命，所谈显然是自己的思想幻灭的过程。事实打破了猜想，所以他说："实地经验总比看，听，空想确凿"，"必须和实社会接触，使所读的书活起来"。

其实，他的用意是要打破国民党的政治欺骗和思想禁锢。他不可能在讲台上走得太远，在失去言论自由的时刻，他只能做这样的暗示。

市教育局的邀请也不是不能谢绝的，但是他想到了一个绝好的题目，当时便一口答应了下来，他自信可以做出色的发挥，兴奋之余，特别写信告诉朋友："此举无非游戏，因为这是鼻辈所不乐闻的，以几点钟之讲话而出风头，使鼻辈又睡不着几夜，这是我的大获利生意。"

好一个长而噜苏的题目：《魏晋风度及文章与药及酒之关系》，写在黑板上，真有点使人望而生畏。

但是，他讲来却十分轻松自如，以古喻今，指桑骂槐，妙趣横生。演讲虽分两天进行，最后一天又值雨天，而听众不减，礼堂本来最多坐四百人，这回却增至五六百人，还有站着听的，比往日上课气派多了。演讲时，全场十分活跃，话音不时地被爆发般的笑声所掩盖……

广州市长和教育局长出席了这次"学术演讲会"的开幕式，并借此进行一番国民党如何重视知识阶级以及学术研究的宣传。这是很可恶的。鲁迅的演讲恰好要说明：有怎样的政治便有怎样的学术，在极权政治下面，知识阶级根本不可能有什么思想自由和学术自由。

演讲分两个层次进行：一个是政治家，一个是文学家；一个是政治空气，一个是文化空气。在这里，文学家是作为知识阶级的代表，整个社会的头脑出现的。要谈魏晋政权，自然要说到曹操和司马氏。关于曹操，鲁迅说他"是一个很有本事的人，至少是一个英雄，我虽不是曹操一党，但无论如何，总是非常佩服他"。曹操是在"党锢的纠纷之后"出来的，"党"在这里是一种暗示。"英雄"一词，在鲁迅是多做反语使用的，在这里正是以"英雄"肯定他而以本质的"专权"否定他。后面举例说,他在征求人才则大谈不忠不孝不要紧,只要有才便可,结果却借"不孝"的罪名把名声很大的孔融杀掉了。明显的先扬后抑。司马懿杀何晏、夏侯玄以及嵇康,罪案也都同曹操的杀孔融差不多。天位本从禅让,即巧取豪夺而来,如果以忠治天下,他们的立脚点便不稳,办事便棘手,立论也难了,所以一定要以孝治天下,以使权力者保持某种随机性。其实曹操、司马懿何尝是著名的孝子,不过借这个名义,加罪于政治异己者罢了。曹操等作为政治家的形象如何?听众很清楚:骗子、流氓、强盗而已!

蒋介石先前不也说过民生主义就是共产主义吗?那么,他为什么又要反对共产党,大杀共产党人呢?实际上,他就是当代的曹操:生杀予夺,出尔反尔。对于权力者,是不能作任何的政治诘难的。"纵使曹操再生,也没人敢问他,我们倘若去问他,恐怕他把我们也杀了!"

鲁迅以今例古,举例说:譬如有一个北方军阀,从前是压迫民党的,后来北伐军势力一大,他便挂起了青天白日旗,说自己已经信仰三民主义了,是总理的信徒。这样还不够,他还要做总理的纪念周。这时候,真的三民主义的信徒,去呢,不去呢?不去,他那里就可以说你反对三民主义,定罪,杀人。但既然在他的势力之下,没有别法,只能谨听尊旨了。真的总理的信徒,倒会不谈三民主义,或者听人假惺惺的谈起来就皱眉,好像反对三民主义的模样。北方的军阀指的谁呢?阎锡山?还是南方新军阀——蒋介石的影子?鲁迅在信中谈及未来的打算时,有着这样一段话:"至于此后,则如暑假前后,咱们的'介石同志'打进北京,我也许回北京去,但一面也想漂流漂流,可恶一通,试试我这个人究竟受得多少明枪暗箭。"其中的"介石同志",原指同事郑奠,但这种插科打诨,显然是对作为北伐军总司令的蒋介石的嘲讽。他哪里是什么总理的信徒?背信弃义,见风转舵,中国根本就没有真正的党徒!

相对于曹操、司马氏一类权力者而言,知识阶级的命运是十分悲惨的。在演讲中,鲁迅列举了孔融、何晏以及"竹林七贤",他们不是被杀,就是自杀,其实服药和喝酒都可以视作慢性自杀的。表面上,他们穿着宽衣,不鞋而屐,饮酒空谈,飘逸得很,而内心却是非常痛苦的。对于一群富有头脑的人,一定要他们忘却世事,装疯卖傻,这是可以办到的吗?但是,为了逃避政治迫害,他们只好自行扼杀独立的性格和自由的精神。

鲁迅特别提及阮籍和嵇康两位代表人物,对他们的思想、性格和命运结局作了详细的比较。他们都是旧礼教的破坏者,二人的脾气都很大,阮籍老年时改得很好,嵇康则始终都是极坏的。那结果,阮籍得以终其天年,而嵇康与孔融、何晏等一样,遭了不幸的杀害。究其原因,嵇康的害处是在发议论,"非汤武而薄周孔",从古代帝王直到儒教的经典作家,总是说传统的坏话,这就给司马氏的统治造成了直接的威胁;阮籍聪明,知道环境改变,讲话极难,便多饮酒而少说话,同时局的关系自然便少。总之,政治是权力者的事情,所以绝对不允许对时局有任何议论和干预!什么"言论自由",无非是不满,僭越,这在青天白日之下是必须加以取缔的!

这次演讲,可以说是鲁迅在一个新的历史环境里,对在黄埔军校里所作的关于政治与文学的演讲的补充。他以幽默而机警的谈锋,道出了自己,整个知识阶级乃至全社会的苦闷和反抗。

对于辞去中大教职的广州生活,鲁迅有过这样一段描述:"在这半年中,我譬如是一只雄鸡,在和对方呆斗。这呆斗的方式,并不是两边就咬起来,却是振冠击羽,保持着一段相当距离的对视。因为对方的假君子,背后是有政治力量的,你若一经示弱,对方就会用无论哪一种卑鄙的手段,来加你以压迫。"

市教育局组织的这次演讲会,鲁迅的对头早已注意到。他们暗暗庆幸终于找到了一个对他进行构陷的机会,想不到这个机会竟给他成功地利用了。的确,他涉及了最敏感的领域,但是,亦此亦彼,迷离扑朔,讲话可没有离开题目中的魏晋时代!

5月11日,汉口《中央日报》副刊发表编者孙伏园的《鲁迅先生脱离广东中大》一文,由此引起了顾颉刚与鲁迅之间的一场"官司"。

文中引用了谢玉生和鲁迅给编者的两封信。谢玉生写道："迅师此次辞职之原因，就是因顾颉刚忽然本月18日由厦来中大担任教授的原故。顾来迅师所以要去职者，即是表示与顾不合作的意思。"鲁迅在信中对辞职一事作了说明，并说："我真想不到，在厦门那么反对民党，使兼士愤愤的顾颉刚，竟到这里来做教授了，那么，这里的情形，难免要变成厦大，硬直者逐，改革者开除。而且据我看来，或者会比不上厦大，这是我所得的感觉。"他们都同时说到了顾颉刚。

这时，在杭州购书的顾颉刚看到了副刊，立即给鲁迅写了信：

> 颉刚不知以何事开罪于先生，使先生对于颉刚竟作如此强烈之攻击，未即承教，良用耿耿。前日见汉口《中央日报副刊》上，先生及谢玉生先生通信，始悉先生等所以反对颉刚者，盖欲伸党国大义，而颉刚所作之罪恶直为天地所不容，无任惶骇。诚恐此中是非，非笔墨口舌所可明了，拟于九月中回粤后提起诉讼，听候法律解决。如颉刚确有反革命之事实，虽受死刑，亦所甘心，否则先生等自当负发言之责任。务请先生及谢先生暂勿离粤，以俟开审，不胜感盼。

本来，鲁迅是并不主张将一些牵涉私人的通信在报上公开发表的，尤其在汉口。可是既然发出去了，他也并不后悔，阅信以后，他立刻把这信同孙伏园文章里的希望他去武汉的劝告，以及香港报纸关于他已逃至武汉的谣言联系起来，便决计给顾颉刚开一个小玩笑。收信的当天，他作了如下的答复：

> 来函谨悉，甚至于吓得绝倒矣。先生在杭盖已闻仆于八月中须离广州之讯，于是顿生妙计，命以难题。如命，则仆尚须提空囊赁屋买米，作穷打算，恭候偏何来迟，提起诉讼。不如命，则先生可指我为畏罪而逃也；而况加以照例之一传十，十传百乎哉？但我意早决，八月中仍当行，九月已在沪。江浙俱属党国所治，法律当与粤不异，且先生尚未启行，无须特别函挽听审，良不如请即就近在浙起诉，尔时仆必到杭，以负应负之责。倘其典书卖裤，居此生活费綦昂之广州，以俟月余后或将提起之诉讼，天下那易有如此十足笨伯哉！

《中央日报副刊》未见;谢君处恕不代达,此种小傀儡,可不做则不做而已,无他秘计也。

他从来不愿示人以弱,什么东西,竟以诉讼相威胁! 当此专要人性命的时候,其实他早已作好各方面的精神准备了。就在这封不具日期的信发出不久,他有信给章廷谦道:"大约即使得罪于鼻,尚当不至于成为弥天重犯,所以我也不豫备对付他,静静地看其发疯,较为有趣,他用这种的方法吓我是枉然的;他不知道我当做《阿Q正传》到阿Q被捉时,做不下去了,曾想装作酒醉去打巡警,得一点牢监里的经验。"坐牢,处死,不是有许多朋友经历过了吗?

但是,这场"官司"终于没有诉诸法庭。

鲁迅见顾颉刚没有什么动静,也就没有把信公开,并写信嘱咐章廷谦,不要把"来信"与"回信"的情况转告孙伏园和林语堂。同时他也觉得,把太多的精力花在顾颉刚身上,未免有点无聊,形近卑怯。直到编杂文集子时,才把信件冠以一个《辞顾颉刚教授令"候审"》的题目放了进去,用意很简单,无非借此保留他个人与"现代派"斗争的一段小插曲而已。

事情并不等于他已经消除了对顾颉刚的成见。不久,他便把这份恶感转移到钟敬文那里去了。

钟敬文怀着热忱,同一位朋友商量,想与鲁迅合作办好北新书屋。为此,他还写信和李小峰磋商,答复是要他直接和鲁迅取得联系。可是,当他写信向鲁迅提出这种打算时,却立即遭到了拒绝。

本来,合办书店对鲁迅来说是有利的,可以减少他不少事务性的工作,从长远来看,他既认为广州文艺出版界很消沉,南方没有希望,那么在他离粤以后,不正好由此多出一个文化据点吗? 为什么竟至于如此决绝呢? 事情很简单,因为从见面的头一天起,他就一直把钟敬文当成为顾颉刚的傀儡。

他曾写信向章廷谦谈起此事,说:"近日有钟敬文要在此开北新书屋,小峰令来和我商量合作,我已以我情愿将'北新书屋'关门,而不与闻答之。钟之背后有鼻。他们鬼祟如此。天下那有以鬼祟而成为学者的。我情愿'不好',而且关门,虽然愈'不好',亦'听其自然'也耳。"

人是主要的。什么人做什么事业,这是他素来的观点。

8月中旬,书店果然关门了。但他毫不可惜,且以俏皮的语调写信给朋友说:"这几天我是专办了收束伏翁所办的书店一案,昨天弄完了,除自己出汗生痱子外,还请帮忙人吃了一回饭,计花去小洋六元,别人做生意而我折本,岂不怪哉!"

差不多就在这时候,北新书局出版了钟敬文编的小册子《鲁迅在广东》。这是继台静农去年编的《关于鲁迅及其著作》以后,又一本鲁迅研究资料的结集。

殊不料,鲁迅见到《语丝》上的广告,非常气恼,立即去信表示反对。他告诉李小峰,希望把编入书内的他的演说和文章全部删去,并强调说:"看了《鲁迅在广东》,是不足以很知道鲁迅之在广东的,我想,要后面再加上几十页白纸,才可以称为'鲁迅在广东'。"其实,这并不足以成为抽掉自家文字的理由,直到1934年,他重提旧账,在给《集外集》编者杨霁云的信中说:"钟敬文编的书里的三篇演说,请不要收进去,记的太失真,我自己并未改正,他们乱编进去的……"显然是某种情绪在起作用,因为演说稿本身并不如他所说的那么"失真"。

事情还是很简单:为什么要由反对自己的人来宣传自己呢?

鲁迅和现代评论派的矛盾是深刻的,无法调和的。他从人格上鄙视他们,在他看来,他们是叭儿,"钻者",投机家,像土耳其鸡的鸡冠一样变换色彩,昨天犹为北方军阀政府忠实效劳,此时竟舍弃了公理正义的栈房的东吉祥胡同,投奔到青天白日旗下来革命了。在《庆祝沪宁克复的那一边》里,有预见道:"统一以后,我恐怕研究系也要讲革命。去年年底,《现代评论》不就变了论调了么?和'三一八'惨案时候的议论一比照,我真疑心他们都得了一种仙丹,忽然脱胎换骨。"其实,鲁迅早就注意到他们的这种动向,只是没有法:革命嘛,总是浩浩荡荡!

而今,在"革命"的旗帜下,他们倒心安理得地做起"权威"来了!

《现代评论》接连发表文章,再次替屠夫和屠夫的事业洗刷和粉饰。他们把"全社会陷入恐怖状态"归于挣扎在血泊之中的共产党,称蒋介石为"国步艰难时代不可欠缺的力量"、"在革命史里立了一道丰碑,留下一个榜样"。最可恶的是居然宣传起国民党的党治主义,声言"在中国只能有一个国民党","一党专政必须强健,才能有成功的希望"。这种"一党专政"的极权主义,是西方近代资产阶级政党理论同中国传统封建王权的结合物。关于托言"众治",鲁迅许久以前就对未来中国可能出现的这种政治现象产生过警戒心理,想不到今天的这类托言者恰恰是自己的对头——阴险的现代派!

  这半年我又看见了许多血和许多泪,
  然而我只有杂感而已。

  泪揩了,血消了;
  屠伯们逍遥复逍遥,
  用钢刀的,用软刀的。
  然而我只有"杂感"而已。

  连"杂感"也被"放进了应该去的地方"时,
  我于是只有"而已"而已!

去年10月写在《华盖集续编》末尾的几句话,连同今年所见的新的屠杀和血迹,一同在心里混杂和扩散开来。时光简直可以视同儿戏,一年有零,又经历了一次大循环!每当想起凌迟、灭族、瓜蔓抄——20世纪发扬光大了的古文明,想起报载处死的李大钊,想起从来不见登报而又确实不在人间的相熟的青年毕磊,想起许许多多为自己所不认识的青年的惨死,不禁深感压抑,为自己新的世故而不安:难道真的只有"而已"而已吗?

在整理完几部旧稿之后,他一气写了一个新的杂感系列:《辞"大义"》、《答有恒先生》、《反"漫谈"》、《忧"天乳"》、《革"首领"》、《谈"激烈"》、《可恶罪》、《新时代的放债法》、《扣丝杂感》、《公理之所在》、《意表之外》、《怎么写》、《小杂感》等等。有时,同一天写作几篇,简直是发疯一般写。

这些杂文不比《华盖集》及续篇中那些直接论战的文字,却保留了其中的曲折与锋芒。有些篇什写得很精粹,仿佛要回归到《热风》时代,但分明没有从前的冷隽,而显得异常的热烈,充满着一个战斗者的激情和庄严的道德力量。

他倾大量笔墨,暴露和掊击国民党反动派的血腥罪行,指出:"这几年似乎是青年遭劫时期,尤其是女性";"今年似乎是青年特别容易死掉的年头"。这就是时代的可怖的面影。他在《可恶罪》中说:"我以为法律上的许多罪名,都是花言巧语,只消以一语包括之,曰:可恶罪。""我先前总以为人是有罪,所以枪毙或坐监的。现在才知道其中的许多,是先因为被人认为'可恶',这才终于犯了罪。"这种情况,被他概括为:"凡为当局诛者皆有罪。"时局的黑暗,完全是无理可喻的,所以他说:"天下有许多事情,是全不能以口舌争的。总要上谕,或者指挥刀。"罪恶之源,在最高统治者,这已经是无需暗喻的了。

《小杂感》以语录体形式,总结了历史上一些带规律性的东西,使人们更清楚地认识反动派的本质:

　　约翰穆勒说:专制使人变成冷嘲。
　　而他竟不知道共和使人们变成沉默。

　　要上战场,莫如做军医;要革命,莫如走后方;要杀人,莫如做刽子手。既英雄,又稳当。

　　世间大抵只知道指挥刀所以指挥武士,而不想到也可以指挥文人。

　　防被欺。

自称盗贼的无须防,得其反倒是好人;自称正人君子的必须防,得其反则是盗贼。

每一个破衣服人走过,叭儿狗就叫起来,其实并非都是狗主人的意旨或使嗾。
叭儿狗往往比它的主人更严厉。

人往往憎和尚,憎尼姑,憎回教徒,憎耶教徒,而不憎道士。
懂得此理者,懂得中国大半。

刘邦除秦苛暴,"与父老约,法三章耳。"
而后来仍有族诛,仍禁挟书,还是秦法。
法三章者,话一句耳。

《扣丝杂感》中的"包围新论",是一篇更其精辟而独到的中国史论。他以"猛人"一词代表权力者,说:无论是何等样人,一成为猛人,则不问其"猛"之大小,身边总有几个人把他包围得水泄不通。那结果,在内,使猛人逐渐变成昏庸,有近乎傀儡的趋势。在外则使别人看不到猛人的本相,而是经过包围者的曲折而显现的幻影。中国之所以永远走老路,原因即在包围,不管猛人怎样起仆兴亡,而包围者永是这一伙。

包围的同时,也就发生了胡乱的矫诏和过度的巴结,而晦气的人物呀,刊物呀,植物呀,矿物呀,于是统统遭灾。但猛人大抵是不知道的。这样一直到"龙驭上宾于天",这时,包围者便离开了这一株已倒的大树,去寻求另一个新猛人。

猛人如果能脱离包围,也许,中国还有五成得救。可是,有没有脱离的法子呢?即使有点两样,也都无用。一、是猛人自己出去看看外面的情形,不要先"清道",然而虽不"清道",大家一遇猛人,大抵也就事先改变了本来的情形,再也看不出真模样来了。二、是广接各样的人物,不被一定的若干人所包围。久而久之,也终于有一群制胜,而这最后胜利者的包围力则最强大,归根结蒂,也还是古已有之的命运:"龙驭上宾于天。"

与"猛人"相对的,自然要数民众了,那么民众的情况如何呢?

在《答有恒先生》里,他写道:"民众的罚恶之心,并不下于学者和军阀。近来我悟到凡带一点改革性的主张,倘于社会无涉,才可以作为'废话'而存留,万一见效,提倡者即大概不免吃苦或杀身之祸。古今中外,其揆一也。"

中国是不是从此就没有了希望?

的确,他有过一种"幻灭的悲哀",原因就在于"以假为真",跑到"革命的策源地"里做了大半年的"大傻子"。所谓希望,或许也正在这里。谎言和轻言是应当终有幻灭的一天的。他亲眼见过悲惨的死,但也看见英勇的死,这些死难者的牺牲本身就闪烁着一种理性之光。虽然历史是铅一般的沉重,需要付出无数代人的血的代价,而中国毕竟要走向进步的。是的,道路还很遥远。依靠少数几个政客人物进行所谓的"国民革命",是注定没有希望的,惟有从劳苦大众中产生大批新质的革命者才有将来!在迢遥的风雪之乡,工农俄罗斯不是在无数次的颠仆失败之后而终于崛起了吗?

无论将来如何,对于苦难的死者或者逍遥的屠伯,沉默总是一种罪过。为中国而死的共产青年从眼前走过去了,生者的责任,就是继续着他们的斗争。现在,他不再像"三一八"以后那样,带着悲愤和寂寞走向孤岛,在血的洗礼中,他已经找寻到了新的斗争对象了。

与在京时一样,无须插什么"公理"、"正义"之类好看的旗子,因为他有博大强壮的心灵。关于"清党",他独白曰:"我正有些神经过敏,于是觉得正像是'聚而歼旃',很不免哀痛。虽然明知道这是'浅薄的人道主义',不时髦已经有两三年了,但因为小资产阶级根性未除,于心总是戚戚。"他把对国民党的仇恨和对共产党的同情,都归于"浅薄的人道主义"。是的,他所有的思想实践都通向人,通向弱小的人,穷苦的人,奋斗不息或生或死的人。对人类命运的关注,是真正的力量所在,在他自己是并不认为"浅薄"的,这里所言,不过是借以讽刺那些"没有正视现实的勇气,又要挂革命的招牌"的号称革命文学家者罢了。后来,他还曾这样向人说过:"人道主义非常力弱,禁不起马克思主义的攻击,在马克思主义已把它打死了的现在,它恐怕没有用了吧?然而,只可惜在中国是打死得过早了一些。"在此,表现了他对人道主义的偏爱。

任何道德选择都不仅是对个人本身的考验,而且,也是对他的内心所遵循的原则的考验。中国是一个什么样的国家?中国应当成为什么样的国家?早期关于"人国"的设想,其实质性的东西,一直没有在他的心中消失。

9月10日,中秋节。

月亮。没有哪一个夜晚的月亮会比此际的更明亮。

在注满温润的月光的窗下,鲁迅编完《唐宋传奇集》,并写了序例,最后,他不无深意地写道:"时大夜弥天,璧月澄照,饕蚊遥叹,余在广州。"

他并不准备呆在广州,过了十多天,便同许广平一起乘船走了。这期间所写的杂文,都是走后发表的,为了摆脱军管的严酷的环境,他不得不采取非常行动。

他是一个"火鸦",悄悄放一把火,就又突然走掉,且走后仍然放火:烧社会,烧自己。刚刚到了上海,他竟掉进"十万两无烟火药"中,爆炸了!

自然,引起爆炸的,绝不只是一个火药库!

第 三 部
横 站 的 士 兵

　　敌人是不足惧的,最可怕的是自己营垒里的蛀虫,许多事都败在他们手里。因此,就有时会使我感到寂寞。……然而我毫无退缩之意。

——鲁迅致萧军萧红

　　人生现在实在苦痛,但我们总要战取光明,即使自己遇不到,也可以留给后来的。我们这样地活下去罢。

——鲁迅致曹白

十二 盗火者

当他刚刚漂流到了上海,便随即陷入一群革命文学家的围攻之中。

在论敌的进逼中,他不避艰难,盗取"天火"——一面用来煮自己的肉,一面借以照见中国思想文化界的混乱与空虚。

90 上海·内山书店·艰难的结合

上海。

古老而忧伤的长江缓缓流向这座城市,而后突然中断,出现一片浩淼无涯的海域。风和船舶,从四面八方纷至沓来……

以特殊的地理位置,上海成了殖民帝国的野心、资本以及西方文明在中国的最大的输入口。黄浦滩头:租界出现了。领事馆出现了。纺织厂和各种工厂出现了。弥漫的烟云,汽笛,机器繁杂的鸣响,给上海蒙上一层现代都市的迷幻色彩。

1927年,工人起义的火炬烧红了天空,接着鲜血如注,涤荡着这里大大小小的街衢。于是,上海由一个工业城市变成为新型的封建专制政权——蒋介石政权的第二首都。政府的许多重要机构,都不设在南京,而设在这里的公共租界和法租界。在租界地,党国要人都有他们的公馆和别墅。还有所谓"上海闻人",即流氓帮会头子,与反动军警及巡捕房的上层人物互相勾结,贩卖人头,走私贩毒,包庇娼赌,坐地分赃。专制,混乱,黑暗。整个上海,成为大小军阀、官僚、政客、党棍、买办、帮头、流氓、特务交混一体的罪恶的渊薮。

这时,新文化运动的策源地北京,早已显出一派古战场的情景。文人们纷纷望旗南下,这里,还聚集了一群从溃败的革命队伍中过来的作家,以及文学青年。高密度的集结,预示着全国性的思想文化的激战,必将在这里展开。

上海又名"沪"。沪,从扈衍变而来,乃系一种捕鱼工具。鲁迅常常自比为鱼。的确,他一生都在"争自由的波浪"。当他和许广平逃离广州那个仅可"以沫相濡"的险滩,而终于漂流到了上海,是否便知道:等待他们的竟是别一种厄运?

10月3日。是到沪的第一天。

在共和旅馆安顿下来以后,鲁迅随即偕同许广平前往北新书局访问李小峰,并邀三弟周建人共进夜餐;次日,又与林语堂与孙伏园、孙福熙兄弟合影留念。

郁达夫、王映霞夫妇到访时,他特意介绍了"密司许",让她陪着说话。显然,他有意公开与许广平的关系。但是最有意味的,还是那种不经意的公开方式。

一次便宴过后,茶房端上咖啡,他便向着正往杯子里搅拌的许广平投了一瞥,然后告诫道:"密司许,你胃不行,咖啡还是不吃的好,吃些生果吧!"如果换了林语堂,也许不会觉得有什么特异之处。事实上,林语堂也是到了后来许广平行将分娩的时候才醒悟过来的。郁达夫却不同,这个富于罗曼气质的人物几乎一下子就可以做出判断:在鲁迅的目光和说话中,分明有着一份从来没有的柔情。

别人怎么猜测,怎么议论,都任由他们去!反正自己没有那份说明的义务。人生劳劳,可焦虑的何其多呢!经验过一场血的游戏,他觉得,对于舆论这东西,实在无需太顾忌。如果总是为别人的言行所窒碍,那么,做人岂不是白做了吗?

旅馆毕竟不是久居之地，必须有一个较为稳定的住所。周建人初次到来，鲁迅就让他给找房子。恰巧周建人在商务印书馆做编辑工作，住在宝山路附近的景云里内，那里还有一间空房子可以租赁。建人介绍说，房子是单幢的石库门住房，不整齐，前宽后窄，有三层楼。鲁迅听了，说我只有两个人，不假思索地便立刻订了下来。

要购置的家具十分简单，每人仅一床、一桌、一椅，如此而已。至于吃饭，则同周建人以及他的同事一道，没有雇用工人。6日看屋，8日移居，全部工作只消一个上午就完成了。

人的灵魂大约总得寻求安定。在大上海，有了这小小的栖身之地，鲁迅顿觉全身轻松了许多。

下午，他一个人逛内山书店去。

书店是由一个叫内山完造的日本人开设的。1913年，内山作为日本眼药店的推销员第一次来到中国，从此在上海定居。三年后，他在日本京都同井上美喜子结婚，婚后伉俪同到上海，在北四川路魏盛里租了房子，接着在前门开办了一家小书店。最初，书店出售的是一些圣经、赞美诗之类的宗教书籍，后来扩大了品类，其中包括文学艺术和社会科学方面的书籍，从此声誉鹊起。

店堂间不大，日常店务由井上喜美子同中国店员王宝良经营。店里东西北三面都是一人高的书架，房子中间还有一排书架，书架后面有一张小桌子，四面摆着一套藤制沙发。进门是一张写字台，朝里放着，这就是柜台。店面虽略嫌简陋，但主人是善于经营的。1923年起，店内设有茶座，经常举行有中日两国文人参加的"漫谈会"，像郭沫若、郁达夫、田汉等都参加过。这时，内山开始用"邬其山"的笔名撰写文章。他为人正直，仗义好客，于是书店也就渐渐成了文化人惯常往来的地方。

三天前，鲁迅曾经来过一次，仅仅一次便成了盯梢的对象。

长而乱的头发，浓黑的口髭，咬一个牙黄色烟嘴。穿的竹布长衫已经褪色，一双陈嘉庚式鞋子，鞋帮弄得很脏。这般模样哪里像是购书的人呢？恰好最近店里不时发生失窃现象，一本很珍贵的书，插画往往不翼而飞。内山的哲学是不要声张，怕因此吓退了顾客，只是嘱咐尽量地加以防范。这样，王宝良立刻被告知：注意这一个！

只见来客进门以后，慢慢地顺着书架浏览一周，然后又返过来选书；每一本书都看得很仔细：装帧，书名，目录，有的还大致翻看了内容，一点不像偷书的样子。最后，他竟选了一大叠书，付过钱，才从容地携着出去。

一个怪客。

今天鲁迅到书店里来，恰好内山没有外出，喜美子发现了他，立即把他在前几天买书的事偷偷告诉了丈夫。内山毕竟是有点历练的人，一看就知道来客非同一般：身材虽然矮小，却有一种浩大的气魄，眼睛清澈而威严，闪烁着睿智的辉光。

来客挑了几种书，然后在沙发上坐下来，一边喝着喜美子送过去的茶，一边点上烟，指着挑好的书，用漂亮的日本话说："老板，请你把这些书送到东横滨路景云里23号。"

内山立即问道："尊姓？"

"周树人。"

"呵——你就是鲁迅先生吗？"内山简直叫了起来，"久仰久仰！我早已听说你从广东到这边来的了，只是不认识，失礼了！"

就这样，一对异国朋友，从此奠定了长达十年的深厚情谊。

"就是不出卖朋友的人，在日本人中也有的。"闲谈中，内山曾经这样向鲁迅表白过。的确，从收转信件和稿费，介绍出版及代售书籍，直到安排避难之类，鲁迅都得到内山的大力帮助。内山把认识鲁迅看做"一生的幸福"，称为"刎颈之交"；而鲁迅，一生中最后的文字也都是写给内山的，充分表明了他对朋友的信赖。

以后，鲁迅经常去内山书店买书或小坐。仅10月份，去过十次，有时一个人去，有时同许广平一起去。随着业务的扩大，两年后，书店迁至北四川路底施高塔路新址，他去的次数便更多了。

相处很长一段时间,鲁迅不谈政治,也不谈文学,后来就变得无所不谈。1931年,他作诗题赠"邬其山"道:

廿年居上海,每日见中华:
有病不求药,无聊才读书。
一阔脸就变,所砍头渐多。
忽而又下野,南无阿弥陀!

鲁迅的旧诗,除了少数"少作",均作于上海十年。这不是偶然的。对于一个从事社会批评的作家来说,不可能没有一种适于主观表现的形式。当鲁迅中止了小说和散文诗写作之后,作为代替物,旧体诗便成了书店以外借以倾吐积愤的重要的语言媒介。由于这些诗都是应邀之作,讽刺诗不多,像这样的"中华全景图"可以说绝无仅有。诗中对中国人的自负、麻木、苟且的根性,尤其是权力集团的横暴而善变的本质特点,虽属信笔,却刻画入微。可见在平日,中国的政治文化,是他们经常接触的话题之一。

当鲁迅把这幅立轴送给内山时,内山发现,署名的下面没有盖章。鲁迅经他指出,随即探手于身边的印泥,按了一个指印。人到忘情,即所谓至交。至交又何必区区于形式呢?

对于内山,至今连私事,也可以不加隐瞒了。有一天,鲁迅到书店去,直白地告诉他说:"老板,我结婚了。"

"同哪一位?"

"那个姓许的。"鲁迅说,"我本不打算结婚,因为人们太为我们操心了,说了不少话,想到这样下去对大家都不好,所以结婚了。"

"你的太太不是在北京的吗?"

"那是我母亲的太太,不是我的太太。"

在上海所有的朋友中间,鲁迅从来未曾这样宣布过。而所谓朋友也者,也无非是往来较多一点的熟人而已。对鲁迅来说,真正的朋友,应当是在共同承受的痛苦中间彼此感通的人。这个条件未免太苛刻了。即如内山,便有不少隔膜之处。可是他笃实,真诚,在上海这块惯于以商人眼光看人的地方，毕竟是难得的。尤其作为一个外国人，对中国怀有一种乡土般的热爱，更是令人感佩。在中国，即使"爱国者"成打成打地产生，然而到底有多少是真正热爱自己的祖国的呢？

在景云里，鲁迅住二楼的前屋，许广平住三楼，两人的住房是隔离开来的。这种似乎形式主义的做法，使熟识的人们颇感困惑。作为人道主义者，他既然要在名分上为朱安保留应有的地位，那么，就不可能为自己的爱情赢得一个正统的、合法的形式。这是尴尬的。但是，他重视的是内容。他相信事实的力量。

对于爱情和婚姻问题的这种不彻底的处理，给鲁迅的论敌，以及社会上的遗老遗少制造了攻击的方便。他曾收到一位署名周伯超的信，说有人宣传他"讨姨太太"，"弃北京之正妻而与女学生发生关系，实为思想落伍者"。直到他逝世前一年，此间报纸仍在造谣，并称许广平为"鲁迅之小爱人"而加以笑骂诬蔑。鲁迅的办法是"自画招供，自卸甲胄"。自然卸起来并不如说得轻松。

特别是许广平，许多打击都是缘她而来的。有流言说，鲁迅的原配夫人朱安是鲁迅的"佳偶"，鲁迅所以离弃朱安，全在她从中作梗。因为她和鲁迅同居，她的亲属便中断了同她的联系。一些好意的同学亲友，则陆续来信询问实际情形，表示愿意在经济上给予接济……

在写给老友的信中，许广平作了如下深情的表白：

> 其实老友面前，本无讳言，而所以含糊至今者，一则恐老友不谅，加以痛责，再则为立足社会，为别人打算，不得不暂为忍默，今日剖腹倾告，知我罪我，惟老友自择。……周先生对家庭早已有十多年徒具形式，我亦飘零余生，向视生命如草芥，所以对兹事亦非要俗世名义，两心相印，两相怜爱，即是薄命之我厚遭挫折之后的私幸生活……我之此事，并未正式宣布，家庭此时亦不知，知之为知之，不知为不知，谅责由人，我行我素……

在幸福的体验中间，明显地存在着一种压抑感。鲁迅不会不知道。他看过这封信，说是"说得我太好了一点"，内心自然是十分感激的。

然而,他并不可能感觉满足,至少不可能长期做到这一点。在幸福的底端,他已经感到了某种苦痛的碰触。他的怀疑与忧虑似乎是与生俱来的,并且他过于怜惜生命个体,始终不肯放弃精神上的企慕与追求。其实,爱情并不意味着个性的消解,相反它应当通过新的形式得以强化。如果两性的结合,可以让人在世俗的欢乐中获得满足,个人的欲求因此而进入酣眠的状态,所谓爱情,也就完全被毁绝了。对于生命实体,无论是哪一个层面,包括爱情所具有的苦难的质性,他都一样有着至深的感悟。

现实的问题是:许广平的朋友邀她去办关于妇女的刊物了,那么,去不去呢?

一个年轻女性,理应出去做事的。她不应该像子君那样整天地忙家务,只懂得照顾阿随和小油鸡之类,她应当有她的广大的世界。可是,果真如此,自己的生活岂不是又要回到从前一个人干的孤境中去?如果不这样,还能怎样呢?让她呆在家里不出来,你不觉得太自私了一点吗?半年之后,在回答李秉中"结婚然否问题"时,他在信中写道:"结婚之后,也有大苦,有大累,怨天尤人,往往不免。"后来又说:"结婚之后……理想与现实,一定要冲突。"所说虽然带有泛的意味,但多少总融进了一些切身的感受。

许广平外出做事,应当说,也不无从生活方面着想的。从广州带过来的薪水就不多,今后将赖什么维持生计?教书,还是写作?要是教书就难以从事译著;可是教书不自由,而且至今已毫无这方面的趣味了。那么,处在一个不安定的环境里,写作就可以顺当地进行吗?在这里,杂志确乎不少,书铺的经济状况却并不见佳。许寿裳有信来,说是南京国民政府大学院院长蔡元培意欲聘为"特约著述员",但不知是否出于敷衍?要做学问,与人斗争的事自然减少许多,然而恰恰为此,他就觉得于自己并不相宜。目下是什么时候?著述!他们需要著述些什么!每想及南京政府,他就感到气闷之至。

离粤时,曾向朋友表示说"但可玩玩时,姑且玩玩",而且确也有过游一次杭州的打算，但此刻已没有这样的时间和心思了。看上海的情形，比北京复杂得多，一一对付怕也要很吃力。你到底是准备在这里长住呢，还是客居一个时候？如果不想久呆，又当投往何处？

住地隔邻是大兴坊，北面直通宝山路，竟夜行人，或唱戏，或吵架，嘈闹得可以。最苦是隔壁住户，日夜搓洗麻将，高声谈笑，兴发时把牌重重掷落桌面，有如惊堂木的击拍，真是不胜烦扰，无可如何。虽然有许广平温情的慰解，他仍然无法摆脱内心的焦虑，人生最根本的焦虑，尤其在夜里。

91 演讲系列：真假知识阶级·指挥刀和文学家·新女性与传统

初来的两个月，不断的应酬、陪客、演说，忙得不亦乐乎。而这忙，鲁迅在信中说得很幽默："是于自己很没有益处的。"

可是，演说却使大学校园里的青年知识分子受益匪浅。这种近于巡回式的演讲，以平均每周一次的密集方式，成了鲁迅近期思想的辐射中心。

"四一二"大屠杀，逼使他在新的历史环境里重新做出抉择。革命被最后断送，说明"火与剑"实际上已为政治野心家所利用，所以，在鲁迅看来，革命仍然是一个幻影，在中国的土地上是未曾发生过的。在这里，他把单纯的革命战争给否定掉了。这一否定带有某种思想回归的性质。因为在北伐期间，他确曾受了宣传的蛊惑，而表示愿意聆听"大炮的声音"。当然，所谓回归，并非退回到原来的唯思想革命的思路上去。现在，他开始认识到，思想革命同政治革命必须结合起来。但是，这并不意味着思想应当成为政治的附庸，相反意味着思想意识的相对独立性和积极参与性。而思想的物质力量，只能来源于社会的底层：新兴的无产者及其斗争。

作为人道主义者，一贯具有反叛意识的人，向一党专政的反人道的新型封建政体发起挑战,是思想发展的必然性倾斜,一种无法改变的方向。自从清党运动暴露了一个号称代表"国民"利益的政党的本质以后,鲁迅看到,新一代的权力者同往昔的封建寡头毫无二致,虽然用了近代最时髦的主义装扮自己,却同样是敌视自由、民主和人权的力量。在书信里,他确曾声明说"关涉政治者一概不做",但是命运注定他不可能成为大时代的脱逸者。他的系列演说,就是以政治为中心,通过政治与思想,政治与文艺,政治家与知识阶级,其中包括文艺家的严峻对立展开的。

10月25日,在劳动大学的讲题:《关于知识阶级》。

知识分子的地位和作用如何?他们的出路何在?在中国现代史上,这是一个十分突出的重要的问题。

在鲁迅看来,知识分子最大的特点是有知识,能思想,是思想革命的主体。但是,作为社会的主要角色,却遭到了"能否存在"这一境遇的致命的威胁。他指出,知识和"强有力"是不能并立的。权力者不许人民有自由思想,以为各个人思想发达了,各人的思想不一,民族的思想也就不能统一了。故统一思想,对强有力者说是头等重要的。知识者自身同生存空间的冲突,由是变得无法避免。

知识阶级生来就没有权力,一种先天性缺陷就是他们对权力者的依附性。可是,中国的知识分子与俄国式或西欧式不同的是,他们的地位毕竟高出于平民,缺乏平民意识,是一种"特别的阶级"。他们所具有的现代知识本身带有反专制、反保守、反愚昧的性质,而他们恰好又是中国传统文化的嫡系传人,有着难以摆脱的惰性。这样,不同文化形态的历史性冲突内在化和人格化了,它表现为知识分子的自我冲突,痛苦是永远的。

在这里,鲁迅使用了"真知识分子"和"假知识分子"的概念。在中国特定的政治文化环境里,知识阶级是在指挥刀下听令行动,还是发表倾向民众的思想呢?真的知识阶级是不顾利害的,如想到种种利害,今天发表这个主张,明天发表那个意见,思想似乎天天进步,其实这是假的、冒充的知识阶级。真的知识阶级的进步,决不会如此之快。具有讽刺意味的是,他们就是没有假知识阶级的寿命长。最可怕的情形,就是比较新的思想运动起来时,如与社会无关,作为空谈是不要紧的,这也是专制时代所以能容知识阶级存在的缘故。只有当思想运动变成实际的社会运动时,那就危险了,往往反为旧势力所扑灭。还有,衰弱的知识阶级害怕"西洋文明",有如老年人吃东西,总是左思右想,吃牛肉怕不消化,喝茶时又要怀疑,其实这是没有力量的表示。有自信力的人是不至于此的。衰弱的知识阶级必定要走向灭亡,但是,当此中国人胆子格外变小,对于较特别的思想,较新的思想尤其丧心发抖的时候,真正的知识阶级也都难以存在的。这里,有一条比较安全的道路是做艺术家,为艺术而艺术。艺术家住在象牙塔中,固然比较地安全,但可惜还是安全不到底。秦始皇、汉武帝想成仙,不是终于没有成功而死掉了吗?

结论是:知识分子没有出路。

对于"真知识分子"来说,惟有抱定牺牲的决心,忍受身心的苦痛,勇敢地发表代表民众的思想,并且努力把思想运动转变为社会运动,同平民一起,向这个着着逼人堕落的"老社会"做彻底的斗争。

这时,国民党改组派在上海大肆活动,为了拉拢青年学生,无限夸大知识分子的历史作用。鲁迅对于中国知识阶级的两难处境的分析,以及出路问题的看法,具有独创的思想价值,是投给混乱、狂热的大学生群的一帖镇静剂。

在专制时代里,作为知识阶级的一分子,鲁迅对思想及思想者的命运是十分敏感的。的确,在一个连思考也可以获罪的国度里,国民还有什么基本权利可言呢?演说中,鲁迅几次谈到"自由思想"。在他看来,是否允许思想自由,是革命成败的重要标识之一;对思想宽容的程度,同样可以成为衡量一个政权的性质的标准。

还有另一个标准。在暨南大学文学系同级会主办的演讲里,他说道,中国算是又革了一次命,但看上海的情况还是老样子,一动没动;不过各种税捐增加了,物价上涨了,尤其是吃的东西。他自称是没有什么宏图的人,因此不能不注意到"江东的米价",如果小百姓被弄得连吃口稀粥都要比从前更困难,那么革命就很难说是成功的。他不是那类玄学鬼,不会因为对精神问题的关注,而忽略了国民在物质生活方面的最起码的需求。

他对几年来的所谓"革命"是持否定态度的;甚至不承认,在中国的土地上曾经发生过一场本来意义上的革命。这一大胆而独特的论断,固然带有一个人道主义者的强烈的感情色彩,同时也反映了那渗透在历史观深处的批判的理性精神。他称国民党政权统治下的生活环境为"大铁幕",可谓黑暗之极,但是,他已不复如辛亥革命过后那般绝望了。对于未来的革命运动,明显地,他是抱有期待的。

对"革命文学"的否定,正是缘同否定"革命"的态度而来。目前,"革命文学"的说法,显然为官方所利用,广州报纸就称吴稚晖为"革命文学的师法"。在演说中,鲁迅以鄙夷的口气说,因为此刻是"革命"的政府,故做起文学来必须有"革命"二字,当然不会是好文字。这类充满官方色彩的"革命文学",他是不屑一顾的。他说:"从前我以为指挥刀是指挥兵的,现在我觉得指挥刀也是指挥文学家的;指挥刀在前,文学家在后,什么文学革命,不过受指挥刀的驱使——如是而已。"在《革命文学》一文中,他发挥同样的思想,指出:世间往往误以两种文学为革命文学:一是在一方的指挥刀的掩护之下,斥骂他的敌手的;一是纸面上写着许多"打,打","杀,杀"或"血,血"的。从指挥刀下骂出去,从裁判席上骂下去,从官营的报上骂开去,使被骂者不敢开口,实在是最痛快而安全的事。所可惜者只在这文学并非对于强暴者的革命,而是对于失败者的革命。所以,惟有在革命时代有大叫"活不下去了"的勇气,才可以做革命文学。反过来看,革命文学家风起云涌的所在,其实是并没有革命的。

那么,他是如何看待文学创作的呢?

在几次演讲中,关于文学与社会,关于文学家的主体意识,关于文学遗产的继承,以及文学的性质和功能问题,他都做了比较系统的阐述。

头等重要的问题是必须面向现实社会。用种种逃避的方法远离现实,只能把文学引向末路。在光华大学题作《文学与社会》的演讲中,鲁迅列举了三种文学现象:其一是造象牙之塔,为艺术而艺术;其二是快乐主义,把社会的苦痛趣味化,只要胜利的歌颂,又总是嘲笑失败者;还有较为隐蔽的一种是,止于作不平鸣,在诅咒社会以后,却每每能获得发泄的满足。他反对把文学视作躲避所,几乎不放过任何机会,高张文学的现实主义精神。

文学不应仅仅反映客观的事实,还须同时表现主观的真实,这两者是紧密地联系在一起的。鲁迅从来没有过那类被动的"反映论"的说教,倒是十分重视作家的主体性,认为一时代有一时代的文学,不能拘于题目,只有按照作家自己心中要说的说出来,那东西才是不死的。他强调文学的真诚。他指出,中国从事文艺的人大都是资产阶级,以资产阶级而勉强写无产阶级的文学,其结果总是矫揉造作、弄虚作假,还不如做近于资产阶级的文学较为有诚意。他回忆说,在广州曾经看见党部出了一个题目,叫做《青年的烦闷》,文章居然说:恋爱算什么?我们要革命!"这完全是假话,"他总结道,"我觉得还不如老老实实说,我愿恋爱,我宁愿放弃革命。"

在这里,作家的素质是带有决定意义的。他说:中国文学已入末路之中,新的东西一定要建设的。应该有一种文学新人,他们的思想,与包括他自己在内的旧式的人完全不同,所发表出来的世界一切事情,都通过他们各自的眼睛,分明地显现各自的个性。有了新的人,方有新的思想,新的形式。新形式的探索过程,同时也是社会内容的改造过程。

在演讲中,有一个观点很值得注意,就是不能教条主义地照搬苏联的经验。对于外国文学,鲁迅主张不分国界广泛地加以吸收,不能专向外国一条路走。中国与苏联的国情不一样,人们的思想也就随之不同,所以,他们的"无产阶级文学",我们是不能模仿的。他批评说,现在中国文坛上往往自我标榜为什么主义,其实是受了西洋文学史的毒。主义不是先导的,不是先有主义而后按主义的模式实行。而事实上,却不乏这样的人,他们宁愿接受主义的束缚。历史证明,这种保存主义而牺牲现实的作法是贻害无穷的。

至于中国的文学遗产，他分析说，其中精华不少，垃圾很多。我们应当吸收其精华，不要被垃圾压倒，一头钻进故纸堆里爬不出来。

还有一个突出的观点，是说文化发达的地方，文学不能进步。究其原因，文化优越感往往形成一种封闭心理，故此中国人的思想太守旧，即使在文明进化的时代有所变化，也都容易复原。鉴于这种文化现象，他认为，必须有真实的破坏。他说，没有真实的破坏，没有灭亡的表示，就没有新的国家，新的文学的产生。他做了一个比喻：有一种节节虫，在繁殖的时候，一节一节地死去，直到完全死完，就产生了一整个的幼虫。人类有像这样的精神，才能走向进步；如果一天到晚怕灭亡，那倒是十分危险的事，因为这样的生命状态，实质上已经与死亡无异了！

日本文学批评家片上伸有一篇短论，叫《"否定"的文学》，鲁迅曾经翻译过的。那里说，俄国文学是从否定中产生的，是"否定"的文学。否定是力，较之温暾的肯定，它有着更为深而强的力。由否定而表现自己，由否定而心泉流动，由否定而发现活路。以俄国文学为例，文章指出，作为否定之力的文学，也就是作为生存之力的文学，仗着自行破坏，自行处死，而至于自行苏生，自行建造。它以自己的否定为出发点。由否定的肯定，由死的生，循着这样的道路实行质的飞跃。鲁迅提倡的文学，正是这种富于力的美的"否定"的文学；他本人的作品，也是这种以暴露为其外在形态的"否定"的文学。无论理论或创作，这种具有反省意识的否定的批判的文学，对于从传统的"乐感文化"中长期繁衍下来的"瞒和骗"的中国文学，确实不失为历史性的挑战。

12月21日，在暨南大学，鲁迅又作了一次演说，讲题是《文艺与政治的歧途》。这是一次著名的演说，是《魏晋风度及文章与药及酒之关系》的合理的延伸。十五年后，王实味在延安写作的《政治家·艺术家》，很明显，是从中受到了启发的。

演说开宗明义说："我每每觉到文艺和政治时时在冲突之中；文艺和革命原不是相反的，两者之间，倒有不安于现状的同一。惟政治是要维持现状,自然和不安于现状的文艺处在不同的方向。"由于政治家与文学家的地位不同,所代表的利益不同,所以他们之间的"同一"是暂时的相对的现象,冲突则是本质的,永久的。

政治家最不喜欢人家反抗他的意见,最不喜欢人家要想,要开口,而文学家偏偏既敏感,又不安分,在社会上说话也总是说得早一点。政治家既要坚持统一,当然要反对思想自由,把文学家当作眼中钉。在中国,主张人道主义的人没有个人主义者多。在政治家眼里,人道主义者要替别人找出路,关心未免太广,且要改变现状,倒还不如个人主义的好。所以,坚持专制主义,是必然反对人道主义的。文艺催促旧的渐渐消灭,也当是一种革命;其实不安于现在,不满意于现状的都可以算是革命的。但文学家的命运,并不因自己参加过革命而有所改变,还是处处碰钉子。在军阀统治下,文学家站不住脚;打倒了军阀,文学家还是站不住脚,即共了产,文学家还是站不住脚。革命成功了,感觉灵敏的文学家,又要不满现状,又要出来开口了。从前文艺家的话,政治革命家本来赞同过;待到革命成功,政治家便把这一切置之脑后,将从前所反对的那些人用过的老法子重新采用起来。在文艺家仍不免于不满意,又非被排轧出去不可,或是割掉他的头。割掉头是最好的办法,既不会开口,又不会想了。

说到革命文学,鲁迅认为,革命并不能和文学连在一起,虽然文学中也有文学革命。但做文学的人总得闲定一点,正在革命中,连想面包都来不及,哪里有功夫做文学?等到有了文学,革命早已成功了。革命成功以后,闲空了一点;有人恭维革命,有人颂扬革命,但这已不是革命文学。他们恭维革命颂扬革命,就是颂扬有权力者,和革命有什么关系?所以,以革命文学自命的,一定不是革命文学,世间哪里有满意现状的革命文学?除了吃麻醉药!

政治家和文学家的每一次冲突,胜利都属于政治家,但他们决非完全的胜利者。鲁迅断然指出,政治家想不准大家思想,那种野蛮时代毕竟早已过去了。政治家认定文学家是社会扰乱的煽动者,心想杀掉他,社会就可以平安。殊不知杀了文学家,社会还是要革命;俄国的文学家被杀掉的、充军的不在少数,革命的火焰还不是到处燃烧吗?

系列演讲所包含的思想十分丰富。在关于社会历史和文学艺术的论述中,鲁迅取的是文化社会学的更为恢弘的视角,使用的方法也不是单一的。

早在留日以前,他已从赫胥黎改造过又为严复所阐扬的《天演论》中,学习达尔文的进化论,并以此奠定了自己的思想基础。留学期间,深受西欧的人本主义和启蒙主义的影响。对尼采、斯蒂纳、易卜生等肯定生命、弘扬个性的思想,尤为倾倒,称之为"新神思宗之至新者"。这些思想理论,与进化论同时构成了青年鲁迅的社会观和人生观。"五四"以后,随着杜威访华,实用主义在中国广泛传播。这种重事实、重行动、重实际效果的哲学,与现实主义者鲁迅的思想方法相当吻合,所以,对于杜威的演讲及其他论著,他都加以搜集,并且珍存起来。"五卅"以后,他开始重视马克思主义理论。这是与当时国内的革命形势的发展,以及苏联革命成功的感召力量很有关系的。但是,兴奋中心的转移,并不等于他必然要放弃人类其他的进步思想和有益的哲学。应当看到,阶级论和进化论,在鲁迅的思想中并不构成单一的、线性的联系;尼采的个人主义,杜威的实用主义等,作为他的价值观和方法论的组成部分,仍然得以批判的保留,从而构成他的富于现代意义和个人特色的开放的思想体系。

譬如,演讲中的"知识阶级"一词,指的是一个文化集团,就不是来源于马克思学说中的概念。在论及文学与社会关系时,也并没有使用那个著名的经济基础—上层建筑的范式。此时,对于文学的认识,他更为接近泰纳、勃兰兑斯的历史文化学派的观点,但却没有因此忽视文学的审美特质。讲话时,就曾涉及"文学价值"问题。看得出来,这一学派重视民族的时代环境对文学的影响,与马克思称作"终审决定"的生产力的制约作用,两者不无共通之处,但对于前者,却不是可以轻易否定和取代的。在一个更为宽广的理论背景上,它们具有互补性。

鲁迅关于"国民性"的思想,显然更多地包含了文化社会学的内容。

即如"阶级性"问题,鲁迅也是有着作为一个思想者所特有的思想构架的。他不取那种建立在统计学意义上的阶级分析方法,而是以一套互相对应的词组,如"压迫者"与"被压迫者","阔人"、"福人"、"猛人"与"穷人","高等华人"与"下等华人","特权者"、"权力者"、"权势者"、"有位有势的大人物"与"蚁民"、"小民"、"小百姓","君子"与"小人"等,分类描述中国社会。这样一个二元对立结构的社会,既是阶级社会也是文化社会。此后,他还说过,"阶级斗争"不如"同级斗争"的说法更切实。这是很有意味的。无疑地,他着意保留"文化论"的广度,结合"阶级论"的力度,进而拓展他的思想深度。

12月,鲁迅把在劳动大学的教职辞掉了。校长易培基再三挽留,也没有效。次年1月,他退回薪金六十元,再度表示了坚定的意向。

他希望尽可能地减少一点身心的束缚。他不愿意把事情拖下去。加以易培基也不是当年的易培基了,身为校长,他已不能不秉承政府当局的意旨,逮捕和开除被视作异端的学生。而自己,不正是因此脱离中大的吗?为什么来到上海,还要到学校里做制造醉虾的帮手?

在此期间,他收受了大学院的聘书,还有月薪三百元。这是一笔相当可观的薪金。从此,从物质到精神,便都获得了一种相对的稳定性。

生存第一。的确,他不愿意在政府或政府所属的机关供职。既然蔡元培答允领了款子仍可自由著作,那么也不妨试试。问题是,骂政府的著作,也可以吗?在这个世界上,内容与形式往往不相统一,拿政府自身来说,招牌挂的"革命",其实是反革命;表面代表"国民",实质是强奸民意,就是显例。如此看来,拿政府的钱骂政府,有何不可?况且钱也是搜括来的,取之于民,用之于民,两者岂不正好一致了吗?哈哈,自我解嘲!算了吧!

总之,现在是可以静下来写点什么了。早应该写点什么了。许广平也不必到外面做事去,可以留在家里搞翻译。这时,鲁迅萌动了一个念头:教许广平日语。

新文学运动以来,他一面创作,一面翻译。在他看来,翻译工作的重要性,是丝毫不让于创作的,尤其在中国这样一个文化荒漠。他想,如果许广平也能搞翻译,自己或可更专注于社会问题和国民根性的发掘,那成绩当会比现在大得多。

但是,许广平并没有能够很好地领会鲁迅的意思,对于鲁迅,仍然习惯地以一个学生的身份表示她的遵从。她日常的工作并不轻松、烧饭浆洗、买烟送信、购置书籍、誊抄校对、迎送客人等等,几乎所有时间都消磨在这些杂乱的活计上面。来沪的前两年,家里没有佣人;虽然孩子出生以后雇了女工,但作为母亲,又得添加不少新的麻烦。在某种意义上,可以说,她也是家庭的一个忠实的女仆。时间,心力,都不容许她把鲁迅拟定的翻译计划进行下去。女性是悲惨的,尤其是中国女性,总是默默地毫无抗争地奉献自己,牺牲自己。如果说,男性也表达了一种牺牲的话,那么他们的牺牲是在社会,而她们的牺牲却在家庭;他们的牺牲为了一份举世瞩目的事业,而她们的牺牲却全然为了应付一堆毫无意义的事情。许广平是幸福的,她会感到幸福,因为作为人生惟一的旅伴,她正陪同着一个勇敢、刚毅的男性奔赴时代的道路。然而,她又并非是完全满足的,事情本身便包容了女性全部先天的不幸。走出学校以后,像子君一样,她的活动天地几乎就只剩下几十平方的世界。人类大约天生就有一种群居习惯,有一种从事社会活动进行广泛联系的内在的需求,因此,把自己从同类中最大限度地孤立起来,无论如何是痛苦的。当许广平还没有从意识深处把翻译工作同人类的进步事业联系到一起,还没有来得及把改造中国文化的需要转化为个人需要,她理应感到孤独。

孤独是可怕的。只有真正的思想者才有力量承受,甚或病态般地喜欢它。内心的孤独,首先不是境遇和性格问题。作为新女性,不能说许广平已经满足于物质环境的安定,满足于终生照顾自己的爱侣;在相当长一段时间里,她仍然渴望着以翻译之外的习见的方式走向社会。但是,她不能够。是她把当年在女师大事件中展露出来的写作才华亲手掩埋了,意欲发挥出色的组织和活动才能而不能;在学习和翻译过程中,只要感觉到了某种人世的孤离感,她便尽力地压抑自己,设法逃避自己,如是甘愿滑向中国传统女性的庸常的道路。

总之,无论事业或职业,社会或家庭,都是可堪困扰的问题。在给李秉中的信中,鲁迅慨然写道:

> 兄职业我以为不可改,非为救国,为吃饭也。人不能不吃饭,因此即不能不做事。但居今之世,事与愿违者往往而有,所以也只能做一件事算是活命之手段,倘有余暇,可研究自己所愿意之东西耳。自然,强所不欲,亦一苦事。然而饭碗一失,其苦更大。我看中国谋生,将日难一日也。所以只得混混。

饭碗大于政治。

作为他喜爱的学生,在国民党军队已经沦为反动工具的今天,打算脱离军职,本来是应当予以支持的。但是,鲁迅竟不同意此举,如同自己终于要了大学院的饭碗一样,也希望李秉中能够保留原来的但却是必要的生存形式。

这段时间,他多次谈及"饭碗"。写信给江绍原时,他一样感叹道:"现在是专要人的性命的时候,倘想平平稳稳地吃一口饭,真是困难极了。"像这般的关心"啖饭之道",实在足以令那些高谈"革命"的英雄或雅议"艺术"的才子们小觑他。

他算什么呢?一个最世俗化不过的人。

92 创造社和太阳社的共同靶子

中国向何处去?

1928年是一个关键性的年头。"四一二"以后,蒋介石在大屠杀中稳住了局势,旋即整顿党军,继续打起北伐的旗帜,以"国民革命"的天然领袖的姿态出现,蒙蔽天下耳目。6月,他联合了桂、冯、阎三派新军阀,对奉系军阀张作霖作战,占领北京和天津。接着,国民党政府宣布将直隶省改称河北省,北京改称北平,从形式上统一了中国。从此,蒋介石便以一党专政的极权形式,全面开始他的铁腕统治。

共产党人从血泊中爬起来,为了一个坚定的信仰,继续进行着艰苦卓绝的斗争。具有某种悲剧意味的是,这个年轻的政党,从诞生的时候起,就被置于基本贯彻斯大林路线的共产国际的指导之下,从而在相当程度上失去独立自主的地位,教条主义的产生变得无法避免。这时,陈独秀被撤离了在党内的领导位置,代之而起的瞿秋白、李立三、王明等,则相继推行另一条左倾机会主义路线。作为代表人物,他们都曾到过苏联,在那里接受过系统的思想训练。历史的选择不是偶然的。他们的路线错误,直接导源于共产国际、斯大林的理论模式。对于国内的政治形势和阶级关系,他们缺乏清醒的估计,否认革命已经进入低潮,按照以城市斗争为主的方针,到处发起暴动。然而,所有的暴动都先后失败了。血火中的牺牲,加以党内斗争的消耗,使革命蒙受空前惨重的损失。与此同时,毛泽东异军突起。这个在曾国藩和黄兴的故乡成长起来的革命者,把马列主义的有关理论同中国农民阶级这一物质力量结合起来,向湘赣边区,向军阀势力所未及控制的文化稀薄的地带,开拓了一条不同于十月革命的中国式的武装斗争道路。

就在革命遭到挫折的时候,一个怪诞的现象出现了:"革命文学"竟然可以无视革命的状况而蓬蓬勃勃地发展起来。

当"统一"局面形成以后,权力者或者把统治的秩序合法化,或者从意识形态方面极力抹去阶级压迫的界限,用"民族"、"国家"的观念作为它的代用品。一些御用文人,几年前也曾一度鼓吹"革命文学",现在则纷纷起来反对,尤其在国民党政府与苏联绝交以后。他们神经极度衰弱,总是把"革命"同共产党和苏联等同起来,所以,不久又提出"三民主义的文艺","民族主义的文艺"等名目,千方百计把党的私货塞进去。但是,在一个贫困、落后、专制、腐败的国度里,革命,对于广大底层特别是青年来说始终是富有吸引力的。当"革命文学"这一口号被一批左倾青年接了过去,而重新赋予它以某种激进的色彩以后,其中不合理的因素被忽略了,以致几乎所有文学青年,都以充血的眼睛倾慕于它,由是灌注了一派新时代的"阿波罗精神"。

鲁迅成了"革命文学"倡导者的靶子。正当他因共产党人的牺牲而满怀同情和义愤的时候,却戏剧性地遭到了一群年轻的共产党员的围攻。

几年来,鲁迅对创造社颇有好感。自从得知郭沫若、成仿吾等南下投奔革命,他就一度有过联合创造社的打算。到了广州,双方还共同发表过反对帝国主义的宣言。虽然,成仿吾穿着高统军靴在大街上昂首阔步的姿态令他不快,但是创造社在文艺方面的努力,他是切实感受到了的。所以,离开广州之前,对于创造社在南方所受的压迫,他在通信中才有那么深沉的慨叹。

当此群集上海之际,原先的联合打算不就可以实行了吗?

果然有了一个机会。一天,创造社成员郑伯奇、段可情、蒋光慈到访。他们的目的,正在于联合起来,共同创办一个刊物,提倡新的文学运动。看来,他们是经过了一番酝酿,而且实际上也取得创造社的中心人物郭沫若的同意和支持,从而发出合作的邀请的。对鲁迅来说,现在所要对付的,主要是遍身血腥的权力者及其走狗,因此也就慨然允诺,并且主张不必另办刊物,可以恢复《创造周报》,作为共同的阵地。不久,《时事新报》便刊登了《创造周报》的复刊广告,并载有特约撰述员三十余人的名单。其中,鲁迅名列首位,其次是化名"麦克昂"的郭沫若。大约将近一个月,《创造月刊》还登出预告说:"《创造周报》复活了!"

其实,这是一个死胎。

经过一阵喧嚷之后,便悄无声息,再也无人光顾什么鲁迅了。

成仿吾从另一条路线出发,远到日本东京招兵买马,实行全面恢复和加强创造社的雄心勃勃的计划。南昌起义失败后,郭沫若从香港写信给成仿吾,主张从革命时代回到文学时代。成仿吾认为,这样的态度是消极的,应当进一步以文学推动革命。这时,左倾教条主义已经成为国际共运中的一种风气。在日本,福本主义大行其道,狂热的青年学生尤其醉心于福本和夫的著作。成仿吾发动回国参加后期创造社活动的重要人物,几乎都是以京都帝大文学部哲学科作为起点的,而且直接、间接同东京日本进步学生组织"社会科学研究会"发生联系,而这个组织正是福本主义的圣地。他们在思想上接受了福本和夫的"分离结合论"和"理论斗争主义",重视"马克思主义意识"和"理论斗争",主张由具有纯粹革命意识的优秀分子从不纯分子中间分离开来,然后集中到群众中培植革命思想。此外,在文学观念上,他们还接受了苏联的试图垄断文坛的"无产阶级文化派"和"拉普派"的影响。当郑伯奇把准备联合鲁迅的情况写信到东京来,成仿吾便拒不同意。他认为,老作家都不行,只有把老的统统打倒,才能建设新的普罗文艺。

于是,鲁迅一下子从联合对象变成了批判对象。

1927年年底,冯乃超、李初梨、彭康、朱镜我、李铁声等五人毅然抛开东京的学业回到上海。回国前,他们曾同成仿吾一起组织筹办了一个新的刊物——《文化批判》。次年1月,创刊号出版了。成仿吾在祝词中写道:现在是算总账的时候,《文化批判》将担负起伟大的历史任务,贡献指导性的革命理论,给全战线以朗朗的火光。他们以天下为己任,决心成为中国混沌落后的文化艺术的批判者和征服者。

与此同时,蒋光慈、钱杏邨等成立"太阳社",出版《太阳月刊》。虽然,在"革命文学"的发明权和领导权方面,太阳社和创造社之间有过激烈的争论,但是,就倡导同一性质的"革命文学",以及攻击鲁迅等"老作家"来说,他们的步调是完全一致的。

《文化批判》创刊号以醒目的位置编排了冯乃超的长文:《艺术与社会生活》。

文中列举白话文运动以来五位有代表性的作家,惟有一个"富有反抗精神"的,就是郭沫若。关于鲁迅,作者这样写道:"鲁迅这位老生——若许我用文学的表现——是常从幽暗的酒家的楼头,醉眼陶然地眺望窗外的人生。世人称许他的好处,只是圆熟的手法一点,然而,他不常追怀过去的昔日,追悼没落的封建情绪,结局他反映的只是社会变革期中落伍者的悲哀,无聊赖地跟他弟弟说几句人道主义的美丽的说话。隐遁主义!好在他不效 L. Tolstoy 变作卑污的说教人。"接着引用了列宁的《列夫·托尔斯泰是俄国革命的镜子》一文中的两段话,一再证明,托尔斯泰一类人道主义者是反动的。

该刊第 2 期是李初梨的又一篇长文:《怎样地建设革命文学》。

作者把鲁迅和周作人、陈西滢等相提并论,把他们的文字统称之为"趣味文学",以"趣味"为中心,"蒙蔽一切社会恶","麻醉青年"。文中反诘道:"鲁迅究竟是第几阶级的人?他写的又是第几阶级的文学?他所曾诚实地发表过的,又是第几阶级的人民的痛苦?"他照例标榜创造社和郭沫若,认为那才是真正继承了"中国文学革命的正统"的力量。

其实,李初梨之所谓"趣味文学",是来源于一年前《洪水》半月刊的成仿吾的文章。文中以漫画的笔法写道:"在这时候,我们的鲁迅先生坐在华盖之下正在抄他的小说旧闻";并且说:"由现在那些以趣味为中心的文艺,可以知道这后面必有一种以趣味为中心的生活基调","它所暗示着的是一种在小天地中自己骗自己的自足,它所矜持着的是闲暇,闲暇,第三个闲暇。"写于四年前而在最近发表的《从文学革命到革命文学》,对新文学运动的评价是,无论否定旧思想或介绍新思想,两方面都不曾收到应有的效果。以《语丝》为中心的周作人一派的成绩无非是一种"浅薄的启蒙","他们是代表着有闲的资产阶级,或者睡在鼓里面的小资产阶级。他们超越在时代之上,他们已经这样过活了多年,如果北京的乌烟瘴气不用十万两无烟火药炸开的时候,他们也许永远这样过活的罢"。文中说,是创造社"救了我们全文学革命的运动"激励了全国的"印贴利更追亚"继续奋斗。当然,我们还得再把自己否定一遍,努力获得阶级意识,走向龌龊的农工大众!

郭沫若在《英雄树》里有一段话说:"个人主义的文艺老早过去了,然而最丑猥的个人主义者,最丑猥的个人主义者的呻吟,依然还是在文艺市场上跋扈。——酒哟……悲哀哟……我的老七老八哟……好不漂亮的 impotant 的颓废派!"几年前,他热烈讴歌"艺术"和"天才",鼓吹

"文艺无目的论",反对"借文艺为宣传的利器";现在则强调文艺的宣传作用,号召文艺青年"当一个留声机器",否则,"那没有同你说话的余地,只好敦请你们上断头台!"他还把"要无产阶级自己做的才是无产阶级的文艺"的看法当成为"反革命的宣传",认为鲁迅、茅盾、郁达夫等人多少正好表现了类似的观点。化名麦克昂发表的《留声机器的回音》,再度发挥了"当一个留声机器"这个自称为含有"辩证法的唯物论"的"警语"的意义。他赞扬李初梨的文章,判定徐志摩一类为"有意识的反革命派",语丝派则是"不革命的文学家",语丝派的"趣味文学"是"资产阶级的护符"。在这里,他自立楷模,宣告自己已经"转换"了方向,"获得了宁牺牲自己的个性与自由为大众人请命的新观念","克服了小有产者的意识","向新思想新文艺新的实践方面出发去了"。

太阳社方面。蒋光慈发表《关于革命文学》一文,认为"中国社会革命的潮流已经到了极高涨的时代,在这个时代里,无处不表现着新旧的冲突",在文坛上,"为着要执行文学对于时代的任务,为着要转变文学的方向,所以也就不得不提出革命文学的要求,而向表现旧社会生活的作家加以攻击"。他批判说:"有很多作家,他们虽然也攻击社会的不良,虽然有时也发几声反抗呼喊,但是始终在彷徨,彷徨……寻不出什么出路。"在这中间,自然也包括鲁迅在内。

对鲁迅攻击得最厉害的,得数钱杏邨。在《死去了的阿 Q 时代》里,他断言:"鲁迅终竟不是这个时代的表现者。"在他看来,超越时代正是时代作家的唯一生命,而鲁迅并没有能够超越,甚至不曾追随过。鲁迅的思想走到清末就停滞了,从创作里所能找到的,只有过去,是没有将来的。《野草》的叙述,完全暴露了小资产阶级的任性、固执、疑忌,既不甘于现实,在理想中又没希望,结果只好徘徊歧路,彷徨于无地。对鲁迅来说,完全是受了自由思想的侵害,这种人若不把领袖思想、英雄思想从脑中赶掉,是没有出路的。文章最后宣告:阿 Q 时代早已死去,我们再不要专事骸骨的迷恋,而应当把阿 Q 的形骸与精神一同埋葬掉!

《太阳月刊》的编者鼓吹说,这篇文章"是值得注意的一篇估定所谓现代大作家鲁迅的真价的文章"，还进一步发挥道："很多人总以为鲁迅是时代的表现者，其实他根本没有认清十年来中国新生命的原素，尽在自己狭窄的周遭中彷徨呐喊；利用中国人的病态的性格，把阴险刻毒的精神和俏皮的语句，来淆乱青年的耳目；这篇论文，实足澄清一般的混乱的鲁迅论，是新时代的青年第一次给他的回音。"

这是鲁迅自呐喊以来所遭受到的最猛烈的围攻。

当年林纾攻击新文化运动，不过作作影射小说；女师大时候，陈西滢也无非说说"闲话"，虽然不无阴险的暗示，但多少还得摆一点学者的臭架子。关于读书和翻译问题，碰过那么两回小钉子，毕竟以骂信居多，哪里像这样有专门性的"理论斗争"的刊物的？而且都是青年！而且都是共产青年！而且都是自称把握了最时髦的革命理论的青年！

包括了人身攻击在内的多种攻击，哗啦哗啦连篇累牍铺天盖地而来。鲁迅，一支笔而已，将如何抵挡得住？

鲁迅与创造社的分歧和冲突是必然发生的。

他们都留学日本，但是无论年龄、经历，以及所处的文化环境都有很大的不同。鲁迅是从辛亥革命中走过来的，他所受的主要是近代资产阶级革命的影响。因此，对于反对封建主义，和对自由民主的要求特别强烈，在斗争中，表现出个性主义的执拗和独立意志的弘扬。创造社分子是在典型的现代文化氛围里孕育成长起来的，在资本主义阴影的笼罩下，他们接受西欧工人运动，尤其是苏式共产主义的精神教育。在思想观念上，主要进行对资产阶级的批判；行动上表现为集团主义、极端革命性，左派幼稚病往往难以避免。在文学方面，鲁迅受明治文学的影响，创造派则受大正文学的影响。明治时代的作家，着眼于对国家民族的责任感，追求为人生的艺术；大正时代则培养对文学艺术本身的至上主义，为艺术而艺术。鲁迅明确地说明他的小说是"为人生"的，创造社前期标榜"艺术"而后期着重"观念"，其实贯穿了一种脱离现实的共同性，即把文学当成为一种可以自在于社会生活之外的东西。鲁迅与创造派的天才观也很异样。他们都重视天才,不过对鲁迅来说,与其说重视天才,毋宁说重视培养天才的泥土更合适些。创造派以时代的先知者或艺术的代表者自居,总有一种"指导者"意识,正如郁达夫讽刺他们的,"形似裁判官与个人执政者的天才者"。鲁迅之谓"天才",是通过个人的反抗意志求得独立发展的,同时意味着与扼杀天才的"庸众"相对立。在鲁迅的眼中,天才是孤独的。他孤独,却从来不承认自己是天才。

对于联合计划的破灭,鲁迅并不感到困惑,或有什么遗憾。事情已经明白。至于幕后的情形如何,他倒没有那份认真考究的心思。他愤慨,但也不无痛感。当此新军阀实行血腥统治的时候,他们竟抡起"革命"的大斧,排头砍杀所有被目为不革命的人们!简直昏蛋!一样的"阿Q党"!仅以身上的反抗的性格和"无治的个人主义",他就不会在被攻击的时候保持沉默;但是,想及将一一对付各种攻击的法子,心里又不免发烦。值得吗?不觉得浪费生命?当他切实感到这些由外来的左倾思潮同本土的流氓根性结合而成的骄横而空虚的理论,将给未来的中国革命造成巨大的损害时,便决计给予反击了。

2月23日,他写下头一篇论战文字:《醉眼中的朦胧》。

你们说他"醉眼陶然"吗?他说:你们才"朦胧"哩。这朦胧的根由,在他看来,是与官僚军阀很有些关系的。如果和他们已有瓜葛,或想有瓜葛时,笔下便往往笑眯眯,表现得非常和气。然而弄文艺的人们大抵敏感,且有远见,梦中又害怕铁锤和镰刀,因此不敢太露骨地恭维现在的主子,这样就留下了一点朦胧。和官僚军阀们的瓜葛已断,本可以走向大众,毫无顾忌地说话了,又担心大家记得他们的指挥刀,结果还得有点朦胧。现在是大时代,动摇的时代,转换的时代,中国以外,阶级的对立大抵已经十分锐利化,倘要将自己从没落救出,自然应当走向农工大众。鲁迅借用攻击他的文字说,"小资产阶级原有两个灵魂",既可走向资产阶级,也能走向无产阶级的。这时,革命的艺术家不免要坐到无产阶级的阵营中,等待"武器的铁和火"出现;待出现之际,同时拿出"武器的艺术"来。革命胜利了,他们自叙功勋,便也就成了一样的战士了。"然而革命者决不怕批判自己,他知道得很清楚,他们敢于明言。"鲁迅指出:在中国,知道跟着人称托尔斯泰为"卑污的说教人",而对于感觉到的为黑暗势力所支配的社会现状,却连他的"剥去政府的暴力,裁判行政的喜剧的假面"的勇气的几分之一也没有;知道人道主义不彻底,但当"杀人如草不闻声"的时候,连人道主义式的抗争也没有。这算是什么"革命者",什么"革命的文艺家"呢?所以,鲁迅说:"这艺术的武器,实在不过是不得已,是从无抵抗的幻影脱出,坠入纸战斗的新梦里去了。"

在大量围攻的文字中间,鲁迅瞅准其中互相牴牾之处突进去,从核心爆破。他把文艺现象同人格现象联系到一起,把理论分析同精神分析结合起来,方法是独到的,具有雄辩力量的。

老人不甘没落尤其可恶!——以鲁迅如此倔强的态度,尖刻的语调,他们肯定不会轻易放过他。从文章发表之日起,就意味着下一步将有一场恶战。

93 战争升级

创造社、太阳社以数十倍的火力覆盖过来,他们试图以量取胜。而鲁迅,实际上处于一种独战状态。他没有同党。

4月。潘梓年以弱水的笔名在《战线》创刊号发表《谈现在中国的文学界》,其中说:"鲁迅那篇,不敬得很,态度太不兴了。我们从他先后的论战上看来,不能不说他的气量太窄了。最先(据所知)他和西滢战,继和长虹战,我们一方面觉得正直是在他这面,一方面又觉得辞锋太有点尖酸刻薄。现在又和创造社战,辞锋仍然是尖酸,正直却不一定落在他这面。是的,仿吾和初梨两人对他的批评是可以有反驳的地方,但这应庄严出之,因为他们所走的方向不能算不对,冷嘲热刺,只有对于冥顽不灵者为必要,因为是不可理喻,对于热烈猛进的绝对不合用这种态度。他那种态度,虽然在他自己亦许觉得骂得痛快,但那种口吻,适足表出'老头子'的确不行罢了。"故作持平之论,其实宗派情绪是明显的。

《文化批判》第4号同期刊出创造社骨干分子的三篇长文:李初梨的《请看我们中国的Don Quixote的乱舞——答鲁迅〈"醉眼"中的朦胧〉》,冯乃超的《人道主义者怎样地防卫着自己?》,彭康的《"除掉"鲁迅的"除掉"!》,共同构成凌厉的攻势。

李初梨称鲁迅为"Don 鲁迅","文坛的老骑士","战战兢兢的恐怖病者","对于布鲁乔亚氾是一个最良的代言人,对于普罗列塔利亚是一个最恶的煽动家"。他说鲁迅的文章"对于社会认识完全盲目","故意的歪曲事实","无聊","无知","一场'王婆骂街'的乱骂",又说,"他在这里,一方面积极地抹杀并拒抗普罗列塔利亚特的意识争斗,他方面,消极地,固执着构成有产者社会之一部分的上部构造的现状维持,为布鲁乔亚氾当了一条忠实的看家狗!"冯乃超一例称他为"武勇的骑士","'恭维'及'害怕'的强迫症的病人","中国的救世主";说他的"一出朦胧的腔调"是"泰山鸣动,死鼠一只",回顾他全部的创作历史,也无非是"人道主义者的裸体照相"而已。

他们都极力把鲁迅描绘成堂吉诃德的样子。其实,他们不知道,对于这位西班牙的骑士英雄,鲁迅非但不嫌恶,倒真有几分喜欢呢。他曾乘着酒兴,对郁达夫笑着说:"我对他们也并没有什么仇。但因为他们是代表恶势力的缘故,所以我就做了堂吉诃德,而他们却做了活的风车!"

彭康说,鲁迅因为盲目与无知,所以对人家的批判,不能做正正堂堂的理论斗争,只好"咬文嚼字",胡闹乱骂。这结局对鲁迅来说是必然的。"呐喊"也不过是"咬文嚼字",毫无实践的意义,所以坐在"华盖"之下,也感着"热风",发起热来。于是愈加"朦胧",便不好不"彷徨"。"彷徨",便"批判自己",批判的结果,决意将人道主义式的抗争"除掉",还是不如讲"趣味"好。但要"讲趣味",只好"坐在黑房里"续抄他的《小说旧闻钞》。于是,"醉眼"也就成为瞎眼了,倘非走动不可,"碰壁"是当然的事。然而这种必然的悲惨的结果,恐怕"除掉"不了,而且是他自家不情愿"将自己从没落救出",我们自然无可如何,更只好是满不在乎了。文章最后着重指出：然而他的"除掉"却须得"除掉"！

该期《编辑杂记》向读者特别推荐了这三篇文章，还称鲁迅是"反动的煽动家"，"自鸣得意的智识阶级"。其实，三篇文章都很少涉及实质性的理论问题，简直全盘陷入人身攻击里了。此外，还立了"读者的回声"的名目，以壮同派的声威。

成仿吾以石厚生的笔名发表《毕竟是"醉眼陶然"罢了》一文，除了重复同人对于鲁迅的同一调子的攻击，诸如"中国的堂吉诃德"，害了"神经错乱与夸大妄想诸症"，"每天最关心的只是自己的毁誉"，"是一尊小菩萨"等等以外，重点把鲁迅同人道主义捆在一起加以批判。文章说，"人道主义者不论在什么阶级支配下都很得意的，因为他有意识或无意识地总是支配阶级的走狗"；"在'工业发达，贫富悬隔的国度'以外的中国人，人道主义式的欺瞒也多是无意识的行动，人道主义者自己恐怕也不知道他自己的行动有什么意义——我很愿意这样想，并且希望我们的人道主义者，因为中国之社会的国际的特殊性势，能够对于眼前的现象加以正确的分析而停止'卑污的说教'"。成仿吾称鲁迅为"梦游的人道主义者"，说："对于我们的堂鲁迅，我希望他快把自己虚构的神殿粉碎，把自己从朦胧与对于时代的无知解放出来，而早一点悔改。"又说："传闻他近来颇购读社会科学书籍，'但即刻又有一点不小问题'：他是真要做一个社会科学的忠实的学徒吗？还是只涂抹彩色，粉饰自己的没落呢？这后一条路是掩耳盗铃式的行为，是更深更不可救药的没落。"在训诫一通以后，回到《"醉眼"中的朦胧》，说："我们的英勇的骑士纵然唱得很起劲，但是，它究竟暴露了些什么呢？暴露了自己的朦胧与无知，暴露了知识阶级的厚颜，暴露了人道主义的丑恶罢。"

这时，叶灵凤主编的《戈壁》半月刊在上海创刊。他在第二期上面发表一幅漫画，并附有说明："鲁迅先生，阴阳脸的老人，挂着他已往的战绩，躲在酒缸的后面，挥着他'艺术的武器'在抵御着纷然而来的外侮。"

钱杏邨早在《批评与抄书》中就说鲁迅对于革命文学作家的观察，

"和绍兴师爷卑劣侦探一样",藏着"阴险刻毒的心","手腕比贪污豪绅还要卑劣"。当鲁迅的《"醉眼"中的朦胧》发表以后,他立即写了《死去了的鲁迅》,进一步说:"阿Q时代固然死亡了,其实,就是鲁迅他自己也已走到了尽头,再不彻底觉悟去找一条生路,也是无可救济了。"他说,鲁迅没有政治思想,没有阶级认识和革命情绪,当然不会有时代表现的题材,只有自己身上的属于过去的事实。鲁迅是主张"文艺守节论"的,在他的著作里,有的只是无聊的思想、刻毒的谩骂。他作文时固然忘却政治,但却把其他作家硬推到政治上去,想借他自己所谓指挥刀,泄他的私愤。这完全是绍兴师爷借刀杀人的手段,他自己也已跟着死去的阿Q而死去了。"鲁迅先生,现在是醒来的时候了,朦胧的醉眼也到了睁开的时候了。要就死亡,要就新生,横在你面前的是这两条路。"文章最后警告鲁迅说:"时代是一去不复返的,老人家究竟没有多少年代了,再不能有什么徘徊,还是为着青年,为着自己的新生再振作一次罢,保守不是英荣,是一件可耻的,可耻的事件呵!……"

该刊《编后》声称,钱杏邨的文章是"给鲁迅先生最后以一个致命的打击"。

除了《战线》、《戈壁》之外,其他如《文化战线》、《我们》、《流沙》、《洪荒》、《澎湃》等刊物纷纷创刊。从气象阔大的刊名看,即具有一种囊括一切冲决一切的意味,明显地,这些刊物与《文化批判》是同一气类的。

而鲁迅,据以自卫反击的只有一个据点:《语丝》。

论战开始以后,鲁迅的孤傲和好斗性格就表现出来了。

十年来,这应该是继反对复古派和现代派之后的第三次大论战罢。虽然是遭遇战,但那背后的深刻的原因他不会不知道,因此事后也就并不觉得怎么突然。至于与青年交战,也虽有过那么一回,然而,骄纵的高长虹最后不也落荒而走吗?说实在话,他并不把什么创造社太阳社这班英雄连同他们的"革命文学"理论放在眼里,后来居然看得有趣以至无聊起来了。

3月6日,他借了一点酒意,写信给章廷谦说:"有几种刊物(如创造社出版的东西),近来亦大肆攻击了。我倒觉得有趣起来,想试试我究竟能够挨得多少刀箭。"4月9日,又给留学苏联的李秉中写信说:"此地有人拾'彼间'牙慧,大讲'革命文学',令人发笑。专挂招牌,不讲货色,中国大抵如斯。"

他不是那种闭着眼睛作豪语的人。虽则在战略上藐视他的论敌,但是在战术上,还是颇为看重的。所谓看重,并非以为那些"专挂招牌"的理论有什么了不起,需要认真对付,而在于他比任何人都更清楚地了解超越理论的论战本身在中国思想文化史上的意义。

《语丝》第16期发表了他题名为《文艺与革命》的通信。在回信中,他一针见血地指出:"革命文学家"的要害问题,正在于不敢正视现实生活中的暴力和黑暗。

"现在所号称革命文学家者,是斗争和所谓超时代。"他说,"超时代其实就是逃避,倘自己没有正视现实的勇气,又要挂革命的招牌,便自觉地或不自觉地必然地要走入那一条路的。身在现世,怎么离去?这是和说自己用手提着耳朵,就可以离开地球者一样地欺人。社会停滞着,文艺决不能独自飞跃,若在这停滞的社会里居然滋长了,那倒是为这社会所容,已经离开革命,其结果,不过多卖几本刊物,或在大商店的刊物上挣得揭载稿子的机会罢了。"至于斗争,他认为没有什么不对。人被压迫了,为什么不斗争?在这里,他顺手批了一下新月派的面颊。

年初,新月社的原有势力进入上海,3月间出版了《新月》月刊创刊号。在发刊词《"新月"的态度》中,徐志摩攻击说革命文学"偏激",是他们的"态度所不容的";又说:"在一个常态社会的天平上,情爱的分量一定超过仇恨的分量,互助的精神一定超过互害与互杀的动机。"问题是,中国并不是什么"常态社会"。关于这种所谓的情爱至上的论调,鲁迅在去年年底就著文批评过新月派的另一名领袖人物梁实秋,指出唯人性论完全有悖于目前人类社会的实际状况,其宗旨无非是维护毫无仁爱可言的政府及上流社会而已。实际上,在社会存在专制、压迫、自由和民主无法喘息的情况下而奢谈人性是最没有人性的。本文也说:"他们饱人大约是爱饿人的,但饿人却不爱饱人,黄巢时候,人相食,饿人尚且不爱饿人,这实在无须斗争文学作怪。"他为"斗争文学"辩护,但却又明白表示,不相信如创造派所鼓吹的文艺的旋转乾坤的力量。至于以文艺为"宣传",为革命工具,他认为也可以,但把文艺等同于一般宣传品,他是反对的。

作为"为人生"的艺术家,他固然重视文艺的社会影响,但也不能不同时保护艺术自身的审美特性,以免遭到侵犯。由于论战的推动,他自行纠正了在广州期间发表的"文学无用论"的某些偏激之处。他说:"但我以为一切文艺固是宣传,而一切宣传却并非全是文艺,这正如一切花皆有色(我将白也算作色),而凡颜色未必都是花一样。革命之所以于口号,标语,布告,电报,教科书……之外,要用文艺者,就因为它是文艺。"只用了一个比喻,便把为文艺所特有的审美效能说清楚了。既否定新月派借艺术以反对革命的论调,又否定创造派因"革命"而取消艺术的做法,在左右周旋间,他坚持了自己的独立的理论道路。

在信中,他特别批评了中国文坛,尤其是上海滩文人的行帮意识。他指出,"现在要做一个什么家,总非自己或熟人兼做批评不可,没有一伙,是不行的",这种专一吹嘘同伙文章的现象,是十分恶劣的。此外,他还强调理论的实践意义。因为任何批评,都必须先有对象;没有作品的产生,不论挂任何招牌的文艺运动、文艺理论都是空的。他反对为运动而运动。在他看来,创作的状况是重要的,它应当成为文艺批评的最起码的尺度。他所以小觑中国之所谓"革命文学",除了理论的贫乏之外,已发表的作品往往拙劣到连新闻报道一类文字都不如,自然不能不算是一个原因。

第17期《语丝》接连发表鲁迅的一组短文:《扁》、《路》、《头》、《通信》、《太平歌诀》、《铲共大观》,而且都是4月10日同一天写的。简直以一当十。在这里,他着意向论敌显示自己的战斗力。

文章直接间接都同"革命文学"的论争有关。它们在结构上有一个共通的特点，就是处处把中国社会黑暗的暴露与对革命文学家逃避黑暗的实质性批判结合起来。在《太平歌诀》里，鲁迅引用南京市民在中山陵行将竣工时编造的歌诀，说："'叫人叫不着，自己顶石坟'。则竟包括了许多革命者的传记和一部中国革命的历史。"这种极其自私、麻木的国民心态，必然造成变革中国的巨大障碍。在《头》、《铲共大观》里，他一方面揭露权力者的滥杀现象，还有所谓的"影响罪"问题，另一方面揭示群众"不很管什么党，只要看'头'和'女尸'"的愚昧落后的情形，以无情的事实推翻了盲目倡言"革命文学"的社会根据。有如音乐的复调或多重变奏，这组文章集中批判了革命文学家的"超时代"，反复强调文学必须忠于现实的主题。《太平歌诀》有一段对革命文学家的描绘，可谓传神之极，说："近来的革命文学家往往特别畏惧黑暗，掩藏黑暗，但市民却毫不客气，自己表现了。那小巧的机灵和这厚重的麻木相撞，便使革命文学家不敢正视社会现象，变成婆婆妈妈，欢迎喜鹊，憎厌枭鸣，只捡一点吉祥之兆来陶醉自己，于是就算超出了时代。"

正面议论的文章不足以应付眼前的一切，十天以后，鲁迅又写了一篇，题为：《我的态度气量和年纪》。

从弱水的谤文出发，他再度指摘其中的矛盾和笑话，并且发掘开去，寻出历史的根株。文章说："旧的和新的，往往有极其相同之点——如：个人主义者和社会主义者往往都反对资产阶级，保守者和改革者往往都主张为人生的艺术，都讳言黑暗，棒喝主义者和共产主义者都厌恶人道主义等。"创造派不也"反对资产阶级"，"讳言黑暗"，"厌恶人道主义"吗？那么他们当属于哪一族类呢？弱水文中把他比做林琴南，他将就这个例子，讽刺说，林琴南所以不行之故，关键全在于生得太早，不知道这一阶级将被"奥服赫变"，及早变计。言下之意是，林琴南只是不如你们的善变而已。然而，历史就这么可怕，"将为将来柱石的青年"，竟也还像林琴南般的东拉西扯！

也就是说，创造派的"革命文学"理论，并非什么新进的东西。

把文章发出去以后,鲁迅觉得事情可以告一段落了。剩下来的工夫,就是静静地看革命文学家的各种表演了。他觉得这也是很有趣的。5月4日,他在给章廷谦的信里说:"第四阶级文学家对于我,大家拼命攻击。但我一点不痛,以其打不着致命伤也。以中国之大,而没有一个好手段者,可悲也夫。"月底,他又写信说道:"革命文学家的言论行动,我近来觉得不足道了。一切伎俩,都已用出,不过是政客和商人的杂种法术,将'口号''标语'之类,贴上了杂志而已。"一周过后,他在信中透露了一些新的想法,说:"革命文学现在不知怎的,又仿佛不十分旺盛了。他们的文字,和他们一一辩驳是不值得的,因为他们都是胡说。最好是他们骂他们的,我们骂我们的。"本来,当权的国民党新贵及其御用文人,才是他的主攻目标。

5月,他的肺病复发了。

创造派等的围攻,不能不是促成致病的因素之一。虽然他对于"革命文学"一类堂皇的理论不大以为意,有时还为其中的荒诞感到可笑,写成文字,更是俏皮之至,但却根本无法消除由于论敌的纠缠所引起的内心的焦虑。他不能按照既定的计划行动,而他,又恰恰是一个独立不羁的人。这是很可悲哀的。此外,他还得遭受各种琐事的困扰。假鲁迅的出现倒还没什么,托人打听一下,写个启事也就完了。单是"义子"的处置,就足够令他头疼。

原来,中大时代的学生廖立峨带了爱人找上门来,说是要做他的儿子和儿媳妇,让他收留在家里。这样,他们的一切费用,都得由他负担。呆的日子长了,实在不胜负荷,他只好四处奔走代为寻找职业,后来甚至于提出每月交给一家书店三十元,算是店里支出的工资,让廖立峨过去做个校对。廖立峨不但不愿做事,反而满腹怨气,最后向他索去一百二十元路费,还攫去一大包衣物走了。

论战期间,他可以一日为文数篇,频频出击,毫不示人以弱;然而同是青年,却又步步退让若此,简直判若两人。

然而,鲁迅毕竟是鲁迅。譬如做这类傻事,也都并非真的出于糊涂,而是天生的仁爱。他不是那类迂夫子。他愿意这样。

至于做起事情来,他确乎往往免不了思虑前后,而且一件未完,总是时时刻刻横亘在心里;但一旦下定决心,便有如快刀斩乱麻般的快捷。7月间,病体刚刚恢复过来,他就同许广平一起到杭州西湖度"蜜周"去了——

他一生好像从来没有这般超脱过,潇洒过,快乐过。什么"革命文学家",什么"义子"之类,你们尽管纠缠去,他可没有时间理会这些。此刻,他想的只是:我要玩!

是的,他要玩——因为他喜欢!

94　思想在"革命文学"论争中升华:革命·流氓·投机主义·人格·自由

革命文学家们不会轻易放过鲁迅,他们不能容忍神圣的观念遭到亵渎,何况还有小团体的尊严。

反应最早的要算钱杏邨。6月,他发表《"朦胧"以后——三论鲁迅》,从个性、创作到理论作全面的"考察",据此宣布对鲁迅的绝望。

"革命的态度是这样的吗?革命党人的个性能这样的倔强么?"在钱杏邨看来,党性和个性是不相容的,个人必须无条件放弃个性而恪守所谓的"党性"原则。因此他说,鲁迅"始终是一个个人主义者","是小资产阶级知识分子特有的坏脾气,也是一种不可救药的劣根性";又说,他"只是任性,一切的行动是没有集体化的","不是革命的";"他倔强,知错而不认错。他的人生也是'唯我史观',自己永没有错误"。对此,钱杏邨发出警告:"鲁迅若不彻底悔悟,转换新的方向,他结果仍旧只有死亡。希望鲁迅以后再不必亮着自己的漂亮的嗓子,大叫几声:'因为我喜欢',这个'我喜欢',是终于要不得的。"

文章追究鲁迅的创作动机,说"只是忠于饷口,忠于朋友,忠于自己的牢骚"。在援引一段《〈野草〉题辞》以后说,鲁迅始终不能做地火,只有希冀着,只有希冀地火来到时,好让他大笑,歌唱。这是革命的旁观者态度,也就是鲁迅不会找到出路的根源。于是,鲁迅只有描写黑暗面。关于暴露黑暗和歌颂光明的问题,在中国文艺思想史上,钱杏邨通过对鲁迅的批判,第一个较系统地阐发了庸俗社会学和机械论的观点。他说:"只要留心鲁迅的文的人,很容易看到他是怎样在矜持他的黑暗的暴露。不错,我们并不否认鲁迅是一个黑暗的暴露者,但暴露黑暗并不就是革命文学。"钱杏邨认为,可以暴露黑暗,但同时必须创造光明,而这光明未必是实有的,但却是理想的,未来的,可以制作的。如果没有光明的创造,那么暴露也是"盲目的暴露"。钱杏邨所代表的这类"革命文学"理论,实际上是把生活中的"光明"和"黑暗"人为地分割为互不相干的两块,且无视作家的需要和可能,片面提倡创造光明和歌颂光明,从而陷入别一种"瞒和骗"。出于这种主张,对鲁迅的创作,也就根本不可能做出正确的评价。他说:鲁迅笔下的光明在哪里呢?没有光明,只有"呐喊"、"彷徨"——"鲁迅的出路只有坟墓,鲁迅的眼光仅及于黑暗"。

总之,"朦胧以后的鲁迅依旧是朦胧。"文章总结鲁迅对革命的态度说:"他总要保持着已有的小资产阶级的不认错的面孔。""他不但不认错,仍旧像中古时代任性而为的一个不屈不挠,坚忍不拔的武士。"问题是,现在已经不是"武士的时代"了。"果真再不觉悟,鲁迅也只有'没落'到底。"这就是结论。

创造派对鲁迅的新的围攻,一直拖延到8月份。准备是相当充分的。在此以前,李初梨发表过一篇题为《普罗列塔利亚文艺批评底标准》的文章,把艺术定义为"阶级对立的强有力的武器",从而悬拟了文艺批评的两个标准,即包含"结构或技巧"在内的艺术标准与"反映着何种的意识"的政治标准,并且进一步规定其位置的孰先孰后。这种一切从政治需要出发,以"宣传"代替艺术的作法,是曾经为鲁迅所驳斥过的。正是借此机会,李初梨把鲁迅当成为无产阶级的对立面,连同托尔斯泰一起加以批判。《创造月刊》第2卷第1期,集中了创造派的优势兵力,对鲁迅发动更大规模的攻击。在攻击中,郭沫若署名"杜荃"的文章,文风是最恶劣的。对于郭沫若惟一的一次使用的化名,鲁迅知道得很清楚;带有讽刺意味的是,后来的考据家们竟至于考证了整整五十年!

在编排方面,该刊把郭沫若的文章放到后面,有意突出冯乃超的论文位置:《冷静的头脑》。文章在批判梁实秋的同时,批判鲁迅为"深刻的孤独的巡礼者","夸大妄想狂症的患者","不是健康的现代人"。由于鲁迅"向着青年们撒了很危险的谎",因此,"不能不要'除掉'鲁迅的教训"!

郑伯奇署名"何大白"的文章,叫《文坛的五月》,他以文坛巡礼者的面貌出现,明确地指鲁迅为"我们的敌人",鲁迅和周作人所代表的倾向"在现阶段是有害的",因为"这种倾向是代表中国 intelligentsia 最消极最无为的方面。虽然还没有到积极反动的方向去,但是在转变的现阶段,可以变成一切无为的,消极的乃至反动的 intelligentsia 的遁逃薮",所以对鲁迅的批判,是"我们对于现阶段的任务"。还有一篇文章是梁自强的《文艺界的反动势力》,发出威吓说,鲁迅应当"忏悔","改邪归正",如果再"倚老卖老",就要替鲁迅"发讣"了!

作为殿后的郭沫若的文章,分籍贯、家族、年纪、身体四方面罗织了鲁迅文章的断片,说"可怜只像一位歇斯迭里女人的悲诉",又说"像这样尊重籍贯,尊重家族,尊重年纪,甚至于尊重自己的身体发肤,这完全是封建时代的观念","还固执着偶像崇拜狂的时代"。其中,特意把曾经为鲁迅痛斥过的魏建功对盲诗人爱罗先珂实行人身攻击一事,作为"很有趣味的一段逸事"重新提起,于是把鲁迅和周作人加在一起,算是"相同的气类"。郭沫若把鲁迅当成极端敌视青年的"老头子"加以描绘,"杀哟!杀哟!杀哟!杀尽一切可怕的青年!而且赶快!"于是接着说:"'林琴南先生'果真'就早已死去了'吗?还有我们鲁迅先生'想起'呢!"文章最后这样"决定"鲁迅的"时代性和阶级性":

"他是资本主义以前的一个封建余孽。"

"资本主义对于社会主义是反革命,封建余孽对于社会主义是二重的反革命。"

"鲁迅是二重的反革命的人物。"

"以前说鲁迅是新旧过渡期的游移分子,说他是人道主义者,这是完全错了。"

"他是一位不得志的Fascist(法西斯蒂)!"

战争继续升级。

然而,无论是解下指挥刀来重理笔墨旧业的元老,还是从实际工作中被排挤的借文学以谋生的新人,他们于理论都没有添加任何一点新东西。本来无须乎再说什么。但是,一个个性顽强的人,他不能任由论敌来作最后的结论。结论必须由自己来做。而且,也该到了结束这场战争的时候了。

8月。正是郭沫若们的文章发表的同一天,鲁迅又写下一组短文:《革命的咖啡店》、《文坛的掌故》、《文学的阶级性》。

有一篇"革命底广告式文字",说有人在创造社开设的咖啡店里,遇见了"今日文艺界上的名人",既是鲁迅、郁达夫,也有潘汉年、叶灵凤,或则高谈,或则沉思云。为此,《语丝》刊发了郁达夫的《革命广告》,文后则是鲁迅的"附记"。在这篇小记里,鲁迅用了调侃的笔墨,把大半年来创造派对他的个人攻击,通过"革命咖啡店"而贯串起来。全文不长,反语正说,寓攻于守,写得十分漂亮。

说到"文坛的掌故",他明确表示意见说,上海近年来的"革命文学"是"又一幕",不同于全国其他地方的。这里所挂的招牌是"彻底"的"无产阶级文学"。然而,中国既没有俄国的劳农专政,也没有日本的那么一点些微的出版自由,以至可以组织劳动政党;处于一个高度集权的一党专政的国度,哪里有可能产生属于被压迫阶级的文学呢。他列举了郭沫若否定"潘叶之流的'革命文学'"的谈话,以及成仿吾到日本修善寺温泉去的新闻,旨在披露他们争"正统",争名声,争各种个人的"好结果"这样一种心理潜质。所有这些,也都无非证实了上海式"革命文学"到底是怎样一种货色。

《文学的阶级性》一篇其实是谈唯物史观的。由于革命的文艺家们都标榜他们的理论来源于唯物史观,因此表明自己在这方面的态度是必要的,也当算是一种还击。

在这里,他并没有也无必要作全面的论述,只就论争的焦点之一——文学的阶级性问题,做出扼要的说明。他说:"在我自己,是以为若据性格感情等,都受'支配于经济'(也可以说根据于经济组织或依存于经济组织)之说,则这些就一定都带着阶级性。但是'都带',而非'只有'。"他不是那种"经济决定论"者,在他看来,阶级性与人性是有联系的,他并不以阶级性全盘否定人性。新月派与创造派关于人性与阶级性理论的谬误,就方法论而言,都一样"走了相反的极端"。对于唯物史观的了解,他主张阅读原著,弄通基本的书籍,而反对只看提要之类的取巧的办法。创造派"自以为唯物史观",其实是"唯心的"。所以,他最后表示:此刻并不赞成有马克思学识的人来为唯物史观打仗,只希望有切实的人翻译这方面的著作,认真地从事思想启蒙。

这是正面论战的最后一组文章。此后,创造派方面虽然也还有人继续施以攻击,但几乎都重复过去的调子,成了强弩之末。而鲁迅,倒也还时时提起的,一如当年对徐志摩陈西滢们所说的"不能带住"。不过,那已经属于历史的回顾性质——他是完完全全的胜利了。

他写信告诉朋友:"上海书店四十余家,一大队新文豪骂了我大半年,而年底一查,拙作销路如常,捏捏脚膀,胖了不少,此刻差堪告慰者也。"其实所写,正是一个胜利者的自豪感。

关于鲁迅的这场"革命文学"论争中的境遇和态度,甘人曾经有过这样一段描述:

……鲁迅也有他的缺点,他不是英雄,不是导师,如《小说月报》上方璧君所说;所以他不长于鼓动,不善教导。他的敏锐的眼光一面既看透了第一第二阶级的罪恶,他的怀疑的性格一面又不信任第三第四阶级的天真。(innocence)他虽有解放的意识,不肯攻击当在压迫之下挣扎的人们,兔张压迫者的气焰,但他缺乏热烈,既不会学社会革命家大呼疾走,永远戴革命领袖的荣衔,又不肯盲从,替人摇旗呐喊。他只是一个清道夫,一步步,慢慢的,稳健的,细致的,剥掘,扫除,一群自命无产阶级的游卒,打着旗号,卤撞地冲过去,拉他同走,他不肯,游卒大笑,骂:"第一第二阶级的拥护者。"未几,游卒大散,乌合之众,片时星散,战场上更不见一个革命的战士,只剩下清道夫还在剥掘扫除。他剥掘扫除出来的是什么?是帝国主义的爪牙与军阀政客的压机下的中国人民的脓血,是青年志士失败的余灰,是旧道德,旧思想,旧迷信下的平民的枯尸——被压迫的人民的苦痛。

的确,鲁迅不是文艺活动家,很早以前他就明白自己不是那类一呼百应的英雄;但他也不是纯粹的学者,活社会始终是他关注的中心。从被迫卷入论争的那一天起,这位特立卓行的实践家,就无须理会挥舞其上的指挥刀,或是嚣骚一时的新潮流,他完全从中国的政治和文化教育现状出发,从斗争的实际需要出发,从个人经验和独立人格出发,表现了一个反封建的自由民主战士的战斗立场。

在论争中,他充分发挥了作为思想主体的创造性。有不少经过他深思熟虑有声有色的结论,在中国思想史和革命史上,竟长期没有被重视。他的惊人的深刻之处,只有在阶级和民族的重复的劫难之后,才可能作为历史的教训而为后人所察觉。

首先,是革命完结于"内里蛀空"的思想。针对革命所面临血腥镇压的事实,他写道:"革命被头挂退的事是很少有的,革命的完结,大概由于投机者的潜入。也就是内里蛀空。"接着,还特别加以说明:"这并非指赤化,任何主义的革命都如此。"后来他称革命团体的领导人物为"蛀虫",也就是这个意思。早在辛亥革命失败以后,他就已经从蜕化的王金发以及潜入的章介眉的身上,发觉"内里蛀空"的危机。这个梦魇般的历史规则,再次为新文化运动内部分化的现象所证实。所以,到了广州,尤其是"四一二"前后,他把这作为一个重要的思想现实,提醒人们注意。其中,有名的"包围新论",也就是这一思想的另一种表达方式。那被包围的"猛人",是可以包括革命领袖在内的。

其次是关于革命性质问题的思考。在创造派的一面,文章普遍体现出某种指导一切,打倒一切的作风。有一种可怕的逻辑是:口头不说"无产"便是"非革命","非革命"即是"反革命",所有反对他们的人都是"支配阶级底律师,亲随,走狗",声言要"清查"封建思想及布尔乔亚的根性的"代言者","替他们打包,打发他们去","踢他们出去",把"反革命"送上"断头台"。作为"指导者","惟我把握住了无产阶级意识",于是转让观念,恩赐你一切;作为批判者,他们又可以随意地加以申斥。鲁迅把他们称之为"军阀脑子","英雄嘴脸","才子加流氓"。鲁迅多次论述过"流氓"及"流氓性"。"流氓"一词,除去"排头砍去"这种盲目的破坏性之外,还有别种解释,即:"只要有利于己的,什么方法都肯用,这正是流氓行为的模范标本。"更为可怕的是在革命成功以后。鲁迅指出:"至今为止的统治阶级的革命,不过是争夺一把旧椅子。去推的时候,好像这椅子很可恨,一夺到手就又觉得是宝贝了,而同时也自觉了自己正和这'旧的'一气";"奴才做了主人,是决不肯废去'老爷'的称呼的,他的摆架子,恐怕比他的主人还十足,还可笑。这正如上海的工人赚了几文钱,开起小小的工厂来,对付工人反而凶到绝顶一样。"他已经意识到工人的地位迁升以后,将有成为新贵的可能性。他曾经用讽刺的笔调,设想如创造派一类的高嚷"革命"的人,在革命成功以后将会如何建立他们的"功业":"一旦回国,出室,得民之后,那可是非同小可了。自然,倘有远识的人,小心的人,怕事的人,投机的人,最好是此刻豫致'革命的敬礼'。一到将来,就要'悔之晚矣'了。"至于他个人的命运,也将肯定不佳,说:等到他们"获得大众"也即成为统治阶级的时候,就会随意为他重新划定"阶级",如"贵族或皇帝阶级",然后"充军到北极圈内去"。这算什么革命呢?!鲁迅指出:"将革命使一般人理解为非常可怕的事,摆着一种极左倾的凶恶的面貌,好似革命一到,一切非革命者就都得死,令人对革命只抱着恐怖。其实革命是并非教人死而是教人活的。"

鲁迅与革命文艺家的论争,与其说是拒绝他们的理论,无宁说是拒绝那透过理论背后所反映出来的某种革命方式。他不承认革命者拥有垄断权。革命是同人类,包括"一切非革命者"的解放联系到一起的。在这里,对于"极左倾"观点的批判,可以看做是他在一个新的历史时期里对于封建专制思想、非人思想的批判的继续。人是社会的主体。社会的解放也就是人的解放。在《阿Q正传》里,他提出一个"阿Q党"问题,说明了他从辛亥革命时代起,就一直对革命与人的关系保持着紧张的思考和高度的警觉。随着大革命的进行,对于胜利后的革命阶级专政的设想,必然地越来越频繁地进入他的心理场,从而形成一种新的忧患意识。

除了教条主义以外,投机主义也即机会主义,开始进入他的批判中心。

达尔文的进化论说:适者生存。以此看人类社会,这"适者",当是指那些适应世界进步思潮,以重新调整和确立自己的斗争坐标者;但也有大量没有特操,见风转舵,无往不适的适应性极强的人。后者是鲁迅所反对的,称之为"投机家","做戏的虚无党","二丑"等。在论争中,鲁迅明白地揭破某些革命文艺家灵魂深处的投机意识。他曾经从两个大的方面说明这种投机性,其一说:"向'革命的知识阶级'叫打倒旧东西,又拉旧东西来保护自己,要有革命者的名声,却不肯吃一点革命者往往难免的辛苦,于是不但笑啼俱伪,并且左右不同,连叶灵凤所抄袭来的'阴阳脸',也还不足以淋漓尽致地为他们自己写照";再就是:"'革命'和'文学',若断若续,好像两只靠近的船,一只是'革命',一只是'文学',而作者的每一只脚就站在每一只船上面。当环境较好的时候,作者就在革命这一只船上踏得重一点,分明是革命者,待到革命一被压迫,则在文学的船上踏得重一点,他变了不过是文学家了。"投机主义的外在形态,鲁迅以"忽翻筋斗"来形容它。革命文学家的"突变"说,可视作它的某种表现形态,难怪鲁迅对此多次加以讽刺和批判。他指出:"中国的创造社之流先前鼓吹'为艺术的艺术',而现在大谈革命文学,是怎样的永是看不见现实本身而又并无理想的空嚷嚷。"无论现实或理想,投机主义者都是一无所有。至于其本质,鲁迅描绘说:"必须前面贴着'光明'和'出路'的包票,这才雄赳赳地去革命";"一定要讲最后的胜利,付多少钱终得多少利,像人寿保险公司一般。"十足的利己主义。自私,狭隘,随大流,两边倒,朝三暮四,出尔反尔,"一阔脸就变"。鲁迅这个对国民性素有研究的批判家,深知根源于传统文化心理的投机主义在中国的普遍性和危害性,故把"内里蛀空"与之直接联系起来就不是一句空洞的"危言"。

还有人格问题。专断,投机,徒作空言而不做实事,骂倒一切而唯我独尊,凡此种种,无不与人格相关。

早在留学日本时期,作为近代科学的崇拜者,他一样重视"道德力"。其实,他对于科学知识的吸收,各种西方社会科学包括马克思学说的学习,都是同时把科学当成为一种新伦理、新道德、新的精神方式来接受的。他对伦理道德问题的探索,随着对柏格森—弗洛伊德等人的理论研究而深入到人类更为广大的精神领域。所谓人格,就是个人的内在生活,个人心理过程和状态的有机集合体。人格与"国民性",作为共同的内涵,存在于人类学家所称的"标准文化人格"、"地位人格"等概念之中。鲁迅对"国民性"的研究,一开始就不是经院式的,而具有实践意义。他把国民性批判同具体的人格批判结合起来,一方面借以解剖自己,完善自己;一方面直接运用有关人格和行为心理学的理论内容投入现实斗争。在女师大事件中,他对章士钊、陈西滢等人的批判,就是人格批判与思想批判相结合的最出色的例子。革命文学论争也如此。他从人格面具的后面,看到了革命文学家全部尚未上演的戏剧。无论是"公理"、"正义",或是"革命"、"普罗",在他的眼中,都无法掩饰旗帜与本色之间的差异性与虚伪性。他是重视人格的,以为并不下于思想观念,故先前就有"二重思想"的鄙薄的说法。在这次论争前后,他还翻译了不少与人格相关的文章。总之人格于他是一个重要参数,甚至扩而广之,可以借此确认政党、集团、各式队伍的素质,乃至于革命和文学的性质与前途。他所构建的理想中的"人国",当是把人格的构建作为其牢固的基础的。

这些思想,远远超出于文艺论的范围,表现了鲁迅的深沉的忧患意识和远大的战略眼光。即就文艺问题而论,他也是把思考集中在艺术与社会、艺术与人格的关系上面。革命文艺家有不少关于创作原则、方法方面的论述,他不予理会,这是意味深长的。因为在他看来,就目前而言,重要的不是技术问题。

在论争期间,周作人、韩侍桁、甘人等人的文章,客观上也起了很好的配合作用。周作人从他的文学无用论和文学无目的论出发,批评"'浪漫'的革命文学家""做粉红色的梦","没有勇气看""人生的黑暗",此外也还讽刺了"革命文学"倡导者的"取巧"和"投机"。但是,他们得出来的结论几乎都陷入了"'革命文学'取消论"。周作人说:"文学本来是不革命";"文学却也非是宣传";"提倡革命文学的人,想着从那革命文学上引起世人都来革命,是则无异乎以前的旧派人物以读了四书五经,诸子百家等的古书来治国平天下的梦想!"而鲁迅,并没有否定革命和革命文学本身,他所反对的,只是附加在这上面的各种不正确的观念意识而已。他认为,革命是永远需要的,因此也就必然有人去写革命文学。这是时代使然,无论革命或革命文学,都不可能因有人矫作或反对而消亡!

这时,掌握和运用马克思主义文艺思想,已经开始成为文学界的新的倾向。然而,马克思关于美学和文艺理论的篇章和片断还没有整理出版。在苏联国内,无产阶级文化派几度卷土重来,他们的极左观点未及彻底批判,"拉普"占有很大的实力。在左翼文化潮流波及的国家内,"极端革命性"的现象仍相当普遍,虽然说为资本主义国家所固有,但与共产国际的路线指导是不无关系的。在一段短时间内,汇聚到中国的各种号称为"无产阶级文学理论"者相当芜杂。而当创造社太阳社高倡"革命文学"的时候,国民党御用文人对此实行了攻击,标榜为"国民党革命青年的刊物"《青年战士》甚至以拥戴的口气,把鲁迅置于与共产党相敌对的地位,这就无形中增加了正面论战的困难。正是在这种十分荒芜、混乱、困难的情况下,鲁迅发表了他的有关革命和革命文学的论文,应该说,这是一份很及时、很独特、很有分量的思想贡献。

对于鲁迅在论争中的立场和态度,他的论敌李初梨有一段话说:"他所喜欢的,无论是谁,是动也不许动的。"他没有说错。以个人的"喜欢"与否为指归,充分反映了他为人为文的哲学品位。他从来不以"领袖"和"导师"自居,但也不做"喽啰"和"戏子",在一生中始终坚持了自己的选择。

他说过,在他的身上,"人道主义"和"个人的无治主义"相消长。其实,在他的晚年,也并没有从思想上抽掉这两大内容。不过,他的"个人的无治主义"与集体主义不是水火不相容的。在这里,集体主义与人道主义是二而一的东西。对他来说,集体绝不是临时拼凑的戏班,或者由指挥刀吓成的战线。作为个人自由的结合物,集体是并不以消灭个人意志作为它的存在的代价的。因为在他看来,集体往往比人们所称的要广大得多,以至最后成为整个阶级、民族和人类命运一类形而上的精神组织,成为个人行为的背景;个体的存在则是形而下的,惟一可见的,可相信和可把握的实体。他在"热风"时期说过,中国人可惜的是没有"个人的自大",有的只是"合群的自大","爱国的自大",于是党同伐异,实行对少数天才宣战。他甚至把这种现象,看做是中国自文化竞争失败之后不能振拔改进的原因。可以说,他是坚持"个人的自大"的,他的一生都在与"庸众"作战,在战斗中保卫和履行作为生命个体的应有权利。

当然,对自我存在的肯定,并不意味着可以忽视或牺牲对于外部社会的参与。在"革命文学"的潮声中,他译成的日本作家鹤见祐辅的杂文集《思想·山水·人物》,其中提倡的"自由主义",与他的"个人的无治主义"颇为一致。鹤见祐辅式的自由主义,也即创造派所攻击的"新自由主义",主张"自由地思想,自由地表现,自由地行动",是包括了人格思想和社会思想两个方面的内容的。由于它包含了争取"社会人的自由"这一社会思想,因此,不但与专制主义处在相敌对的位置,而且与利己主义也绝不相同。然而,鹤见祐辅说:自由主义者"并非社会主义似的有或种原则的一定的主义",却是有背于鲁迅的一贯思想的。正是在争取劳苦大众的彻底解放这一政治信仰上面,他接受了马克思的社会主义学说,并使自己原有的整个思想结构得以进行新的调整和改造。马克思主义对他所以富于吸引力,就因为相对于中国文化传统来说,那是一种反专制反蒙昧的异质的科学理论,但是,他深感传统文化的同化力,什么学说来到中国都要改样的,所以,在吸收这一学说并使之实践化的过程中,十分警惕有人把它演变为"儒文化"的新变种。他不能容忍的是,由于强调反个人的"社会"、"群体"以及超现世的"观念"、"规律"一类东西,而无视生命个体的活生生的存在。正是在这个根本的出发点上,他有别于那类自命为正统,并为马克思本人所反对过的"马克思主义者"。他完全是以个人的方式接受马克思主义的。

而所谓"庸众",作为他的一个思想范畴,本来就不是什么"英雄史观"的派生物。它的内容,在不同的历史时期中有着不同的变化,但总的说来,所指是与永远以少数出现的精锐部分,也即鹤见祐辅之所谓"指导者"相对出现的群众,则是无疑的。随着新时代的到来,"真正的指导者"也仍将成为社会的必然存在。在所译的高尔基的短篇《恶魔》附记里,他特意指出高尔基已是"社会主义信者"之后,而"尼采色还很浓厚"的情况,应该说,这是很有意味的。

对于整个乡土中国来说,他始终坚持个人的自主意识这一思想带有启蒙性质,而个人行为本身也同样富于启发的意义。在沿着科学民主的道路改造中国的同时,高张个性主义的旗帜,从本原意义上看,鲁迅正是五四传统的最忠实的继承者。

95 盗取"天火"·托尔斯泰和人道主义·"同路人"·《奔流》的诞生

一个真正的强者,必然被置于孤立无援的绝境之中,但又只能以仅有的内部意志进行对抗。一切决定于自己。谁也不能代替。对于能否打破命运的围困,他可以没有信心,甚至陷于绝望,但是可以确信的是,斗争一定能进行到最后一刻,直至彻底消灭了自己。

反抗绝望,对鲁迅来说,既构成为人生的内容,也是战斗的特异的方式和形态。

初到上海,鲁迅便陷入了前所未有的困境。在厦门和广州所遇到的那种盛大的欢迎,在这里是没有的,相反是声势浩大的围攻。从这时候开始,他不得不横站着作战,虽然他知道,面对的革命文学家并不在原来的敌对的营垒,但是他们所代表的思想和作风,对于革命是极其有害的,"好像将毒药给'同志'吃",成了他们的一种"战略"。这样,便不能不认真地作一次理论的抗争了。

"鲁迅不懂唯物史观。"革命文学家都这样说。

你真懂么?他们没有说错。然而他们就都懂吗?实际上并不懂,所懂的不过是一大把名词而已。那么,就把他们所标榜的这种武器夺过来!你必须夺过来!从原来的兵器库里夺过来!你必须拥有一切!

论争开始以后,鲁迅写信给《苏俄文艺论战》的译者任国桢,希望能提供一批有关唯物史观方面的书目。1928年的头三个月,他购入马克思主义经典著作及社会科学书籍共一百三十多种。强大的火力把他逼入巷道。他紧盯着一个出口。

7月22日,他给韦素园写信说:

> 以史的唯物论批评文艺的书,我也曾看了一点,以为那是极直捷爽快的,有许多暧昧难解的问题,都可说明。但近来创造社一派,却主张一切都非依这史观来著作不可,自己又不懂,弄得一榻糊涂,但他们近来忽然都又不响了,胆小而要革命。

以他对社会历史问题的关注,以及对战斗实践的渴求,原来的思想与唯物史观本然地便有了相契点,加上过人的理解力,很快就掌握了马克思主义文艺思想的本质。但是,即使已经深刻地领受到了其中的逻辑力量,他也并不以为这史观是惟一的,足以穷尽一切,取代一切。他认为,社会科学是一个"大源泉",对于文艺批评来说,深通一门学说是不够的,必须了解人类全部的文明史和艺术史,而且还须重视那随着环境的迁移而发生的变化。他特别指出:"必先使外国的新兴文学在中国脱离'符咒'气味,而跟着的中国文学才有新兴的希望。"所谓科学精神,就是兼容的精神,任何富有独创性的思想,都不可能来源于单一的学说或学派,不可能封闭自己。正是多元的科学艺术观念,使他的思想在不断丰富中永远保持着一种自为的、活跃的状态。

购读这一类书籍,那本意,是以窃得的"天火"煮自己的肉的;但借了这火光,却更分明地照见革命文学家的空虚。他想,单是译著本身,就足够构成还击的力量。他要让那些以"马克思主义文艺批评家"自命的批评家看看,在他们的判决书中,怎样一并告发了自己;看看他们之所谓同种的批评,究竟是些什么东西。他知道,这些新才子们是不肯做一些实际的工作的。鉴于中国目前对马克思主义的介绍,多偏重于政治经济学,以及哲学著作,于文艺学却未尝见,他决意选择若干种,以奉献于国内的读者。这意思,就像翻刻王羲之真迹,给人们和自称王派的草书相比,免得胡里胡涂是一样的。

新兴的文艺理论的翻译及介绍工作,重点在苏俄方面,普列汉诺夫和卢那察尔斯基是代表性人物。另一个方面来自日本,其中有他所喜欢的主张坚实而热烈的片上伸。

普列汉诺夫是第一个把马克思主义应用于文化艺术的系统研究的人。对于他,鲁迅介绍说:"不但本身成了伟大的思想家,并且也作了俄国的马克思主义者的先驱和觉醒了的劳动者的教师和指导者。"又说,他"也给马克思主义艺术理论放下了基础","他的艺术论虽然还未能俨然成一个体系,但所遗留的含有方法和成果的著作,却不只作为后人研究的对象,也不愧称为建立马克思主义艺术理论,社会学底美学的古典底文献了"。还特别提示说,即使他在政治上常有动摇,所发表的理论文字却是"对于无产阶级的殊勋",而在文艺方面的论述,治文艺的人是尤当注意的。

鲁迅所译是普氏的《艺术论》。其中,包括三篇书信体的论文,以及一篇带自叙性质的书序。

在序言中,鲁迅结合自己的理解和意见,对书中各篇做了很精辟的概括。普氏以唯物史观观察和探讨艺术问题,他的一个突出的贡献就是:申明艺术也是社会现象,从艺术与社会的联系当中确定艺术的本质、功能、起源及发展,把对艺术的认识完全置于人们的社会存在这一牢固的基础之上。这样的结论,对于超时代的革命文学家无疑是有力的针砭。在论及原始艺术的两篇论文里,普氏以丰富的实证和严谨的论理,阐明了劳动先于艺术这个马克思主义艺术论中的难题。从这里引申出去,他确认社会上人们的审美观点是发端于功利的观点的,并非人为美而存在,乃是美为人而存在,于是将唯心史观者所深恶痛绝的社会、种族、阶级的功利主义的见解,引入艺术里去。作为劳苦大众的先锋斗士,鲁迅高度评价普氏关于文艺的社会性和阶级性的理论贡献,是理所当然的。这时候,鲁迅正在革命的失败当中感受到了进化论的危机;而普氏,恰恰是把达尔文的结论当作他的艺术论的起点。他从生物学到社会学,从达尔文领域里的将人类作为物种的研究,进入到这物种的历史命运的研究里去。在研究中,他没有采取与进化论相对立的立场,而是往进化论中注入更充实的内容,使之被完善为一种新型的社会理论和文化理论。普列汉诺夫的科学探讨首先使鲁迅获得一种心理上的满足,而在理智上,则树立起了对基于进化论之上的历史唯物论的信仰。

有关"革命文学"论争的文字,后来由他编进《三闲集》里。他在序言中这样写道:"我有一件事要感谢创造社的,是他们'挤'我看了几种科学底文艺论,明白了先前的文学史家们说了一大堆,还是纠缠不清的疑问。并且因此译了一本蒲力汗诺夫的《艺术论》,以校正我——还因我而及于别人——的只信进化论的偏颇。"

托洛茨基对文艺问题的意见,与普列汉诺夫基本相似。鲁迅称许他是"一个深解文艺的批评者"。在鲁迅的藏书中,有关托洛茨基的外文著作就有多种。托氏的《文学与革命》,尤为鲁迅所喜爱,问世不久就买了日译和英译两种文本。他对本书作过深入的研究,多次引述和发挥其中的观点,并选译过个别章节。托洛茨基认为,"无产阶级文化"是不可能存在的。无产阶级革命的历史使命不是去创造另一种不完全的阶级的文化,而是为迎接未来的无产阶级文化铺平道路。他不赞成艺术的功利主义,不主张艺术活动从属于党派政治,说"艺术领域不是党应当去指挥的",国家和党应当维护艺术的独立性。他认为艺术的地位在历史前进的后方,经常载在新时代的行李车上,因此艺术家的作用只在于反映,对历史不起重要作用。对于文化传统,他反对采取全盘否定的态度,认为"刚刚走出史前生活的新阶级中的绝大多数人,必须再经历一次全部艺术文化的历史"。新兴阶级在未曾了解和吸收旧文化的因素的时候就立即创造新文化,在他看来是不可思议的。对于"同路人"问题也如此。他不同意"无产阶级文化派"盲目排斥众多在思想上接受革命的进步作家的作法,首创"同路人"的名目,并且成为他们的得力的支持者和辩护者。托氏的这些观点,都曾先后不同程度地影响过鲁迅,有些观点则始终为鲁迅所赞同。直到1928年,托洛茨基被苏共开除出党至放逐以后,鲁迅仍不讳言他的名字,仍然翻译他的言论和引证他的观点。在《我的态度气量和年纪》一文中说:"托罗兹基虽然已经'没落',但他曾说,不含利害关系的文章,当在将来另一制度的社会里。我以为他这话还是对的。"其中"没落"一词,盖出于革命文学家对鲁迅个人的攻击;在这种场合借用过来,透露了对托洛茨基所面临的历史命运的某种微妙的态度。

在艺术和社会的关系问题上,如果说普列汉诺夫偏重于俄国民粹派传统和马克思主义有关经济决定论和认识论的反映论部分,那么卢那察尔斯基则偏重于意识形态的能动作用这一部分;如果说普列汉诺夫强调的是艺术从属于生产方式,艺术家从属于非人的历史力量,那么卢那察尔斯基则强调主观的、非物质的因素,强调艺术家的主体性和参与性,对历史的积极的推动作用。在普列汉诺夫的《艺术论》以外,鲁迅还有选择地转译了卢那察尔斯基的两种著作:《艺术论》和《文艺与批评》,作为对前者的补充。

关于卢氏的《艺术论》，鲁迅在小序中指出，其中"所论艺术与产业之合一，理性与感情之合一，真善美之合一，战斗之必要，现实底的理想之必要，执著现实之必要，甚至于以君主为贤于高蹈者，都是极为警辟的"。

卢那察尔斯基是苏联第一任人民教育委员，与更近似于文艺史家的普列汉诺夫不同，他是作为马克思主义文艺理论作家和文艺实际的指导者同时出现的。早在十月革命前，他就已经对普列汉诺夫的带有机械唯物论意味的理论持有异议。他认为，普列汉诺夫严重忽略了"科学社会主义意识形态中感情和伦理的方面"，而马克思学说本身就被赋予了一种"道德的热忱"的。因此，他不同意只是把社会现象和文学现象看做是一个消极的过程，而排除任何积极参与的思想。卢那察尔斯基是一位实践家，在《艺术论》的头一篇文章中便写道：意识形态包括艺术的产生，"并非一面多样的镜子上的现实的单单的反映；这些反映，是成为它自己或社会底势力，旗帜，标语的。"在末一篇里，他呼唤"新的民众艺术"的产生，说："竭力美化民众的生活，描出为幸福和理想所照耀的未来，而同时也描出现在一切可憎的恶，使悲剧底的感情，争斗的欢喜和胜利，泼罗美修斯底欲求，顽强的高迈心和非妥协底的勇猛心，都发达起来，将人们的心，和向于超人的情热的一般底的感情相结合——这就是艺术家的使命。"对于从来主张以文艺从事思想启蒙的鲁迅来说，这样充满激情的论述无疑具有极大的吸引力。

鲁迅指出，卢那察尔斯基是以"社会生物学"的观点解释艺术的。在《艺术论》里，卢氏以河流为喻，说明艺术是由那把持着运命而被决定的类似"河床"的一面以外，还有根源于"有机体"本身的内部法则，有如"河流的本质"的另一面。在这里，他提出"生命差"的概念，这就自然要从鲁迅的意识深处重新唤起生命哲学的幽灵。那被普列汉诺夫们所忽略了的内容，弗洛伊德—厨川白村的理论，在一位科学的社会主义理论家的书中得以别样的形式重新阐释和说明，这是鲁迅所满意的。至少，他找到了新的替代物,足可弥补某种精神失落的困惑与怅惘。

对于艺术创作,诸如流派、方法、形式和风格问题,卢那察尔斯基显然比其他马克思主义经典作家具有更为开放的态度。他到过意大利、法国和德国,受过未来主义的影响,能够理解先锋派艺术。他相信象征主义是在写实主义之上的东西。当然,这是广义的象征。所谓"大的象征",并非幻想的,而是规则的,急进的,大众的。鲁迅解释过两篇鼓吹表现主义的论文,其中分别论及表现主义作为新兴阶级艺术先驱的存在,和社会主义有着密切的联系,以及和启蒙主义、人道主义的共通之处。看得出来,鲁迅在这方面的译介充满着热情。

此外,鲁迅还从日本藏原惟人和非村史郎的日译本重译了《文艺政策》一书。

书中的主要内容是1924年5月在俄国共产党中央委员会内召开的关于对文艺的党的政策的讨论会记录。会上各派争论的中心是政治和文艺的关系问题。其实这个问题,也是中国的革命文学论争的焦点。鲁迅认为,在劳动阶级文学的大本营的苏联的政策、理论和现实倾向,对中国是很有借鉴意义的。由于书中含有各派的议论,而不只是独家的意见,所以他决定翻译出来,以使读者与中国"新的批评家"的批评和主张相比较。

1929年4月出版的文艺理论论文集《壁下译丛》,作者除俄国的开培尔外,都是日本人。就排列而言,前面的文章都依照着较旧的论据,后面的三分之一则和新兴文艺有关,带有一种新旧比较的性质。

突出的例子,是既译了有岛武郎的《宣言一篇》,也译了片上伸的批驳的文章《阶级艺术的问题》。有岛武郎承认,阶级斗争是现代生活的核心,而无产阶级是实践地变革旧制度的必然担当者,也是无产阶级文学的必然创造者。但是,他不承认不是无产阶级出身的人可以做无产阶级的事业。片上伸反对他这种因为自以为"绝对不能成为新兴阶级者","只好始终做着诉诸第四阶级以外的人们的工作"这种满足于有产者而回避新兴阶级的立场。在鲁迅所译的另一篇论文《现代新兴文学的诸问题》中,片上伸全面论述了苏联的无产阶级文艺运动的情况,指出:"新兴的阶级,自己所必要的文化要素,是未必要本身亲手来制造的。有渐就消亡的阶级中的优秀代表者,而断绝了和生来的境地的关系,决然成为新的社会势力帮手的人,新兴的阶级便将这样的人们的力量,利用于自己所必要的文化的创造,是常有的事实。在新的阶级发达的初期,这样的事就更不为奇。这事实,一面是无产阶级文化将旧文化的传统加以批评而活用它,摄取它的意思;还有一面的意见,是说旧文化的存立之间,新文化已经有些萌芽出现的事,是可能的。"片上伸的观点,对于一个来自旧垒而反戈相向的作家来说,必然会引起强烈的共鸣。但是,有岛武郎的"固守本阶级"的意见,鲁迅本人也就曾经有过。"革命文学"论争开始以后,如他所说,那时就等待有一个能操马克思主义批评的枪法的人来狙击他,而始终没有出现。于是他只好由自己来补足这个缺陷了。在翻译期间,他说,"打着我所不佩服的批评家的伤处了的时候我就一笑,打着我的伤处了的时候我就忍疼",像片上伸一类切中膝理的文字,一定使他担受了许多痛苦的吧?

然而,他并不因此而觉得旧说毫不足观。其实片上伸本人,也都在反驳中肯定了有岛武郎的"正直,诚恳"这样把人格渗合在内的部分内容的。谈到有岛氏一流的论文时,鲁迅说:"近一年来中国应着'革命文学'的呼声而起的许多论文,就还未能啄破这一层老壳,甚至于踏了'文学是宣传'的梯子而爬进唯心的城堡里去了。"翻译有岛武郎和小路实笃的文艺论文,鲁迅并非把它们当成所谓的"反面"文章来看待的。说实在话,对于那里面的偏重于文学的主体性的论述,他是颇有同感的。作家必须真诚,艺术必须充实,对于作家来说,创作是自我人格的自然流露,精神力和生命力外铄的结果。可以说,有关易卜生、托尔斯泰、罗曼·罗兰、高尔基等系列作家的评论,鲁迅都是作为这方面的特例加以译介的。他虽针对有人批评他译印厨川白村的《出了象牙之塔》一事,说:"倘要完全的书,天下可读的书怕要绝无,倘要完全的人,天下配活的人也就有限。每一本书,从每一个人看来,有是处,也有错处,在现今的时候一定难免的。"还说过："中国的革命文学家和批评家常在要求描写美满的革命,完全的革命人,意见固然是高超完善之极了,但他们也因此终于是乌托邦主义者。"鲁迅的翻译,一如著述的严谨,这中间是包含他的方法论的。从进化的眼光看,新的毕竟要代替旧的,但旧的可以作为新的分子而存在,有所扬弃,也有所吸收。而精神的产物,意识形态的东西,尤其难以对新旧进行绝对分明的界说。新与旧,在鲁迅的译作中,往往带有一种互补的性质。

当这些译作陆续发表的时候,便不可避免地遭到革命文艺家们的攻击。他们嘲笑鲁迅"方向转换","投降革命",是"涂抹彩色,粉饰自己的没落","是掩耳盗铃式的行为,是更深不可救药的没落",等等,除了后来议论翻译问题偶尔带及之外,在这方面,他没有为自己作什么辩护。他注重实绩,而且相信,这是最好的说明。

在他本人,是不同意"方向转换"的说法的,也许还因为创造派自我标榜的"突变"说而对此特别反感。的确,随着清党和革命新贵集团的出现,他从拥护国民党转而反对国民党,在此前后,更多地阅读了有关唯物史观的书籍及其他社会科学书籍,在观念和方法上有了不少变化,但是,凡这些都并不意味着改变了他的一贯立场和基本思路。我们只能说,鲁迅沿着原来的方向继续向前迈进了。

鲁迅自称为"中产的知识阶级",却没有"固守本阶级"如所论的有岛武郎,而是彻底的反叛。从写下"我以我血荐轩辕"的诗句的那一天起,他就为了被压迫民族和人民的解放作着不屈不挠的斗争。以他在斗争中所表现的真诚、清醒、强韧,那是无人可及的。虽然,由于对付问题的一反盲目轻浮的现实主义态度而多有疑虑,以至于被讥为"理解力的迟缓";由于置身于文化人中,却又毫不顾及上流阶层或文人集团的利益而多少显得孤独,但他毕竟是中国近代革命以来的最激进的民主斗士。他须臾没有离开那个巨大的精神实体,他的战斗,又始终贯注着自己的个性和精神。

作为回击革命文学家的又一个方式是，翻译苏联和日本方面有关托尔斯泰的系列评论。

创造派称鲁迅为"人道主义者"而不断施以攻击，新月派也对"浅薄的人道主义"加以非难，从而形成鲁迅所称的"大骂人道主义的风潮"。此间，以"勿抗恶"著称的俄国作家托尔斯泰，自然成了不可多得的反面典型。所有报刊，几乎不骂几句托尔斯泰太"矛盾"就不显时髦似的。可以说，如何认识托尔斯泰，也便同时成了如何对待人道主义的态度问题。

早在留日时期写作的《破恶声论》里，鲁迅便把托尔斯泰同卢骚等相并论列，高度赞扬他的"自忏之书"，表达了对人间"至诚之声"的企慕与追求。即使在那时，鲁迅已经对他那使"独夫孤立于上，而臣仆不听命于下，则天下治矣"的主张提出异议，以为太理想化，见诸事实是行不通的。时至今日，在阶级斗争日趋激烈的情况下，鲁迅对托尔斯泰主义的实质便看得更清楚了。他引了挪威作家哈姆生的话说，托尔斯泰不过是宣教者，而不是思想家。以这样的宣教者，在严峻的现实面前是没有不失败的。"每做一回买卖，就大折其本"，说的就是这结局。

在苏联，人道主义受到排斥，鲁迅说这是可以理解的。"因为如此厚道，是无论在革命，在反革命，总要失败无疑。别人并不如此厚道，肯当你熟睡时，就不奉赠一枪刺。所以'非人道主义'的高唱起来，正是必然之势。"他同意这样一种说法，即艺术在社会主义社会里应当而且将一定得到完全的自由，但在阶级社会里却不能不暂有禁约。他注意到了卢那察尔斯基对托尔斯泰所作评论的态度上的变化，乃出于时局的影响。随着和平环境的到来，他相信，托尔斯泰必将得到一个恒定的公正的评价。

那么，这个评价将意味着肯定托尔斯泰的什么呢？

鲁迅在提到苏联驻日本使马伊斯基在东京托尔斯泰纪念会上的一篇演讲时说："日本人的办事真敏捷，前月底已有一本《马克思主义者之所见的托尔斯泰》出版，计言论九篇，但大抵是说他的哲学有妨革命，而技术却可推崇。这一篇的主意也一样,我想,自然也是依照'苏维埃艺术局'的纲领书的,所以做法纵使万殊,归趣却是一致。奖其技术,贬其思想,是一种从新估价运动,也是廓清运动。虽然似乎因此可以引出一个问题,是照此推论起来,技术的生命长于内容,'为艺术的艺术',于此得到苏甦的消息。然而这还不过是托尔斯泰诞生一百年后的托尔斯泰论,在这样的世界上,他本国竟以记念观念相反的托尔斯泰的盛典普示世界,以他的优良之点讲给外人,其实是十分寂寞的事。到了将来,自然还会有不同的言论的。"

明显地,鲁迅是反对苏联的这种"奖其技术,贬其思想"的"廓清运动"的。他所以敢于对此表示怀疑和否定,首先是因为把一个作家的思想和技术完全分割开来,无视艺术的整体结构,是包含了机械论的方法论的。而且,据着某种新兴的主义或政策,便可以抛弃人类其他的进步思想,甚至全然抹杀其在人类史上曾经发生过的影响,显然是一种左倾见解。他揶揄"以托尔斯泰为'卑污的说教者'的中国创造社旧旗下的'文化批判'者",说:"我们有开书店造洋房的革命文豪,没有分田给农夫的地主——因为这也是'浅薄的人道主义';有软求'出版自由'的'著作家'兼店主,没有写信直斥皇帝的胡涂虫——因为这是没有用的,倒也并非怕危险。至于'无抵抗'呢,事实是有的,但并非由于主义,因事不同,因人不同,或打人的嘴巴,或将嘴巴给人打,倘以为会有俄国的许多'灵魂的战士'(Doukhobor)似的,宁死不当兵卒,那实在是一种'杞忧'。"后来还说:"托尔斯泰还是难得的,敢于向有权力的反动统治阶级抗争,'托尔斯泰样'可就不高明,一代不如一代!"在这里,鲁迅肯定了托尔斯泰的"真诚"和"抗争"的方面。"技术"并不是重要的,如果失去了对社会正义的维护的本能,也就失去了托尔斯泰。作为知识分子、作家、艺术家,不但不应成为权力的附庸,也不应成为"知识"或"技术"的奴隶,他们应当拥有"道德力",把自己的知识活动和艺术活动同人类存在的普遍的价值目标结合起来。

在专制国度里,人道主义是一种抗争。以鲁迅对人类个体的生存和发展,以及对人际问题的关注,无疑地,他是一个伟大的人道主义者。然而,他痛恨权力者,憎恶上流社会,并不"博爱"也不"宽宏",有时偏激到近乎病态;但他正在这报复和抗争中维护了人类被压抑的生存意志和所应有的尊严。他不是那种"古风的人道主义者",他的对于"人"的观念完全是现代的。现代没有平和之物。现代是一条湍急的河流。

1928年末,鲁迅开始翻译苏联"同路人"作家的作品。究其本意,固然想使中国读者更全面地了解苏联的文学现状,但仍然与批判革命文学家的错误倾向不无关系。

在托洛茨基使用了"同路人"的概念之后,苏联文艺界便广泛地以此称呼大批的非党作家。拉普"岗位派"的代表人物瓦尔金却另有一番解释,远非托洛茨基所指的那类"同一条道路行走的、到达某一地点的人"。按照他的说法,"同路人"是"在旧的、没落的、反动的、反革命的资产阶级文学和无产阶级文学这两个阵营之间"的"一些小资产阶级分子","他们是过去的资产阶级为自己日益衰弱的力量取得援助的后备"。根据瓦尔金的报告作出的《第一次全苏无产阶级作家会议决议》这样写道:"'同路人'文学在根本上是反对无产阶级革命的文学","'同路人'文学不但不孚众望,反而暴露出它与革命目标敌对的、反革命的本质。"就这样,连高尔基也成了"同路人",成了"资产阶级作家"和"市侩作家",成了"今日的蛇之王"而受到恶毒的诽谤和攻击。

这种"狂妄的、一知半解和神气十足的共产党员架子",与目下革命文学家的打倒一切、惟我独革的做法极其相似。叫嚷了大半年的"革命文学"口号而无像样的货色,还是让他们看看,"非革命"和"反革命"作家已经写出了怎样的作品!

对于"同路人"作家,鲁迅是有着深切的理解的。何谓"同路人"?在他看来,他们是决然的同情革命,描写革命,描写它的震撼世界的时代,描写它的社会主义建设的日子的,而究竟不是战斗到底的一员,虽有接受革命,与革命一同行进的一面,但又并无彻底为革命而斗争,虽死不惜的信念，所以，与"站在新的立场上的智识者的作家"毕竟是有着相当的距离的。他对两者作了这样的比较，"我们看起作品来，总觉得前者虽写革命或建设，时时总显出旁观的神情，而后者一落笔，就无一不自己就在里边，都是自己们的事"。对于"同路人"作家在叙述和议论所常常透露出来的"冷评气息"，他曾经表示过不满，但却并不因此否定或低估他们的成就。

鲁迅知道，在知识阶级与劳动者之间本来就存在着隔膜。"同路人"即使受了现实的熏陶，了解了革命，但仅经几年时间的洗练，是还不能消泯旧日的痕迹的。这样，就不可能苛求他们写出在观念上绝对正确的作品，不可能苛求他们做他们不能做的事情。他们只能"照着所能写的写"，"显示着较前进的观念形态"。其实，这样就不错了。对"同路人"作家诚挚的写作态度，鲁迅是颇为欣赏的。在这里，可能留有托洛茨基关于作家的意识与下意识过程相一致的观点的余痕，并且带有自剖的性质。文学是需要诚实的。他在"同路人"作家雅各武莱夫的《农夫》后面附带写道："倘只满口'战略''战略'，弄些狐狸似的小狡狯，那却不行，因为文艺究竟不同政治，小政客手腕是无用的。"

在翻译的两个小说集《竖琴》和《一天的工作》里，都有他翻译的"同路人"的作品。鉴于中国文学的"瞒和骗"，以及革命文学家们的"超时代"，他特别推崇他们的写真实。虽然，以他们的视界，还"看不见全局"，但却能反映某"一面的实情"；他们的作品所以还拥有不少读者，主要是因为"不远于事实的缘故"。在谈到理定的《竖琴》时，他说："这篇里的描写混乱，黑暗，可谓颇透了，虽然粉碎了许多诙谐，但刻划分明，恐怕虽从我们中国'普罗塔利亚特苦理替开尔'看来，也要斥为'反革命'"，"然而在他本国，为什么并不'没落'呢？我想，这是因为虽然有血，有污秽，而也有革命；因为有革命，所以对于描出血和污秽——无论已经过去或未经过去——的作品，也就没有畏惮了。"革命必须混杂着血和污秽，这就是真实。鲁迅多次警告说是必须看到血和污秽的。他所译的同一个雅各武莱夫的《农夫》因为"非革命"，连广告都被苏联大报馆拒绝了;后来再选译的中篇《十月》,观念是前进了一点,且还是"非革命"的,然而都一样有生命。他强调指出,那生命就是:真实。观念并不能代替艺术。由作家的良心所发现的生活的真实,毕竟是有力量的。

当创造派从"为艺术的艺术"走到现在的"文学是宣传"这一步,形式和技巧注定要成为被唾弃的对象。所以,鲁迅在译介"同路人"的作品时,也就十分注重这个方面。在附记中,对它们的卓拔的技术,总是特别地做出说明。

鲁迅对"同路人"的态度,反映了他对革命的战略问题的思考。在他看来,一切"同路人",也并非同走了若干路程之后,就从此永远全数在半空中翱翔的,在革命的建设的途中,一定要发生离合变化。倘以为必得大半都是坚实正确的人们,那是难以实现的空想,事实是只能此后渐渐正确起来的。后来,他在另一场论辩中还说过:"左翼作家并不是从天上掉下来的神兵,或国外杀进来的仇敌,他不但要那同走几步的'同路人',还要招致那站在路旁看看的看客也一同前进。"

总之,"假洋鬼子"的政策不是革命的政策。

《语丝》在北京虽然逃过了段祺瑞及其叭儿的撕裂,但终于被"张大元帅"所禁止,发行的北新书局也同时遭到了封禁。1927年岁暮,李小峰来到鲁迅的寓所,提议《语丝》在上海印行,请他担任编辑。考虑到几年来自己与杂志所共同遭受的命运,他以为是不应推托的,于是担任了。

即使有了《语丝》,他仍然想创办一份新刊物,一来可以扩大培养青年的园地,二来可以多载些译文,介绍世界进步文学,尤其是苏联文学情况。想定以后他便找郁达夫商量,一起负担编辑工作。

早在北京时期,鲁迅已经同郁达夫有所过从,并且有过共同编印青年小说的计划。现在,这位创造社的中坚人物因为"内讧"而脱离了原组织。在鲁迅看来,他是诚实可靠的,至少没有那样一副"创造脸"。虽然他的作品有些颓废气息,但究竟能够接受新兴文学的观念,有些论文还是写得很漂亮的。在一个时期里,他也连同自己一起遭到创造派的攻击。总之，在朋友中间，他应当是最合适的合作者了。

经过几个月的酝酿，《奔流》月刊终于破土而出。《奔流》的编校出版工作，耗去了鲁迅太多的时间。据他自己说的，所谓"奔流社""就只有两三个人，来译，来做，来看，来编，来校，搜材料，寻图画……"其实这"两三个人"，除许广平和新认识的青年柔石帮助做点校对联系的事情之外，所有事务都堆在他一个人身上。郁达夫虽称编者，只是译写一点文章和组织一些稿件而已。从1928年4月中旬到7月中旬三个月间，鲁迅几乎没有为其他刊物写过文章。他告诉朋友说，"因为《奔流》，终日奔得很忙"；"白天汗流，夜间蚊咬，较可忍耐的时间，都用到《奔流》上去了。"

在《奔流》中，他系统地介绍了一批外国作家，如俄国的托尔斯泰、莱蒙托夫、契诃夫，苏联的高尔基、理定，挪威的易卜生，匈牙利的裴多菲，保加利亚的伐佐夫，西班牙的巴罗哈，美国的惠特曼等等。此外，还专门编印了纪念易卜生和托尔斯泰的增刊。他翻译的《文艺政策》，也都在上面连载。可以说，他对马克思主义文艺理论的介绍，是与《奔流》的编辑工作同步进行的。在创作方面，先后发表了许钦文、柔石、白薇、罗西、张天翼、梁遇春、白莽等青年作家的作品。每期编校完后，鲁迅都几乎写有后记，对刊物的内容给予详尽的介绍。在刊物群中，这是很有特色的。此外，他还十分重视刊物的插图。在他所编的刊物中，大量配置插图，就是从《奔流》开始的。

鲁迅太认真了。

为了鼓励白莽多译一点裴多菲的诗，他不惜托人将自己珍藏了三十多年的《裴彖飞集》从北京寄来，并托柔石郑重送去。为了连载白薇的一首长诗，每期在编排上也都很费斟酌。又因为同情杨骚为朋友的热心，在排版时，不是杨骚在前，白薇在后，就是白薇在前，杨骚在后，给杂杂多添一份美意。

作为出版者，北新书局没有很好合作，排印时错字很多，这样在许广平校过以后，他不得不亲自看末校。对此，他在信里说："看看水果店之对付水果,何等随便,使果树看见,它一定要悲哀,我觉得作品也是如此,这真是无法可想。为要使《奔流》少几个错字,每日的工夫几乎都消费了,有时想想,也觉得不值得。"

可以说,刊物里的每一个铅字,都凝注了鲁迅的一份深情。

这一切,郁达夫不会不知道。他回忆说:"鲁迅不仅是一个只会舞文弄墨的空头文学家,对于实务,他原是也具有实际干材的。说到了实务,我又不得不想起我们合编的那一个杂志《奔流》——名义上,虽则是我和他合编的刊物,但关于校对,集稿,算发稿费等琐碎的事务,完全是鲁迅一个人效的劳。"他对鲁迅是理解的,尊重的。当有人诬陷鲁迅利用国民党的政治势力,压迫革命文学理论时,他公开为鲁迅辩护说:"对他的人格,我是素来知道的,对他的作品,我也有一定的见解。我总以为就作品的深刻老练而论,他总是中国作家的第一人者,我从前是这样想,现在也这样想,将来总也是不会变的。"又说:"我是始终想为鲁迅在这里辩白,辩白他没有那么大的势力,辩白他没有那一种恶伏快变之才,不管你骂我是鲁迅的共谋犯也好,骂我'没有辩护的余地'也好。"

有诗为证:

   醉眼朦胧上酒楼,彷徨呐喊两悠悠。
   群盲竭尽蚍蜉力,不废江河万古流。

96　北京—上海;小白象—小刺猬

5月。晴朗的早晨。

鲁迅携着多年随伴自己的网篮,挥别了三弟建人、柔石和崔真吾,一个人登上北去的列车。

关于这次返京,年前就接到了"老太太的命令",只是在忙乱中动弹不得。在他自己,其实未尝不想趁此机会看看阔别的朋友的。然而,现在最窘迫的问题是,"害马"已经怀孕,他不能不把同居的"秘密"提前告诉家人。还有许羡苏。

他觉得,事情不能再拖延下去了。

是同居后的第一次离别。当鲁迅仆仆于风尘中的时候,许广平的一颗心,早就随着远去的车轮辗转着了。在暗红的傍晚,她铺开了信笺。

她想念他,揣摩他在车上如何空想,然后告诉他怎样的剥瓜子,吃冰糖稀饭,"没有四条胡同"之类。第二天,又是黄昏时分,她接着写道:"我只愿你快些到目的地,以免路中挂念。"又写道:"只是我太安闲,你途中太苦了。共患难的人,有时也不能共享一样境遇,奈何?"

信里称鲁迅为"小白象",那是稀有之物,宝贝。末尾署名为"小刺猬",都是平时的爱称。还在西三条的时候,鲁迅为她作的漫画像,画的正是这么一个撑着雨伞走路的带刺的小家伙。

温馨的回忆……

封套里还附了给谢敦南、常玉书夫妇的信。信中所述,是她决心追随鲁迅的表白。在第一封信里,特意附进这方面的内容,那是意味深长的。

鲁迅到了北京的当晚,便给许广平写信。称呼是"乖姑"、"小刺猬";信末没有署名,但画上了一匹象,颈特别长,作翘望状。完全的不谋而合。信中说,母亲问及"害马"为什么不同来,他的回答是有点不舒服,一下子竟不敢直说。他不想给家人以太大的震动,这事情,在车上就已经颇费思量。直到两天之后,当许羡苏给他讲了一个"故事"以后,他才把"秘密"公开了。信笺末尾濡润着一片柔情:"我不知乖姑睡了没有?我觉得她一定还未睡着,以为我正在大谈三年来的经历了。其实并未大谈,我现在只望乖姑要乖,保养自己,我也当平心和气,度过预定的时光,不使小刺猬忧虑。"

许羡苏的"故事"是:大约一两个月前,朱安对鲁瑞说,她做了一个梦,梦见鲁迅带了一个孩子回家,自己因此很气愤,鲁瑞认为,她气愤是没有必要的,于是告诉她外边关于鲁迅和"害马"的种种传说,看她反应怎样。她说,已经知道了。问她怎么知道的,她说,是二太太信子告诉她的。

这样，鲁迅便把事情如实对许羡苏说了。许羡苏听后，并不感到突兀，说，这是也在意中的。接着，他告知母亲，说8月间就要有小孩子了。鲁瑞很高兴，说料想也应该有了，因为这屋子里，早应该有小孩子走来走去。在记述这段故事时，他特别告诉许广平，"小白象"的出现已经是大家所可接受的事实，可以放心了。

他接到许广平的来信以后，进一步补充说到母亲的态度，即："对于我们的感情是好的。"瞻顾两人爱情的道路，他以十分乐观而坚定的语调写道："看现在的情形，我们的前途似乎毫无障碍，但即使有，我也决计要同小刺猬跨过它而前进的，绝不畏缩。"

在信上，许广平并没有表现出这方面的挂碍，担心的只是爱人的健康和情绪一类问题。乍见到鲁迅的来信，那稔熟的字迹，以及信笺上所印的三个通红的枇杷和两个素淡的莲蓬，她不由得流下了眼泪，随即复信道："你路上有熟人遇见，省得寂寞，甚好，又能睡更好，我希望你在家时也挪出些功夫睡觉，不要拚命写、做、干、想……"又报告说："你的乖姑甚乖，这是敢担保的，他的乖处就在听话，小心体谅小白象的心，自己好好保养，也肯花些钱买东西吃，也并不整天在外面飞来飞去，也不叫身体过劳，好好地、好好地保养自己，养得壮壮的，等小白象回来高兴，而且更有精神陪他，他一定也要好好保养自己，平心和气，度过预定的时光，切不可越加瘦损；已经来往跋涉，路途辛苦，再劳心苦虑，病起来怎样得了！"枇杷是她平素所喜欢吃的，有子的莲蓬，定然是作为未来母亲的象征了。许广平知道他历来精细，连这两张笺纸也不是随意捡起来就用的。她把信读了一遍又一遍，愈读愈想在里面找出点什么东西似的，第二天，竟痴痴地在信纸上画道：

我定是你的小莲蓬，因为你矮些，乖乖莲蓬！……

鲁迅到京没几天，就被拉去演讲了。

所到的地方共有四处：燕大、北大，以及两所师范学院；每到一处，听者如堵。在北大礼堂，因为拥挤，致使他不得不绕到后台才走上讲坛。有报道说，听众看到海报，奔跑相告，争先恐后，竟弄到马神庙一带的警察饱受一场虚惊。

"我这回本来不想多说话,但因为在那边是现代派大出风头了,所以想去讲几句。"赴燕大演讲前,他告诉小刺猬说:"但决不冒险,千万不要担心,因为我是知道冒险主权,并不是全权在我的。"

在燕大的讲题是《现今的新文学的概观》。

他开始便说,社会环境是决这一切的。各种文学,如中国的所谓新文学、革命文学之类,也都是环境的产物。中国的文化是落后的,新的事物,都是从外面侵入的。甚至新的势力来到了,大多数的人们还是莫名其妙。所以,文艺可以改变环境,那是唯心之谈。事实上,却是政治先行,文艺后变。倘是巨大的革命,以前的所谓革命文学者还须灭亡,待到革命略有结果,略有喘息的余裕,才可能产生新的革命文学者。那么,创造社所提倡的更彻底的革命文学——无产阶级文学算什么呢?不过是一个题目罢了。他举了王独清的诗和郭沫若的小说为例,说诗是志在模仿勃洛克的《十二个》而无其才力,小说《一只手》是很有人推为佳作的,其实看那取巧的内容,也还是穷秀才落难,后来终于中状元谐花烛的老调,并没有革命的气息:

他指出:

> 从这一阶级走到那一阶级去,自然是能有的事,但最好是意识如何,便——一直说,使大众看去,为仇为友,了了分明。不要脑子里存着许多旧的残滓,却故意瞒了起来,演戏似的指着自己的鼻子道,"惟我是无产阶级!"

在演讲中,他还谈到了"小资产阶级文学"问题。

针对李初梨批判的"小资产阶级文学之抬头"的提法,他说,小资产阶级文学在哪里呢?连"头"也没有,哪里说得上"抬"!在他看来,政治专制必然带来文化专制,而专制的结果只能是一无所有。所以他得出推论说,文学并不变化和兴旺,所反映的便是并无革命和进步,——虽然革命家听了也许不大喜欢。

要打破包围的圈子,只有多看外国书。多看些别国的理论和作品之后,再来估量中国的新文艺,便可以清楚许多了。这是演讲快要结束时说的话。他认为,必须提供异质的理论和方法,否则,靠传统的眼光是永远也看不明白的。

演讲完后,他立即把情况写信告诉了小刺猬:"我照例从成仿吾一直骂到徐志摩,燕大是现代派信徒居多——大约因为冰心在此之故——给我一骂,很吃惊。"

在第二师范学院的演讲,主要是关于妇女解放问题。该校的前身是女师大,虽鲁迅授教和战斗过的地方,旧地重来,自然有不少的感触。

他认为,现在的妇女教育有两种困难:一在求学方面,一在职业方面。要免除这困难,根本的办法,非改变社会经济制度不可。说到这里,他有一段表白,说是:"就说要改革经济制度,并不是赞成共产,我不是个共产主义者,但亦许在我底主义里有些地方是和共产主义相同的。比如对于吃饭,亦许共产主义里头主张是要吃的,而在我的主义里也主张要吃。我对经济没有过细的研究,有好多地方我全不知道。"

还有一层,就是应当及早消除"互斗"。在这里,他提出"同级斗争"的概念。这是鲁迅探索"国民性"问题的重要的思想成果之一,闪烁着天才的独创性的光辉。也许,由于阶级斗争的紧迫性,此后不再使用过这个概念,但是在文章和书信里,却仍然有着不少论及这一方面的内容。

他说,现在喊得很响的一句话"阶级斗争",我看简直不如"同级斗争"来得更写实。这种同级斗争,并不限于两性之间;总司令骂总指挥,创造社骂语丝社,他们都是同一阶级的人物。这样的斗争,既没有什么危险性,同时又最容易表示出他是一个战士。如果一个拿笔杆的人去和拿枪杆的人斗争,那当然太危险了。所以他们看准了这个巧妙的战术,专门用来对付同级的人们。如羊是不敢和狮子斗争的,因为那太危险;但是羊和羊之间,却极容易因为吃草问题而发生斗争。文艺界的同级斗争就很厉害。一班人的领袖欲非常强,你做了领袖,我也希望做一下领袖,于是就运用这巧妙的战略,把所谓领袖的大骂一顿,自己便俨然也成了领袖。现在,文学社团一天比一天增多,然而班底总是那么一套:一个诗人,一个小说家,再一个是批评家。批评家可以拼命地捧其他两位创作家的作品,另一方面则拼命贬斥自己圈子以外的文学家。你也骂,我也骂,于是乎中国的文坛就不胜其热闹之至。

总之,中国人的眼光太近视,这是通病,往往为了眼前一块小石头绊了一下脚,就抛开了正事不再向前走,而与小石头争持一辈子。文艺界如此,别的界也无不如此。

他的意思,当然是主张消除"同级斗争"而致力于阶级斗争的。最后,他说:青年人要求出路,第一必须把眼光放远,着眼于现实社会的内部;另一方面又要抱有牺牲的精神,所谓牺牲,当然以不受人利用,做少数人的傀儡为限。

对于这类演讲,许广平自然是支持的。既然鲁迅不让现代派出风头,她就得让鲁迅出风头。在信中,她这样状写了自己的心事:"看来信,你也很忙于应酬,这也没法的事,久不到北平,熟人见见面,也是好的,而且也借此可消永昼,有时我怕你跑来跑去吃力,但有时又愿意你到外面走走,即可变换生活,活动一些,也可出出风头,你其实也太沉默了,我这种心理似很普通,但也可笑的。"

在京期间,鲁迅三次前往未名社,同曾经一起战斗过的年轻伙伴晤谈。最后一次,在"森隆"喝了不少酒,足见相聚的愉快。

遗憾的是少了素园。

前年秋初,还在广州的时候,便陆续收到他在西山疗养院里伏枕写就的几封信。在未名社里,经受那么多的内忧外患,不但没有一点颓唐,思路反而更清楚,更广大了。但因此,也就更使人担心他的病情。记得有一天,忽然接到一本书,原来是他翻译的装订非常讲究《外套》,一看,就打了一个寒噤:这明明是他送的一个纪念品,莫非他已经自觉了生命的期限了吗?

这次无论如何要看看他,鲁迅心里想道。当晚,他便同大家约定,第二天一起到西山疗养院去。

能见到素园,鲁迅感到十分侥幸,然而在高兴中,却不免时时夹杂着悲哀:忽而想到他的爱人,已由他同意之后,和别人订了婚;忽而想到他竟连介绍外国文学给中国的一点志愿,也将难以实现;忽而想到他在这里静卧着,不知他个人是在等候痊愈,还是等候灭亡;忽而又想到他何以要寄赠那么一本精装的《外套》……

但是素园很好,也许因为日光浴,全身很黑,精神却是丝毫不见萎顿。

谈笑中,鲁迅竟又注意起病室壁上的陀思妥耶夫斯基的大画像来了。对于这大胡子先生,他是尊敬的,佩服的,但又恨那作品中的残酷的冷静:一个个把不幸的人拉出来,施以精神的苦刑,拷问给全社会看。此刻,大胡子正用了沉郁的眼光,凝视着素园和他的卧榻,好像在说:这也是可以收在小说里的不幸的人……

为什么要挂这画像呢?鲁迅问,大不以为然。周围的朋友都说是素园特意要来的,他也就没有什么话说了。

说笑声打破了小小病室的恒久的寂寞。一两个钟头过后,素园顿然有所悟,笑着对鲁迅说:"先生,你怎么不吸烟?吸烟吧!烟味对我是没有妨碍的。"鲁迅回答说,已经戒绝许久了。素园不相信,再三说是对自己无碍,鲁迅这才走出病室,站得远远的,急急忙忙吸完一支纸烟……

午饭是在院里吃的,直到下午3点才离开西山。在持续几个钟头的谈话中,鲁迅始终保持着一种欢快的态度,一面鼓励素园只看些不大吃力的书,手痒时才稍译点轻松的文章,一面敦劝他好好疗养,把恢复健康当成为最重要的事情。其实,鲁迅心里明白,素园还能做些什么;霁野他们事前就向他说过,素园的病情是严重的,据医生说,已经是没有痊愈的希望了。

别了!素园!……

此外,鲁迅还访问了几个教育部里的旧同事。他们都穷透了,没有事做,又不能回家。在知识分子的活路愈来愈窄的境况下,"同级斗争"愈加剧烈了。当燕大,北大,还有几处拟留鲁迅教书的消息传出以后,便有一些教员恐怖，极力散布谣言。流宕三年，灵魂已经变粗，对于教书，他是没有兴趣的。他告诉小刺猬："这些优缺，还是让他们绅士们去占有罢，咱们还是漂流几天再说的好。"

南北"统一"以后，当日现代派的正人君子们树倒猢狲散，纷纷离开这里，但是衣钵没有带走，反被先前和他们战斗的人拾去了。那种"敬而远之"和倾陷，甚至于比正人君子时代还要分明。真是世事如螺旋，没有法子想。北京是变作北平了，其实，这古都何尝见得有什么进步！

本来，要做学问，这地方还不算坏，图书馆的旧书不少，然而毕竟和南方人不同，世外桃源般的没有震荡，没有刺激，没有生气，居此多日，即有被时代遗弃之感。上海呢？比较起来别有生气，但也住不得。人才到了那边，马上就陷入了围剿阵中。创造社的人一面宣传说自己怎样有钱，喝酒，一面又用《东京通信》诬栽自己有杀戮青年的主张，简直要谋害生命！总之都不是人住的地方，何去何从，将来再说吧！

流言，流言，还是流言。他到哪里，流言也就跟着到了哪里。这回最多的是关于他与许广平方面的，但对付的办法很简单，不过不辩，承认也未尝不可的。又如何呢？以他们自己的心，来相窥探猜测，怎么可能明白。以此，更见他们之渺小而已。

在北京逗留的时间一共十九天。返沪前，他给许广平发出最后一封信，诉述了自己的种种感受：

> 我自从到此以后，统计各种感受，似乎我与新文学和旧学问各方面，凡我所着手的，便给别人一种威吓——有些旧朋友自然除外——所以所得到的非攻击排斥便是"敬而远之"。这种情形，使我更加大胆阔步，然而也使我不复专于一业，一事无成。而且又使小刺猬常常担心，"眼泪往肚子里流"。所以我也对于自己的坏脾气，常常痛心；但有时也觉得惟其如此，所以我配获得我的小莲蓬兼小刺猬。此后仍当四面八方地闹呢，还是暂且静静，作一部冷静的专门的书呢，倒是一个问题。

闹呢？静呢？都不是他自己所可决定的。时代太伟大了。时代无可选择。而任何人的自我选择，也都只能在时代的规限里进行。

97 版税官司·"怎样做父亲"成了现实问题·女工的故事

返回上海不久，鲁迅随即陷入版税的纠葛之中。

事情是直接由《奔流》的稿费问题引起的。北新书局长期拖欠作者的稿费，写信去催问，也不答复，这样便给杂志的出版工作造成很大的困难。作者往往直接查问鲁迅，或者大发牢骚，使他不胜其苦。这时候，他想，许多生命，都消磨在没有代价的苦工中，人又何苦如此！

实在忍耐不下去，便又给老板李小峰写了一封信。这一回，措辞强硬了许多：

> 奉函不得复，已有多次。我最末问《奔流》稿费的信，是上月底，鹄候两星期，仍不获片纸只字，是北新另有要务，抑意已不在此等刊物，虽不可知，但要之，我必当停止编辑，因为虽是雇工，佣仆，屡询不答，也早该卷铺盖了。现已第四期编讫，后不再编，或停，或另请人接办，悉听尊便。

很清楚，他要罢工了。

其实李小峰是靠发行《语丝》进入出版界，而以出版新书刊，特别是鲁迅的著作扩张起来的。鲁迅对北新颇有感情，在厦门、广州时，曾有另一家书店托人同他磋商，许以优惠条件，要求他把在北新发行的著作移交他们出版，也没有答应。到上海以后，除了为北新编辑两种刊物外，还替它办的《北新》半月刊长期译稿。他所编的《语丝》是没有稿费的，编校《奔流》，也不过每月拿回少数校对费而已，大半还是尽义务。可是，对于这样一位惟靠版税维持生活的人，北新方面竟丝毫没有尊重他的劳动。原先，在交付他的个人著作的版税时，说是每月送款一百元，后来连这一承诺也置之脑后了。北新积欠的越来越多，他从小报中获悉"已有国币二万元之谱"，又听说书店方面把资本挪了去开纱厂，当然十分气恼。

春潮书局的张友松听到他谈及的情况,很为他抱不平,主张他同北新打官司。他同意了。就算开一回玩笑吧。

他通过张友松及其友人聘请了律师,就版税问题正式提出诉讼。这样一来,被告就立刻变得紧张起来了。

李小峰亲自上门找鲁迅说情。鲁迅说,现在主权已经不在他这里,既然已经全盘委托给律师,那么也就非由律师结束不可。不得已,李小峰只好打电报催促郁达夫赶回上海,为此事从中斡旋。经过几次交涉,鲁迅终于答应暂且把诉讼按下不提,但北新方面必须分期摊还积欠的两万余元,新欠则每月改送四百元;此后再版,须加贴版税印花。双方还议定,《奔流》仍归鲁迅续编,稿费由书局交由鲁迅转发作者。

鲁迅获得了胜利。

然而,书局毕竟没有合作的诚意。对于《奔流》,只好听任它在断绝给养的情况下慢慢夭亡。

可记叙的还有一段小插曲。那是在双方已经和解,北新请客吃饭的晚上。席间,林语堂偶尔提起张友松的名字,而他,正是北新方面确认的鲁迅提起诉讼的挑拨者。鲁迅听了,不知是以为林语堂责备自己呢,还是执意为张友松辩护,立即从座位上站了起来,脸色变得铁青,大声说道:

"我要声明!我要声明!"

林语堂当然也要声辩他所讲的话,并非针对鲁迅。这样,互相争执着,整个宴会的气氛陡然变得十分险恶。在这中间,能够充当和平使者角色的只有郁达夫。他一面按住鲁迅坐下,一面拉过林语堂及其夫人,一起走下楼去……

对于鲁迅,林语堂有相当深入的理解,而且是一直抱着近乎崇敬的心理的。前两年,他发表的《鲁迅》一文,就盛赞鲁迅作为"叛逆的思想家","透彻地照了中国的历史","深知中国人的生活及其生活法"。他说鲁迅也有着"一个受了满身的疮痍的灵魂",但是一个"光荣地胜利的武夫作家"。称鲁迅为"白象",也是来源于这篇短文,那分明是指可珍惜的异类。

感情这东西,其脆弱实在不堪一击。不管林语堂是如何的绅士风度,鲁迅又是如何的天生仁爱,过去两个人的那种朋友情谊是永远不可能修复的了。

许广平住进了产院。

生活中又出了一桩可堪烦扰的事情。

作为女性,生命本体包含着双重的牺牲:其一是做妻子,其二是做母亲。对于许广平来说,不但不可能参与社会性事务,发挥她的出色的组织活动才能,连在家学习和翻译也不得不被迫中断。起初,为了学日文,鲁迅自编自校,把一本谈论文化的书《尼罗河之草》作为她的启蒙教材,后来加入一部口语文法,每晚教读一小时。第三本是童话《小彼得》,她一边阅读,一边在鲁迅的鼓励和指导下译完了全书。第四本是神永文三著的《马克思读本》,这是一本浅显的介绍马克思生平及其学说的书。不过才开头,她就读不下去了,怀孕好几个月,精神和体力都已经支持不住。现在,则无论如何是躺在白雪般冷酷的产床上了。

9月25日夜。鲁迅身体有些发热,仍然照常工作,直到晨3时才睡。这时,许广平开始腹痛,知道小生命即将来到人间。但是,为了不影响鲁迅休息,她咬紧牙关,强忍住痛楚,直至上午10时才告诉他。

他冒着低烧,立刻同许广平办理住院的一切手续。

护士预备好小床、浴盆、热水,告诉鲁迅,马上就要生产了。然而,一次又一次,阵痛仍在继续。除了回家吃饭,鲁迅片刻也没有离开许广平。又是整整一个夜晚,由他和护士分别扶着许广平的两条腿,艰难地熬到次日凌晨。

医生来了。

产前检查结果:婴孩的心音听来只有十六下,并且已经逐渐减少下去。最可怕的是,那濒死前的污便也早已下来了。医生问:"留小孩还是留大人?"

"留大人。"鲁迅不假思索地说。

接着,他俯下身子,轻声安慰许广平说:"不要紧,拿出来就好了。"

钳子由医生的手,把婴孩的头拔出来,赤红的小身体也跟着出来了。一阵呱呱的哭声。之后,鲁迅凑近来,看了看婴孩,微笑着对许广平说:"是男的,怪不得这样可恶!"

第二天,他手里捧着一盘文竹,来到医院,轻轻地端放在许广平床边的小桌上。苍翠,劲挺,深沉,一似他的个性。或许,这就是他祝福中的年轻的母亲?有所操持,独立不倚,具有内在的力量。以往赠送的都是书,同赠送给其他朋友的一样,惟有这回才费心想到书籍以外的赠品,但却非世俗所习见的鲜花。

从景云里到福民医院并不很远,小孩生下来以后,鲁迅每天至少有两三次到医院里来,有时还领着一批批的朋友来慰问,而且,来时总要带一些食用物品。每当坐下来之后,就静静地看着小孩的脸,承认很像他自己,却又说:"我没有他漂亮。"后来,他也还会这般地时常提起。

是一个晴朗的下午。他又来了,坐在许广平的床上,显得很悠闲地谈话。

"你想过给他起个什么名字没有?"

"没有。"

"我倒想起两个字。因为是上海生的,是个婴儿,就叫海婴吧,你看怎样?"他说,"这名字读起来好听,也容易写,而且绝不会雷同。译成外国名字也简便,何况古时候的男人也有用婴字的。如果他大起来不高兴这个名字,自己随便改过也可以,横竖我也是自己在另起名字的,这个暂时用用也还好。"

事情小到孩子的命名,他也不肯自专,而又想得这么精细周到。许广平深情地凝望着他,微微点头道:"你想的真好。"

依照上海人的习惯,不论是谁,都喜欢叫"弟弟",也许,这是最初从护士小姐的口里叫起来的,"弟弟"也就成了海婴日常的称呼。他还有许多小名,是家里私下叫的,譬如,林语堂把鲁迅誉为"白象",鲁迅便拿来赠送海婴,叫他"小红象"。

十二天之后,许广平出院了。

本来,鲁迅是希望她多住几天的,但是许广平不愿意。她看到他每天不时奔走于医院与寓所之间,总是静不下来,心里非常不安。她不能让自己的身体过多地拖累他的工作。

家,毕竟是人生的港湾。踏进台阶,踏上楼梯,她的心里就感觉到了舒坦和温暖,及至走到卧室,更是惊喜异常,不由得默颂爱力的伟大。床边已经摆起了小桌子,楼上安放些茶杯、硼酸水之类的常用品,还有一盘精致的文竹,每一件家具,尽可能地调换了位置,以期换起一种新鲜感。平时,鲁迅是不大留心过问这些琐事的,现在却自动地安排它们,而且是如此合适,比她往日所布置的齐整多了。

女性做了母亲,便可以领受到男性的加倍的同情和怜惜。这时候的体贴温存,实在是远胜于初恋时代的。那时,多少还保持着女性的矜持,不像现在这样,可以舒展地躺在床上,等待着身体在一个竭尽忠诚的男人的照料下一天天复原起来。眼看着在面前走来走去的熟悉的瘦小的身影,许广平常常从心底涌起一股热意,感激?愧歉?大约这就叫做幸福吧。

比较起来,他更是一个好父亲。

每天工作,他都在楼下,把客堂改在书房,这样工作起来可以静心一点,还可以避免用烟熏了小孩。在会客的时候,也省得干扰许广平的休养。可是,只要到了夜里12时,他必然上楼,主动代替新近雇请的女工,担任到2时的值班。2时以后,才由许广平值夜,留意海婴的服食眠息。

鲁迅值班时,常常抱着海婴坐在床头,手里搬弄一些香烟盒盖之类,发出锵锵的声响,逗引小孩高兴。倦了,他就把海婴横抱在臂弯里,从门口到窗前,来来回回地走,一遍又一遍地唱着胡诌的平平仄仄的摇篮曲:

  小红,小象,小红象,
  小象,红红,小象红;

小象,小红,小红象,
小红,小象,小红红。

有时,又改口唱一首无字的歌:

吱咕,吱咕,吱咕咕呀!
吱咕,吱咕,吱吱咕。
吱咕,吱咕,吱咕咕呀!
吱咕,吱咕,吱吱咕……

海婴,成了家庭生活的中心。

关于给养,甚至洗浴,鲁迅都得费心尽力。"我们现在怎样做父亲",已经不仅仅是发议论的题目。——"闸门"沉重着哪。

医生通过诊断,料定母乳不足,于是再三劝告他们雇一位奶娘,并且建议在医院里找,这样验身体更为方便些。但是鲁迅执意不肯,一定要许广平亲自照料。由于他们俩都没有这方面的经验,鲁迅又不怎么相信别人的经验,除了医生,惟一可请教的就是"育儿法"之类的书籍,这样一来便闹了许多笑话,吃足了苦头。

洗浴看似简单,实际上也很讲究。回到家里以后,等到许广平稍稍能够起床了,鲁迅就商量着给海婴洗浴。他不愿假手别人,不许用未曾开的水,其小心实不下于古董商搬弄一件刚刚出土的稀有的陶器。一只小面盆,盛半盆温水,由许广平托住小孩的身子,由他来洗。刚刚浴毕,小孩就冷得脸色发青,全身发抖,弄得他们狼狈不堪,只好草草了事。但小孩反应很快,身体立刻发烧,如此几回,后来竟连打开衣服也不敢了。鲁迅盼咐许广平,必须每小时查看一次小孩的尿布。他是学过医的,许广平不好反对,结果小屁股被湿污所浸而脱皮了。没法子,只好又去看医生,医生亲自介绍看护每天来给小孩洗浴,这样一直延续了七个多月。"还是让她洗罢,"一天,鲁迅苦笑着对许广平说,"我们洗病了更麻烦,我多写两篇文章就是了。"

最可怕的是海婴生病的时候,小有伤风,便使他坐立不安,甚至几近于眠食俱废。他本来就是一个容易焦躁的人。遇到这种时候,除了自己带去看医生之外,白天一定把孩子放在身边,到了夜里才交给女工照管,即使这样,也还得不时到她们的卧室去打听。小孩有些微咳嗽,最先听到的还是他。为了省得他操心,许广平每每不当是一回事,忍耐着不加理会,但是他更敏感,时常叫她留心听,督促她去看。遇到许广平睡熟了,如果不是咳得太厉害,他总是不打扰她,自己一个人照料。有时候,忙够了,就叹一口气说:"唉!没有法子,自己养的。"

他们深知这种人生的负累,都不想要孩子,然而瓜熟蒂落,这已经是无可如何的事情。但当有了孩子以后,又不胜怜爱之至,待许广平从医院里回来没几天,他就给海婴照了相给母亲寄去;每逢朋友到来,必定从卧室里抱出来给他们看,给母亲或好朋友写信,几乎都要带上海婴的名字。一个天生仁爱的人,是没有不喜欢儿童的。

希望,希望,而希望的所在,不正在于未来的儿童世界吗?

他写过一首题名为《答客诮》的诗,诗云:

　　无情未必真豪杰,怜子如何不丈夫。
　　知否兴风狂啸者,回眸时看小於菟。

为了更好地照看新生的海婴,经同乡介绍,雇用了一名年轻的女工。

女工姓王,名字叫阿花。她十分能干,做起事来,又快又好。鲁迅和许广平都很喜欢她,对她非常尊重,日常许多事情,只要可以做的也都不必等候她做。寄寓陌生的大都市,举目无亲,惟在这里寻得家庭的温暖。她每天一面干活,哄海婴,一面哼着家乡的山歌,唧唧喳喳,像一只快活的小鸟。

后来,不知为什么,无忧无虑的王阿花忽然有些心神不定了。看见算命的瞎子和化缘的和尚,她便上前招呼,算个命,或买一张鬼画符;再后来,竟有点失魂落魄,甚至不敢上街了。原来她是不堪忍受丈夫平日的虐待,毒打,在即将变卖的险境中逃到大上海来的。有一天,她在路上碰到一同乡,虽然马上回避,但终于被她的丈夫发现了,几次出去都发觉有人盯梢。她不敢明说,怕主人把她交出去,丈夫再把她卖掉。许广平看到她神色异常,再三追问,她才把自己的身世讲了出来……

有一天,王阿花蹲在灶间里的水龙头下洗尿布,抬头间,大约发现了什么,立刻丢下尿布,逃上二楼。

"不好了,那死鬼就在对门,要是被抢去怎么办?"

鲁迅正在写东西。他听了,对吓得面色煞白的王阿花安慰说:"不要怕,我去对付。"说着,放下笔,匆匆下楼。

这时,一伙人已经在后门口站着,探头探脑地,但一时不敢冲过来。鲁迅问他们是谁,他们回答是浙江上虞同乡会的,要王阿花回去。鲁迅说,有事找律师来说话,不可动手动脚的,然后砰然关上了后门。

过了几天,上虞的一个绅士模样的人来了。见面之后,才知道他原来是鲁迅的学生。鲁迅把情况对他说了一遍,并且对他说,卖人是不允许的。他告诉鲁迅:"阿花的丈夫原本要抢人回去的,既然先生有意收下,我想大约得贴补些银钱,好另外娶一房媳妇便是了。"

鲁迅听罢大笑,说:"那么,还得听听王阿花本人的意见。"

王阿花一口咬定,坚决不跟丈夫回去,宁可离婚。于是,由乡绅出面调解,言明由鲁迅替她付出一百五十元的赎身费,以后,陆续用工资扣还,事情才告结束。

就这样,山歌和自由又属于王阿花的了。

过了两个月,她另有所爱,这才依依离开景云里。

十三 浴火的道路

为了反抗权力者,他渴望加入集团的战斗。在白色恐怖的日子里,在大量产生的流血与牺牲,帮闲与叛卖的事实之前,他成了第一个"争自由的波浪"。

98 左联:作梯子的与爬梯子的

国民党的政治控制愈来愈严密。

在形式上,南京国民政府是中国历史上最现代的政府。它袭用孙中山提出的政府五权分立制:行政院、立法院、司法院、考试院和监察院,但是,政府最高官员必须由党中央执行委员会遴选,并且常常就是其中的委员。国民党的各部如宣传部、组织部、社会部等等都是作为中央政权的重要部分行使其职能的。于是,党政不分成了一种必然现象。一个一党专政的国家是不可能做到权力机构的分立与相互制衡的,即便如工、农、商、青年和妇女等群众组织也如此。这些组织曾经动员了相当强大的力量起来支持北伐,但是现在政府当局开始公然对群众集会、游行和示威表示反对了,而且极力阻拦和破坏学生运动,培养一批新贵从中进行控制,把所有群众性组织变成御用工具。什么"民主"、"民权"之类,不过是"王道"、"仁政"的翻版,是现代独裁者的别一种骗术而已。

1928年8月,蒋介石提出:随着"全国统一"的形势,下一步应进行"巩固国家基础"的工作,中国应从"军政时期"进入"训政时期"。次年

1月,国民党中央常务会议通过《宣传品审查条例》十五条,其中规定凡"反对或违背本党主义政纲政策及决议案者",均为"反动宣传品",应予"查禁查封或究办之"。3月封闭晓山书店,8月封闭创造社出版社,上海大陆大学、华南大学等学校也遭到查封。10月,国民党政府"令全国军政机关,一体严密查禁"进步书刊,"以遏乱源"。上海新闻界有论者认为,自辛亥革命以来,蒋介石是首创新闻检查制度的人,其限制言论出版自由的程度和手段,比北洋军阀厉害得多。其实早在"清党"前夕,他就有过恶劣的表演,指使东路军政治部主任陈群在上海各报馆进行稿件检查,规定政府要登什么就登什么,政府不要登的则一律不许见报。总之,以政府的需要为一切思想言论的准则。舆论于是一律。

在中国,文字狱由来已久。古代的统治者以文字治罪,杀人随便到了极点;而现代政府把这种封建嫡传的随意性同西方科学管理的严密性结合起来,情形更为严酷,使知识分子无时不处于大网之中。然而,时间刚刚开始,更大的文化劫难还在后头。

  自由是人类的第二生命,不自由,毋宁死!
  我们处在现在统治之下,竟无丝毫自由之可言!查禁书报,思想不能自由。检查新闻,言语不能自由。封闭学校,教育读书不能自由。一切群众组织,未经委派整理,便遭封禁,集合结社不能自由。……不自由之痛苦,真达于极点!
  我们组织自由运动大同盟,坚决为自由而斗争。感受不自由痛苦的人们团结起来,团结到自由运动大同盟旗帜之下来共同奋斗!

1930年2月间,中国自由运动大同盟在上海成立。3月,由鲁迅和冯雪峰编辑的《萌芽月刊》公开发表成立宣言。

鲁迅是同柔石一起出席自由盟的成立大会的。在这个知识者群体秘密召开的会议上,鲁迅只是默默抽烟,没有正式发言。他曾经向冯雪峰表示过,以他个人是不赞成这种方式的,认为除发一个宣言以外,无法做什么事情。本来,他大可以像对待互济会一样,捐点款,做点力所能及的工作,不一定要挂名的。但既然主事人有这层意思,那么也就签个名罢。当发起人名单正式发布的时候,却同郁达夫一起,居然成了领头的人了。

接着,上海又成立了二十多个分会,并且敦请鲁迅等出席演讲自由的真义。为了自由,他是愿意呐喊奔走的。但是,他有他的方式。对于组织的指示,他仍然保持自己选择的自由。战斗者必须善于保存自己。他积极参加了自由盟主办的演讲活动,讲题却是文艺和美学,与组织上的要求并不一致,没有直接关涉到自由问题。

在几次演讲中,他都强调文艺的社会性、阶级性和真实性。他认为,文艺不应当成为文艺家的专利品,和大众绝缘,这是艺术的不幸。在绘画方面,他批评一些从外国留学回来的画家,命题抽象,崇尚怪异,主张绘画无需"意义",其实是虚伪画家,很有害于艺术的发展的。他说,绘画是世界通用的语言,我们应当利用这种语言,传播我们的思想。如果说这些内容离自由的主题还很远,那么在大夏大学所讲的《象牙塔和蜗牛庐》,就比较的贴近了。但是,他也不是直截了当地直陈时事,而是使用以古喻今,借题发挥的办法。比如说:象牙塔里的文艺,是决不会出现于中国的;不久可以出现的,恐怕至多只有几个"蜗牛庐"。蜗牛庐者,是三国时隐士焦先曾经居住的一种草窠,与现在江北穷人的草棚相仿,且还要小,光光的伏在那里面,少出、少动、无衣、无食、无言。因为那时是军阀混战、任意杀掠的时候,心里不以为然的人,只有这样才可以苟延残喘。所以,在中国的蜗牛庐里是没有文艺的。

当然,这些都骗不过一批"文探"的鼻子。他们的嗅觉特别发达。其实,自由盟自成立以后就一直遭到攻击和压迫。一个署名"天马"的评论"自由运动"说:"或谓此辈著作家,本无所谓不自由也,各新文化书店尝见彼等之著,今组织团体而运动自由,深望勿以求自由故而反致不自由也。"十足的无耻奴才腔调。梁实秋则以鲁迅发起加入自由盟为口实,维护《新月》"争自由的文章",对鲁迅的批判实行反击。《民国日报》组织了系列文章,追踪自由盟的演讲活动,诽谤漫骂,恶毒之至。其中,有报道说"中公学生反对自由大同盟","鲁迅等无所施技";甲辰生的文章,题为《鲁迅卖狗皮膏药》,不惜使用下流的语言;敌天的《呜呼"自由运动"竟是一群骗人勾当》,攻击自由组织演讲为"反动的宣传","最卑鄙最龌龊的行动",谈到鲁迅时,故作尊重怜惜之态,说"以一位大名鼎鼎的文艺家鲁迅先生,不自保持其优美的历史,反来与一般时代落伍的无聊文人们结合,作那反时代的勾当,真是可惜之至"。最后,十分露骨地表明了敌视民主自由的党性立场:"在现在以党治国的局面下,是否需要'中国自由运动大同盟'的组织,在稍明政党和革命党之分别的人,定能回复这一个答案。"《江苏党务周刊》发表岫云的《什么"自由大同盟"?》说鲁迅等人到各校演讲,"都是反对党的专政";文章宣称现在是"以党治国的时代",个人的自由不能阻碍党的自由,"一切非党员的国民,也只有在党的自由之下才有自由,决没有到党外去再求自由的道理"。公民如同草芥,在党老爷及其皂隶的眼中,个人是完全没有地位的。

上海市党部执委、教育局长陈德徵表态说:"反革命者是不许有自由的。一切反革命者如果用他们的口或笔来宣传破坏全体国民的自由的时候,我们为民族和国家计,就应当斩钉截铁的不许他们有个人的自由。一切反革命者不许有集会以扰乱社会的自由,也不许有发表言论以摇动民族基础的自由,这种制裁的责任,我们是要代替民众的利益而负起来的。"他还威胁说:"在三民主义的统治之下,还觉得不满么?那么连现在所给予的一点自由也得收起了。"如果要剥夺你的自由,只要定名为"反革命"就行了,真是再省事也没有。而且这种制裁还是一桩恩典哩,因为他们的党,据说是代表了国家和民众利益的!

国民党政府颁令上海各学校禁止自由盟派人来演讲,并勾结巡捕房,秘密逮捕主持人。浙江省党部是CC派的大本营,那里的权势者一贯喜欢干预文化界的事情,当他们得知自由盟的情况以后,立即呈请南京政府通缉"堕落文人"鲁迅等五十一人。刚刚接编《语丝》的时候,曾经有青年投稿揭露复旦大学的黑幕,鲁迅不加删改把它全部登了出来,浙江省党部要人许绍棣正是该校毕业的学生,于是公仇私怨,一并借此机会发泄出来了。

具有自由意识的人是最不自由的。政府当局首先得盯住他们。对此,鲁迅告诉许寿裳说:"浙江省党部也不是没有熟人,倘来问一下,我或者可以告知原委。现在竟然使用这种手段,那么我只好用硬功对付,决不声明,算是由我发起好了……"

每天,他照例出门,照例到内山书店,好像从来未曾有过通缉那么一回事似的。

"先生,危险哪,暂时躲一躲罢。"内山劝告说。

"不要紧的,"他说,"如果真的要抓人,他们就不下通缉令什么的了。"

说到最后,再补充一句:"就是说,有点讨厌,不让我开口——就那么一回事。"话中几分感慨,几分幽默,几分淡然。

因为许广平担心,内山再三规劝,他不能不在书店的假三层楼上躲了起来。

政治的恐怖远胜于传染疾病。他被迫孤离于人类正常生存的空间之外。出走之前,他怕连累朋友,便将小心保存下来的许多信件毁掉了,他知道,中国的衙门只要一碰着,就有多么可怕。在朋友中间,除了柔石、冯雪峰、韩侍桁、姚蓬子、郁达夫等四五人外,他不敢公开寄寓的地址。大约每隔几天,许广平才抱着海婴去探望一次。一天晚上,偶尔外出夜餐,归途就有三个学生模样的人,久久追踪不舍。

被放逐者的一生。被家庭放逐,被社会放逐,几经辗转而到上海,仍然是接连不断的短期的流亡。

在低矮的屋顶下,他写信给章廷谦说:"半生以来,所负的全是挨骂的命运,一切听之而已,即使反将残剩的自由失去,也天下之常事也。"

话是这么说,而这一点点"残剩的自由"毕竟是可珍惜的。避难期间,他数次觅屋,最后经由内山介绍,于5月中旬迁入北四川路公寓。门上,贴着写有"内山完造"名字的纸条。有了外国人的保护,于是有了安全阀。在中国的土地上,外国人的地位总是优于中国人。

在国民党政权的严酷的文化统治之下,把革命的、进步的作家召集起来,建立统一的组织,以便在文艺战线上开展有效的抵抗运动,成了急迫的需要。

中国共产党中央负责人对中央文化工作委员会书记潘汉年指示说:解散创造社和太阳社,立即停止对鲁迅的论争,把鲁迅以及在他影响下的人们争取过来,希望以这三方面的人为基础,成立一个新的革命文学团体。

创造社和太阳社的重要成员都是党员,党小组都属于闸北区第三街道支部,这是容易做工作的。党性原则本身就是一种无可辩驳的力量。至于鲁迅,这个富有个性的倔强的人物,他能够接受党的要求么?

潘汉年终于找到了一个最合适的说客:冯雪峰。

冯雪峰,浙江义乌人。1925年春到北京,作为北京大学的旁听生,曾经几次听过鲁迅的课。1927年6月,受了李大钊殉难的刺激,毅然加入中国共产党。次年南下上海,再回故乡,其间同鲁迅发生过通信关系。年底因受浙江省政府通缉,他逃至上海,会见了昔日的同学柔石,通过柔石的介绍,开始正式访问鲁迅。1929年初,在柔石的帮助下,他在景云里找到一处住所,恰好成为鲁迅的近邻,从此,便有了更多的接近机会。

在创造社与鲁迅论争期间,冯雪峰以画室的笔名,发表过一篇题名《革命与知识阶级》的文章。鲁迅看到以后,很是反感,说道:"这个人,大抵也是创造社一派!"经过柔石的解释,说是主旨在批评创造社的小集团主义,才没有再说什么。其实,冯雪峰在文中相当充分地表现出了作为共产党员的某种优越感。他把鲁迅派定为"同路人",是"友方",不革命而无害。虽然,他承认理想上的人道主义,但强调"在手段上"有"必要"抛弃人道主义。对人道主义的这种极端轻率的态度,是鲁迅所最憎厌的。如果说冯雪峰与创造派的文章有什么不同之处,无非从中表示了对鲁迅的"极大的宽大态度"而已。初次访问,鲁迅除了回答问题,简直不说什么话,也就不足为怪的了。然而,他不愧为柔石的朋友,忠厚,率直,甚有主见,又肯用功,这都是鲁迅所喜欢的。接触稍多,话也就多了起来。

这时,冯雪峰在鲁迅面前,真正感受到了与朋友相处的愉快。在他们之间,革命、阶级、知识分子、人道主义、现在与将来的种种话题,无所不谈。鲁迅没有什么可隐讳的,他不但对敌对分子的卑劣无能表示了远出于文字之上的蔑视,而且深入地解剖了自己的阴暗,流露出为平时的文字所少见的牢骚。

他对人道主义谈得最多。这些片断,成了冯雪峰一生最珍贵的记忆。

他说:"大家现在又在骂人道主义了,不过我想,当反革命者大屠杀时,倘有真的人道主义者出而抗议,又何损于革命呢?……我未见有人道主义者挺身而出的事,但骂人道主义的人们为什么也吓得不敢响一声……我想,中国大概并没有真的人道主义者……"

他说:"人道主义也的确是无用的,要实行人道主义就不是人道主义者所主张的办法所能达到。除非也有刀在手里……然而,托尔斯泰还是难得的,敢于向有权力者抗争,'托尔斯泰样'可就不高明,一代不如一代!"

他说:"我自然相信有将来,不过将来究竟如何美丽,光明,却还没有怎样想过……但无论现在怎么黑暗,却不想离开,我向来承认进化论,以为推翻了黑暗的现状,改革现在,将来总会比现在好,将来就没有黑暗了么?到将来再说……将来实行什么主义好,我也没有去想过,但我以为重要的是现在应该实行什么主义……"

冯雪峰热心于科学的文艺理论的译介,尤其博得鲁迅的好感。早在1926年,他就开始从日文翻译苏联的《文艺政策》和关于苏联文艺的研究著作。他主持编译的《科学的艺术论丛书》十六种,就得到鲁迅的支持和协作,所译的普氏的《艺术论》,卢氏的《文艺与批评》,以及苏联的《文艺政策》,都列入这套丛书之内。冯雪峰工作认真而严谨,在校勘鲁迅的译稿时,订正了不少脱误。此外,还有过一次合作,就是创办文学期刊《萌芽》。

共同的事业，奠定了他们的友谊。

当冯雪峰传达了共产党方面的意图以后，鲁迅表示愿意接受。对于预先拟定的团体名称"中国左翼作家联盟"，他认为，"左翼"二字还是用上去更明确一些。早在大革命期间，他就曾经以"左""右"的概念对国民党内部的派别进行过分析。在这里，"左翼"应当代表着反对现行政权的革命的、进步的力量。事实上，在加入左联以后，他仍然参加民权保障同盟，表明了他的系列组织活动都是以反抗统治者为最高准则的。所以，对人们极力追逐的实际权力和各式头衔，他都有意加以回避。他说，他不一定参加左联筹备小组的工作，挂名可以，但不能每次会议都参加，有必要的、非参加不可的，他可以参加。

先是经过闸北区委第三街道支部也即后来的文化支部的研究，然后产生了左联筹备小组。成员一共十二人：鲁迅、郑伯奇、冯乃超、阳翰笙、彭康、钱杏邨、蒋光慈、夏衍、戴平万、洪灵菲、柔石、冯雪峰。其中，只有鲁迅和郑伯奇不是党员。第二次筹备会在1929年底召开，潘汉年作为中宣部联络员出席，传达了中央的指示，并指定筹备小组的任务是：一、拟出左联发起人名单，二、起草左联纲领。会上决定文件拟定后，先送鲁迅审阅，经他同意后再由潘汉年转送中央审查。

小组还决定，与鲁迅方面的联系人，除了冯雪峰，还有夏衍和冯乃超。

夏衍留日期间，曾经加入"社会科学研究会"，这同冯乃超、李初梨等人的动向不无关系；回国后，编入闸北区委第三街道支部，与钱杏邨、蒋光慈等太阳社成员的关系密切。在鲁迅与这群年轻的共产党员展开笔战的时候，他基本采取中立的态度，但是，也确曾给钱杏邨的论文翻译过一些名词术语，提供过一些"火药"。

冯乃超是站在阵前攻击鲁迅最力的人，但是见面以后，鲁迅却因他的诚挚而全然忘却了过去的仇隙，热情地接待了他。

会上公认鲁迅作为左联的"盟主"地位，但讨论用什么名义时，有人建议叫委员长，有人建议叫主席，没有最后决定。当鲁迅听取这些方案的报告时,坚决表示不能接受,说他从来是憎厌这类头衔的。

关于发起人的名单,他看过以后没有什么意见,只是问这上面为什么没有郁达夫?夏衍等解释说,郁达夫最近情绪不好,也不经常和老朋友来往。"那是一时的情况,"他听了,很不以为然地说,"我认为郁达夫应当参加,他是一个很好的作家。"大家接受了他的意见。

他还提到叶圣陶,但是因为多数不同意,结果没有被通过。对于这种拒人于千里之外的做法,他是不满意的。

纲领是参照苏联的"拉普"和日本的"纳普"的宣言拟订的,其中说的"诗人应是预言家","胜利,不然就死"之类的话,带有浓厚的脱离现实和妄自尊大的意向。鲁迅看了,缓缓地说了一句:"反正这种文章我做不出来,就这样吧。"

他向冯乃超他们讲过两个故事。一个是:有个农民每天挑水,一天突然想,皇帝用什么挑水呢?自己接着很有把握地回答说,一定是用金扁担。另一个是:一个农妇清晨醒来,想到皇后娘娘是怎样享福的,肯定是一醒过来,就叫:"大姐,拿一个柿饼来吃吃。"

委婉的讽刺。

他太懂得中国的知识分子了。

纲领在左联成立大会上通过了。但是,鲁迅在会上的发言,其精神却是批判这个纲领的。

左联成立大会在1930年3月2日在北四川路窦乐安路中华艺术大学一个教室里召开。出席大会的一共有四五十人。主席团三人:鲁迅、夏衍、钱杏邨,是会前由发起人协商好以后,由文委向大会推荐的。七人常委:夏衍、冯乃超、钱杏邨、鲁迅、田汉、郑伯奇、洪灵菲,也是事前考虑到了三方面力量的代表性,以及党与非党的比例,按等额选举的原则产生的,公布时则依选票的多少排列次序。大会决定成立"马克思主义文艺理论研究会"、"国际文化研究会"、"文艺大众化研究会"等机构,创办联盟机关杂志《世界文化》,建立与各革命团体以及国际左翼文艺团体的联系。

潘汉年代表党率先讲话,然后由冯乃超报告筹备经过,郑伯奇对纲领做出说明,潘漠华代表中国自由运动大同盟致祝词。接着,鲁迅、彭康、田汉、阳翰笙等相继发表演说。

鲁迅一开始就说:

> 我以为在现在,"左翼"作家是很容易成为"右翼"作家的。……

这不是有意重提论争时期关于"转向"、"突变"一类问题吗?的确是这样,连"前年创造社和太阳社向我进攻"的话也都说了,是的,他不怕开罪了新的战友。他认为有必要对思想斗争的历史进行反思。接触实际的社会斗争是第一位的问题。对作家来说,他强调的是现实体验和大众意识。后面就战略上提请大家注意的几点,如对旧社会和旧势力的持久战、战线的扩大、新战士的培养,以及联合战线的建立等,也都是前头所说的作家自身建设问题的延伸。

其实,鲁迅的讲话,完全是针对创造社太阳社在论争时所表现出来的小团体主义、个人主义、党员的优越感等等缺点而发的。但是,被他注入讲话中的极其深邃的思想,并没有引起与会者的重视,反倒被一种狭隘的宗派情绪淹没了。

"鲁迅说的还是这些话。"会场的后面嗡嗡起来。

从创造社和太阳社的一些人看来,应该改变态度的是鲁迅,而不是他们自己。对此,鲁迅也不是没有一个基本估计的,只是他不肯敷衍,不愿意在集体的名义下放弃个人的原则。

在左联成立的同一个月内,鲁迅写信给章廷谦,剖白自己加入组织的想法:"梯子之论,是极确的,对于此一节,我也曾熟悉,倘使后起诸公,真能由此爬得较高,则我之被踏,又何足惜。中国之可作梯子者,其实除我之外,也无几了。所以我十年以来,帮未名社,帮狂飙社,帮朝花社,而无不或失败,或受欺,但愿有英俊出于中国之心,终于未死,所以此次又应青年之请,除自由盟外,又加入左翼作家联盟,于会场中,一览了荟萃于上海的革命作家,然而以我看来,皆茄花色,于是不佞势又不得不有作梯子之险,但还怕他们尚未必能爬梯子也。哀哉!"

两年后,他回顾左联成立时的情况,说:"到一九三〇年,那些'革命文学家'支持不下去了,创、太二社的人们始改变战略,找我及其他先前为他们所反对的作家,组织左联……"

鲁迅参加左联,既有政治上的因素,同时也出于文学事业方面的考虑。对于国民党政治专制的现状,他是极端愤懑的,无论在意识或潜意识里,都需要有一个比个人强大得多的集体与之相对抗。眼见各种进步团体和刊物先后遭到封禁,他希望被压迫者能够联合起来,服从于全民族和人民的自由解放这个共同的目标。他知道,做文章的人是大概只能做文章的,因此这种政治上的要求便自然地落实到文学上面,而始终关注着新的作家和作品的产生。具有戏剧意味的是,他的一生都受着青年的蛊惑。当一样遭受着政府压迫的创造派青年向他主动检讨了过去的错误,他也就甘愿再度被利用,即使内心对他们抱有顾虑甚至是不信任情绪。但是,无论如何,对于左翼文艺运动,他是充满热情的期待的。

共产党方面的某些领导人出于政治的需要,或是职业的习惯,几乎一开始就像对待完整的政治组织那样对待左联,极力把它变成秘密组织,要求作家参加飞行集会等活动,忽视了它作为文学团体的特殊性质。于是,左联也就有了"第二党"之称。加以左联开始的基础不大好,内部的分子不够坚实,或借以营私,或故作激烈,到了后来,不但作品出不来,反酱在难以料理的人事纠纷之中。这样,距鲁迅的初衷也就愈来愈远了。

处在国民党专制政权和共产党内的左倾路线的罅缝里,他的战斗活动注定是艰难的。

99　新月派诸君子:刽子手、皂隶、乏走狗之类

二十年的动荡局面结束了。中国又回复到了没有帝制的帝制时代。整个社会的外壳虽然有所变化,涂上了一点现代的油彩,内质还是官僚

政治,严酷的封建专制。

中国现代化的进程与传统文化必然产生激烈的冲突。这种冲突,最鲜明地反映在一代知识分子的身上。他们部分接受了西方的价值观念,但是也仅只限于观念方面的变化而已,深层的心理结构和人格系统并未产生根本性的变化。作为士大夫阶级的嫡系传人,中国传统文化主要通过他们而保持了它的延续性和再生性;即使在废除了科举制度的情况下,他们也仍然悬浮于上层社会,表现出极大的依附性。他们留学欧美,熟知西方社会革命的历史,但是他们的整个变革社会的主张不能不是自上而下的。中国历史从来没有过系统的民主训练,他们即使号称为社会的精英,却不能不被吸附到权力政治的巨大的磁场中去。

胡适,作为新文化运动的前驱者之一,他的变化是具有代表性的。

早在1920年,胡适便同李大钊、蒋梦麟等联名发表《争自由的宣言》,呼吁"为自由而战",次年提出"好政府主义"口号,把政府看成一种工具,主张工具不受修正时可以换掉。1922年起草《我们的政治主张》,作为蔡元培领衔,有李大钊等参加的十六人联合宣言,认为需要建立一个好人政府来代替北洋军阀政府。以后,他办《努力周报》,固然有向政府提出的被时人称作"条陈"的改革建议,但也还有相当部分的批评和谴责。1923年,军阀政府为山东问题交涉案颁发嘉禾章给他,他公开声明拒绝接受。后来,《胡适文存》跟着被禁售了。总之,他不是一个纯粹的学人,虽然也曾以"整理国故"相号召。他一方面极力保持一个自由主义知识分子的身份,一方面又不忘染指政治,而且力图通过社会的上层渠道来进行。

1927年4月,胡适从美国登轮回国。这时候,国内形势发生了重大的变化,蒋介石以系列清党反共的举动控制了南方,北方军阀已成强弩之末。面临这种严峻的局面,胡适不得不把他的立足点从北京移至上海。这个崇尚秩序的人,带着极大的幻想,决定把他的政治主张连同全部的信任投给南京政府。

但是,他很快发现,这个新势力集团与他有不少的扞格之处。突出的是人权问题。还有"党化教育",是他所不能接受的,为此还辞掉了大学院委员的职务。1929年,报载国民党三全大会的一项提案,要求各级司法机关听命于国民党各级党部,凡党部证明为反革命分子者,法院即应以反革命罪处分之。胡适认为,这种全凭党部意旨行事的做法,实在太违了古今中外的法律常规,便给司法院长写信提出抗议,同时还把信件发送通讯社,但被检查机关扣留。为此,他一连在《新月》杂志上发表了《人权与约法》、《知难行亦不易》、《我们什么时候才可以有宪法》、《新文化运动与国民党》等文章,直接向"党治"提出挑战。在文章中,他不但宣称整个的国民党为"反动派",认为党和政府的权限必须接受约法的制裁,而且公开批评和触犯了孙中山的思想权威,甚至对党国领袖蒋介石实行攻击。罗隆基的《论人权》、《告压迫言论自由者》、《专家政治》,梁实秋的《论思想统一》也陆续发表了。这样,民权问题,以及相继而来的法治、宪法和思想言论自由等问题,都围绕着《新月》为中心广泛讨论起来。

对于这种越出常轨的行动,胡适有一段自白:"我们只有善意的期望与善意的批评","批评的目的是希望他自身改善"。他还写信给蒋介石的侍从室主任陈布雷,说为了求得"一个初步的共同认识",必须"互相认识"。即使他和他的伙伴对党国怀着另一种忠诚,却仍然逃不出权力者的报复。

最先由上海市第三区党部发难,呈请将中国公学校长胡适撤职查办;接着,各省市党部如上海、青岛、天津、北平、江苏、南京等处也先后呈请中央严予惩办;国民党中央常会,中央执行委员会,国民政府,行政院,也层层下达公文训令,最后由教育部长蒋梦麟签发对胡适的"警告令"。此外,还出版《评胡适反党义近著》,动员国民党人批判和围攻胡适。1930年2月,中宣部发出密令,禁止出售和没收焚毁《新月》杂志,查禁胡适等著的《人权论集》,各种报纸纷纷登载关于惩办胡适、通缉胡适的议案和消息。

由于胡适的"人权"案,国民党中央全会制订了《各级学校教职员研究党义暂行条例》,通令全国各级学校教职员学习党义,并规定"平均每日至少须有半小时之自修研究"。于是,通过天天读,党义的灌输制度化和宗教化了。

鲁迅早就看穿了历史借新月派君子所玩的新把戏。

在中国,人权可以遭到任意的侵犯和践踏,而人权问题却是不能存在的。鲁迅对强权者从来不抱幻想。他不会乞求自由。他知道,自由不是来自上头的赐予,而是大众通过自己的力量和鲜血来争取的。政府与民众之间存在着根本性的对立和冲突,如果指望一个反动专制的政府能主动地有所改革,这是不现实的,奢侈的,甚至是虚假的要求。

然而,对于胡适们的"人权运动",他没有直接加以评论。即使新月派同自己是站在不同的立场上,他也决不会在中国极其需要人权和自由的情况下给压迫者以任何客观上的好处。但是,他必须揭露和鞭挞他们的奴才道德。令人不解的是,他放过了头号人物胡适,只抓住其中的配角梁实秋。

原来,在鲁迅的眼中,胡适和梁实秋是有所区别的。

他在暨南大学做过一回演讲,题目是《〈离骚〉与反〈离骚〉》。其中,综述发牢骚的三种方式说:一、赤裸裸地说对方不好,像屈原一类的。二、仅说对方有某些方面不好,如胡适之先生。三、说自己的不好,像贾岛一类的。所谓"反离骚",就是反对发牢骚。他承认,发牢骚多少会使人们的意识清醒些。讲话指出,《新月》说是只限于文艺的研究,却不许人发牢骚,便是反牢骚遗下来的精神。他认为特别需要认清的是,牢骚与反牢骚两派都不是社会的叛徒。发发牢骚也绝不至扰乱社会,只为一己利禄而已,整个的社会问题仍是不会涉及的。

在《新月》的圈子里从事文艺批评的,几乎只有一个梁实秋,正如他后来回忆说的:"就是独力作战,《新月》的朋友并没有一个人挺身出来支持我,《新月》杂志上除了我写的文字之外没有一篇文字接触到普罗文学。"与热衷于改良政治的胡适不同,他不但要决心"为政府作'诤友'",而且是以反对"普罗文学运动"为己任的。

当新月派热闹过一阵以后,鲁迅发表了《新月社批评家的任务》一文,犀利地揭露他们作为"刽子手和皂隶"的"挥泪以维持治安"的拙劣表演。"譬如,杀人,是不行的。但杀掉'杀人犯'的人,虽然同是杀人,又谁能说他错?打人,也不行。但大老爷要打斗殴犯人的屁股时,皂隶来一五一十的打,难道也算犯罪吗?新月社批评家虽然也有嘲骂,也有不满,而独能超然于嘲骂和不满的罪恶之外者,我以为就是这一个道理。"嘲骂和不满,仍然可以无改于奴才的忠实。在这里,鲁迅指出新月派之所以有超然的态度,实在因为超然的地位所致。

1929年9月,《新月》同期发表梁实秋的两篇论文:《文学是有阶级性的吗》和《论鲁迅先生的"硬译"》。应该说,在强调文学的相对独立性方面,梁实秋的文章也不是毫无意义的。但是,其主旨却并不在艺术研究,而在于否定方兴未艾的左翼文艺运动。

前一篇文章从假定的前提出发,如说在无产阶级威胁之下做对于无产阶级讴功颂德的文学,把文学当做阶级斗争的工具,因为鼓吹整个阶级的意识而遏制个人表现等等,歪曲无产阶级的文学理论和主张,于是得出结论道:无产阶级文学运动纯属子虚乌有的东西。关于"硬译",他所议论的也不是翻译的纯技巧问题,而是以"晦涩"、"难懂"为借口,抹煞所有的无产阶级文学理论。文章特意摘引鲁迅的译文为例是可以理解的,他要阻遏左翼文艺的发展,就必先撄其锋。

为此,鲁迅一口气写了一篇长文。许久没有写过这样的长文了,名目就叫《"硬译"与"文学的阶级性"》,让梁实秋看看,他不是只有"无穷尽的杂感"。

文章以汪洋的气势,缜密的逻辑,分论文学的阶级性和有关的翻译问题。对于梁实秋的"人性论",其中有一段驳诘,外柔内刚,不露声色,写得十分漂亮:"文学不借人,也无以表示'性',一用人,而且还在阶级社会里,即断不能免掉所属的阶级性,无需加以'束缚',实乃出于必然,自然。'喜怒哀乐,人之情也',然而穷人决无开交易所折本的懊恼,煤油大王那会知道北京捡煤渣老婆子身受的酸辛,饥区的灾民,大约总不去种兰花,像阔人的老太爷一样,贾府上的焦大,也不爱林妹妹的。"这就是鲁迅的阶级论。他常常慨叹人类灵魂之不相通,要是一旦"喜怒哀乐"都可以相通的话,那实在是很可庆幸的事,然而,如此情形决不可能出现在现代中国,所见却是愈来愈显明的反差色。所以,他才决然写道:"倘说,因为我们是人,所以以表现人性为限,那么,无产者就因为是无产阶级,所以要做无产文学。""无产者文学是为了以自己们之力,来解放本阶级并及一切阶级而斗争的一翼,所要的是全般,不是一角的地位。"一个对压迫者和整个上流社会怀着极端憎恶的人,是无法接受那种关于人性的甜蜜的论调的,即使他也看到为阶级性所无法全部包含的人性的存在。

梁实秋在文章里说的无产者"只消辛辛苦苦诚诚实实的工作一生,多少必定可以得到相当的资产",还有"好的作品永远是少数人的专利品,惟多数永远是蠢的,永远是与文学无缘的"之类的话,十足的贵族派头,与所谓的"革命文学家,"那付仿佛生来便在于"指导"和"打发"别人的英雄嘴脸一样,使他感得特别讨厌。

在深层的心理结构和人格系统中,他们有着共同的文化基因。对于无产文学的理论,他们从相反的两个方面进行曲解。梁实秋主张文学只有普遍的人性,否定阶级性;"革命文学家"则坚持文学只有阶级性,否定共通的人性,两者都一样的"以意为之"。后者"借阶级斗争为文艺的武器",以致中国的无产文学只有口号而无随同的实证。鲁迅没有因为批判梁实秋而忽略了"革命文学家"自身对无产阶级文学运动的损害,在这里,他集中地再度批判了如下的几位:成仿吾、钱杏邨、郑伯奇、蒋光慈。虽则这时候左联已经酝酿成熟,他们即将成为他的盟友。

与《新月社批评家的任务》同时发表的还有一篇文章,就是《流氓的变迁》。其中为流氓画像是:"后面是传统的靠山,对手又都非浩荡的强敌,他就在其间横行过去。"新月派的"专施之力量相类,或力量较小的人",可谓"虽在钦差之下,究居平民之上",一方面必须听命,别方面又大可逞雄,明显的属于"流氓"。他所写的"李逵劫法场时,抡起板斧来排头砍去,而所砍的是看客"者,又分明留着"革命文学家"的打倒一切的情状。所以,在演讲《上海文艺之一瞥》时,他明确地把创造社称之为"才子加流氓"。

从"革命文学"论争开始,直至加入左联,所有关于鲁迅的报道和评论,或称"投降",或称"转向",无论好意或恶意,都旨在说明某种方向性的变化。其实,他原来的方向并没有丝毫的改变,包括独立作战的形态。在中国现代革命史上,左的一直被认为比右好,从而得到长时期的保护。而在鲁迅看来,左和右不是一成不变的。在左联成立后不久的一次会议上,他所作的简短的发言,核心问题仍然在于强调:左的容易变右,从左边上来的必将从右边下去。他的说法是有现实根据的,以后的历史复以大量惨痛的事实为此做出证明。

他自己就这样横站着,对来自敌人和"同人"方面作战,对来自左的和右的方面作战,一点也不含糊。这种过分严肃的决不调和的态度,使他得以常常体味独战的悲哀。

《"硬译"与"文学的阶级性"》的逻辑力量简直不可抗拒。这样一来,梁实秋倒变成了"杂感家"了。《新月》同期发表了他的一组文章:《答鲁迅先生》、《无产阶级文学》、《资本家的走狗》。文章唠叨的还是陈词滥调,在后一篇里,他以得意的讥诮的口吻,回答冯乃超在左联机关刊物《拓荒者》上对他的批判:"《拓荒者》说我是资本家的走狗,是哪一个资本家,还是所有的资本家?我还不知道我的主子是谁,我若知道,我一定要带着几份杂志去到主子面前表功,或者还许得到几个金镑或卢布的赏费呢……"

"有趣!还没有怎样打中他的命脉就这么叫了起来,可见是一只没有什么用的走狗!"鲁迅看到梁实秋的文章以后,对冯雪峰说:"乃超太忠厚了,让我来写它一点。"

文章很快就写好了,是一篇杂文,题作《"丧家的""资本家的乏走狗"》。他把文章交给冯雪峰编入《萌芽》的时候,自己高兴得笑起来,说:"你看,比起乃超来,就真要刻薄得多了!"

对于梁实秋,他觉得不值得仔细辩驳。他的视界很高,整个"新月派"的文章,在他看来也不过中学生的水平罢了。梁实秋不是说他不知道主子是谁吗?他说,这正是"资本家的走狗"的活写真。文章写道:"不知道谁是它的主子,正是它遇见所有阔人都驯良的原因,也就是属于所有的资本家的证据。即使无人豢养,饿得精瘦,变成野狗了,但还是遇见所有的阔人都驯良,遇见所有的穷人都狂吠的,不过这时它就愈不明白谁是主子了。"此即谓之"丧家的""资本家的走狗"。文章特别指出,将自己的论敌指为"拥护苏联"或"××党",明显是出于一种阴险的暗示。但是,鲁迅并没有肯定梁实秋意在要得主子的"恩惠",只虚晃一枪,说他"不过想借此助一臂之力,以济其'文艺批评'之穷罢了"。这样,锋芒最后也就不能不落到一个"乏"字上。

其实,这里用的还是"请君入瓮"法。

几个月前,梁实秋写过一篇《鲁迅与牛》,引了鲁迅的《〈阿Q正传〉的成因》中关于"疲牛"的比喻,发挥说,"鲁迅先生做人处世的道理都在这一匹疲牛的譬喻里很巧妙的叙述了。一匹牛,在张家可以耕田,在李家可以转磨,在赵家店前可以做广告;一个人,在军阀政府里可以做佥事,在思想界里可以做权威,在文学界里可以做左翼作家……究竟现在是吃哪一家的草,属于哪一个党……鲁迅先生发表文章的那几种杂志不是常常有××党的字样么?……其实鲁迅先生何必要我'影射'。有草可吃的地方本来不过就是那几家,张家、李家、赵家,要吃草还怕人看见,太'乏'了!……"

于是,中国现代文学史上便留下了两张漫画:乏狗与乏牛。一个有主子,所尽的是职责;一个有主顾,表达的是牺牲。

100 会见李立三·五十诞辰·木刻讲习会

5月的一个晚上,鲁迅在冯雪峰的陪同下,前往爵禄饭店会见共产党的一位举足轻重的人物：李立三。

在总结和批判陈独秀右倾机会主义和第一次左倾盲动主义的中共"六大"召开之后，共产国际"六大"接着召开了。这时候，共产国际实际上已经被置于联共的指挥棒下面。由于联共反倾向斗争的影响，共产国际"六大"指出左倾冒险主义的"第三时期"理论，给中国革命和世界革命带来灾难性的影响。然而，作为权力中心的意志是不可逆转的。中共代表发言人瞿秋白即使在会上对"第三时期"理论提出不同意见，表示不可理解，也只能受到严厉的指责。1929年，共产国际连续给中共中央发出三次函件，将中共中央的路线、政策继续向左推进。10月，中东路战争发生。为了使苏联赢得对张学良东北军作战的胜利，防止日本发动反苏战争，共产国际迫切希望中国国内迅速出现全国武装暴动等计划，以确保"国际正确的路线"的执行。1930年上半年，在中国，左倾路线和行动仍然处于潮涨状态。

见面以后，李立三直截说明了约见的意图。他向鲁迅介绍了全国的形势，以及关于城市暴动等系列行动计划，请他配合党的任务，做点具体的政治宣传工作。

鲁迅很坦率，当即表示说，他是不善于宣传的。

李立三举了法国作家巴比塞的例子，问鲁迅是否可以像他那样发一个宣言？如果可以，那么将会给革命带来很大的帮助。

巴比塞确曾发表过不少政治宣言，影响也相当广泛。可是，巴比塞是巴比塞，鲁迅是鲁迅，而且中国也不是法国。鲁迅认为，中国革命不能不是长期的、艰巨的。中国有中国式的战法，总之，他不赞成赤膊打仗，而应更多地采用"壕沟战"、"散兵战"、"袭击战"等战术。不打算进行"韧战"是不行的。其实何止搞文学如此，搞政治也当如此。因此，在他看来，眼前的共产党还是幼稚的，教条的，冒险的。

他说，如果他要学巴比塞那样发一通宣言，就很难在中国呆下去了。

李立三表示，可以让他到苏联去。

他想的可不一样。他觉得中国更需要他，他必须留在中国，而且只有留在中国,才能打上一两枪,起点作用。到外国去住起来做"寓公",于个人来说,舒服是舒服的,但对中国革命有什么益处呢?况且,自己也过不惯舒服的生活……

四五十分钟过去,会见也就结束了。

没有结果。

回到家里,鲁迅突然记起临别前同李立三握手的情景,对冯雪峰嘻嘻笑道:"他的手真软呵!"

接着,他摇了摇头,摊开双手说:"你看,我们两人还是各人谈各人的。"

理解人不容易,理解作家更难,理解富有思想深度的作家尤难。以鲁迅的"学生"、"战友"、"知己"自炫或炫人者可谓不少,而真正理解他的有多少呢?倒在外国朋友中,有几个人是深刻认识了他的存在的。

史沫特莱便是其中之一。

出于女性天生的敏感,由底层生活所锻炼出来的理性,以及介入政治生活的热情,史沫特莱几乎从见面的头一天起,就像熟悉自己的亲人一样熟悉这个中国人。

她说:"鲁迅是位伟大的作家,有些中国人称他为中国的高尔基,可是在我看来,他真正是中国的伏尔泰。"

她说:"鲁迅是中国现代作家当中惟一具有我们所谓'天才'的那种奇异和稀有的品格的人。中国原有许多有才具有能力的作家,但鲁迅是惟一天才的作家。""作为一个作家,作为一个笔杆的战斗者,他是具有天才的,而伴随这天才,便是一种深不可拔的执拗性。"

她说:"在所有的中国作家当中,他恐怕是最和中国的历史、文学与文化错综复杂地连结在一起的一个人。他的某些政治评论几乎是无法译成英文,因为,由于不可能公开地攻击反动统治,他的文章经常是用中国过去最黑暗时期的某些人物、事件和思想来影射讽刺的镶嵌品。""通过这些政治评论,中国的和西方的两条丰富的文化巨流在畅流着,它们的风格简直像蚀刻铜版画一样优美地表现出来。""他认为思想和表现的自由,是人类成就的要素。他的文字的风格是与众不同的,因此即使用了许多笔名,也无法掩护他……"

这个出生在美国的"大地的儿女",于1928年底作为德国《法兰克福日报》的特派记者来到中国,从此加入中国人民的斗争的行列。自从通过翻译家夫妇董绍明和蔡咏裳的介绍认识了鲁迅,她就深深地为鲁迅的思想和人格所吸引。她把德文译本的自传体小说赠送给鲁迅,并在扉页上写道:"赠给鲁迅,对他为了一个新的社会而生活和工作表示敬佩。"

一个炎热的下午,董绍明夫妇访问了史沫特莱,请求她租一家小的外国餐室,好在那里举行庆祝鲁迅五十诞辰的招待会和晚宴。

这是一件危险的事情。因为那天将被邀请的人,是代表着"危险的思想界"的。董绍明叫她放心,说所有的客人都只是口头邀请,并且发誓保守秘密;同时,在通往餐室的各个路口,都将会安排专人放哨,不会发生意外的。

9月17日下午。很好的阳光。

史沫特莱同董绍明夫妇站在一家名为"苏腊巴业"的荷兰西餐室花园的门口,看着从前面交叉的马路上陆续前来的客人。

鲁迅在夫人许广平和爱子海婴的陪同下很早来到。他身材矮小而又虚弱,穿了一件淡黄色的长衫和一双胶底布鞋;光着头,没有戴帽子,短头发刷子似的竖着。从外貌看来,他的面孔同普通的中国人一样,却非常富于表情,一种充满生气的智慧就从这上面流露出来。他见到史沫特莱很高兴,用德语简单地作了交谈。他的风度,他的语言,他的每一个手势,都放射出一种完美的人才可能具有的魅力。在他的面前,史沫特莱突然感觉到自己像一个呆子似的粗野笨拙和局促不安。

客人们很快到齐了。这时,鲁迅便回到花园里去。史沫特莱再三转过身来看他。他因某些手势而举起来的细长而生动的手,紧紧地攫住了她的心。

这是一个混杂的而又令人兴奋的集会。到会的不下二百人,这种景象使史沫特莱感到惊异。她就住在附近,知道这一带布满侦探,可是这么多人的集会却居然瞒过了他们的眼睛。在这些客人当中,有作家、美术家、教授、大学生、演员、新闻记者、学者。还有一个是红军协助会的代表,一个刚刚出狱的反帝同盟的代表,一个地下出版的共产党报纸的编辑。还有两位有地位的人士,他们的光临,并不是因为同意鲁迅的信念,而是对他的正直、勇气和学识表示尊敬。

暮色降临时,有一半客人走掉了。另外有几个人前来代替史沫特莱他们放哨,于是他们来到餐厅里,同几十个人一起进晚宴。

宴会过后,宾主作了热烈、恳切的祝词,演说接着开始。

老板是熟悉的,而且不懂中国话,因此他并不使史沫特莱感到担忧。可是,那些中国侍者却是可注意的,对于知识者的集会,他们居然那么全神贯注地从旁倾听。每当有侍者走出房去的时候,史沫特莱都注视着他的行动,留心他是否去打电话给警察。

青年人的发言总是带有激进的色彩,听着令人鼓舞。他们谈着近代的思想,谈着黑暗的现实,谈着红军的成长,谈着文化团体的组织,谈着鲁迅五十年可宝贵的生活,欣慰于他的健康,希望他永久地做他们的领导者和保护者。

今天鲁迅真美!——大约当他快乐的时候,或是对于什么东西发生兴味的时候,他总是这么美丽的……史沫特莱猜想着,目光不时地从演讲者那里移到鲁迅身上。她发现,他的脸老是那么动人,眼睛老是带着智慧和情感而闪耀着,只是在今天特别的美丽。他身上的绸袍增加了他的美,增加了他的一份尊严。

鲁迅自始至终仔细地听着青年的发言,把他的注意力从一个演说者迅速地转向另一个演说者,而他的食指,一直在缓缓地抚摸着面前的茶杯的边缘……

当所有的人演说完毕,他便站了起来,开始平静地讲话。

史沫特莱是第一次听鲁迅的演说。她一面细心捕捉外面街道可能出现的捕人车的隆隆的声响,一面仍在倾听着鲁迅的声音和朋友的翻译。渐渐地,她竟忘记了捕人车的事了,所有的侍者也都因静听鲁迅的发言,而忘记了侍候客人。

鲁迅说着自己平生的故事。从中国到异邦,从乡村到都市,在平静的讲叙中,时时快刀似的切入对于自己的解剖。他说,现在被请出来领导无产阶级的文学运动,还有他的一些年轻朋友要求他当一个无产阶级作家。他要是真的装作一个无产阶级作家的话,那就未免太可笑了。他的根,他的创作生活,是植在半封建的乡村中,在农民中和知识分子中的。除了自己的故乡和周围一些知识者之外,对于其他任何的知识集团知道得很少。可是,他又一直不满于学生及其他知识者思想中的一些古老的阴暗的东西。关于无产阶级文学,他知道自己不能写,但可以翻译。如果把苏联作家的重要作品译成中文,对于中国青年作家是有指导意义的。

他又说,他也不相信中国的知识青年,没有体验过工人和农民的生活、希望与痛苦,便能产生出无产阶级的文学。他希望受过教育的青年,能分享工人和农民的生活,从他们的生活中汲取素材和必要的养分,当然也不能忽略对西方文学艺术的学习。总之,创作是从经验中,而不是从理论中产生出来的。

集会快要结束时,一个青年人把身子弯向史沫特莱,摇着头,低声地说:"太令人失望了!你说是吗?我说的是鲁迅对待无产阶级文学的态度,这种态度,只能使青年人为之沮丧。"

史沫特莱出生于工人家庭,当过烟厂工人、书刊推销员,生活培养了她对职业的知识分子的敌对情绪。在她看来,中国的知识分子从来没有做过体力劳动,他们的写作,是一种同实际经验脱了节的职业。对于他们,甚至连"青年"这样一个普通的名词,也仅指学生而言,对于工人和农民从来采取一种同情但却是优越的态度。他们创造出许多自称为"无产阶级文学"的东西,多是人工造作的,是对于苏俄文学的一种笨拙的模仿。

于是,她对那青年回答道:"我完全同意鲁迅的意见。"

真正的革命艺术家不只是关心艺术目的,还关心艺术生产的工具和手段。所谓"倾向性",就不仅仅是思想的呈现,它必然地从艺术形式上反映出来。

中国知识分子在物质生活上带有极大的依附性和寄生性,因之在思想意识上也多表现为上倾性,忽视了广大的下层社会。像鲁迅这样始终保持着一种下倾的态度,对劳苦大众表现出近于宗教的献身的热忱,是极其少有的。但是,他愿意做一个精神引导者,虽然并不承认自己为"导师",却不肯迎合和取媚大众。他知道,中国文字是如何的繁难,在短时期内做出"平民文学"来是根本不可能的事。在语言文字的运用方面,他执意保留自己的个性,创造着有点古奥有点艰涩的既热烈又凝重的风格。然而,在他的意识深处,却有着一种负罪感。为了偿还这笔精神债务,在他所熟悉的艺术种类中,他觉得惟一可以转让的是作为视觉艺术的绘画,而木刻,是其中最富有大众品格的。

木刻,也即版画的材料极其简单,只须一把小刀和一块木板,再配上纸墨,就可以产生一种艺术了。当革命时,版画的作用更广,虽极匆忙,也顷刻能办。在鲁迅看来,中国画的表现力是不够的,而油画和水彩画的颜料又太贵,目前大约只有从木刻艺术中培养新型的艺术家。现代艺术最坏的倾向是沙龙绘画,而他们是应当有着与之完全不同的方向的。加以在中国,印刷技术相当落后,倘美术家自己画,自己刻,自己印,就不但可以使原作避免失真,流布也能较为广远,不再如那些巨幅或长卷,固定一处,仅供几个人鉴赏。中国人有着欣赏水墨画的习惯,年画,小说绣像,在乡间也都不难觅得,而且确实曾经赢得少年时的自己的喜欢。

鲁迅不但热爱美术,而且重视它的社会效能,许久以前便把它当成为大众美育的重要方面。出于这种由衷的热爱与关心,他一直追踪世界美术的流变,翻译过厚厚的一本《近代美术史潮论》。此外,在左联举办的"暑期补习班"以及其他艺术学校和团体里,他还多次向文艺青年介绍过现代美术理论。但是，对于木刻，他的认识是逐步深入的，以致终于想到要提倡现代版画运动。

他编书的脾气很特别，就是喜欢插图。为了给《奔流》月刊预备插图，他多方搜集美术书籍，仅1930年，这类书籍的购置就超过文史书籍的三分之一。这时，他开始沉迷于外国版画，于是分头搜寻，托商务印书馆及个人，如陈学昭、徐诗荃、曹靖华、史沫特莱等，分别从英国、法国、德国、苏联购入大量木刻插图和画册，还托日本友人搜集浮世绘版画。为了求得苏联木刻家的手拓木刻，多次购寄宣纸，以作交换。他所收藏的外国版画原拓，附有木刻插图的文学作品等，据统计有千种之多，居中国公私藏家之冠。其中，又以德国和苏联版画为最多。虽或远在这两国的朋友较为相知，搜集方便，但是这些作品的粗犷与豪迈是足以吸引鲁迅的，那上面，黑白分明地记录着人类的挣扎，搏斗，永不屈服的尊严。

为了便于保存、传播和艺徒的学习，鲁迅开始着手木刻画集的出版和介绍工作。最先是在朝花社，以《艺苑朝华》的名目出版定期画集。在已出的第一辑的五种中间，有三种是木刻集，即两本《近代木刻选集》和一本《新俄画选》。他还为这三本画集写了《小引》和《附记》。此后不久，又自费出版了德国青年版画家梅斐尔德的《士敏土之图》。可怜的是，画册只影印了二百五十部，而且几乎尽是德日两国人所购，中国读者只有二十余人。他曾经为此鸣过寂寞，但是，对于版画在中国的前途并不悲观。

鲁迅对版画的热心感动了内山。在他的影响下，内山也加入了由他默默开始的中国现代版画运动的组织工作。

"我想把先生搜集的版画让人们欣赏一下，举办个版画展览会，可以吧？"

"很好，那么我就选画，你准备画框。"

就这样，一个小规模的世界版画展览会很快地计划成功了。

这是中国的第一次版画展览会。会场设在北四川路上海供销合作社二楼的日语夜校的教室里。德国和苏联版画大小一共七十余幅，都装上了端正的画框，作了编号，写上原文和汉文对照的国名和作者名字，印刷了展览目录。为了避免不必要的麻烦，还安插了不少日本版画，因为凯绥·珂勒惠支的连环版画富有反抗性，展出时，也就特意分散到几个房间里去。

对于这次展览，日本人有不少评论，而参观的中国人却不多，但无论如何，总算唤起了中国文化界对木刻艺术的注意。

后来，内山还协助鲁迅举办过两次类似的版画展览，为了开展创作，鲁迅委托内山在日本定购了木刻刀，并配备木板、油墨、木拓等出售。于是内山书店也就成了我国第一个木刻用品代销处。

由于一个偶然的机会，鲁迅又发起组织了中国最初的木刻讲习会。

那是1931年初秋。一天早饭过后，完造夫妇和初到上海的胞弟嘉吉，以及后来成为他爱人的片山松茂在书店后屋里聊天。话间，完造拿出三张版画明信片给大家观赏，井上喜美子觉得很好玩，问画是怎样做成的。恰好嘉吉来时就做打算刻些上海风景之类的，特意带了一些木刻用具，这时便到楼上把东西拿了来，迅速地把桌上的火柴匣画在木板上，一面讲说一面雕刻，喜美子和松茂在好奇心的怂恿下，也跟着刻了起来。

就在这个时候，鲁迅进来了。他听了内山的介绍，看了日本孩子的木刻画片，观察了在场三个人的操作和嘉吉的指导，突然提出一项要求，要嘉吉教上海的美术学生作木刻。

这不是笑话么？嘉吉不过是一位小学美术教员，连各国名家的作品也没有见过，怎么能教美术学生呢？嘉吉感到非常为难。鲁迅的"师道"就这样特别，他并不在乎是否名家，只要有一点长处，小人物一样可以为人师。他认为，艺术是不可能传授的，因此多次声明说不相信什么"文学入门""小说作法"之类，但是作为一门技艺是可教习的。他告诉嘉吉，近来学习木刻的绘画学生多了起来，但是却不懂木刻的基本技术，只是摸索着干，因此，只要能教些入门技术就行了。

在兄嫂的再三劝说之下，嘉吉推辞不掉，只好勉强答应下来。

讲习会场设在日语学校里，这是鲁迅向校长郑伯奇商借的。平时只穿旧大褂的他，讲习的几天穿了一件很讲究的雪白的夏布长衫，表现出罕有的兴致。

讲习会于8月17日开始，每天上午9时至11时为讲习时间，主讲是内山嘉吉，鲁迅担当翻译。讲的内容主要是木刻技法方面的知识，后来也结合学员的习作，一面示范一面谈些具体的意见。讲课余下的时间，用来观摩鲁迅每天带来的一包袱各国的版画作品，这时主讲就轮到他自己了。他向学员们讲说浮世绘版画，非常赞赏那些色调鲜明而富有生活气息的造像；介绍作风秀丽的英国木刻时，连带批评了英国出书的风气：印刷精，印数少，以昂贵的定价显示书的名贵。他还特地带来珂勒惠支以整整五年时间创作出来的一组著名的腐蚀版画《农民战争》，这是由史沫特莱花了很多周折才买到的。对于珂勒惠支的作品，法国作家罗曼·罗兰称之为"当今德国一支最优美的歌"。鲁迅在谈话中也表示了由衷的敬佩，在讲述珂勒惠支的生平和艺术成就时，竟没有吸上一口烟！

会员大都是二十多岁的青年，一共十三人，基本上属于"一八艺社"的成员。一八艺社是中国左翼美术家联盟公开活动的团体，入盟前，曾经在上海开过三次展览会。鲁迅参观过，捐过款，还为最后一次展览写过引言。在引言中，他热情地评介了这批幼小者的作品：

> 中国近来其实也没有什么艺术家。号称"艺术家"者，他们的得名，与其说在艺术，倒是在他们的履历和作品的题目——故意题得香艳，漂渺，古怪，雄深。连骗带吓，令人觉得似乎了不得。然而时代是在不息地进行，现在新的，年青的，没有名的作家的作品站在这里了，以清醒的意识和坚强的努力，在榛莽中露出了日见生长的健壮的新芽。

这是第一批种子。

珂勒惠支十分喜爱歌德的一句名言："谷种不该磨粉！"为了使种子不致在政治高压底下成为粉末，鲁迅，这位中国现代版画之父，从此出席木刻展览会，给展览会和创作的木刻集作序，与青年木刻家谈话、通信，为保护和支持他们耗尽了一生的心血。

鲁迅所提倡的木刻是现代新兴木刻,它所接受的是欧洲创作木刻的精魂,与我国古代木刻历史不相干。当然,它也可以采用传统版画的材料和某些技法。作为形式上的东西,是可能独立承传的。但是在这中间,鲁迅更为强调的是学习西方最新技术的必要性。只有改变了传统的艺术观念,更新了传统的艺术手法,中国的现代版画才能开拓出宽广的道路。

101　柔石之死·避难花园庄·《前哨》与《北斗》

在上海,鲁迅第一次直面死亡——当生命未及进入巅峰状态的青年群体的死亡,非自然的死亡,暗暗的死亡!

1931年1月7日,中国共产党六届四中全会在上海召开。这次会议是共产国际的集权主义和教条主义的产物,是由国际代表米夫操纵下进行的。为了树立自己选定的代理人的威信,米夫在会上把王明当成国际路线的忠实执行者而加以鼓吹,并且反复说明国际支持王明等组织临时中央,是改造中国党的必要手段。国际的指示是至高无上的。即使反对派占多数也无济于事,在短短的时间内,中央的实权终于掌握在王明手里。

李伟森、何孟雄等对四中全会的召开十分不满,于是发动了一批同志,于1月17日在东方饭店开会表示反对。可是,整个会场已经陷入国民党特务的包围之中。会议未及结束,便遭到突袭,三十多个与会者全部被捕。

这中间就有柔石,还有殷夫、胡也频、冯铿和李伟森,也都是左联中的作家。

柔石被捕的消息,是第二天中午魏金枝跑到寓所里告诉鲁迅的。前天夜里,柔石还来过,说明日书店请他去做编辑,他答应了;又说书店想印自己的译著,托他来问版税的办法,自己曾将和北新书局所订的合同抄了一份交给他。记得他往衣袋里一塞,便匆匆地走了,不料这一去,竟然成了永诀!

没有悲痛的时间。

问题是,柔石的衣袋里还藏着那印书的合同,这就留下了株连的根据。不是说官厅正在找寻自己吗?合同是白纸黑字明明白白地写着的,但是你既不愿意到那些不明不白的地方去辩解,又还有生之留恋,那么还是赶紧逃走吧!……经过反复考虑,第三天,鲁迅决定找内山去。

"老板,我要搬家!"

"搬到哪里好呢?"

"总之要快,不能慢吞吞的。"

"那么就搬到我家里来吧。"

"不行,你家里出入的人太多了。"

"拉摩斯公寓呢?"

"也不行。"

内山说不远处有一家日本人经营的花园庄旅店,来客并不很多,并说老板是他熟识的。花园庄就花园庄。鲁迅决定了。天底下其实本没有什么安全的地方。

次日晚间,内山委托王宝良雇了几辆黄包车,亲自把鲁迅一家护送到花园庄去。

连日来,眼前一直浮现着柔石的面影:晶亮的前额,眼镜片后面的永远燃烧着热情的目光……一个很好的青年,具有台州人的硬气而又忠厚得有点迂的青年……他弄文学,创作,翻译,组织朝花社,努力扶植刚健质朴的文艺,理想是高远的,但是又不是那种心粗气浮的物类,连最细琐的杂务都统统归他做了……他受同类的压迫,遭同类的虐杀,而生前总相信人们是好的。有时同他谈到人会怎样的骗人,怎样的卖友,怎样的吮血,他就惊疑地圆睁了近视的眼睛,抗议道:"会这样的吗?——不至于此吧?……"他迂到不敢跟女性一同走路,后来改变了,也总是保持了三四尺的距离。然而,当他和自己走路的时候,可就走得近了,简直是扶住自己，生怕被汽车或电车撞死……总之，无论从旧道德或新道德看来，只要是损己利人的，他就挑选上，自己背起来……

还有殷夫、冯铿……自己曾托柔石送过两回书给殷夫的：一回是裴多菲的两个集子，一回是一个美国记者作的中国游记。然而，先后都落在"三道头"之类的手里了……

还有毕磊，还有刘和珍，还有秋瑾……

生与死总是纠缠在一起。当鲁迅深深怀念着这些已殁的生命时，他不能不因死亡的方式而追索人类生存的一种特殊方式，也即斗争方式来。秘密到组织会党，暗杀，公开到请愿，散发传单，飞行集会，一代又一代，难道非此不足以解救中国吗？当冯雪峰到花园庄里看他，他不只一次地说过类似的话："做法是还得想一想的。"也许，他一生也不可能知道内情，不知道柔石的被捕是否根源于叛徒的告密，正如不知道苏联党内斗争的详情，不知道其后著名的"大清洗"一样，但是，至少他是不同意共产党青年目下的这种过激的方式的。

而更多的是沉默。在过度的愤怒或过度的悲哀时，都会使他一语不发。冯雪峰初来，他的话就总共不超过十句，偶尔说的，也是笼而统之的近乎抗议和感叹的话："这样下去，中国是可以给他们弄完的！……"

由于中国的封闭和愚昧，鲁迅不能不把改革的希望寄托在先觉的知识阶级的身上，而民众是只好等将来再说的，这是无可奈何的事。然而，现实斗争使他看到，中国的知识阶级仍然是那么缺乏独立性，那么空虚，那么软弱，甚至趋附于黑暗势力。这种种矛盾一直煎熬着他，以致使他惟只确信自己的独战力量，而视各种的知识集团为空无。可是，一个人的力量又何其单薄呢！在对于同代人的失望之中，他不能不对年轻一代的知识者抱有期待。中国毕竟需要知识者。而今，连这惟一的希望也被摧毁了！……

国民党自从成为执政党以来，就把先前的关于自由、民主、人权等种种政治诺言完全抛弃了。他们成了中国历史上最黑暗的动物。然而，他们是权势者，诅咒又如何呢？政权依然傲视你而岿然存在！

没有文章。只有沉默。

这时,谣言蜂起了。上海的《社会日报》,天津的《益世报》、《大公报》,沈阳的《盛京时报》等,纷纷揭载鲁迅被捕或已死的消息,甚至传为"共党中重要分子"、"任沪红军领袖"。这些谣言,是足够可以杀人的。于是,用书信、电报探询鲁迅的人,一天天多了起来。远在北平的母亲,竟也为此担忧成疾。

逃难的当晚,就把积存的信札给烧掉了,为的是避免连累无辜的朋友。此刻,朋友的心都在周围悸动了,信又怎么可能不写?写了得毁掉,毁掉了还得写。就如眼下的世界,在不断的破坏之下,也还得有人去修补一样,即使那结果不免仍归于徒劳。

他接连给许寿裳、李小峰、韦素园、李秉中、荆有麟、曹靖华等去了信。开始给许寿裳写的一封,体裁和从前的大不相同,全无句读,避掉真名用"索士"和"令斐",其实都是同一个自己,为许寿裳所知悉的。而且以换住医院的说法,代替出走,等等。然而,无意的幽默总觉凄然。他写信给在日本的李秉中说:

> 我自旅沪以来,谨慎备至,几乎谢绝人世,结舌无言。然以昔曾弄笔,志在革新。故根源未竭,仍为左翼作家联盟之一员。而上海文坛小丑,遂欲乘机陷之以自快慰。造作蜚语,力施中伤,由来久矣。哀其无聊,付之一笑。上月中旬,此间捕青年数十人,其中之一,是我之学生。(或云有一人自言姓鲁)飞短流长之徒,因盛传我已被捕。……其实我之伏处牖下,一无所图,彼辈亦非不知。而沪上人心,往往幸灾乐祸。冀人之危,以为谈助。……文人一摇笔,用力甚微,而于我之害则甚大。老母饮泣,挚友惊心。十日以来,几于日以发缄更正为事,亦可悲矣。今幸无事,可释远念。然而三告投杼,贤母生疑。千夫所指,无疾而死。生丁今世,正不知来日如何耳。东望扶桑,感怆交集……

他焦苦地等待着柔石等案件的发展。

在此前后,他见过柔石写给同乡的两封信。在头一封信里,报道已经上镣,并说案情牵累太大,一时恐难出狱;又说跟殷夫学德文,没有忘记自己的事业和应作的努力;还透露一个讯息说,捕房和公安局几次讯问"周先生"的地址而终无所获,仍然像以往在马路上行走时一般,以生命保护着他。第二封信便很不同,措词非常惨苦,还说冯铿的面部都已浮肿了。传说跟着更加纷繁,说可以赎出的也有,说已经解往南京的也有,但都没有确信。

天气愈来愈冷,他不能不常常惦念柔石在那里有没有被褥?信中要的洋铁碗可曾收到了没有?……但终于有一天,一切侥幸的想法都被铁的事实粉碎了,再也无须乎牵挂。一个可靠的消息说:柔石和其他的二十三人,已于2月7日或8日晨,在龙华警备司令部被枪毙了,柔石的身上,足足中了十弹!

浩茫的心海顿时呜咽起来……

日本京华堂主人小原荣次郎买兰归国,他书赠一首七绝,表白了一个现代的流放者的悲痛的心情:

椒焚桂折佳人老,独托幽岩展素心。
岂惜芳馨遗远者,故乡如醉有荆榛。

几十年前的积习重新苏醒,从此,他断续地写了不少旧诗。真正的诗是从痛苦的深渊里产生的。在中国传统诗歌的韵律里,有一种与生命本体的悲剧成分密切关联的因素。他找到了这种因素,并且娴熟地运用富于民族象征意味的古老的意象,使之和谐地唱出世纪的忧伤。

他还为在花园庄里时常陪坐的长尾景和作字一幅,题的是唐人钱起的《归雁》,全诗云:"潇湘何事等闲回,水碧沙明两岸苔。二十五弦弹夜月,不胜清怨却飞来。"月亮!月亮!他多少回呼唤着凝望着照彻人生长夜的这一轮孤光,而不胜其寂寥!时间逝去,生命逝去,埋首于哀悼又有什么意义?长天渺渺,月轮皎皎,清怨不绝,亘古如斯!……

又《湘灵歌》:

昔闻湘水碧于染,今闻湘水胭脂痕。
湘灵装成照湘水,皓如素月窥彤云。

高丘寂寞竦中夜,芳荃零落无余春。
鼓完瑶瑟人不闻,太平成象盈秋门。

又《无题》:

雨花台边埋断戟,莫愁湖里余微波。
所思美人不可见,归忆江天发浩歌。

美人不可得见,高丘依旧寂寞,同样使用楚辞的凄迷的意象,寄寓伤悼的情怀。

又是月夜。

狭小的院子中,周围堆放着破烂的什物;人们都睡觉了,许广平和海婴也都已沉沉睡去,发出柔弱的鼾声。鲁迅枯树般立着。夜凉如水。月光一样纯净的影子蹒跚而至,在眼前不息地浮动、闪烁,使他再度沉重地感到失掉了很好的朋友,中国失掉了很好的青年,于是,在悲愤中凑成了这样的几句:

惯于长夜过春时,挈妇将雏鬓有丝。
梦里依稀慈母泪,城头变幻大王旗。
忍看朋辈成新鬼,怒向刀丛觅小诗。
吟罢低眉无写处,月光如水照缁衣。

在中国的现在,的确是没有写处的。倘说还有,那就是,他终于将这首诗写给了一个长住内山书店后面的日本女诗人,亲密的朋友山本初枝了。

两年过后,他写了有名的《为了忘却的记念》一文。末尾写道:

不是年青的为年老的写记念,而在这三十年中,却使我目睹许多青年的血,层层淤积起来,将我埋得不能呼吸,我只能用这样的笔墨,写几句文章,算是从泥土中挖一个小孔,自己延口残喘,这是怎样的世界呢。夜正长,路也正长,我不如忘却,不说的好罢。但我知道,即使不是我,将来总会有记起他们,再说他们的时候的。……

又是"将来"！

是出于内在的确信,还是了无写处中的绝望的寄托呢？……

返回旧寓,已是2月末梢。正如鲁迅在诗里说的,又有一个初春,从长夜般的幽暗与拘系中过去了。

到家后,他立即投入山上正义所译的《阿Q正传》的校阅工作。在不到四五天的时间内,便校完了全稿,并细致地写下八十五条校释。这不是仅仅属于他个人的书,严格说来,是一部纪念柔石等烈士的具有强烈的政治色彩的文集。本书于10月5日在日本东京出版,书前印着李伟森等人的遗像和悼念他们的献辞,内文在《阿Q正传》之后译载了柔石、胡也频、冯铿等人的作品和小传,日本革命作家尾崎秀实特意为此写了《谈中国左翼文艺战线的现状》的长篇序文。生命是被扼杀了,声音可以被扼杀吗？让死去的声音传遍全世界吧！

3月间,史沫特莱从菲律宾回到上海,知道了二十三个年轻的共产党人遇害的消息,立即赶到鲁迅家里去。

她发现,鲁迅整个地变了,慈父般的仁爱被深深地掩盖起来,表露出来的是严秋的憔悴与冷峻。他的面色灰暗,没有刮胡须,上竖的头发蓬乱不堪,如一团黑色的火焰,两颊深陷下去,眼睛闪耀着简直要撕毁一切的猛烈的电光。他的声音里充满着一种可怕的仇恨,使之想起狂人。

"这里有一篇文章,"他说着,把手稿递给史沫特莱,"把它译成英文,拿到国外去发表吧。"

蚀刻般的字体写着：《黑暗中国的文艺界的现状》。

随着,他说了一下大意：在中国,无产阶级的革命的文艺运动其实是惟一的文艺运动,除此之外,中国已经毫无其他文艺。单单的杀人究竟不是文艺,他们已因此自己宣告了一无所有了。这用刀的"更好的文艺",却在事实上,证明了左翼作家正和被压迫被杀戮的无产者担负同一的命运,"将来"正属于这一面的。

文章毫无隐瞒地说了三个左翼作家之死,说了警备司令部,说了统治阶级的官僚,而且直接指出惟有通晓"杀戮法"或"侦探术"的某一位政府委员和侦缉队长——这是可以发表的吗？史沫特莱警告他说，如果发表了，他一定会被杀害的。

"这几句话是必须要说的，"他说得很慢，很沉着，声音里有一种金属似的刚硬的东西，"中国这么大，总得有人出来说话！"

临走前，史沫特莱和鲁迅一同起草了一份宣言：《为纪念被中国当权的政党——国民党屠杀的大批中国作家而发出的呼吁书和宣言》，向西方知识界控诉对作家艺术家的屠杀。史沫特莱把它带到茅盾即沈雁冰那里。这时，茅盾已经从日本回来，并且加入了左联。他把它译成英文，然后交史沫特莱送美国《新群众》杂志发表。宣言发表后，立即激起文化界人士对国民党当局的强烈抗议。签名的人有苏联的法捷耶夫、法国的巴比塞、德国的珂勒惠支等。

柔石等牺牲后，冯雪峰接替冯乃超当左联党团书记。他做的头一件事，是同鲁迅商量出版一个纪念战死者的刊物：《前哨》。

鲁迅觉得这是自己应该做的事情。商定以后，他很快交了一篇悼文。由于催促得紧迫，《中国无产阶级革命文学和前驱者的血》这个题目还是冯雪峰给临时加的。此外，他还写了《柔石小传》。作为悼文，丝毫也没有显示出悲痛，因为悲痛已经升华为另一种物质了。在这里，有的只是愤怒、仇恨和蔑视，以及对于左翼文学的前途的确信："中国的无产阶级革命文学在今天和明天之交发生，在诬蔑和压迫之中滋长，终于在最黑暗里，用我们的同志的鲜血写了第一篇文章"；"我们现在以十分的哀悼和铭记，纪念我们的战死者，也就是要牢记中国无产阶级革命文学的历史的第一页，是同志的鲜血所记录，永远在显示敌人的卑劣的凶暴和启示我们的不断的斗争。"

这是一篇奴隶解放的直言，彻响着广大被压迫的人类的庄严伟大的声音。

中国是否存在"无产阶级革命文学"？它的实绩如何？对于鲁迅来说，此前的估价基本上是一个负值。但是，他从来重视"革命人"，因此也就特别看重这次用鲜血写成的文章。可以说是这些"文章"，促进了他的某些文学观点的改变。以前,他的文章都是代表他个人的,是独战的记录,梁实秋使用"我们"一词便曾经一度遭到他的嘲弄。现在他是毫无忌讳地使用这个复数了。在左联里,他是一个士兵,而且永远是个士兵,当此左联遭受压迫的时候,他终于从壕堑里公开站出来,不但宣布自己为左联的一员,而且要成为左联的代表。面对血腥的政权,他不怕成为敌对的代表,他要抗争。他不能为权力者所征服。当青年把鲜血和生命慷慨地贡献于阶级和民族斗争的时候,当屠夫暗暗得意于他们的恐怖手段的时候,如果保持隐匿和沉默,他是无法饶恕自己的。他一生中,第一次扛起"中国无产阶级革命文学"的大旗,以旗手般的雄姿,屹立于布满杀机的前哨。

《前哨》的名字是鲁迅想出来的,刊头也由他亲笔写就,因为来不及制版,只好用木头刻成。为安全起见,刊物分头印刷,五个烈士的照片,还是事先在别处印好,然后拿到冯雪峰家里,一份一份地印,再一张一张地贴上的。

在这期"纪念战死者专号"编定的当天,鲁迅特意携了眷属,邀请冯雪峰全家一起留影。他有理由感到轻松,为了已经失去共同的同志和朋友,毕竟做了一点事情。但是,他也同时感到沉重,说不定身边的这位诚实有为的青年也会在哪一天遽然消失。他无法排除不祥的预感。不但现在,过去和未来都在折磨着他。

惨淡经营的《前哨》,才出一期就无法办下去了。左联的刊物,除了《萌芽》,《拓荒者》第二三种出版过几期以外,其他的也都只配维持一期的生命。文禁如毛,即使地下印刷也无法通过封锁线,只好将《前哨》改名为《文学导报》,姑且骗骗检查官。

9月,又一种大型文学刊物《北斗》创刊了。

主编是丁玲,胡也频的妻子,一个充满活力的年轻女性。她很希望手编的刊物能登载几张插图,装潢得更漂亮一些,于是找冯雪峰商量。冯雪峰告诉她,鲁迅有版画,可以向他要;过了几天又通知她说,鲁迅让她自己到他家里挑选。在鲁迅那里,她是第一次接触到珂勒惠支的版画,鲁迅向她作了一些简要的介绍,特别拿出其中题作《牺牲》的一幅交给她,嘱咐说,如果同意刊发,他可以为它写一点说明。

那是一个母亲。

全身裸露着,简直一无所有,除了双手高高举到额际的婴孩。她把爱子奉献给谁呢?她是那么悲哀,悲哀而且愤怒,眉目低垂,却没有眼泪……

画中的母亲,样子很像画家本人,她的第二个儿子就死在战场上。但是,在鲁迅看来,那完全是被侮辱被损害的母亲形象,至少包容了柔石的母亲在内的慈爱而坚忍的女性。记得柔石在年底返回故乡,住了好些时候,到了上海以后很受朋友的责备,便悲愤地诉说道:他的母亲双眼已经失明了,要他多住几天,他怎么能够就走呢?……而今,柔石早已睡在土里了,再也无须牵挂,而那双目失明的母亲还在惦念着他吗?她一定以为她的爱子仍在上海翻译和校对的吧?

身心的极度痛苦比苦难本身更深沉。今天,他总算选了一幅《牺牲》,写下几行文字,算是无言的纪念。只有一个人心里知道的纪念。

野地上有一堆烧过的纸灰,旧墙上有几个划出的图画,在这里面,各各藏着一些意义:爱,悲哀,愤怒……而且往往比叫喊出来的更猛烈。经过的人会注意到吗?有几个人真正懂得这意义?几年过后,在鲁迅的心底里犹自发出深深的感叹。

最可怕的是连纸灰一类也没有留下!

102 《上海文艺之一瞥》与《创造十年》·才子加流氓·《十月》,《毁灭》,《铁流》

鲁迅很快地从悲痛中挣扎出来。

正如一个溺水者,必须不时地凫出水面一样,他也须找到自己的换气方式,以求得在这黑暗的深渊里生存。生存是重要的。他没有权利任由悲痛主宰自己。他不能沉溺下去。还有无数场恶战,在前头等待着他这个余生者。

　　自然，他不是那种天生乐观的人，即如幽默，也是根源于他的明敏，处处洞见社会的虚伪与荒诞的缘故。如果说他的心中还有若干亮色，不至于把希望完全看做是虚妄的东西，都因为他曾经是一个进化论者，受过现代科学的训练，尤其是后来与马克思主义的接触。从秋瑾到柔石，虽然对于死的认识毫无长进，现在的一些青年根本不怕死，甚至还想死，而整个民族也居然还不懂得死尸的沉重，这是可悲的。但是，毕竟还有前仆后继的人。

　　革命就意味着残酷。只要有婴孩，流血还是值得的。对于一个反动的政权来说，如果它不使用禁锢、威吓、欺骗、杀戮一类手段，还能指望它做些什么呢？那样岂非把它估计得太好了吗？现在的问题还不在于权力者。权力者是不会改变的。问题在于革命队伍内部，在于革命者自身的素质如何。作为革命者，如果固有的劣根性没有得到改变，甚至不想改变，即使推翻了旧政权，也仍将一例地承袭老谱，一例地摆起金交椅或是虎皮交椅，一例地有奴隶总管，有奴隶，有奴才和帮闲，一例地把廿四史续写下去。

　　关于革命者的素质问题，在"革命文学"论战期间，便引起他的高度重视。为此，他在驳论中不时带及，后来还专门写过一篇文章，叫《非革命的急进革命论者》，作了集中的论述。文中列举这类论者的两种表现：其一是以革命为新刺激，只图一个爽快；其一是毫无定见，随便捞到一种东西来驳诘相反的东西，总之是自己没有一件不对的，永远的"允执厥中"。即如后来一些论者的"辩证法"，全面，彻底，不偏不倚，灵转圆通，其实也就是这类传统的中庸主义的变种，归根结蒂还是叫"非革命的急进革命论者"。

　　左联成立前后，鲁迅的许多文章和讲话，都是围绕着革命队伍的建设问题而展开的。现在，又有一批青年，连同左翼作家在内暗暗地死掉了，他的注意力不能不再度回到这个问题上来。革命的要害问题是什么？他反复考虑，觉得还是内里蛀空。

8月，他做了一回演讲，讲题是：《上海文艺之一瞥》。

这"一瞥"非同小可。从前，他不只一次说过"党同伐异"，现在居然"伐"起"同党"来。怎么可以不顾革命队伍内部的团结呢？怎么老是纠缠着一些历史问题呢？凡是于他有点关系的事情，他都不愿意忘却，只要讨厌人一次，也都会一直记在心头。他太苛刻了。在他看来，惟有明白旧的，看到新的，了解过去，推断将来，革命和革命文学才会有发展的希望。对于革命者来说，是不但敢于批判，而且不怕批判的。他要告诉那些曾经高叫"革命"的人：革命必须有信仰。在白色恐怖愈来愈严重的时刻，在革命不断遭受挫折和失败的时刻，革命者应当同革命共同着生命，变得愈加坚定起来。如果害怕压迫，也害怕批判，还成什么"革命者"呢？

他不怕开罪于左联内部的作家。因为他觉得，无论是人是鬼是兽，最终总得要露出本相来的。《非革命的急进革命论者》是左联成立前一天所写，其中就有这样的话：

> 因为终极目的的不同，在行进时，也时时有人退伍，有人落荒，有人颓唐，有人叛变，然而只要无碍于行进，则愈到后来，这队伍也就愈成为纯粹，精锐的队伍了。

这是一种确信。倘有人不退伍，不落荒，不颓唐，也不叛变，而一直留在革命队伍中间，就是不"纯粹"。甚至连"元帅"也不"纯粹"，这队伍会是怎样的队伍呢？几年以后，斗争的现实使问题深化了，身心交瘁的他遂面临了新的困惑。

《上海文艺之一瞥》描述了上海文艺六十年来从才子佳人到才子流氓的变迁史。其中，创造社是被作为才子加流氓的典型之一来加以批判的。

在这里，鲁迅并非一般地反对小资产阶级文艺，认为其中一些立意于反抗或暴露的作品，以为仍不失为"致命与有力"的。在革命的潮流中，能够成为一粒泡沫，虽然终将很快地消失了自己，但是毕竟可以随着潮流咆哮冲荡一些时。然而，小资产阶级翻起筋斗来便大两样了，即使在做革命文学家而大写其革命文学时,也容易将革命写歪,反于革命有害。"革命文学"勃兴之时,有所谓"突变"之说。自说已变的,实际上往往并没有变,有的变得反转来攻击左联了。所以他断言,这些作者,无论变与不变总写不出好的作品来的。他强调指出,作为革命的文学者,不但应该留心迎面的敌人,还必须防备自己一面的三翻四覆的暗探式人物。

因为鲁迅在演讲中提到创造社,以及郭沫若本人,郭沫若便写了一本《创造十年》的书,作为回敬的礼物。单是那"发端",就用了一万字。

左联成立后不久,郭沫若写过一篇《"眼中钉"》,是针对鲁迅的《我和〈语丝〉的始终》的。在回顾他和成仿吾同鲁迅的论争历史时,他连同自己也批判在里面,以为都是"旧式文人气质未尽克服的文学的行帮和文学的行帮老板","是一些旧式的'文人相轻'的封建遗习在那儿作怪","不过一丘之貉而已"。但是,他却高度评价了"后期的创造社"对鲁迅的批判,说:"他们的批判不仅限于鲁迅先生一人,他们批判鲁迅先生,也决不是对于'鲁迅'这一个人的攻击,他们的批判对象是文化的整体,所批判的鲁迅先生是以前的'鲁迅'所代表,乃至所认为代表着的文化的一个部门,或一部分的社会意识。"他明确指出,他们"以战斗的唯物论为立场"所作的批判,"成绩是不能否认的"。结束的话是:"以往的流水账我们把它打消了吧!"

然而还是"流水账"。

《发端》的开始,郭沫若这样总结鲁迅的立场:"鲁迅是一位用写实手法的作家,在前颇带着一种虚无主义的倾向,近年听说是转换到左翼来了。""听说"而已,到底如何呢?他就刊载鲁迅演讲的日本杂志上的"古东多卐"四个红字,很做了一通文章:由"屁股上的卐字",引导读者联想到"法西斯谛"。这种暗示,同他几年前化名杜荃对鲁迅的攻击毫无二致。文章充满了反语和热骂,他说鲁迅的讲演是用了"阿Q的逻辑","全靠他那空灵的推想和记忆,便把一群人的罪状在'一瞥'之中宣布了出来";认为鲁迅是一贯敌视创造社分子的,说:"我们鲁迅先生自始至终是要把创造社的几位流痞打进阿鼻地狱里去的。在未革命以前他们是流氓痞棍,在既革命以后他们还是流氓痞棍,在以前的文学革命运动中没有他们的分子,在以后的革命文学运动中也没有他们的分子。我们的鲁迅先生真是有一手遮天一手遮地的大本领呀,而且文中的神髓更不好忽略地看过,那是在这样说的:'中国的新文学中无论革命的与反革命的,都只有我鲁迅一个人的!'"

鲁迅曾经对创造社表示感谢,促了他看了一通社会科学书籍;在《发端》里,郭沫若对鲁迅也使用了同样的"感谢"的字眼,因为鲁迅的那一瞥,而终于使他偿了迁延了三年的夙愿:写出他所知道的创造社,更适切地说,是以创造社为中心的个人的十年生活。

郭沫若的文章发表以后,有人评为"轻薄"、"无聊",但也有人称之为"互争雄长的伟大的旧账"。还有人撰文说举发鲁迅的错误是正当的,而把《上海文艺之一瞥》当成为鲁迅的"小资产阶级性固定不变"的证据。

不只是论敌,连同所谓的"战友"和"学生",也都不无说他"褊狭"、"固执"、"牢骚",仿佛在人格上永远是一种缺陷。然而,鲁迅的深刻之处,正好从这里得以体认。他执著于一些小事情,是因为他从中发现了更广大的层面;他"纠缠"着历史不放,是因为他从中发现了未来的阴影;他注重偶然性,是因为他从来不相信"绝对"和"永恒",但又能从中发现必然的意义。的确,他不是那种豁达或冷静的人,由于爱憎的热烈,即使一般的描述性文字也不可能做到平静和"客观",而是非哀即怒。但是这种彻底的情感暴露使得事物无所隐藏,因而先天地富于科学理性。他的怀疑精神,否定和批判的勇气,闪电式的讽刺和打击的本领,往往使人变得无法接受。这是可以理解的。他太"超前"。除了他的那个枭鸣般可怖可厌的声音以外,人们简直无法追蹑他,发现他。

如同个别人物在他的笔下成了不可移易的社会典型一样,一些集团如创造社、新月社,也同样被他赋予了某种代表的意义。创造社的"才子气"和"流氓气",其实是概括了国民劣根性中的两个类别,突出地表现为逃避现实和打倒一切，于革命文学的建设是极其有害的。

可以说，这次演讲是革命文学论争的某种延伸。从论战开始，鲁迅就已经把文学确定为整个革命的一角或一翼加以全面的审视，也就是说，他关注的仍然是中国社会的改造问题。被他讽刺性地称为"革命文学家"者，作为中国知识精英的现状，只能使他感到不满和忧心。知识分子的构成、地位和命运，造成他长时期的精神困扰，尤其在寓居上海以后。他说的水战火战，日战夜战，所战的几乎都是知识分子。连他本人也是知识分子。在演讲里，他使用了马克思的阶级论的概念，重点对小资产阶级知识分子进行剖析。这种剖析，反映了他内在的矛盾状况。一方面，他赞成左联提出的"作家的无产阶级化"的口号；但是，又觉得反叛的小资产阶级作家还有足以自重的一面。由于他们对所生长的正在灭亡着的阶级了解甚深，憎恶甚大，所以对旧世界来说也就特别富于破坏力。这类话，他也曾针对自己的情况说过。他只是认为，这些作者无须自称为无产阶级作家，而作品也无须称为无产阶级文学的。

在这里，他明确表示说，现存的左翼作家很难写出好的无产阶级文学。甚至说是在中国最容易希望出现的，是反叛的小资产阶级的反抗的，或暴露的作品。虽然，这个说法比起从前关于平民文学、革命文学根本不可能产生的议论来，总算是进了一步，但比较他在柔石等死后所写的两篇宣言性质的文字，当是明显的降温。那时，他需要把无产阶级文学的战绩放大起来，一面以抗击暴政，一面以纪念死者和安抚自己。等到一旦恢复内心的平衡，便再也没有出现过类似的说法，反而加深了他的危机意识。

本来，他对上海的革命作家就不抱太多的好感。

对于中国这几年的革命文学，无论此前的左翼批评家怎样的唱着凯歌，或此后的文学史家怎样的树立丰碑，鲁迅的估价是一贯偏低的，甚至比喻为教人呕吐的"新袋子里的酸酒，红纸包里的烂肉"，总之许多许多并不是滋养品。

令人感到意外的是,他却从被"打发"或默杀了的著名的文学团体以外的作品中,举出李守章的《跋涉的人们》,台静农的《地之子》,叶永蓁的《小小十年》前半部,柔石的《二月》及《旧时代之死》,魏金枝的《七封信的自传》,刘一梦的《失业以后》为优秀之作。自然,这些都还不是无产阶级文学。

无产阶级文学的产生,需要有一个以劳工阶级为主体的社会环境。做无产阶级文学的人,也应当是阶级中的分子,不能游离在斗争之外的。鲁迅是对文学有着深刻理解的人,他终觉得对于一个文学者来说,观念的转变并不可靠。情感世界是重要的,愈是深层的愈难改变。所以,他自以为缺乏革命的实践,身上留有太多的因袭的东西,是无法做这样的文学的。虽然曾经被攻击为三个"有闲",但比较那些死在战场上和暗夜里的实行者,自己这种掉弄笔墨的生涯,究竟也还是闲人之业。目前所能做到的,大约也只能是以译代作了。无论为革命或是文学自身计,他都认为,在介绍苏俄的理论的同时,有必要更多地引进相应的作品。

比较沙俄时代的作家来,苏联作家还欠深刻,但却分明显示了一种新的现实。鲁迅除了从中翻译成《竖琴》和《一天的工作》两个短篇集子外,还译了两部长篇:一部是雅各武莱夫的《十月》,一部是法捷耶夫的《毁灭》。前者是"同路人"的作品,后者是实际的革命者的作品;前者有着难以掩盖的绝望的氛围气,后者在绝望中透露出新生的曙光;前者是一时的稗史,后者是坚实的革命记。两者确乎很不一样,但是写的都是战斗,都是现今的中国所需要的。

比起《十月》来,《毁灭》无疑在更大范围内描画了革命的真实,堪称新文学中的一个大火炬。那里的铁的人物和血的战斗,是足够使描写多愁善感的才子和千娇百媚的佳人的所谓"美文",在它面前淡到毫无踪影的。这样的文字,完全是作者用了自己的生命换来的东西,决非那类才子加流氓式的文人所能着笔。

书中对小资产阶级的知识者美谛克,以及出身于知识分子而终于成为大众的先驱者莱奋生的描写,是鲁迅最感兴趣的。美谛克要革新,然而怀旧;他在战斗,但想安宁;他无法可想,然而反对无法中之法,然而仍然同食无法中之法的果实。这样的矛盾的知识者,是很可以使中国的读者照见自己的面影的。作为游击队中最有教养的人,莱奋生也并非"突变"过来的。他严于解剖自己,克服自己,即令有所省悟,也支付了许多经验的代价。当他以"较强"者和大众前行,而又得不到大家的同情的时候,就必须于审慎周详之外,自专谋划,藏匿感情,获得信仰,甚至于当危急之际还得施行权力。虽然同是人们,同无神力,却又非美谛克之所谓"都一样",正如他自己所作的结论,他要比美谛克坚实得多,他不但希望了许多事,也做了许多事——这是全部的不同。然而,即如对于这样的坚实的革命者,在小说中也时有动摇、失措之处,所率的部队也终于在敌军的围击下毁灭了。而且突围之际,他还是受了别人的启示的。从藏原惟人、弗里契到苏联的不少文学史,都把莱奋生当作党的代表,鲁迅则把他同美谛克相提并论,独独赞扬了这与世间通行的主角无不超绝,事业无不圆满的小说很不相同的"令人扫兴"之处,从评论的人们所有意无意遮掩的地方看出真实的伟大来。在论及袭击团处于解体的前征时,他着意指出:"但当革命进行时,这种情形是要有的,因为倘若一切都四平八稳,势如破竹,便无所谓战斗。大众先都成了革命人,于是振臂一呼,万众响应,不折一兵,不费一矢,而成为革命天下,那是和古人的宣扬礼教,使兆民全化为正人君子,于是自然而然地变了'中华文物之邦'的一群是乌托邦思想。革命有血,有污秽,但有婴孩。……只要有新生的婴孩,'溃灭'便是'新生'的一部分。中国的革命文学家和批评家常在要求描写美满的革命,完全的革命人,意见固然是高超完善之极了,但他们也因此终于是乌托邦主义者。"

后来,他谈到《十月》,也有着同样的对于极左思想的批判:"《十月》的作者是同路人,他当然看不见全局,但这确也是一面的实情,记叙出来,还可以作为现在和将来的教训,所以这书的生命是很长的。书中所写,几乎不过是投机和盲动的脚色,有几个只是赶热闹而已,但其中也有极坚实者在内(虽然作者未能描写),故也能成功,这大约无论怎样的革命,都是如此,倘以为必得大半都是坚实正确的人们,那就是难以实现的空想,事实是只能此后渐渐正确起来的。"

《毁灭》初由《萌芽》月刊连载,结果因为刊物遭到查禁而被腰斩。后来,与《十月》等十种小说和剧本一起列入鲁迅手编的《现代文艺丛书》,计划由神州国光社出版。由于中国官府的压迫特别凶,而中国书店的胆子也特别小,神州国光社终于声明毁约:已交的译稿当然收下,尚未完成的万勿再译了。这样,除了《十月》、《浮士德与城》、《铁甲列车》和《静静的顿河》等四种得以出版外,《毁灭》便成了"不准出生的婴儿"。

然而,信念是不能摧毁的。鲁迅坚持翻译,重复整理。力求译本在拖延的产期中变得更为完善。1931年9月,在大江书铺的产院里,《毁灭》终于诞生了。

为了避免当局的迫害,小说出版时略去了《作者自传》、《关于〈毁灭〉》、《代序》及《译者后记》等篇,仅存本文,连译者的署名也换为"隋洛文"。印数也极少,只可在内山书店和个别的小书店里默无声息地陈列和发行。尽管如此,它还是被国民党中央党部密令查禁,并勒令销毁原版。

《毁灭》岂能被毁灭?鲁迅决计由自己拿出一千元现洋,假托"三闲书屋"的名义出版。这次出版,不但把有关评论及附加的各部分加了进去,还重新设计,扩大为32开,封面用厚布纹纸,并特意从原来的六幅插图中选出《袭击队员们》印上去,内文则用重磅道林纸,简直是豪华本!这回,译者"隋洛文"也不见了,在褴褛然而英武的一列游击队员下面,赫然出现为大家所熟悉的名字:"鲁迅"。

以"三闲书屋"名义出版的,还有绥拉菲摩维支的《铁流》,以及《士敏土之图》。

《铁流》所叙,是一支铁的奔流一般的民军,通过高山峻岭,大风雨,饥饿与死,最终和主力军相联合的过程。本书原系鲁迅特约在苏的曹靖华翻译的,并且随同《毁灭》等列入《现代文艺丛书》。书店毁约后,鲁迅陆续通知各位译者停译，而独不告诉曹靖华。凡他所决心要做的事情，是必须做完的。他不但隐瞒了出版方面的实情，怕因此影响译者的情绪，而且不断给予关怀和鼓励。在一封复信中，他表示说："此时对于文字之压迫甚烈，各种杂志上，至于不能登我之作品，介绍亦很为难……但兄之《铁流》，不知已译好否？此书仍必当设法印出。"从1930年初至1931年底，为了《铁流》的翻译出版，两地往返通信达几十次，而且，全都在独裁者的密网中进行。

鲁迅是像深爱着《毁灭》一样深爱着《铁流》的。为了它们的出版，他曾亲拟过形式不同的三种广告。关于《铁流》，他称"意识分明，笔力坚锐，是一部纪念碑式的作品"。《铁流》的印刷一样是精美的，所以，他在编校后记中颇为自得地说："我们这一本，因为我们的能力太小的缘故，当然不能称为'定本'，但完全胜于德译，而序跋，注解，地图和插画的周到，也是日译本所不及的。只是，得到攒凑成功的时候，上海出版界的情形早已大异从前了；没有一个书店敢于承印。在这样的岩石似的重压之下，我们就只得委宛曲折，但还是使她在读者眼前开出了鲜艳而铁一般的新花。"

"钻网"是一大苦事。然而，由此而显示了生存的意志，故也未尝没有快意的地方在的。

十四　大旗下的战斗

在民族空前危难的时刻,他仍然没有放弃阶级的抗争。他太执著于久积的奴隶的愤苦了,他要掀掉的,是整个中国社会的腐朽的根。

一面救亡,一面启蒙。他肩负着双重的历史使命,以个人的独特的方式和姿态,加入战斗的集体,且有别于战斗的集体。

103　"民族主义文学"·救亡中的启蒙·"一二八"战火中

9月18日。

中华民族历史上的又一个创深痛巨的日子。

日本驻关东军队突然袭击沈阳,不久又侵入吉林、黑龙江。南京政府电令驻国联代表,提议划锦州为中立区,由英、美、法、意等国军队驻扎,遭到全国人民的反对。这时,抗日热潮迅速掀起。26日,上海十余万群众举行反日示威。28日,南京和上海学生冒雨请愿,遭到军警的阻拦,南京学生愤而捣毁国民党政府外交部。在关键时刻,权势者的意志是决定一切的。由于蒋介石下令"不予抵抗",东北军遂撤退到山海关以南。在短短的两三个月内,日军即占领了我国东北全境。

在一片国难声中,"民族主义文学派"发起成立"上海文艺界救国会",企图乘此机会重新推动业已消歇的"民族主义文学运动"。

所谓"民族主义文学运动",是由国民组织部系统发动的。1930年6月,上海市教育局长潘公展、上海市区党部委员朱应鹏、淞沪警备司令部侦缉队长兼军法处长范争波、中央军校教导团军官黄震遐等集会于上海,组织前锋社,出版《前锋周报》与《前锋月刊》。在他们胡乱拼凑的《宣言》中,声称文艺是属于民族的,它的最高意义是"民族主义",因此必须排除"一切阻碍民族进展的思想","多型的文艺意识",以统一于以国民党为中心的封建法西斯主义的"民族意识"。御用文人毕竟低能,即使有政权的力量可以利用,运动的结果并无实绩,既形成不了中心的理论,也没有像样的创作。在"民族主义"的显赫的名目之下,仅余一堆扰攘嘈杂的政治口号而已。

对于这类党治文学,鲁迅从来藐而视之,所以在"民族主义文学运动"的盛期,他保持了高贵的沉默。由于政治气候的重大变化,考虑到"民族"的商标所可能产生的迷惑作用,当沉渣泛起的时候,他终于发表了一篇清算的长文:《"民族主义文学"的任务和运命》。

文章说:殖民政策是一定保护、养育流氓的。流氓是殖民地上的洋大人的宠儿或宠犬,地位是在别的被统治者之上的。许多所谓"文艺家",其实一向在尽"宠犬"的职分;而在宠犬派文学中,锣鼓敲得最起劲的是"民族主义文学"。但是,他们并没有流氓的剽悍,不过是飘荡的流尸罢了。虽然是杂碎的流尸,目标和主人是同一的,即用一切手段压迫无产阶级以苟延残喘。一方面以悲哀的哭声和壮大的军乐掩盖不抵抗主义的勾当,一方面以极端的憎恨指向现在无产者专政的第一个国度,以消灭苏联。流尸文学仍将与流氓政治同在的。然而,鲁迅最后指出:"他们将只是尽些送丧的任务,永含着恋主的哀愁,须到无产阶级革命的风涛怒吼起来,刷洗山河的时候,这才能脱出这沉滞猥劣和腐烂的运命。"

阶级的压迫,民族的凌侮,轮番把长期沉浸于国民性思考的鲁迅推上了第一线,在集团的战斗中,写下了《二心集》这部最为锋利的文字。这些文字,充分显示了这位老战士的理论的成熟。当民族矛盾逐渐上升为社会的主要矛盾，国内舆论日益偏重于统一战线和保卫国防的宣传，这时候，鲁迅仍然从自己的独特的阶级论出发，异常清醒地透视了从理论到实践也仍处于混沌未解状态的民族问题，从而确定自己在一场新的民族革命战争中的位置，一如既往地为奴隶的彻底解放而斗争。早在《答文艺新闻社问》中，他就以政治家的明敏的头脑，这样分析了日本占领东三省的意义："在这一面，是日本帝国主义在'膺惩'他的仆役——中国军阀，也就是'膺惩'中国民众，因为中国民众又是军阀的奴隶；在另一面，是进攻苏联的开头，是要使世界的劳苦群众，永受奴隶的苦楚的方针的第一步。"在《"民族主义文学"的任务和运命》中，也就有了"反帝国主义即反政府"的公式，有了"主子和奴才能否'同存共荣'"的问题。在鲁迅这里，"阶级"的概念大于"民族"和"国家"的概念，"主人"和"奴隶"的阶级对峙是横贯于国家、民族之间的。对他来说，最不能容忍的是人对人的压迫，也就是阶级压迫。人的解放是最根本的。如果阶级压迫的现象依然存在，社会上一样有着主奴之分，那么即使没有异族的侵略或战胜了异族的侵略，而保持了民族国家的尊严，这种尊严也不是他所需要的，因为那样将意味着任何革命或战争都倒退到了原来的出发点，一切努力都是徒劳。他不需要兽性的爱国主义。应当说，他的这一思想是得益于马克思主义的，是马克思主义与他固有的人道主义相结合的独特的思想结晶。在中国的民族革命战争中，这一思想同样具有"超前性"，以致在他逝世以前，甚至逝世以后，人们也仍然不能深入理解他据此倡导的"民族革命战争的大众文学"的口号，以及与此相关联的实践活动。

民族的根本问题是阶级问题。

由于这样一个基点，所以，当沦为异族奴隶之苦的刺激使每一个中国人变得空前亢奋的时候，鲁迅提醒大家说：不要忘记中国本来就是一个奴隶国家，我们从来就是一群奴隶！"奴隶"，是他此后在谈话和文章中反复多次使用的字眼，寄寓着与他骨肉相连的极其丰富的社会内容。

鲁迅为苏联辩护,在现实政治中主动承担对于进攻苏联的恶鬼的狙击任务,都因为他心目中的苏联解放了奴隶,"将'宗教、家庭、财产、祖国、礼教……一切神圣不可侵犯'的东西,都像粪一般抛掉,而一个簇新的,真正空前的社会制度从地狱底里涌现而出,几万万的群众自己做了支配自己命运的人。"1937年的大清洗运动,是他所未及预料的,他所能看见的是小麦和煤油的输出,图书馆和博物馆,展览会,誉满西欧东亚的文学艺术,是巨大的生产力,以至反革命集团的首领都可以免受死刑的事实。而这一切,又正是"吸中国的骨血,夺中国的土地,杀中国的人民"的帝国主义主子及其奴才们所极力加以歪曲和抹杀的。在战争刚刚揭开帷幕的时候,在蒋介石以民族领袖自居而宣称"攘外必先安内,统一方能御侮"的时候,鲁迅认为,民族生存的关键,仍然在于使广大奴隶获得做人的基本权利。

1932年1月,《中学生》新年号以如下问题征稿:"假如先生面前站着一个中学生,处此内忧外患交迫的非常时代,将对他讲怎样的话,作努力的方针?"鲁迅的答复十分明确,他说:

请先生也许我回问你一句,就是:我们现在有言论的自由么?假如先生说"不",那么我知道一定也不会怪我不作声的。假如先生意以"面前站着一个中学生"之名,一定要逼我说一点,那么,我说:第一步要努力争取言论的自由。

的确,言论自由是第一重要的。

没有言论自由,属于人民的一切都得沦为空谈。如果数万万人民被治理成为聋哑的奴隶,彼此失去交流和联络,还有什么可能从事"救国"呢?一个"无声的中国",难道竟是等待今天的日本人的战争,来打破它的由来已久的沉默?

从这时开始,鲁迅又写下了大量时事评论的文字,在揭露日本帝国主义的侵略政策的同时,抨击国民党政府的投降政策和专制政策。

在《论"赴难"和"逃难"》、《学生和玉佛》、《逃的辩护》、《崇实》等文章里,他就一反当下政府及时评的责难,为"逃难"的学生辩护,"施以狮虎式的教育,他们就能用爪牙,施以牛羊式的教育,他们到万分危急时还会用一对可怜的角。然而我们所施的是什么式的教育呢,连小小的角也不能有,则大难临头,惟有兔子似的逃跑而已"。为了使学生驯化,他指出,政府、军人、学者、文豪、警察、侦探,便费去不少苦心。他们用诰谕,用刀枪,用书报,用煅炼,用逮捕,用拷问,显示出"新教育"的全部效果。《航空救国三愿》、《中国人的生命圈》、《"以夷制夷"》、《天上地下》一组文章,也是直接揭露不抵抗的党国"英雄"的。他们无用武之地,便轰炸"匪区",屠戮手无寸铁的人民。此外,他还写了《战略关系》、《对于战争的祈祷》等,通过对幕后外交的戏剧性的展示,暴露国民党政府的卖国本质。战争是政治问题的延长,而政治掌握在一班党国要人的手中,任何时候都可以进行肮脏的交易。对于他们,指挥权是不能让给别人的,但是,这些主持的人早已预定好了打败仗的计划。文章指出,"好像戏台上的花脸和白脸打仗,谁输谁赢是早就在后台约定了的"。——这就是中国的政治!

救亡是近距离政治。许多作家的眼光都停留在这上面,而多发扬踔厉之词,但是抗战的道路并不通畅,于是也就多出了一层古代文人的感怀时世的怆凉。在救亡面前,鲁迅并不显得特别激昂,自然也没有多余的伤感,他努力摸索障碍物的所在,然后告诉黑暗中的人们,并且同他们一道做着开路的工作。他深刻的地方在于,不但指出障碍来自统治阶层,而且来自国民自身,他常常把对权力者的政治心理同国民的文化心理的分析结合起来,从而在使统治者无所遁形的同时,让国民意识到自己的责任。一面是救亡,一面是启蒙。在特定的救亡时期,启蒙的主要任务则在于打掉中国政治剧目主持人的欺骗性,把幕后的丑剧搬上前台。

收入《二心集》后面的文章,透视了中国社会各种光怪陆离的现象:游欧女士"以脚报国",新的女将戎装入画,病夫服药当兵,警犬帮同爱国;不想说去打仗而来"头脑动员",告诫青年要养"力"勿使"气"以免悲观,文士大谈传奇式古典以借意想不到的人物"为国增光",将军远离敌阵而大打电报说要"为国捐躯";用光了教育经费仍须装点教育的门面,全国文盲充斥还得大讲中国的精神文明,至今还是随便拷问,杀人,又要维持几个"模范监狱"给外国人参观,等等。其实,这些都是趁势泛起的"沉滓"。所谓沉滓,即是"旧货",是固有文化的东西。在《真假堂吉诃德》里,鲁迅指出:"这固有文化毫无疑义是岳飞式的奉旨不抵抗的忠,是听命国联爷爷的孝,是斫猪头,吃猪肉,而又远庖厨的仁爱,是遵守卖身契的信义,是'诱敌深入'的和平。"在这里,他没有对中国的现状作学究式的考察,推导所谓"历史的"其实是宿命的、消极的说明;传统文化的研究,国民性研究,不过是分析和解决现实问题的途径。现实是第一位的。在追究现实政治时,他并不过于苛责普泛的国民性,而是把主要的锋芒指向要小百姓埋头治心,阻碍国民性改造的当权者。有怎样的民众就有怎样的当权者,这不能不算是一个事实;但有怎样的当权者就有怎样的民众,却是更严峻更迫切的问题。因此,面对"返祖"的文化现象,他认为剥去"假吉诃德"的面具是重要的。他们不把小百姓当人看待,却要他们负"救国责任",剥削别人的愚蠢。在《宣传与做戏》里,他把国民性中的"善于宣传"、"面子主义"称之为"做戏",说:"这普遍的做戏,却比真的做戏还要坏。"当然,这里指的主要还是权势者。他们是十足的"做戏的虚无党",占有了中国偌大的政治舞台。

后来,鲁迅还写了《谣言世家》和《捣鬼心传》,结合国民性,暴露统治者的虚伪的本质。他说:"笑里可以有刀,自称酷爱和平的人民,也会有杀人不见血的武器,那就是造谣言。但一面害人,一面也害己,弄得彼此懵懵懂懂。"又说:"中国人又很有些喜欢奇形怪状,鬼鬼祟祟的脾气。"这种"懵懵懂懂"、"鬼鬼祟祟",便为统治者所利用,于是乎"捣鬼"。治国平天下之法,就在于告诉大家以有法,而又不明白切实地说出何法来,以这种不测的威凌使人萎伤,又使人在模糊中疑心到"治于人"者自有治国平天下的妙法在,从而寄希望于"好政府"。然而,他坚定地指出:"谣言世家的子弟,是以谣言杀人,也以谣言被杀";"捣鬼有术,也有效,然而有限,所以以此成大事者,古来无有"。

在《沙》、《观斗》、《电的利弊》、《火》、《智识过剩》、《经验》、《偶成》等多篇文章中，鲁迅的命意在于说明：诸多自私、隔膜、自大、麻木，甚至于残酷等国民劣根性的形成，都是统治者的"治绩"，与他们的统治手段密不可分。

《沙》一开头就明确地指出，把造成中国"一盘散沙"的责任归于大家是冤枉的，沙非小民，而是大小统治者。官员们虽然依靠政府，实际上是不忠于政府的，头领下一个为政清廉的命令，他们也决不会听从，而想方设法进行蒙蔽。所以说，"他们都是自私自利的沙，可以肥己时就肥己，而且每一粒都是皇帝，可以称尊时就称尊"。以"沙皇"的尊号移赠此辈，是最合适不过的。《火》说"火神菩萨"只管放火，不管点灯，于是乎点灯被禁止，放火受供养。这种"宰了耕牛喂老虎"的时代精神，不能不使中国人弃燧人氏而供火神，产生代代相传的权力崇拜。《偶成》说，酷刑的发明和改良者，都是"虎吏"和"暴君"，这是他们惟一的事业。酷的教育，使人们贱视生命，人道主义也就自然成了一种奢侈。鲁迅对现代统治者的专制主义，予以特别猛烈的抨击。为了统一思想，不惜焚毁书籍，消灭异端。《华德焚书异同论》把古今中外放到一起加以比较，嘲讽中国的现代统治者为希特勒的"黄脸干儿们"，他们连祖宗秦始皇的一点容纳客卿的魄力也没有，虽然采用了益加残酷而绵密的法西斯式统治术，好像这些火神菩萨真也"代代跨灶"，其实是更为虚弱的。《同意和解释》引希特勒的话说："原人时代就有威权，例如人对动物，一定强迫它们服从人的意志，而使它们抛弃自由生活，不必征求动物的同意。"他的"黄脸干儿们"则向被压迫者大加嘲笑，这样讯问道："你们究竟要自由不要？不自由，无宁死。现在你们为什么不去拼死呢？"中外统治者都一例是自由的天敌。他们惟靠武力树立威权，当然也靠扮相好的文人，靠理论作为辅助，为自己的威权制造哲学上、科学上、世界潮流上的根据，使奴隶们悟到这世界的公律，而抛弃一切翻案的梦想。"当上司对于下属解释的时候，你做下属的切不可误解这是在征求你的同意，因为即使你绝对的不同意，他还是干他的"。——这就是"动物主义"的逻辑,主人的逻辑。鲁迅特别指出,这原是"国货",是固有的传统政治文化里的东西。

鲁迅为中国历史总结出一条很著名的公式,即是"想做奴隶而不得的时代"和"暂时做稳了奴隶的时代"的循环。至于现代史,他的概括更简明:"变戏法"。许多年间总是这一套,但总有人看,总有人撒钱,沉寂若干时日再来一次。还是一种循环。

对于统治者来说,专制和虚伪是互为表里的,因此必须善于辨识,打破他们的骗局。鲁迅介绍了几种分解统治术的方法:看"推背图"一样看反面,查旧账,打豪语的折扣,不看题目看文章,等等。正如他所说,这是经过许多苦楚的经验,见过许多可怜的牺牲而总结出来的。曹聚仁曾经写过一篇《杀错了人》的文章,说一个社会,一个民族,到了衰老期,什么都"积重难返",所以非"革命"不可。可是中国每一回的革命,总是反了常态。尤其是民国以来,只有暮气,没有朝气,任何事业都不必谈改革,即使有改革者,也往往在运动中做了牺牲。文中把这种反常状态,名之曰"杀错了人"。应当说这个结论是颇为符合中国国情的。而鲁迅毕竟老练,看问题总是更深一层,说:"中国革命的闹成这模样,并不是因为他们'杀错了人',倒是因为我们看错了人。"不要相信权力者,不要对他们抱任何希望。"看错了人"是不可救药的。

"'秘',是中国非常普遍的东西,连关于国家大事的会议,也总是'内容非常秘密',大家不知道。"但是,鲁迅却能洞穿统治者的一切变戏法的秘密,并且确信其破灭是万不可免的。在这一时期的文章,强烈的政治意识和深厚的文化意识结合在一起,被赋予一种坚定乐观的基调,这一基调是先前所少有的。经过《华盖集》正续编以及《三闲》、《二心》的长论阶段,再度回复到《热风》式的短文制作,但显然已经扎实得多。如果把他的杂文称之为匕首,对于1933年以后的部分,当是更为恰切的。

不是说鲁迅不爱做梦,其实他是一个梦想最多的人。然而,他不耽梦。他梦着将来,但致力于达到这一种将来的现在。在《听说梦》

里,他说:

> 虽然梦"大家有饭吃"者有人,梦"无产阶级社会"者有人,梦"大同世界"者有人,而很少有人梦见建设这样社会以前的阶级斗争,白色恐怖,轰炸,虐杀,鼻子里灌辣椒水,电刑……倘不梦见这些,好社会是不会来的,无论怎么写得光明,终究是一个梦,空头的梦,说了出来,也无非教人都进这空头的梦境里面去。

他不想骗人,也不想受人欺骗,所以才一再指明阶级斗争的存在这一事实。难以理解的是,深受社会压抑之苦的知识分子中间,总有那么一部分憎厌"阶级斗争"的字眼,极力设法避开而津津乐道于平和的梦境。阶级,就是代表了不同的社会利益的群体,有阶级就有矛盾和斗争,尽管形式不同。身在现在的中国怎么可以逃避呢?反对"载道"却被"道载",用鲁迅的话来说"所谓'文人'也者,真是多么昏庸的人物呵"。

1月28日夜间,日本军队在上海发动新的进攻,驻淞沪的十九路军,不顾政府的不抵抗政策,自动奋起抵抗。"一·二八"战争爆发了。

鲁迅所在的四川北路底一带,陷落火线之中。他不能不又一次逃难。在这段日子里,对他来说,实在有点像他说的:"用脚逃跑,比用手写作还要忙。"

夜。鲁迅正在写作间,书桌对面的日本海军司令部的灯光突然全部熄灭,大院子内人影幢幢;接着,许多机车队纷纷开了出来,向南疾驰而去。不一会,隐隐听到枪声,鲁迅和许广平一起跑上阳台,看见红色的火线从头顶穿梭般掠过,知道战事已经发生。不得已,他们只好退居楼下。

第二天整整一天都在枪炮的轰鸣声中度过。

30日早晨,天才微明,就有一大队的日军前来搜查。他们见屋内只有一个老年男子,其余都是妇孺,便当即离去了。据内山让店员送来的消息说,搜查原来是因为中国出现了便衣队,有人从楼上向下放枪!正在这时候,鲁迅从楼上发现写字台前面的落地窗门的玻璃上有一个圆洞,显然是子弹打穿的。那方位恰好在抽斗下面,如果坐在椅子上写字,子弹必定打中腹部,岌岌乎大有命在旦夕之虞。这公寓只有这一家中国人,其余都是外国人。而每层楼梯都开着窗户,很难预料再有没有人从这些窗户向外放枪,如果果真如此,那么嫌疑将肯定无法消除。形势险恶得很,两人商量的结果,决计搬到内山书店去暂住一下。

下午,全家仅仅带上几件衣服和几条棉被,连同周建人一家,来到书店的一间楼上。

窗户用厚棉被遮住,严严实实的,黑暗而窒闷。这种由女工、小孩和大人挤在一起大被同眠的生活,是从来未曾经历过的。整整一个星期过后,适值大年初一,才迁回到三马路的内山书店支店里去。

这时,风雪交加,天气奇冷。十个人挤在一间屋中,席地而卧。大人默默无言,孩子在妇女的照管下也一声不响,不哭不闹,居然就这么寂寂地度过三十六天。直到海婴患麻疹,为了孩子的健康,鲁迅举家再行迁往大江南饭店,原以为店内有汽炉取暖,而炉子并无汽。幸好海婴如居暖室,疹子很快便痊愈了。这样又过了几天,直到3月19日上午,他们才回到劫后的旧寓。

在这段流寓的日子里,担受惊恐的何止鲁迅个人?郁达夫、陈子英分别在报上刊登寻找他的启事,史沫特莱则冒着生命危险,亲乘美国《上海大美晚报》编辑开的汽车,冲过日本兵的街头工事,到他的寓所里寻找他。许寿裳一直挂念他的行踪,通信不断。远地的读者,甚至写快信到《文艺新闻》社,询问他的安危……

文章是不能写了,连日记也写不成。返寓次日,他写信给李秉中,说:"时危人贱,任何人在何地皆可死,我又往往适在险境,致令小友远念,感愧实不可言,但实无恙,惟卧地逾月,略觉无聊耳。百姓将无死所,自在意中……"

月底,他为人写字一幅,是李贺的《南园》:"长卿牢落悲空舍,曼倩诙谐取自容。见买若耶溪水剑,明朝归去事猿公。"

同日,又以自作诗赠人。诗云:

　　文章如土欲何之,翘首东云惹梦思。

所恨芳林寥落甚,春兰秋菊不同时。

留学日本的充满理想主义梦幻色彩的日子,是他所怀念的。日本青年学者增田涉于去年3月来到上海,向他请教有关《中国小说史略》及有关问题,年底归国时作诗赠别:"扶桑正是秋光好,枫叶如丹照嫩寒,却折垂杨送归客,心随东棹忆华年。"一样流露出对于日本的系念。

这时,中日双方正在商讨停战问题,但形势极不稳定,随时有重新开战的可能。所谓"战云暂敛",他对时局的发展是有着清醒的估计的。恰好内山来信邀他赴日小住,并且告诉他说,增田和佐藤都很愿意他能前往。应当说,这机会是再好不过的了。

但是,他没有去。他复信说:

拜启:四月二日惠函奉悉,早先我虽很想去日本小住,但现在感到不妥,决定还是作罢为好。第一,现在离开中国,什么情况都无从了解,结果也就不能写作了。第二,既是为了生活而写作,就必定会变成"新闻记者"那样,无论从那一方面看都没有好处。何况佐藤先生和增田兄大概也要为我的稿子多方奔走。这样一个累赘到东京去,确实不好。依我看,日本还不是可以讲真话的地方,一不小心,说不定还会连累你们……

你们的好意,深为感谢。……我于三周前回到原住处。周围虽颇寂寞,但也无多大不便。不景气当然也间接波及我们,不过先忍耐一下看,等到万一炮弹再次飞来又要逃走时再说。

书店还是每天都去,不过已无什么漫谈了。颇为寂寞。仁兄何时来上海?我热切地盼望你早日归来……

命中注定他不能离开中国。他的梦,他的文章,他的一切活动,都因为有了中国的存在。他没有传统知识分子的独善和洒脱,除去中国,他没有自己的东西。在中国,几乎集中了世间所有的善与恶。他必须与人类的苦难同在。

一次,内山在功德林宴请日本女作家柳原白莲。他出席作陪,席间屡次抨击中国政治。白莲便问:"那么,你是抱怨自己出生在中国了?"

他回答说:"不,我以为比起其他任何国家来,还是出生在中国好。"

说话时,他的眼睛湿润了。

104 迟迟出战:关于"自由人"和"第三种人"的论争

在左联中间,鲁迅不时会感到一种不被理解的孤独。

就拿冯雪峰来说,恐怕难以找到第二个像他这样亲密的青年朋友了,但是由于经历和资质的不同,两人之间毕竟存在着相当的距离。从参加革命至今,冯雪峰在个人的政治道路上未曾经受过任何挫折,产生某种共产党员的优越感是可能的。可是,这种优越感并不同于创造社和太阳社成员的目空一切,惟我独革,却由他笃实的个性而转换为另一种形式。他一切从党的既成的理论和决议出发,确认这是惟一正确、毋庸置疑、万难移易的,并且由此益增了对忠诚于党的自己的确信。这样,也就难免要忽视鲁迅的思想构成的全部的复杂性和独特性,到了后来,甚至力图把这位党外的老战士的思路导入预定的理论和策略的框架之中。而在事实上,他一直保持着对鲁迅的尊重;基于改造中国这一坚定信念上面,他们的友谊始终不渝。

在共产党内,有一位领袖人物同鲁迅的内在关系无疑更要亲密些,他就是瞿秋白。

不过,在他们互相认识之前,瞿秋白早已被迫离开了政治局的重要位置。六届四中全会以后,王明在共产国际的支持下,迅速掌握了中央权力。这时,瞿秋白作为一个党员的权利,只有不断地检查自己的"调和主义"等错误。他已经完全失去了公开反对王明路线的可能,否则无法留在党内。但是,严重的政治打击并没有改变他的信仰,他忍受着这一切,连同肺病的折磨,一如既往地顽强地工作,参与和领导上海的文化战线上的斗争。然而,他是带着沉重的精神创伤参加这一斗争的。这种伤痛,除了面对鲁迅等极少数至为亲密的"私交",他根本不可能找到任何袒露的机会。内心的禁闭是人生最大的痛苦。所以,一直延至告别人世的前夕,他才第一次也是最后一次以不可遏止的开放态度写下《多余的话》,因为非此不足以安顿一颗长期遭受压抑的骚动不安的灵魂。正由于他与鲁迅之间,存在着这种潜隐的心理层次的交流,因此彼此都十分珍重结成的友谊。如果说,他们都以能够认识对方为精神上的一种满足,那么,最后的离别,除了事业上的牺牲,不能不说是人生意义上的重大损失。

1931年春,瞿秋白与夫人杨之华一起,留在上海临时中央局宣传部工作。在上海,他们一直过着地下生活。

5月,宣传部机关遭到破坏,瞿秋白夫妇到茅盾家避居。有一天,冯雪峰把几份《前哨》送到茅盾家里,算是第一次认识了瞿秋白。瞿秋白看了《前哨》上鲁迅写的《中国无产阶级革命文学和前驱的血》,十分赞赏,说:"写得好,究竟是鲁迅。"随着与冯雪峰的日益频繁的交往,瞿秋白对鲁迅有着越来越多的了解,并且产生了一种探究的兴趣。

对于瞿秋白,最初引起鲁迅关注的是他的理论和翻译才能。有一次,冯雪峰把瞿秋白对鲁迅从日本转译的马克思主义文艺理论著作的意见转告鲁迅,鲁迅立刻说:"我们抓住他!要是他能从原文多翻译这类作品,那是最合适不过的了!"此后,只要有俄文的或其他可供参考的材料到手,鲁迅总要对冯雪峰说:"你去时带给他罢!"

不久,他们开始了第一次没有见面的合作。

曹靖华利用暑假译完《铁流》的附录部分以后,再没有工夫翻译该书最主要的一篇长序,鲁迅急于出版,于是通过冯雪峰,托请瞿秋白将全文补译了出来。他在《铁流》的编校后记中说:"这书虽然仅仅是一种翻译小说,但却是尽三人的微力而成,——译的译,补的补,校的校,而又没有一个是存着借此来自己消闲,或乘机哄骗读者的意思的。"其中,"补的补"指的就是瞿秋白。

年底,《毁灭》刚刚出版,鲁迅便给瞿秋白送去一册。瞿秋白读罢,随即给鲁迅写一封长信。开头的称呼是"敬爱的同志",信中写道:"我也许和你自己一样,看着这本《毁灭》,简直非常的激动:我爱它,像爱自己的儿女一样。咱们的这种爱,一定能够帮助我们,使我们的精力增加起来,使我们的小小的事业扩大起来。"他很仔细地陈述了对《毁灭》译文的意见,并由此论及一般的翻译问题。信写得十分自然,没有一点客气话,仿佛对知友说话一般。他把这种感觉告诉鲁迅,说:"我们是这样亲密的人,没有见面的时候就这样亲密的人。"鲁迅很快写了回信,就翻译问题进行认真切磋,直率地表示坚持自己的一贯主张。对于《毁灭》,他说:"我真如你来信所说的那样,就像亲生的儿子一般爱他,并且由他想到儿子的儿子。还有《铁流》,我也很喜欢。……不过我也和你的意思一样,以为这只是一点小小的胜利……"信中称瞿秋白为"敬爱的J. K. 同志",在鲁迅所有的通信中,这是惟一一次使用"同志"的字眼。

关于翻译,瞿秋白的意见,也同他的其他一些有关文艺问题的意见一样,是比较激进的。他在信中提出:无产阶级要为创造中国现代的新的言语而斗争,人人都要做仓颉。为此"我们对于翻译,就不能够不要求:绝对的正确和绝对的中国白话文"。说到"直译",他认为,"应当用中国人口头上可以讲得出来的白话来写","用不着容忍'多少的不顺'"。所以,对于《毁灭》的译文的评价,他说"这是做到了'正确',还没有做到'绝对的白话'"。他的立论的着眼点在于大众,显示了一个革命家的勇于实践和彻底改造的精神。可是,在鲁迅看来,由于中国地域广大,方言芜杂,以及文化落后,文盲众多,要做到语言的绝对划一是不可能的,必须区别种种的读者层而有种种的译作。在这里,同样体现了鲁迅的"中间物"思想。他坚持主张"直译",也即"宁信而不顺",是一种"不完全中国化"的做法,其目的在于通过翻译,不但输入新的内容,也输入新的表现法。为什么要"中国化"呢?本来目的就是"化中国"!他认为中国话不够用,语法不精密,根本在于思路的不精密。因此,要改造思路,避免糊涂,只好陆续吃一点苦,装进异样的句法去,古的,外省外府的,外国的,后来便可以占为己有。所谓"白话",也就是"四不象的白话"。白话所以是活的,是因为它不但有些要从活的民众的口头取来。而且还要注入一些到活的民众里去。所以说,"不顺"是必然的,但不是永远的。其中,一部分将逐渐地演变为"顺",而另一部分,则因为到底"不顺"而被淘汰。这中间,最要紧的是在于我们自己的批判,鲁迅多次著文谈及翻译问题,然而,他的"直译"主张并没有得到人们的普遍的理解和赞同。这一主张,是他的关于改造国民性的整体战略的一部分,其实质在于,通过语言的引进,根本改变了中国人的单一而又混乱的习惯性思维。正因为如此,它遭到了"习惯"的拒绝是理所当然的,即使"直译"比较起来要显得更加切实可行些。

1932年夏天,瞿秋白在冯雪峰的陪同下访问了鲁迅。

这是他们两人的第一次会见。对于瞿秋白,许广平是认识的。那还是在女师大做学生的时候,瞿秋白刚刚从苏联回国,应邀到女师大演讲有关苏联的观感。他留着长发,穿着西装,英俊挺拔,风度翩翩,演讲起来头发掉下来了就往上一扬的神气,许广平至今还记得清清楚楚。可是,时隔十年,面貌便完全不同了。眼前的他,剃光了头,面目有点浮肿,身上穿一件不合身的长衫,好像是从哪一个旧货摊上弄来的。党内的残酷斗争,在他的身上留下了难以磨灭的痕迹。

对于初访者,鲁迅向来不多说话,为此,殷夫生前还特地写一封信,很后悔于和他见面,说他的话又少又冷,很受了一种威压似的。瞿秋白在经受多年的磨炼以后,平时也变得很少说话了。现在,两人一见如故,都恢复了自由的常态。他们边说边笑,有时哈哈大笑,犹如两尾涸辙之鱼,顿时回到了江流湖海之中……

因为说话,彼此放弃了午睡,直到夜色催人才依依分手。瞿秋白身体不好,用饭时,破例随鲁迅喝了些酒。喝酒固然是快意的,但也多少流露了内心的怆凉。

9月,鲁迅带着许广平和海婴,到紫霞路谢澹如家回访瞿秋白。

不速的到访,使瞿秋白十分欣悦。原来,他一直伏在一张特制的西式木桌上弄他的文字改革方案,见鲁迅夫妇来了,立刻站起来表示欢迎。

这次谈话,主要是讨论有关中国语言文字方面的问题。因为许广平是广东人,瞿秋白还从桌上拿出写就的文稿,从中找出几个字来叫她发音,以资对证。如何打破中国语文的僵化和垄断局面,是他们所共同关注的,所以,乍一见面就立刻被这一话题吸引住了。他们互相批判,互相发明,一起享受着探索的愉快。

这一天,鲁迅在日记中写道:"午前同广平携海婴访何家夫妇,在其寓午餐。"瞿秋白笔名何凝、何苦,鲁迅日常谈话时总是习惯地用"何苦"来称呼他。他们认识的时间虽然短暂,往来也不算多,但是彼此都了解,包括对方的隐衷。瞿秋白曾经在写给鲁迅的一封短简中署名"犬耕",自谓搞政治,好比使犬耕田,实属"历史的误会"。作为一个永远无法摆脱书生气质的人,恐怕是很难适应中国的典型的政治环境的。关于这一点,他在以后所写的《多余的话》中有过深入的剖析,从中不无人生的感喟。"何苦",使用这个意义凝缩了的称呼,在鲁迅多少是带了一点朋友间的调侃性质的,表明了他对于上述问题的同感。他认为,以瞿秋白的才华,搞文化工作,无疑要比直接从事政治工作于中国有更大的贡献。

"枉抛心力作英雄",瞿秋白在牺牲前这么写道。对于革命,他可谓九死不悔,却倦于扮演那种叱咤风云,出人头地的"英雄"。他愿意在一个恰当的平凡的位置上,自由地发挥自己和奉献自己。对于居留上海从事文化工作,应当说,他是有着相当自得的一面的,然而身不由己,不久,就又奉命到中央苏区去了。

1932年间,在左翼批评家与"自由人"和"第三种人"之间,展开了一场新的论战。论战的中心,仍然是文艺与政治的关系问题。

早在1931年底,胡秋原在他主编的杂志《文化评论》创刊号上发表了由他执笔的发刊词《真理之檄》,以及《阿狗文艺论》,构成论战的前奏。发刊词宣称,"我们"是自由的知识阶级,没有固定的党见,完全站在客观的立场,去说明一切和批判一切。目前的使命,"就是要继续完成五四的遗业,以新的科学的方法彻底地清算和批判封建思想的残骸与变种"。它表明创刊的意图,固然在于批判封建意识的残余和南京政府的文化政策,但是对于左翼文化运动,也不能没有严厉的批评。因为左翼文化,作为"思想上的十字军",一样不可避免其党性立场。

在《阿狗文艺论》里，有着同样的暗示。其中说："艺术虽然不是'至上'，然而决不是'至下'的东西。将艺术堕落到一种政治的留声机，那是艺术的叛徒。艺术家虽然不是神圣，然而也决不是叭儿狗。以不三不四的理论，来强奸文学，是对于艺术尊严不可恕的冒渎。"在这里，胡秋原显然把"普罗文学"同"民族主义文学"都看做"阿狗文艺"。但是，文章的矛头，首先是指向后者，指向"凭藉暴君之余焰"的"新的法西主义文学"，却是明显的事实。

对此最早作出反应的是谭四海的《"自由知识阶级"的"文化"理论》一文。它结合对《真理之檄》的批判，指出"文学与艺术至死也是自由民主的"的主张，是"放弃现实任务"，将使"民族及民族利益、民族文化"丧失殆尽。但文章本身，也多少反映了作者对马克思主义关于民族和文化问题的一知半解。几乎与此同时，《文艺新闻》发表没有署名的论文《请脱弃"五四"的衣衫》，强调"大众的"文化运动，反对《真理之檄》中关于"继续完成五四的遗业"这一说法。

针对这两篇论文，胡秋原在《文化评论》第四期同时发表了《文化运动问题》、《是谁为虎作伥？》及《勿侵略文艺》三篇文章。他坚持自己的"自由人"观点，指出不要忘记"中国经济的半封建的形态"，进一步把民族文艺与普罗文艺一并加以论列。虽然，他也曾声明不否认文艺与政治意识的结合，但是在论述过程中却处处反对政治对艺术的介入，表明了他的矛盾的立场和理论的混乱。

《文艺新闻》接连发表瞿秋白不署名的《"自由人"的文化运动》，和冯雪峰以洛扬为笔名的致编者的公开信。

瞿秋白批驳道："当前的文化运动是大众的——是为大众的解放而斗争的，脱离大众而自由的'自由人'，已经没有什么'五四未竟之遗业'。他们的道路只有两条——或者来为着大众服务，或者去为着大众的仇敌服务。"又说：所谓"不准侵略文艺"，"事实上，说客气些，客观上是帮助统治阶级"。胡秋原的"自由人"立场，正是"'五四'的衣衫、'五四'的皮、'五四'的资产阶级的自由主义遗毒"。文章正确地阐明了在阶级斗争的激化阶段，自命为"自由人"的理论立场在客观上的消极作用，但是，却不恰当地把政治同理论问题等同了起来。其中突出的是如何评价五四运动，也即如何看待启蒙与救亡、知识分子与大众的关系问题。这个问题，长时期以来没有得到科学的认识，甚至从此出发，逐步酿成灾难性的后果。可以说，瞿秋白的观点是具有一定的代表性的，在这里，由于片面强调大众的立场和斗争的倾向，他对知识分子和启蒙工作表现了不应有的轻视态度。对于胡秋原，冯雪峰的态度显得更为武断，他针对胡秋原在另一篇文章里对钱杏邨理论的"清算"，指出其动机"不是攻击杏邨个人，而是进攻整个普洛革命文学运动"，"真正显露了一切托洛斯基派和社会民主主义派的真面目"。

这时，杜衡以苏汶的笔名投入了这场论战。在《现代》杂志上，他发表了《关于"文新"与胡秋原的文艺论辩》一文，基本上站在胡秋原一边，提出"第三种人"的观点。从此，关于"自由人"的论争便转化为"第三种人"的论争，论争的中心，也随之由《文化评论》和《文艺新闻》转移到《现代》杂志上。

杜衡把鲁迅等称为"左翼文坛"的"指导者"，"在中国摆下擂台"，"霸占文学"。他把左翼批评家同胡秋原的论争概括为"两个绝对不同的立场"："一方面重实践，另一方面只要书本，一方面负着政治的使命，另一方面却背着真理的招牌。"他认为，这种"争着文坛的霸权"的论争，只能使"这两种人之外的第三种人"大吃其苦。所谓"第三种人"，便是"作者之群"。尤其是"左翼文坛"，由于他们的"政治家式的策略"，"终于，文学不再是文学了，变为连环图画之类；而作者也不再是作者了，变为煽动家之类。死抱住文学不放的作者们是终于只能放手了"。

左翼批评家立刻起而反击。其中，著名的文章有瞿秋白署名易嘉的《文艺的自由和文学家的不自由》，和周起应也即周扬的《到底是谁不要真理，不要文艺？》。

瞿秋白指出，胡秋原的艺术理论是"变相的艺术至上论"，"资产阶级的虚伪的旁观主义"，"百分之一百的资产阶级的自由主义"；而苏汶，同样作为"反对阶级文学的理论",他是比胡秋原进行得更巧妙,更彻底的。瞿秋白毫不讳言文艺之为"煽动的一种工具",他指出:"文艺——广泛的说起来——都是煽动的宣传,有意的无意的都是宣传。文艺也永远是,到处是政治的'留声机'。"作为文艺理论与批评,全篇不无庸俗社会学的倾向。由于战斗的驱使,他过分重视政治功利的目的性而忽视了艺术本身的特性,如评判艺术"高下"的标准问题,就完全以政治标准代替了审美标准,等等,从而使论辩在一定程度上破坏了它的科学性。周扬的批评简直显得粗暴,他指责苏汶"恶意的歪曲"马克思列宁主义,"攻击'左翼文坛'","第三种人"的理论完全在于遮掩"没落的阶级""逆着历史的发展开倒车"这一"反动"的"本来面目",借以"欺骗群众";"目的就是要使文学脱离无产阶级而自由,换句话说,就是要在意识形态上解除无产阶级的武装"。文章结尾说:"苏汶先生即使没有'做那一阶级的狗'的话,那么,就做这'另外一种人'吧。当苏汶先生做了这'另外一种人'的时候,他大约便可得救了!"

瞿秋白和周扬的论文,表现在政治态度上、方法论以及文风上的缺陷,给杜衡以可乘之机。《现代》同期发表他的《"第三种人"的出路》,再度进行争辩,虽然在理论上并没有提供什么新鲜的东西。

这时,共产党的领导人张闻天在一份内部刊物《斗争》上面,以歌特的署名发表《文艺战线上的关门主义》一文,认为否认"第三种人"与"第三种文学"是关门主义的表现,指出排斥这种文学,骂倒这些文学家是抛弃文艺界上革命的统一战线,对文化运动中的右倾消极与左倾空谈倾向提出了严肃的批评。

接着,冯雪峰署名丹仁发表了一篇总结性的长文:《关于"第三种文学"的倾向与理论》。文章同样从党的政策立场出发,声明要纠正瞿秋白和周扬在论文中的机械论和左倾宗派主义的错误,一方面批判苏汶的倾向和理论所包含的反无产阶级的、反革命的性质,一方面明确地把苏汶划归"应当与同盟战斗的自己的帮手"和"友人"。比较他差不多同时发表的另一篇文章《并非浪费的论争》里对于胡秋原的态度,是很有意味的。文中丝毫无改于过去的判断,即:胡秋原是"社会民主主义派托罗茨基派的文艺理论家","他的去过势的马克思主义的文艺理论,恰正形成我所指说的反革命派别的政治主张之在文艺理论上的反映",在政治上甘心被反革命派所利用,"在群众面前他已经是敌人的冲锋队里面的一个了"。其实,在这两篇文章中,他同样犯了瞿秋白和周扬在态度上和方法上的错误。

鲁迅是在论争几乎接近尾声的时候介入的。

当胡秋原的"自由人"理论已经陷入左翼批评家的火力网中,他仍旧按兵不动。早在几年前的关于"革命文学"的论争里面,胡秋原曾经以冰禅的笔名,发表过与他持基本相同立场的文章;现在,有关"自由人"的论述,也并非一意对付普罗文艺,甚至主要不是对付普罗文艺的。也许鲁迅理解到了这些自由知识分子的弱点?其实,自五卅运动和北伐战争以来,他一直对文艺和政治的关系问题、知识分子问题进行着紧张而严肃的思考。在《奔流》编后记里,就表现了他对于党如何指导文艺这一重大问题的关注态度。主严?主宽?虽然他当时并没有得出明确的结论,但从整个关于"革命文学"论争的过程当中,毕竟可以看出他的基本倾向。他十分憎厌一些"革命文学家"的惟我独左,排斥异己的做法,对于他们以政治宣传代替艺术创造的高调也非常反感,面对于"同路人"的诚实的劳作,倒一贯予以相当的重视和较高的估价。胡秋原所推崇的普列汉诺夫是他所熟悉的,那么,胡秋原是否因为迷困于美学理论而产生对政治的反感?当他把普罗文艺也随同民族文艺一起与"不自由的,有党派"的阶级立场联系起来的时候,是否会发展到对普罗文艺的专一的敌视?是否还需要等一等,看一看呢?对于一个被目为一贯"好斗"的人来说,沉默是不可思议的。

直到苏汶破门而出,鲁迅才发表有关论争的第一篇文章:《论"第三种人"》。这倒并不因为胡秋原曾经在批判钱杏邨的文章中为他作过辩护,而苏汶在提到他的名字时却加以讥嘲的缘故。事实上,苏汶比胡秋原走得更远;作为一个左联盟员,其矛头所向,竟然从民族文艺那边调回到"左翼文坛"来了。

苏汶全文毫无理论价值，纯属俏皮话而已。这种简直近乎叛卖的立场和极不严肃的态度，使鲁迅非常反感。但是，他没有使用他历来对付论敌的近乎刻毒的讽刺笔调，也没有使用如周扬等往往把问题归结为阶级本质的简单化的做法，而是以雄辩的事实和显豁的比喻，辩说苏汶所言及的两个要害问题，即"第三种人"是否存在，以及大众文艺的价值问题。

《论"第三种人"》一开始就向读者介绍文艺论争的现实状况；"沉寂"，"几乎没有人能够开口"。这里有两个例外，其一是"文艺自由论"，它是获得"指挥刀的保护"的，其二就是"第三种人"的理论。下面接着写道："苏汶先生说过'笑话'：左翼作家在从资本家取得稿费；现在我来说一句真话，是左翼作家还在受封建的资本主义的社会的法律的压迫，禁锢，杀戮。"所谓"第三种人"何以能够在沉寂的文坛中独得"自由"呢？他们是不是也取得了"指挥刀的保护"？当一种理论或创作，一旦获取指挥刀保护，难道还可以说得自由的吗？鲁迅引而不发，没有其实也无须直接做出结论。他从正面论说做不成"第三种人"的时候，打一个十分精彩的比方，说：

> 生在有阶级的社会里而要做超阶级的作家，生在战斗的时代而要离开战斗而独立，生在现在而要做给与将来的作品，这样的人，实在也是一个心造的幻影，在现实世界上是没有的。要做这样的人，恰如用自己的手拔着头发，要离开地球一样，他离不开，焦躁着，然而并非因为有人摇了摇头，使他不敢拔了的缘故。

任何人也摆脱不了现实社会的制约，所谓"第三种人"能够吗？在专制的现代中国，不做奴隶，就是奴才，简直没有逃路。鲁迅多次说过，这里的艺术家是逃不进"象牙之塔"的。他深知中国文人的弱点，没有骨气，没有特操，不管目下说着怎样的逍遥话，结果还是得寻求"指挥刀的保护"。其实又何止中国的文人如此呢？只因为中国的统治过于苛酷罢了，这实在是无法可想的。总之，以"自由"、"中立"相标榜的集团，最后一定要分化，所以在鲁迅看来，论证"第三种人"存在与否并不重要，作为一个理论问题，它的全部意义在于政治实践。

既然注定做不成"第三种人"，那么在矛盾对立的社会中如何确立个人立场，才成了最具有实效性的问题。他认为，左翼作家对此是有着引导的责任的。虽然，杜衡曾经说过"第三种人"也即"作者之群"因为左翼文坛的威吓而搁笔的话，但是由于"第三种人"终究是"心造的幻影"，这种关于"横暴的左翼文坛"的斥责也就自然成了自欺欺人的谎话。鲁迅承认，自有左翼文坛以来，理论家犯过错误，作家之中也确有"左而不作"的，并且还有由左而右，甚至化为民族主义文学的小卒、书坊的老板、敌党的探子的，然而它依然按照固有的方向不断克服着，进军着。他说："左翼作家并不是从天上掉下来的神兵，或国外杀进来的仇敌，他不但要那同走几步的'同路人'，还要招致那站在路旁看看的看客也一同前进。"那么，苏汶先生怎么办呢？

"怎么办呢"是杜衡的原话，如今被用作文章的结语。这种特别的安排，意在促使杜衡对自己的理论道路的反省。虽然，对于杜衡回到左翼立场的可能性，鲁迅到底以怀疑的成分居多。本文是经由杜衡本人看过，然后交《现代》发表的，与其说是论战，无如说是一场严肃而友善的谈话。

说到大众文艺、连环图画、唱本，鲁迅并不认为是没出息的。他说，左翼也要托尔斯泰、福楼拜。但不要努力去创造一些属于将来的东西的托尔斯泰和弗罗培尔。他指出，他们两个都是为现在而写的。"将来是现在的将来，于现在有意义，才于将来会有意义。"他十分讨厌那种轻视民间文艺的贵族化观点，并不以为形式是决定一切的，他说："我相信，从唱本说书里是可以产生托尔斯泰，弗罗培尔的。"民间文艺是伟大的天才的母亲。他多次赞誉流传了千百年的谚语、传说、地方戏曲等等，惊叹于长期被压迫被埋没而尚未泯灭的底层的智慧，欣赏它们的形式美，它们的刚健与清新。关于艺术价值的讨论，不仅仅是一个观念问题。他所以没有忘情于连环图画、唱本，以及托尔斯泰写给农民看的一类小故事,首先是因为他在精神上对底层大众的皈依。

对"自由人"和"第三种人"理论发起的这场论战,由于左翼批评家是从党的理论和政策立场出发的,所以,经由党内领导人物的指示,也就如几十年后的所谓"运动"似的很快地偃旗息鼓了。令人不解的是,迟迟出战的鲁迅,却在同一营垒中人归于沉寂以后,竟独力把论战坚持下去。因为他接连观察到了两种现象:其一是这些貌似超脱的理论的提倡者,已经卖身权门,同其他一些走狗文人为伍;还有一个更可怕的现象是,这些变化了的"第三种人"居然同自己的一些"同志"联成一气,甚至恶意地拿他开玩笑了。开始,鉴于对教条主义、左倾空谈的"革命文学论"的批判刚刚结束,对"第三种人"的批判有可能重新助长这种"革命一来所有人都得死"的类似的极左倾向,而事实上,在进行着的论战中间,有一些批评已经是逸出文艺问题之外的了,这种潜在的危机,使他在使用批判的武器时不能不格外的小心用力。然而,随着情势的发展,尤其在1934年以后,他对所谓"第三种人"的态度也就变得日渐严厉起来。

鲁迅宽容,然而威武。那是不可欺侮的。

105　北平五讲・致周扬:"辱骂和恐吓决不是战斗"

母爱于人是一种负担。

至少,鲁迅有大半生牺牲在这里;离开北京以后,也还时时为此牵挂,不得安宁。早在许寿裳在江西省教育厅工作时,妻子因病去世,他在一封唁信中说:"人有恒言,'妇人弱也,而为母则强。'仆为一转曰:'孺子弱也,而失母则强。'此意久不语人,知君能解此意,故敢言之矣。"后来,对《申报・自由谈》的编辑黎烈文不幸丧偶,故使婴儿每日看遗照的做法,他还曾这样表示过反对的意见:"倘有慈母,或是幸福,然若生而失母,却也并非完全的不幸,他也许倒成为更加勇猛,更无挂碍的男儿的。"他一方面高度礼赞无不包罗的母爱的伟大,在谈及中国乡村的溺婴现象时,甚至指出那些残忍地毁灭了婴儿生命的母亲,仍然是为了爱;而另一方面,他又说母爱差不多是盲目的、可怕的。对此,鲁迅有着十分深刻的感受。他知道母爱的代价,却愿意为此付出牺牲。

1932年11月9日夜间,周建人来寓,交给他一封"母病速归"的电报。次日上午,他冒雨往北火车站问车,购买车票,晚上向内山老板辞行,并托付一切,第三天早晨便匆匆上了火车。

13日下午,到了北京家里,立即给许广平发了一封短简,报道母亲稍愈的消息。夜1时,又草了一信,叙说即时的心情:"北平似一切如旧,西三条亦一切如旧,我仍坐在靠壁之桌前,而止一人,于百静中,自然不能不念及乖姑及小乖姑,或不至于要嚷'要PaPa'乎。"又说:"其实我在此亦无甚事可为,大约俟疗至母亲可以自己坐立,则吾事毕矣。"

在鲁迅到京之前,许广平已经发出两封信了。除了照顾海婴,每日工作,就是抄写后来命名为《两地书》的原信,作为她必做的功课。她劝鲁迅乘此机会做小说,但又怕因此伤害他的身体和心绪,信中这样写道:"如果你愿意写,我们这里可以等的,横竖你要等太师母好些才能来,如此似乎比闲坐无聊得以消遣,但注意勿太吃力,这是第一要关心的。做小说来,非一时可写完,或愿意玩玩,那么还是不写也好吧!一切请自己斟酌吧!"表达了一位女性所特有的细致和矛盾的心情。

其实,鲁迅什么也写不成。事情本来不多,陪母亲看病,听她谈说二三十年前和邻居的事情,此外就是出访或接待朋友。这些琐事加起来仍然等于没有做事。闲坐不闲。世事的变幻使中年人永远无法宁静。许羡苏走了。许寿裳不在。许广平也不复是先前常常来坐的害马了。因为怀念过去,才愈加珍重起眼下流溢在书信里的温存。幸而还有友情,可以减少许多寂寞。宋紫佩、台静农、李霁野、魏建功、沈兼士、马幼渔,待他都很好,这种老朋友的态度,在上海势利之邦是看不见的。这种友情的蛊惑,居然使他想到要移居到这里来,但是,转念这里的学生又要逼他教书,以致招人嫉恨之类,就又立刻动摇了。那结果,还不是跟先前一样,弄到非离开北京不可吗?

他是好斗的,但是又总想回避那些无聊的纠缠。

这世界,还是没有苍蝇的好。

算起在京居留时间的成绩,或许仍是演说。他一共演讲了五次,在北京大学,在辅仁大学,在女子文理学院,在师范大学,在中国大学,听讲对象全都是青年学生。用他的话来说,这些演讲"是平和的,也必不离于文学",但是他这个人怎么可能摆脱固有的反叛思想呢?说他是"火鸦"实在是不错,在五四所遗下的这个寂寞的文化城里,他的演讲就是一把野火,众多青年的期待热情助长了火势,简直轰轰烈烈。报上有文章揭载说:"在各大学演讲,平青年学生为之轰动,历次演讲地方均门碎窗破。自十五年后,此种群众自动的热烈表现,惟东省事件之请愿运动差堪仿佛之。"

这就是著名的"北平五讲"。

他在演讲中指出,称中国文学为官僚文学是不错的。中国文学和官僚实在接近。他对中国文学有一种很独特的分类法,就是廊庙文学和山林文学两大类。这两类文学的界限是"在朝"和"在野",因此,前面一种是帮忙文学,但既然帮忙也就得帮闲,帮闲文学实在也是帮忙文学。至于后一种虽然暂时无忙可帮,无闲可帮,但身在山林,而"心存魏阙",毕竟还是一家子。大凡要亡国的时候,皇帝无事,臣子便谈谈女人,谈谈酒,像六朝的南朝;开国的时候,这些人便做诏令,做敕,做宣言,做电报,——做所谓皇皇大文。国民党政权刚刚建立起它的血腥统治,需要文人帮忙,而实际上不也有不少南下投奔到青天白日的麾下去的吗?然而,大谈女人与酒之类的文化人,却又处处暴露了亡国的朕兆。这种混杂的文化现象是发人深省的。中国是什么样的中国呢?黑暗腐败到了透顶,而在武力的维持之下仍然可以继续撑持的"党国"!鲁迅向听众做了很深长的暗示。作为古都,北京的文人与官僚最为接近,有的纯粹官僚化了;有趣的是,这里文界的隐士也特多。难道事情不是这样吗?这一切说明了什么呢?比起全国的其他地方,这里的文化人是不是应当有更多一点的自省意识?

关于五四的"文学革命",他说是西装先生的"皮鞋脚"的胜利。但是,时代的进展,是没有停止的时候的,于是有下等人的"草鞋脚"插进文坛。霸占了文坛的"皮鞋脚"当然要加以拒绝,反对新兴的普罗文学,曾经革命的在新的情势下变成了革命的阻力。这是无可如何的事情。而新兴艺术的前途,如同时代发展的趋势,却又是无论如何也阻碍不住的。

他回顾几年来革命文学演变的历史,指出在专制统治之下,所谓"革命文学"是怎样成为"遵命文学"的。这里的"遵命文学",不同于他对自己在"呐喊"时期的作品所作的统称,实质上指的是受官方保护的文学。他认为,有几类人物是值得特别研究的:其一,胆小而要革命,如叶灵凤之流。其二如张资平之流,大讲马克思主义,其高超处使人难以理解,又绝非实际所可做到。这样的革命文学,其实仍是遵命文学。还有,便是"为艺术而艺术"一派,对于时代变迁中的旧道德、旧法律、旧制度毫不顾及,表面仿佛很纯粹,实则也是遵命文学。他说,目下的作品,很难说代表无产阶级,因为无产阶级多为劳苦大众,以他们的思想和文笔,都不足以构成文学。对于革命文学作家应具备的条件,他作了不少说明,其中主要强调的是阶级意识与社会地位的一致性。但是,中国到底有没有无产阶级文学?哪些才能算是无产阶级文学?应当怎样估量它们的价值?至今,他仍然没有中止对这个问题的思考。

谈到文学,也就不能不一再谈及文学家,也即知识阶级问题。他说,有人以为知识阶级要灭亡了,其实知识永远是需要的。他把知识阶级分为新旧两种,现在的所谓知识者,即到外国留学的先生们,回国讲各种科学,生活优裕得很,可以坐汽车,住洋房,漂亮而阔绰。但是,能否长久还是一个问题。他的所谓"新",并不包括浮游于社会上层的这部分。新知识者立足于现实,在实际斗争中寻求自己的艺术,表面上看来好像很自私,然而他的事业既然同大众结合,那么他的存在,也就不是单单的为自己了。他多次提到这个观点,但是并没有引起人们的注意。所谓自由主义、个人主义的存在,至少得有一个可以容纳个性自由发展的空间,然而,在中国这块历代专制的国土上是连半点隙地也没有的。所以,要赢得自由和独立,就必须正对权势者,如果力图避开权势者的气焰而奢谈什么"自由人"、"第三种人"之类,倘不是幼稚或浅薄,那么,简直可以视同欺骗了。

鉴于中国的国情,他对知识者,对青年学生表示了如下两点希望:一是做事要认真,不要老是做戏似的。文学也如此,常有新主义而货色照旧。他谈起新兴的未来派艺术,说,文章本来有两种:一种是看得懂的,一种是看不懂的。不过人家欧洲是不管看得懂与看不懂的——看不懂如未来派文学,虽然看不懂,作者却是拼了命的。但是中国就找不出这样认真的例子。还有一点希望就是,眼光不可不放大,但不可放的太大。譬如文学,倘写所谓身边小说,说苦痛呵,穷呵,我爱女人而女人不爱我呵,那是很妥当的,不会出什么乱子。如果一谈及中国社会,谈及压迫与被压迫,就不行了。不过如果再远一点,说什么巴黎、伦敦,再远如月界、天际,可又没有危险了。接着,他说,不要只注意近身的问题,或地球以外的问题,社会上的实际问题也要注意些才好。

注意社会的实际问题,并不等于主张文艺家一例地参加政治活动。鲁迅一直认为,对于作家来说,用笔才是主要的战斗方式。在台静农家里,他有一次讲话,再次强调了这一点,听讲的人有北京左联的成员,可以认为,这是他对左联领导方式的一种批评。

在台家,他还谈了一些有关创作的情况。共产党有关方面试图说动他创作一部关于红军战斗的小说,材料也交给他了,并两次约了从苏区到沪养病的陈赓将军向他介绍有关情况。一年前,当他听到一件有关中央苏区反"围剿"斗争中的地方纠纷的消息时,曾经对增田涉说过:"听说共产党杀了附近的农民,不知是否确凿?但很可能是流言。如果真是杀了农民,无论持什么理由都不行的。已经有人调查了,如果这是事实,我一定要向共产党提出忠告。"陈赓的谈话,使他了解到了许多为他所不知道的情况,解除了不少疑虑。但是小说终于没有写成。他说,他不能写他不熟悉的生活。作家所应熟悉的首先是生活,是自己所经验过感动过的活生生的东西。

最后一次演讲,题目是:《文艺与武力》。可见他根本"平和"不得,时候一到,便把匕首露出来了。他说,凡是叫喊自由和反抗的文学,统治阶级一定要用武力加以压迫。但是无效,于是使用麻醉政策,收买一些无耻文人,自然总有那么一些文人,用文字加以粉饰。不幸文学是社会的,不是几个人的,这就是不免仍然有不平。既然麻醉也无效,恶性循环,只好又诉诸武力了。他又说,言论与文学,自上古以至今日,自世界以至中国,均屈服于统治阶级。所以,争取言论自由,与努力于新文学建设,实在是文化人当前的急务。

北京、上海、南京,还有各地方的报刊,纷纷报道鲁迅这次返回北京的情况。流言自然也不少。名人背后总会有流言相随。有说他受了不愉快的压迫才悄然北游的,有说他负有特殊的使命的,有说他"卷土重来",是为了做教授的,等等。其实简单得很,一个母亲,已足够令他梦系魂牵。在接到电报之前几个小时付邮的信内,他还做梦似的说着明春到异乡漂流的计划,想不到就这样匆匆地只身远行。总是匆匆。总是身不由己。如果说,他的演讲是放火,那么也不是带着放火的任务而来,只因为他本人是"火鸦"而已。

当鲁迅还留在北京的时候,瞿秋白夫妇第一次到他的家里避难。

许广平亲人一般热情地接待了他们,把双人床让出,请他们在鲁迅写作兼卧室的一间朝北的大房间里住下。等鲁迅月底返沪,他们已经住了好些天了。

理解需要时间。将近一个月的朝夕相处,使鲁迅与瞿秋白的关系变得更为融洽。所谓融洽,并非仅指观念或观点的一致。他们也不可能完全一致。融洽首先是一种情感关系,它意味着人们的神秘的生命之流的交汇,那里隐藏着某种共同的契机。这其间,瞿秋白写了一首七绝赠给鲁迅,那是一首旧作:"雪意凄其心悄然,江南旧梦已如烟。天寒沽酒长安市,犹折梅花伴醉眠。"他向鲁迅无遗地袒露了内心的感伤,虽然跋语谓是"此种颓唐气息,今日思之,恍如隔世",但是毕竟还是一份"'忏悔的贵族'心情"。直到写作《多余的话》时,瞿秋白还解剖过自己的"颓废"与"脆弱"。鲁迅是能够理解的。他写过《野草》,写过《在酒楼上》、《伤逝》和《孤独者》,他知道,感伤乃知识分子之常。瞿秋白到底是知识分子。

离去之前,瞿秋白买了一盒非常昂贵的积铁成像玩具送给海婴。那是稀罕的舶来品,因为稀罕,许广平才把它收藏起来,怕被淘气的孩子很快弄坏。而瞿秋白生活是那么清贫,他走时和杨之华各自携带的只有装有几本书籍、几篇文稿和几件衣服的两只小包袱,那就是他们的全部财产了。他赠送玩具的说话是:"留个纪念,让孩子大起来也知道有个何先生!"与其说是达观,无宁说夹带了几分凄伤的况味。

"今晚上你平安地到达那里以后,明天设法告诉我一声,免得担心。"瞿秋白记起鲁迅临别时的话就动感情,被接回谢澹如家,立即托人送去一封短简和一只火腿爪。接着,又成诗一首,也一并抄寄给了鲁迅。诗是读了《申报·自由谈》,见有人说真正快乐的情死,却是《金瓶梅》里的西门庆之类的东西而作的。诗云:"不向刀丛向舞楼,摩登风气遍神州。旧书摊畔新名士,正为西门说自由。"所说正是鲁迅抨击的那类帮闲文人。

作为知识者,面向"刀丛"固难,廓清"风气"又谈何容易?"名士"而"新",土洋结合,"风气"竟来自知识者自身。封建主义不只是一种"传统",并不完全的代表过去。它不是僵固的被动的存在。它可以以各种渠道和方式破坏新生的机运,进入新分子内部,使之徒有其表而不改旧的本质。

在鲁迅家里,瞿秋白翻译了苏联诗人别德内依的讽刺诗《没有工夫唾骂》,在周扬主编的《文学月报》发表。

诗是针对托洛茨基的,全篇充满了笑骂,在艺术上是粗糙的。更有甚者,同刊的下一期登了署名芸生的《汉奸的供状》,是模仿别德内依而骂胡秋原的,诗中除了"丢那妈"一类的辱骂以外,还加上不少恐吓的话,如"切西瓜"——斫脑袋之类。

文委书记冯雪峰看后,觉得很不妥,完全违背了党的策略,于是去找周扬,提出自己的看法,并且建议在《文学月报》上做出公开纠正的表示。周扬完全不同意,跟冯雪峰争吵起来。事后,冯雪峰到了瞿秋白那里,谈起这件事情,瞿秋白认为他的建议是正确的,晚上,他又特地跑到鲁迅家里去,征求有关的意见。

鲁迅找出《文学月报》,翻看了一下《汉奸的供状》,认为很有点流氓气,并且表示说,刊物倘能自行纠正当然是好的。冯雪峰听了,就请他出面写一篇文章,代表左联说说话。"由我来写一点也可以,"鲁迅沉吟了一会,说,"不过还是用个人名义为好。"

文章终于在《文学月报》登出来了,是以公开信的形式写给周扬的,题目是:《辱骂和恐吓决不是战斗》。

他指出,芸生的诗有辱骂,有恐吓,还有无聊的攻击,其实是大可以不必作的。开首的对于姓的开玩笑,很使他想起四年前那杜荃称他为"封建余孽"一类的谩骂,其实捡得这样的材料,欣欣然自以为得计者,在他看来,倒是十分"封建的"。恶作剧的重演,封建意识的复活,不能不引起他特别的警惕。

在文章中,他再次阐述了他的革命观。他说,无产者的革命,是为了自己的解放和消灭阶级,并非因为要杀人,即使是正面的敌人,倘不死于战场,就应当有大众的裁判,决不能由某个什么人的一句话轻易地裁定生死的。德国的无产阶级革命虽然没有成功,倒也没有乱杀人;俄国的十月革命,也都保留了皇帝的宫殿。中国的作者,却将革命者用笔涂成一个吓人的鬼脸,未免太卤莽,太想当然了。

但是,仔细想来也不足怪,不是说过"流氓的变迁"吗?这是中国文化的一大宗遗产哩!如何对待这份遗产,是承受还是抛弃?他认为这是一个带根本性的问题。

他说:

> 自然,中国历来的文坛上,常见的是诬陷,造谣,恐吓,辱骂,翻

一翻大部的历史，就往往可以遇见这样的文章，直到现在，还在应用，而且更加厉害。但我想，这一份遗产，还是都让给叭儿狗文艺家去承受罢，我们的作者倘不竭力的抛弃了它，是会和他们成为"一丘之貉"的。

不过我并非主张要对敌人陪笑脸，三鞠躬。我只是说，战斗的作者应该注重于"论争"；倘在诗人，则因为情不可遏而愤怒，而笑骂，自然也无不可。但必须止于嘲笑，止于热骂，而且要"喜笑怒骂，皆成文章"，使敌人因此受伤或致死，而自己并无卑劣的行为，观者也不以为污秽，这才是战斗的作者的本领。

本文开头是说了《文学月报》的一些好话的，如对提出了几位新作家，打破近些年来看重名流的沉闷局面等，就曾指出是一种好事情；而且，本文所说也是一番公意，他根本没有想到发表以后会遭到恶意的报复。

《现代文化》第二期发表了标题为《对鲁迅先生的〈恐吓辱骂决不是战斗〉有言》的文章，公开为芸生和编者辩护。

文章指责鲁迅向"挂羊头卖狗肉的革命贩卖手""作调和"，"带上了极浓厚的右倾主义的色彩"，"和左倾关门主义的错误无分轩轾"，是一样在"必须肃清"之列的。还说，鲁迅的批评"空喊和平"，"等于基督教徒的反对战争一样"，与考茨基的"和平革命论"，"戴白手套革命论"的谬论是同样性质的。文章反驳说，鲁迅的不要把革命者涂成吓人的鬼脸的说法是不成立的，这种多余的顾忌，"将会走到动摇妥协的道路"；至于说革命的敌人不是提笔可以判定生死的话，则是"把普洛文化运动任务估计过低，把我们的诗人与斗争的实践分离"，"是极危险的右倾的文化运动中和平主义的说法"。对于鲁迅的态度，文章借用他的原话歪曲说，是"无形中已'对敌人陪笑脸三鞠躬'了"。

其中有一句话显得分外刺眼："我们党的一时愤恨之余的斥骂，也并不怎样就成为问题的。"——"我们党"！什么党？如果就这样的可以动辄奉旨申斥，任意罗织人罪，与国民党有什么区别？革命的前途，难道只在于变换一个"党"的招牌,而无须根本的改变吗?……

文中的许多攻击性的词句,如"小资产阶级意识"、"动摇性"等等,都是当年创造社曾经使用过的。你怎样解释这样一种历史的巧合?《现代文化》是紧接着《文学月报》的被禁而创刊的,刚创刊就发表文章声援另一个刊物的作品,这是怎么一回事?他们下决心这样延续下去吗?一个人呢,还是一群人?再看署名:首甲、方萌、郭冰若、丘东平。假名夹杂真名,居然还造了一个郭冰若,令人疑是郭沫若的错排者——简直卑劣!老祖宗的遗产非这么背着不可,欣欣然不肯放下!——与其说,文章令他读了愤慨,无如说思虑和悲哀更切近些。

他写信去质问,但结果,用他的话来说是模模糊糊,不得要领。这是事情为他布下的对周扬的第一个疑点。随着周扬在1933年以后做了左联的党团书记起,他的不信任感增加了。

关于首甲等的文章,瞿秋白写了《慈善家的妈妈》和《鬼脸的辩护》两文,批评了芸生和首甲等用辱骂代替真正的理论批评的错误,并且认为,鲁迅的信是"提高文化革命斗争的任务的"。文章写得并不激烈。毕竟是内部批评。奇怪的是,它们结果都没有能够发表,只是以文稿的形式在抽屉里保存了下来。

106　丁玲失踪与杨铨遇害

人到中年以后,每临岁暮,大约都会撩动某种感旧的情怀的罢?

1932年的最后一天,鲁迅为郁达夫和几位日本朋友写了几幅字,均系自作的旧诗,其中赠滨之上的一首写道:"故乡黯黯锁玄云,遥夜迢迢隔上春,岁暮何堪再惆怅,且持卮酒食河豚。"故乡,再度成为他心中的主题音乐。愁思缭绕,低回无已。另外写泽畔诗人,写严装娇女、皓齿吴娃,也都与故乡相关。"无端旧梦驱残醉,独对灯阴忆子规",有谁不动情于子规的啼唤呢?离开绍兴已经十年,虽或有过乡思,也不如近日的强烈。何以如此,连他自己也弄不清楚——难道人真的老了吗?

旧历除夕。他特意邀来冯雪峰,一起吃了夜饭,又携同海婴一起登上屋顶,燃放了十余枚花爆。两年不曾这样度岁了。他真想热闹一番,借此摆脱所有的烦扰。

然而,事实上却不可能。

如果说燃放爆竹,在中国民俗中具有祝福的意味,那么,命运的安排适得其反。在新的一年里,无论国家或个人,环境都是全所未有的险恶。本来,他打算在年内携带家眷省母的,却不得不因时局的变化而取消了。文章也真个没有写处,只好不断变换笔名,以逃避审查官的耳目。即使得以发表,也往往面目全非,甚至被抽得连一根骨头也不剩。在上海,友人本来不多,半年之内就有一个失踪,一个被杀!

1月,日本侵略者进攻山海关,接着进犯热河,根据蒋介石的不抵抗政策,国民党在热河的二十万驻军不战自溃,致使关内的大片土地相继沦亡。

民族危机非但没有缓解阶级矛盾,反而给权力者造成了加强统治的机会。国民党政府除了继续出动军队围剿中央苏区以外,仍然以通缉、绑架、囚禁、酷刑、虐杀对付共产党人和进步人士,在压制知识界中反党治和反内战的运动的同时,强化党化教育也即奴化教育,在"训政"的招牌下,大力宣扬一个主义,一个政党,乃至一个领袖。对于大独裁者来说,所谓民族主义不过是专制主义的点缀品或代偿品,在个人或集团的权力位置没有受到致命的威胁之前,对于国内人民,是决不会放弃其铁腕政策的。

经过将近半年的酝酿和筹备工作,一个专以保护及营救所有政治犯以及争取公民权利为职志的团体——中国民权保障同盟,于1932年12月间正式宣布成立。

执行委员会主席宋庆龄,孙中山的遗孀,她以在国内的特殊地位,天才的组织和活动能力,以及业已形成的国际声望,成为被蒋介石所控制的国民党以外的独立的政治力量,被誉为中国惟一的由一个妇女组成的党。蒋介石忌恨她,但也畏惧她。她无疑是孙中山学说的最好的理解者和继承者,中国近代民主思想的最坚苦的实践者之一。虽然,她的行动受到监视,但是绝不放弃为富于人道主义的崇高的政治理想而作的斗争。

国民党元老、中央研究院院长蔡元培,被推举为副主席。这个在知识界颇具影响的人物,曾经是"清党"的支持者,现在相反走上了保护政治异端的道路。他所在的研究院,上海亚尔培路三三一号,成了民权保障同盟的大本营。

1月4日,鲁迅收到蔡元培邀请入盟的信。关于蔡元培,虽然个人交谊不算很深,但却在职业和生活问题上不只一次领受过他的帮助,私心是感谢他的。但是,他在政治上的极其昏庸的举动,远的如压制学生运动,近的如支持"清共",都为鲁迅所反对。至于与政府分庭抗礼,发起组织民权保障同盟,鲁迅认为,这在他是极其难得的,于是立即表示响应。

17日,上海分会成立,鲁迅被选为执行委员。会上,蔡元培赠诗笺一纸,云:"养兵千日知何用?大敌当前暗不声。汝辈尚容说威信,十重颜甲对苍生。几多恩怨争牛李,有数人才走越胡。顾犬补牢犹未晚,只今谁是蔺相如!"

比起左联,民保盟是一个具有更为鲜明的政治色彩的组织。凡是旨在反抗政府,争取自由与民主的斗争,鲁迅都是积极参与的。他并不可能为某一个团体所拘限。团体并不重要,它不过是斗争的载体,而斗争自身显然要比任何团体都要广大得多。民保盟宣称,它不是政党,而只是争民权的组织,不专为一党一派效力。对已被政府定罪的人,不加歧视,努力保障他们的人权,扩而广之,它的效力对象不受国界的限制,对所有人一视同仁。在一个专制国家里,人权问题无疑是最敏感的。既然民保盟强调致力于改造践踏和剥夺人权的社会环境,保障人类生命与社会进化所必需的思想自由和社会自由,这就规定了它与专制政府的对立状态。正是在这一意义上,鲁迅在加入了左联以后仍然参加了民保盟。

对于他,两者之间有着互相联系的极其一致的地方。

民保盟自成立以后,积极开展各种活动。其中,如营救牛兰夫妇,营救陈独秀、彭述之、黄平君等政治犯,营救罗登贤、余文化、廖承志、罗章龙、陈赓等共产党人,营救许德珩等教授学生,抗议国民党江苏省主席顾祝同,调查南京监狱状况,帮助国民御侮自救会,声援各地维护民权的斗争,抗议德国希特勒派一党专政的暴行等等,在社会上产生广泛的影响。

鲁迅自始至终参加民保盟的斗争。对于平常的集会,包括左联的会议,他是不出席的,但在接到民保盟的开会通知时一定先期而到;对于一般事务,尤其牵涉到人际关系的,他并不善于处置,而民保盟分派给他的事务,却办得井井有条。随着政府方面的压迫,总盟和分会的十多个执委有的转向,有的消匿,有的敷衍应付,到5月间往德国领事馆递交抗议书时,骨干分子已经不超过四五人。不过,历史运动也惟有在冷落消沉的状态中,方可发现中坚的力量。鲁迅自然是这少数人中的一个。

5月14日,国民党特务绑架了丁玲和潘梓年。稍后,应修人到丁玲家联系工作,和事先埋伏的特务进行搏斗,被特务从三层楼的窗口摔下而牺牲。

由民权保障同盟的领导人蔡元培等发起,数十名文化人共同签名,给国民政府行政院长汪精卫、司法部长罗文干发出营救丁、潘的电报。同盟还专门组织了"丁潘保障委员会",进行募捐和营救工作。文化界组织了"文化界丁潘营救会",发表《文化界为营救丁潘宣言》,要求惩办非法绑架的策动者。左联发表《反对国民党白色恐怖宣言》,对此予以揭露。国际知名人士古久烈、巴比塞也相继发表了声明。

丁玲的失踪使鲁迅感到特别悲痛。前不久,才共同哀悼了日本左翼作家小林多喜二之死,想不到转瞬之间就又失去了一位年轻的同志,中国的又一位有前途的作家。

对于丁潘事件,他认为,这是早有预谋的,是统治者旨在扼杀左翼文化的总体计划的一部分。既然人已经失踪,就不会活着出来,除非付出为革命者所不齿的代价。二十多年来,他不知见过多少青年暗暗地死亡,近者如柔石,不也是如此消失于这个世界上的吗?他没有在宣言上签名。他知道,屠伯们是绝不会分心于抗议的。

这时候,他几乎讨厌所有形式。在专制政权底下,什么宣言,什么团体,全不中用的。民保盟的存在,也不过表明亿万奴隶尚未完全成为奴才而已。对于政府的绝望,以及对人民的无边的期待,不免要给他带来某种虚无感。太彻底便容易虚无。他惟有工作着,才能有效地反抗绝望,充实希望,在孤独与虚无中把握富有力量的自我。

对于丁玲,又能做些什么呢?

鲁迅从来认为,对于作家,作品是第一重要的。那么,就出版丁玲的书,让她的作品得以最广泛的流布!

在丁玲失踪的第三天,他找到郑伯奇,建议良友公司出版丁玲的长篇小说《母亲》,并且叮嘱说,出书越快越好,出书以后还得大做广告。大约一个月左右,《母亲》出版了。然而,稿费怎样处置呢?良友主编赵家璧写信来问,他便亲自查明丁玲母亲的详细地址,吩咐分期分批寄去,以免被本家侵吞。他自己是吃过本家的苦头的。

母亲。柔石牺牲时,曾把珂勒惠支的木刻亲自交与丁玲发表,现在居然轮到了丁玲!死去的是年轻的儿女,留下的是年迈无告的母亲。每一想到母亲一双双凝望暗夜的眼睛,他只有愀然恻恻……

事实证明所有的抗议都是徒劳的呼喊。紧接着丁潘失踪,又发生了一起震惊上海的事件:中国民权保障同盟总干事杨铨被枪杀了!

在法租界出现政治暗杀,这还是头一次。

杨铨,字杏佛,江西玉山人。他十八岁担任孙中山的总统府秘书,后因袁世凯窃据大权,一度赴美国留学。归国后,仍追随孙中山奔走革命。他主办《民族日报》,发起组织中国济难会,表现了罕有的政治热情。国民党清党期间,由于他的激进,曾经被右派一度扣押于上海警备司令部,拟同被捕的共产党人一同处决。蔡元培就任大学院院长时,创办中央研究院,命他为总干事。他精悍、机敏,具有很强的组织和活动能力。作为民保盟的总干事，每次开会都由他作报告，各种决议也都主要由他负责执行。春间，他曾到华北等地进行过一次活动，到处鼓吹人权，抨击国民党政权的专制和投降政策；稍后，又同宋庆龄等到南京调查监狱，探视狱中的政治犯。这样，他自然就成为蒋介石眼中的一枚钉子，被拔除的局面是不可免的。

除掉杨铨，便可以给宋庆龄和蔡元培造成足够的心理威胁，这种"杀鸡儆猴"的作法在中国政治中屡试不爽。由于地位不同，声望不同，对付的办法很可以两样。而对于现在的这种结局，杨铨不是没有估计到，只是不加防备而已。他的朋友几次告诉他说，有人正在计划杀害他，但他早已抱定牺牲的决心，对孩子们说："即使我遭到不测，你们也会有人照顾的。"牺牲前两天，他特意探望了宋庆龄，拿出几周来接到的许多恐吓信，还有信中夹寄的子弹，并转述朋友的口头警告，希望宋庆龄多加保重。而他自己，则出入如常，工余照例骑马，照例游玩。

侦察到了杨铨的活动习惯之后，复兴社特务开始行动了。

6月18日清晨，杨铨头戴呢帽，身穿鹿皮上衣和骑马裤，带着十四岁的长子小佛一起登上纳喜牌汽车，预备到大西路换马郊游。车子刚刚驶出中央研究院大门，就遭到了袭击。一阵密集的枪声过后，人们发现，杨铨已经身中数弹，仆倒在小佛身上……

鲁迅与杨铨的接触，开始于民保盟上海分会成立前后。虽然时间不长，一起聚会和活动的机会也不太多，但是对于这位热血男儿，鲁迅是有所了解的。所以，他曾经这样对人说过，杨铨本来是国民党方面的人，至于要同情共产党，也不过为了民族而已。作为一个从事科学的人，能够如此关注民族的自由解放事业，实在不可多得。

每次开会，杨铨总是事前写了便条，请研究院属下的孔敏中驱车把鲁迅接到亚尔培路，会后则由他自己亲自陪送。在接待英国剧作家萧伯纳时，两人的接触多一些。在宋庆龄的院子里，杨铨亲自为鲁迅等七人拍了一张照片，并单独同鲁迅合影过。6月12日，鲁迅还曾接到杨铨的来信和他为自己加洗放大的照片。想不到一周间，再也看不到带麻点的脸上那双乌亮、热情而智慧的眼睛了!

惨案发生的当天,鲁迅接到内山的电话,立刻赶上汽车,驰往本部。许广平担心他的安全,跑到内山书店等他。归来时,大家向他诉说各自的忧虑,他听了颇不以为然,说:"管他呢!就算被杀死又打什么紧?……"

第二天,冯雪峰到寓所里看他。

说起杨铨被害的情形,他认为,汽车被打烂,人被打死,而小孩未受伤,可见杨铨当时是清醒的,才首先掩护了自己的孩子。他一边分析,一边感叹道:"就说动物罢,也有动物的本性,临难时也先救护幼小者。有后代,才有将来……"对于杨铨临死时所表现的镇静的态度和人性的流露,他表示非常敬佩。在赞美的语调中,表现了他的深切的痛惜之情。

在杨铨入殓的当天,他不顾朋友的劝阻,同许寿裳一起前往万国殡仪馆。走时,他没有带钥匙。并非因为他健忘。他已准备好一切。

这一天,林语堂没有去,这使他很不满。送殓回来,正好看见林语堂的约稿信。这是什么时候?竟然有心思打油!愤慨之余,他立即草了一封短简作复:

……前函令打油,至今未有,盖打油亦须能有打油之心情,而今何如者。重重迫压,令人已不能喘气,除呻吟叫号而外,能有他乎?

不准人开一开口,则《论语》虽专谈虫二,恐亦难,盖虫二亦有谈得讨厌与否之别也。天王已无一枝笔,仅有手枪,则凡执笔人,自属全是眼中之钉,难乎免于今之世矣。……

前两天,在给曹聚仁的信中,他还这样谈及中国当局的残虐:

……自首之辈,当分别论之,别国的硬汉比中国多,也因为别国的淫刑不及中国的缘故。我曾查欧洲先前虐杀耶稣教徒的记录,其残虐实不及中国,有至死不屈者,史上在姓名之前就冠一"圣"字了。中国青年之至死不屈者,亦常有之,但皆秘不发表。不能受刑至死,就非卖友不可,于是坚卓者无不灭亡,游移者愈益堕落,长此以往,将使中国无一好人,倘中国而终亡,操此策者为之也。

送殓归来,晚上他写了一首七绝给许广平看,次日又另抄了赠与日本朋友。在诗里,他倾吐着内心未尽的悲愤。诗云:

> 岂有豪情似旧时,花开花落两由之。
> 何期泪洒江南雨,又为斯民哭健儿!

过了一周,他又作了两首旧诗,自抒怀抱。其中一首云:

> 如磐夜气拥重楼,剪柳春风导九秋。
> 湘瑟凝尘清怨绝,可怜无女耀高丘。

丁玲失踪和杨铨之死,像两块磐石,一直压在心头。何者为生?何者为死?生死予夺的大权已为权势者所掌握,实在是无可如何的事。但既如此,"无怨于生,亦无怖于死",也就自然成了鲁迅的态度。

这期间,谣言四起,各处风传杨铨被刺后,接着又将杀害宋庆龄、蔡元培、鲁迅等人了。有一份报纸还披露了一份"钩命单",每个名字下面都注有执行行刺任务的特务的代号。鲁迅和杨铨名下的代号完全相同。鲁迅在信中玩了点"黑色幽默",说:"据闻在'白名单'中,我也荣获入选","继杨杏佛而该死之榜,的确有之"。不过他认为,其中至少有一半的恫吓来自"文虬"。还在丁玲失踪后不久,一连五六天,都有人打电话到内山书店的支店询问他的住址。他估计也无非是文人所为。然而,恐怖是确乎存在的,所以在信上,也便有了"难于行路","不能公然走路"的话。

当此"中国式的法西斯"流行之际,仅有六七个弄笔之徒名列"该死之榜",也不必至于天下骚然,鸡飞狗走的罢?由是,他下断语道:"智识者之怕死者半,盖怕死亦一种智识耳。"至于自己,他在给山本初枝的信里说道:"只要我还活着,就要拿起笔,去回敬他们的手枪。"

他做的第一个决定是不搬家,也不避居,虽然内山书店是不常去了,但呆在家里,仍然照样写些骂人的东西。说到底,他也只有这些骂人的东西。

杨铨死后,中国民权保障同盟的活动便告中止,一个很有生气的民间组织,经过大半年的反抗与挣扎,终于在无声无息中解散了。可见,铁腕政策也不是没有效力的。

107　萧伯纳在上海·"人生得一知己足矣"·《鲁迅杂感选集》及序言

避难成了政治家的家常便饭。

在鲁迅家里,瞿秋白前脚刚跨出大门,后脚就又踏进来了。这时,正值鲁迅加入民保盟不久。

1933年2月,萧伯纳乘坐周游世界的英国船到达上海。这位著名的英国剧作家,早年参加过改良主义的费边社,世界大战爆发后,他强烈谴责帝国主义,同情和赞美苏联。在他的作品中,辛辣地抨击资产阶级上流社会,而与下等人相亲近。在他未到中国之前,上海新闻界舆论界就已经变得热闹起来了,或呼之为"和平老翁",或责之以"宣传共产",或借机宣扬好政府主义,不一而足。中国人都很知道要人的谁和谁是亲友,谁和谁是仇敌,谁的太太的生日在哪一天,爱吃的是什么,但对于萧伯纳并不了解,他的作品的译本也只有三四种罢了。各种说法,虽然彼此矛盾,但还是以厌恶者居多。

鲁迅读过萧的作品和传记,仅仅因为痛快淋漓地撕掉绅士们的假面,就足够使他喜欢了,何况还有那么多为他所讨厌的人讨厌萧?在萧来沪的前两天,他写了一篇《萧伯纳颂》,称萧为"伟大的"。

16日午后,他接到蔡元培的信,说萧现在就在孙夫人家里吃午饭,教他赶紧去。当他来到宋庆龄家里时,午餐已经吃了一半了。

席间,他和萧没有交谈,彼此间只讲了一句话:

"他们称你为中国的高尔基,但是你比高尔基漂亮!"

"我变老时,将来还会更漂亮。"

照过相以后,大约两点左右,鲁迅随同萧等一起来到名叫"世界学院"的大洋房。在这个笔会的欢迎会上,为文艺的文艺家、民族主义文学家、交际明星、伶界大王等等，五十多人合起围来，向萧提出各式各样的质问，好像翻检《大英百科全书》似的。3点过后，返回宋庆龄的家里，又有四五十人在等候萧，排成半圆阵，纷纷质问，一样好像翻检《大英百科全书》似的……

傍晚，回到家里，鲁迅就把欢迎萧的情形对瞿秋白说了。他们同时觉得：萧在上海不到一整天，就有这么多的故事和议论，倘是别的文人，未必会如此的。这不是一件小事情。倘若能够把报刊所有的捧与骂的文章收集起来，剪辑成书，当是一份重要的文献。然而，这工作，何以不亲自动手呢？当下商量的结果，由许广平跑到北四川路一带，买来各种报纸，再由鲁迅和瞿秋白把需要的材料圈定，然后由许广平和杨之华一同剪贴成册。

通力合作的结果，在短短的一个月以后，遂以一种完整而有意味的形式呈现于读者之前：《萧伯纳在上海》。

本书以"乐雯剪贴翻译并编校"的名义，由野草书屋出版。其中有个人的文章，鲁迅、郁达夫、林语堂、张资平、胡适等，都一并包括在内，还有中外报纸的评论，萧伯纳在香港、上海、北平的谈话。此外，有的地方还加了按语。前记系瞿秋白所作，鲁迅写了序言。

在序文里，他指出，本书是一面大镜子，文人，政客，军阀，流氓，叭儿，从去照或不愿去照里，各各显出藏着的原形。胡适博士的所谓不加招待，倒是最高尚的欢迎之说，他表示特别反感，讽刺地称之为"中国学者的巧妙"。结末他认为，凡此种种人物及所玩的花样，都不出"旧传的脸谱"。

本书里有一段话说："可惜，这世界的崩溃，偏偏已经到了这步田地：——小资产的知识阶层分化出一些爱光明不肯落伍的人，他们向着革命的道路上开步走。他们利用自己的种种可能，诚恳的赞助革命的前进。他们在以前，也许客观上是资本主义社会关系的拥护者。但是，他们偏要变成资产阶级的'叛徒'。而叛徒常常比敌人更可恶。"萧如此，鲁迅也如此。

从社会的战斗上的利害出发,是不能不为叛徒辩护的。

有叛徒,自然也就有奴才。

肃立左右以听差遣的贾桂一类自不待言,连一贯标榜自由中立的知识阶级,到了关键时刻,也都往往把口头上的一点"自由"自动奉还权力者。曾几何时,胡适与他的新月派朋友还在大谈其"自由"、"人权",现在却成了国民党政府的座上客,但不久,又摇身一变而为统治集团的要角了。

继中国民权保障同盟成立以后,北平很快有了分会,胡适被推举为分会的执行委员会主席。分会成立的当天,即发电中央,要求免去江苏省主席顾祝同的职务,惩办枪杀《江声日报》编辑刘煜生的凶手。第二天,市党部对北平分会予以否认,并通知市政府军警机关勿予备案。对此,胡适发表谈话说:民权保障同盟系根据中华民国的约法组织,若说非法,则法将何解?那么危害民国紧急治罪法、出版法与民众团体登记条例等,也当予以废除了。抗议的调子虽然温和,毕竟表明了一个人权领袖所应持有的态度。

史沫特莱收到一份《北平军委会反省院政治犯控诉书》,其中揭露了反省院里种种非人道的情形,于是提交给民保盟。在临时执委的会议上,决定将控诉书分送中西各报刊登,并写有缘起,明确提出:"立即无条件的释放一切政治犯。"胡适收阅了史沫特莱航寄的英文本,很不满意,接连给蔡元培和林语堂写了两封信,否定控诉书的真实性,说反省院中并无酷刑,最大的苦痛,也只是脚上带锁及营养不足二事而已。在后一封信里,居然写了这样近于要挟的话:"如果一二私人可以擅用本会最高机关的名义,发表不负责任的匿名稿件,那么,我们北平的几个朋友,是决定不能参加这种团体的。"不等朋友的复信,也不待总会的答复,他跟着致函《燕京新闻》及其他几家报社,指责所刊发的控诉书是"伪造的",并以自己视察反省院的见闻,证实所谓酷刑的毫无根据。与此同时,又在《独立评论》杂志上发表《民权的保障》一文,公然反对总同盟关于释放政治犯的主张。他说:"把民权保障的问题完全看作政治的问题,而不肯看作法律的问题,这是错的。……前日报载同盟的总会宣言有要求'立即无条件的释放一切政治犯'的话,这正是一个好例子。这不是保障民权,这是对一个政府要求革命的自由权。一个政府要存在,自然不能不制裁一切推翻政府或反抗政府的行动。向政府要求革命的自由权,岂不是与虎谋皮?谋虎皮的人,应该准备被虎咬,这是作政治运动的人自身应负的责任。"在与《字林西报》记者谈话时,他继续指责民权保障同盟"不应当提出不加区别地释放一切政治犯,免予法律制裁的要求",认为政府"有权去对付那些威胁它本身生存的行为"。俨然政府当局的辩护士!

鉴于胡适这种公开反对会章,攻击会务的表现,总盟临执会曾两次致电要求他作出解释并公开更正,他没有答复。3月3日,民保盟开会决议,开除胡适的盟籍。

去年5月,胡适在他所创办的政治性周刊《独立评论》的引言中,大力标榜一种"不依傍任何党派,不迷信任何成见"的"独立的精神"。不出一年,他就决心做政府的一个"诤友"了。对于他与民保盟决裂的态度,国民党统治集团极为欣赏,于是由行政院长汪精卫致函邀他出任教育部长。他回信说:"我细细想过,我终自信我在政府外边能为国家效力之处,似比参加政府为更多。我所以想保存这一点独立的地位,决不是图一点虚名,也决不是爱惜羽毛,实在是想要养成一个无偏无党之身,有时当紧要的关头上,或可为国家说几句有力的公道话。一个国家不应该没有这种人;这种人越多,社会的基础越健全,政府也直接间接蒙其利益。我深信此理,故虽不能至,心实向往之。以此之故,我很盼望先生容许我留在政府之外,为国家做一个诤臣,为政府做一个诤友。"

开除胡适的会议,鲁迅是参加了的,他十分重视胡适的动向。在知识界,胡适的确是一位难得的代表性的人物。但是,对于这类并非纯粹的政客,组织上的解决,并不能消除其在社会上的影响。这里需要批判的武器。当事态还在发展中,他便写信给北京的朋友,希望代他收集胡适最新发表的关于人权问题的文章。

这时候,瞿秋白已经搬离了鲁迅的寓所,住进东照里的亭子间。在新居,瞿秋白写了不少诗文,其中,有十二篇用鲁迅的笔名发表,并且后来由他编入自己的集子中。的确,有些是鲁迅参与了意见的,如关于胡适的部分,便表达了两人共同的憎恶和鄙夷之情。

《王道诗话》有云:

> 人权王道两翻新,为感君恩奏圣明,
> 虐政何妨援律例,杀人如草不闻声。

> 能言鹦鹉毒于蛇,滴水微功漫自夸,
> 好向侯门卖廉耻,五千一掷未为奢。

这些文人小无耻,什么虐政,都可以被他们用各式各样的理论,说成是"合理"的、"正确"的、"英明伟大"的。有"王道"的地方没有"人道",所谓"人权",不过是大王恩准赐予的权利而已。

《出卖灵魂的秘诀》援引了胡适的谈话:"日本只有一个方法可以征服中国,即悬崖勒马,彻底停止侵略中国,反过来征服中国民族的心。"在这里,胡适又成为"日本帝国主义的军师"了。这类知识精英,其目的不在开发民智,而在开启权力者的觉悟。至于权力者,是可以不问中外的。比起中国小百姓,他们聪明,全在善于出卖灵魂。

1931年底,鲁迅写过《知难行难》一文,讽刺胡适等人的"专家政治"的主张。其中,说及权力者与知识者的关系,有一段很漂亮的话:

> 中国向来的老例,做皇帝做牢靠和做倒霉的时候,总要和文人学士扳一下相好。做牢靠的时候是"偃武修文",粉饰粉饰;做倒霉的时候是又以为他们真有"治国平天下"的大道,再问问看,要说得直白一点,就是见于《红楼梦》上的所谓"病笃乱投医"了。

现在,他又写了《"光明所到……"》和《言论自由的界限》两文,谴责胡适和新月社诸君子,称之为《红楼梦》中的焦大一般的奴才。两篇文章都提到"光明"的字眼。胡适在《招商局三大案》上题词道:"公开检举,是打倒黑暗政治的惟一武器,光明所到,黑暗自消。"所谓公开性,是以承认目前的黑暗当局的合法性为前提的,这样又有多少"光明"可言呢?要知道,现在比过去"光明",但也一定比先前厉害,连说话没有界限,也都可以把性命送掉的。世界上哪里有什么"言论自由"?偏偏有人在嚷着要尝甜头!这种误解,就在于不知道现在的言论自由,只是以能够表示主人的宽宏大度地说些"老爷,你的衣服……"为限。所以,鲁迅警告说:"即使有了言论自由的明令,也千万大意不得。"充分表明了他对权力者的不信任态度。

在鲁迅与胡适之间,本也没有什么私怨。但终于没有放过胡适,全在于他对奴性,以及所谓"独立"、"自由"的虚伪性的嫉恨所致。在他的笔下,奴才有自觉和不自觉之分,但又有别于拿着马粪的探头探脑的英雄。这种区分是微妙的。对于他,权力者是一个坐标,几乎他的一切喜恶,都以观察评论的对象同权力者的距离远近为转移。

东照里是鲁迅通过内山租赁的。瞿秋白夫妇刚刚搬进新居,他就手持了一盆槿花送给杨之华,算是一种庆贺。

瞿秋白一来,就在屋里挂起鲁迅书赠的立轴,上面写的是何瓦琴自集褉贴的联句:"人生得一知己足矣,斯世当以同怀视之。"

寻找人生知己实在太难了!此联其实也道出了瞿秋白的心事,在大上海,除了鲁迅和之华,还有谁真正理解自己?有时候,他总觉得有一种无法驱遣的寂寞,身体也无比疲累,但是,只要同鲁迅会面一次,就会立刻感到一种沐浴过后般的清爽。要不,他宁可在更为疲累的工作中把自己掩埋。他知道,两人共处的时光是十分短暂的。作为职业革命家,是随时可以遇到不测的;而作为熏染过老庄哲学和佛教经典的知识者,也还会不时地生出无常之感。他暗暗地力求抓住某种永恒的东西,从而保持内心的均衡。他早就感到应该为鲁迅做点什么,搬到东照里以后,便动手编起鲁迅的杂感来了。他对杨之华说:"我感到很对不起鲁迅,从前他送的书，我都在机关被破坏的时候失去了。这次我可要系统地读读他的书，为他的书留下一个纪念。"他甚至觉得，除了自己，再没有第二个人可以充分揭示鲁迅杂感的光辉。

瞿秋白很想尽快地把这件事情做完，无奈环境的干扰太大。房东是一个喜欢热闹的中年寡妇，而他的房客又十分复杂，既有中国商人，又有日本的商人和浪人。他们常常来串门，东拉西扯，纠缠不完。于是，瞿秋白想出一个谢客的办法：自己装病，关起门来看鲁迅的书，让杨之华在门旁熬汤药。周围的人们闻到满屋子的药味，果然不来了。经过紧张的阅读，他编成一本名为《鲁迅杂感选集》的书稿，接着，一连四个夜晚，又写成一篇洋洋万余言的序言。

瞿秋白论述了鲁迅杂文产生的广阔而深刻的社会背景，阐明它在中国思想斗争史上的重要地位和意义。序言说，鲁迅是莱漠斯，是野兽的奶汁所喂养大的，是封建宗法社会的逆子，绅士阶级的贰臣。他能够真正斩断"过去"的葛藤，深刻地憎恶天神和贵族的宫殿，深刻地感觉到士大夫的种种卑劣、丑恶和虚伪。他诅咒自己的过去，竭力地要肃清这个肮脏的旧茅厕。辛亥革命前，鲁迅倾向尼采主义，喊出发展个性，思想自由，打破传统的呼声，是真正介绍欧洲文艺思想的第一个人。在"五四"前夜，他带着孤独的沉思参加思想革命，成为青年叛徒的领袖，而他的作品也成了中国新文学的第一座纪念碑。"五卅"以后，僵尸的统治转变成戏子的统治，活人和死人的斗争，垂死阶级的挣扎和新兴阶级领导的群众的反抗，经过一番暴风雨的剧变而进到了新的阶段。在这期间，鲁迅的思想反映着一般被蹂躏被侮辱被欺骗的人们的彷徨和愤激，从进化论最终走到了阶级论，从进取的争求解放的个性主义进到了战斗的改造世界的集体主义，从绅士阶级的逆子贰臣进到无产阶级和劳动人民的真正的友人，以至于战士。他是经历了四分之一世纪的战斗，从痛苦的经验和深刻的观察之中，带着宝贵的革命传统到新的阵营里来的。

对于我们，鲁迅的战斗经验之所以宝贵，是因为他具有最清醒的现实主义的精神，始终在作着"韧"的战斗。他的"壕堑战"，是有名的。他主张打落水狗，充分表现了他的反中庸、反自由主义、反虚伪的精神。

序言特别指出，鲁迅的战斗，往往通过私人问题去照耀社会思想和社会现象。在他的杂感里，陈西滢、章士钊等类的姓名都可以当作普通名词读，认作社会上的某种典型。指出这一点是非常重要的。在此以前，鲁迅一直被攻击为气量狭小睚眦必报的人物，这样一来，隐蔽在私人问题之下的战斗的原则上的意义就被全然抹杀了。

运用马克思的阶级分析理论对鲁迅及其杂感作如此全面的高度的评价，瞿秋白还是第一人。这篇序言侧重鲁迅的战斗进取的方面，多次强调后期的集体主义和乐观主义，在线性的描述中，多少使一个内涵丰富的鲁迅简单化了。其中，从进化论到阶级论，从个性主义到集体主义的论述，其实是并不确切的。它只是从肯定鲁迅的角度，再次重复了当年创造社关于鲁迅立场"转换"的说法而已，却成为此后的鲁迅思想"飞跃"说的滥觞。文中，瞿秋白对鲁迅思想的独立性估价不足，反映了他在认识上的局限和性格的弱点。无论是作为共产党人，或是作为知识分子，可以说，他都不曾获得独立的人格。他自称为"马克思主义的小学生"，整个的思想运转过程都在于适应而非创造。他说："知识分子只是社会的喉舌，无论如何做不到主体。"这样，也就自行抽掉了思想的自主原则。六届四中全会以后，他的处境十分恶劣，心境也渐趋颓唐。这时，虽然他并不认为中央路线和国际路线存在着根本的不同，但是又不愿意有什么和中央不同的政见。对于文艺问题，他的意见是明确的，战斗的意气也很热烈，但在一定程度上也表现出了对马克思主义的公式化的理解。如序文中对尼采主义、集体主义、知识分子、落后的国民根性的分析，都留有左倾的色彩。而鲁迅不同，包括他的集体观念在内，都是以一种自由体验为基础的。序言从社会学的角度出发，称鲁迅的杂文为"社会论文——战斗的阜利通"，但是，由于过分强调思想战斗的意义，以及杂文观念的革新，因而多少忽略了在审美方面的价值。

皇皇大论，虽或未尽确当，且有政论化的味道，但是鲁迅读来却有着从未尝试过的满足感，至少，它表达出了自己的生活和创作的本意。正是在攻击和改造社会这一根本意义上,他才如此地偏爱杂感。虽然,对于小说创作,也都不无怀念。

4月,鲁迅迁居施高塔路大陆新村9号。

大陆新村是一家私营银行专为出租而造的住宅群,一式的红砖三层楼建筑。这带地方属"越界筑路"区域,可以说是半租界。鲁迅寓所的西邻,住的是白俄巡捕,东邻是日本人。他是以内山书店职员的身份住在这里的。

在北川公寓,由于党部的"通缉令"尚未撤消,在同胞的包围中间生活是很不安全的。来到大陆新村以后,周围的脸孔变得陌生起来了,而外国人的气焰又不免使人气恼。迁居未久,只因为海婴在前门玩耍时,不慎弄坏了日本孩子的玩具,从此改从后门进出,把前门的铁栅门用黑铁皮封起来。

现在,到东照里只隔一条马路,鲁迅与瞿秋白之间的往来也就更加频繁了。鲁迅过去时,喜欢夹一个黑印度绸书包,内中装着各类杂志、小说、纸笔,还有糖果。晚间,要是附近的面包店烤好面包,他也会偕同许广平趁热送去,借此亲炙一番……

然而,这样的机会太少了。7月,瞿秋白夫妇离开东照里。辗转半年,终于到了诀别的时刻。

1月,瞿秋白动身前往中央苏区。他的生命从此变得相当暗淡,接着,就在渊默中沉没了……

108　明枪暗箭种种

3月,鲁迅将自己的两种小说集赠与日本友人山县初男,并且都题了诗。

《呐喊》上面题的是:

> 弄文罹文网,抗世违世情。
> 积毁可销骨,空留纸上声。

所谓"文网",对他来说,又何止乎通缉?何止乎查禁和删改作品?现在,他已经陷入上海滩文人——他称之为"狐鼠鬼蜮"、"文虻"、"富家儿的鹰犬"、"叭儿与无赖"、"覆面英雄们"——的恫吓、诽谤和攻击之中。诗中的"怪圈"现象,并非专指"呐喊"时期。1933 年比任何时候都显得严峻,而且是愈来愈严峻。

只要他不最后放弃战斗,就必须承担这种厄运。

他知道得很清楚。

1932 年年底,黎烈文编辑《申报》副刊《自由谈》,请郁达夫约稿,鲁迅从此成为主要的撰稿人之一。

向中国最老的报纸进军,体验新文学胜利的愉快,这并不是重要的,他所以乐于为《自由谈》供稿,主要出于新的战略考虑,即走出左联刊物因为压迫而日益缩小的范围,打破封锁,谋求更大的社会影响。目下,可登载这类东西的地方已经不多,仅《现代》、《涛声》、《论语》、《申报月刊》、《文学》寥寥几家而已。他给《自由谈》的稿子不少,平均每月八九篇;但不久,又得使用笔名如"丁萌"、"何家干"之类,而终至于接连地不能发表了。

"自由谈"本来就没有,政府所准予的自由只能是伪自由。对于做编辑的苦衷,鲁迅是深有体会的,他曾经写信给黎烈文说:"有人中伤,本亦意中事,但近来作文,避忌已甚,有时如骨鲠在喉,不得不吐,遂亦不免为人所憎。后当更加婉约其辞,惟文章势必至流于茬弱,而干犯豪贵,虑亦仍所不免。希先生择可登者登之,如有被人扣留,则易以他稿,而将原稿见还,仆倘有言谈,仍当写寄,决不以偶一不登而放笔也。"

有趣的是,偶一翻报,忍不住又写出一篇《多难之月》来,于是补写一信寄出:

> 晚间曾寄寸函,夜里又做一篇,原想嬉皮笑脸,而仍剑拔弩张,倘不洗心,殊难革面,真是呜呼噫嘻,如何是好。换一笔名,图掩人目,恐亦无补。今姑且寄奉,可用与否,一听酌定,希万勿客气也。

禁者自禁,违者自违。鲁迅总算在《自由谈》上不自由地谈下去。

5月间,由于过分沉重的压迫,《自由谈》编者刊出启事说:"这年头,说话难,摇笔杆尤难","吁请海内文豪,从兹多谈风月"。正如鲁迅所说,想从一个题目限制作家,又怎么可能做到呢?至少对他本人是这样。虽然从6月起不断使用笔名,弄得那些官派的检查员胡乱删削,看文字专靠嗅觉的"文学家"疑神疑鬼,呜呜不已;而在谈风月的名目下,他一样谈风云,写对于时局的愤言。他以编者的启事为界,把上半年的杂感名为《伪自由书》,下半年的叫做《准风月谈》,恰好配成一副对子,其意谓:经过检查,经过删改,经过钦定,"自由书"固属假冒,准而不准,"风月谈"又如何可以当真?!

这其间,因为所谓"文虻",而耗费的精神不少。他虽然给自己制订了一条"第一切戒愤怒,不必与之针锋相对,只须付之一笑,徐徐扑之"的方针,无奈天生的脾气,一看这类的东西,总免不了要生气,即使怎样修炼也不行。

不过,用来还击的文字,于他还是吝啬的。文章的战斗,大家本当用笔的,而一面另用阴谋,专持扫帚,还有什么战斗可言!他藐视它们,根本不愿意为此花费弹药,他的死敌从来是权力者及其帮凶。不过,从文化学的角度看,一批"文虻"的跳踉也不无认识的价值的。"战斗正未有穷期,老谱将不断的袭用。"他深知,这不是一个人的事情,于是用了剪刀和笔,把"文力征伐"的材料粘连成"后记",让《伪自由书》和《准风月谈》各各拖了一条长长的尾巴。

"但我以为作文人究竟和'大出丧'有些不同,即使雇得一大群帮闲,开锣喝道,过后仍是一条空街,还不及'大出丧'的虽在数十年后,有时还有几个市侩传颂。"对于这类文人的鬼把戏,从一开始,他就看透了它们的命运,并不以为意的;可是,想到自己的杂感竟因这类东西的跋扈而生存,而生长,却又不免有些痛楚了……

在《准风月谈》的后记里,他慨然叹曰:"呜呼,'世无英雄,遂使竖子成名',这是为我自己和中国的文坛,都应该悲愤的。"

从北京回来后，便有小报登载消息说：鲁迅要出版一本新著，书名叫《北平五讲与上海三嘘》。所谓"三嘘"的对象是：梁实秋、杨邨人、张若谷。实际上的情形，和新闻报道的很有些两样。原来是在一个饭店里，大家闲谈到几个人的文章时，鲁迅曾经说过：这些都只要以一嘘了之，不值得反驳。不过，这几个人中间确有杨邨人。

文坛上的一些无聊消息，是要比时事新闻传播得更快的。

关于梁实秋，大论战已经过去了，只是在翻译问题上偶尔牵涉到。至于张若谷，实在连被"嘘"的资格也没有。虽然有几篇短文因他而发，究其实也并非全出于驳斥，而是生发开去谈了别样的问题。

在三个人中，杨邨人是很有代表性的一个。早在1925年，他就加入了中国共产党，是太阳社的成员之一，后来成为左联的盟员。1933年1月，在《读书杂志》上，他公开发表"脱离政党生活"的自白。为了掩饰自己的懦怯，表示说要做一个孝子，把照顾家庭当作圆满而堂皇的理由。2月，在《现代》发表《揭起小资产阶级革命文学之旗》一文，宣称"以阅读所得的经验"，决定"自由"地站在"政党生活战壕"之外来"揭起小资产阶级革命文学之旗，号召同志，整齐队伍，也来扎住我们的阵营"。背叛了革命，却仍以"革命"标榜自己，奇怪的是，又明明白白扯起"自由人"的旗子。7月，《社会新闻》登出消息：《杨邨人转入AB团》，终于暴露了效忠权力者的走狗身份。

早在1930年，杨邨人便以"文坛小卒"的化名，在小报上登出一则消息，说鲁迅"拿到当今国民政府教育部大学院的奖赏"，于是乎大开汤饼会，庆祝婴孩的周年生日，不料因此引起郁达夫对亡儿的记忆，顿时伤感起来云云。大学院的钱是拿了的，但不是"奖赏"，当然后来到底被教育部裁撤了。至于"汤饼会"之类，更是无中生有。然而，鲁迅保持了沉默。

直到杨邨人的自白出来以后，鲁迅才作了《青年与老子》一文，揭露了他人格上的虚伪。为此，杨邨人写过《聪明之道》，但也同他化名柳丝写的《新儒林外史》一样，鲁迅按原样放在文集的后记里，略加评点就算完了。因为事实上,杨邨人已由自己的作为告发了自己,"滑稽文章"又何劳反驳呢?怕因此玷污或浪费了自家的笔墨,其实这也是鲁迅的洁癖之一。

然而,杨邨人却上门寻衅来了。

《文化列车》刊登了他的《给鲁迅的公开信》,说鲁迅以诸葛亮自居,在鲁迅眼中,无产阶级大众都变成了阿斗。文中还说鲁迅向他放冷箭,而他实际上又是如何为鲁迅的老态而惶恐,如何"出诸至诚"云云。显然,装出一副娇态,企图给鲁迅的答复制造困难。

箭在弦上,不得不发。鲁迅终于写了一篇《答杨邨人先生公开信的公开信》,而信中,不只是为了答复杨邨人个人。正如他所说,"个人倒还在其次"。

杨邨人的公开信以大量的篇幅写到鲁迅的老态。又是年纪问题。分明袭用了当年创造社太阳社的战法,而远为卑劣。诚然,年纪是属于个人的,再说也近乎无聊。答复时,鲁迅只写了短短一段,并且声明道:"我即使老,即使死,却决不会将地球带进棺材里去,它还年青,它还存在,希望正在将来……"也许真的是老了的缘故,近来,竟会不时地想及故乡,想及亡友,想及生命,而且每想起来都不免有些焦烦。但当有人要拿衰亡来威吓他,又要做出特意关心的哀悯的样子时,他便只有愤怒了。

愤怒,却没有使他要借"无产阶级"一类名义来凌压对手,或者任意把对手夸大为国民的公敌。对于杨邨人,他只是称作"革命场中的一位小贩",以同"奸商"区别开来。所谓奸商,在他看来有两种,一种是国共合作时代的阔人,颂苏联,赞共产,而到清党时,又用共产青年或共产嫌疑青年的血来洗自己的手,依然是阔人,特点是时势变了,而不变其阔;一种是革命的骁将,杀土豪,斗劣绅,激烈得很,遇到挫折,便称"弃邪归正",骂"土匪",杀同人,也激烈得很,特点是主义改了,而仍不失其骁。小贩具有投机气味,但并没有反过来做大批的买卖,仅在竭力要化为"第三种人",过比革命党较好的生活而已。这是鲁迅从中国革命实践中归纳出来的"阶级论",很有自家的特色,但又非常精确。

在《伪自由书》后记里,他便对杨邨人一类革命小贩有过很深刻的批判。他说,革命文学者借革命来推销他自己的"文学",则革命高扬的时候,他正是狮子身中的害虫,而革命一受难,就一定要以各种理由,走出阵线之外,好则沉默,坏就成为叭儿的。

杨邨人没有沉默,结果成了叭儿。

"死于敌手的锋刃,不足悲苦;死于不知何来的暗器,却是悲苦。但最悲苦的是死于慈母或爱人误进的毒药,战友乱发的流弹,病菌的并无恶意的侵入,不是我自己制定的死刑。"鲁迅曾经这样说过。

因为接待过萧伯纳,他就遭到一次意外的攻击。这次攻击不是来自敌手,而是文学社同人,然而决非"乱发的流弹"是可以肯定的。

春间,郑振铎从北京来到上海,建议创办《文学》杂志,借此恢复《小说月报》。在"一二八"战争中,商务编译所被炸,所有杂志全部停刊,战后复刊时,由于商务印书馆经理兼编译所所长王云五的干预,《小说月报》被压了下来。对于郑振铎的创意,曾在商务印书馆担任编辑的茅盾和胡愈之自然是赞同的,同时也得到鲁迅的支持。这样,《文学》编委会便在一次晚宴上产生了。这次晚宴,鲁迅是出席了的。

《文学》第二号,主编傅东华化名伍实,在上面发表《休士在中国》一文,无端虚构事实,对鲁迅加以奚落。

文章说:"美国黑人作家兰斯吞休士(Langston Hughes)于7月初经由苏俄到中国,比之不久以前萧翁来华的声势,真所谓'不可同日而语';不但码头上没有士女们的欢迎,就是日报上也不见他的名字。这里面的道理自然很简单:萧翁是名流,自配我们的名流招待,且惟其是名流招待名流,这才使鲁迅先生和梅兰芳博士有千载一时的机会得聚首于一堂。休士呢,不但不是我们的名流心目中的那种名流,且还加上一层肤色上的顾忌!"倘事实如此,鲁迅不就成了一个势利卑劣的小人了吗?

对于人格的被污辱,他是不能忍受的。他维护人的尊严犹如生命,且不独于自己为然。在北京的时候,就有对于魏建功的《不敢盲从》的抗议,以及对错记杨树达事件的补充声明。自同陈西滢等笔战以来,诬蔑和侮辱已经成了家常便饭,他也就无须加以洗雪。因为那是小报,是敌人,略具识见的读者一看便可明白的。可是,《文学》却不同,它是挂了冠冕堂皇的招牌的,而他自己又是同人之一,何以一至于此呢?莫非缺一个势利卑劣的老人便不行,这才让他在文学戏台上跳舞一下,以博得观众的一粲吗?他愈想愈气愤。他不是这样的角色,他要声明还有能力跳下这可怕的戏台。那时,就无论怎样诬辱嘲骂,都是另一回事了……

他立即给文学社写了一封信,但很短,要求公开发表。

信上,他严厉指出:"我看伍实先生其实是化名,他一定也是名流,就是招待休士,非名流也未必能够入座。不过他如果和上海的所谓文坛上的那些狐鼠有别,则当施行人身攻击之际,似乎应该略负一点责任,宣布出和他本身相关联的姓名,给我看看真实的嘴脸。"休士他是见过的,但他认为并无辩说的必要,只要求对方就捏造的事实加以澄清。作为同人或朋友,分明在背后捣鬼,见面时倒又装得十分客气,——他是不愿意的。后来提到为此退出文学社的事,他说:"宁可与敌人明打,不欲受同人的暗算也。"

《文学》第三号同期刊登了鲁迅、伍实的来函,以及编委会回复鲁迅的函件。伍实的函中解释了为文的本意,承认没有侮辱或奚落之意,希望能够消除误会。编委会的复函公开了傅东华的名字,从文学社的立场,对《休士在中国》的发表作了说明,末了表示歉意,希望能取得鲁迅的谅解。

上海《新垒》月刊发表文章,题目叫《文学社向鲁迅磕头》,对编者与作者之间的这种正常的函件往来实行攻击,说:"鲁迅之威风,文学会之驯服,至此我们才知文坛权威左联领袖之尊贵,才见到一幅文坛奴才的写真";"鲁迅以父系制度时代的亲权,再加上一个左联背后的政权,当然要严加斥责,而《文学》不能不作贤妻孝子的表示了"。鲁迅不但没有代表任何政权或党派,也从来未曾做过什么领袖导师之类,更没有那种生杀予夺戏弄威权的表示，而事实上他也无权可弄。倒是从此以后，由编者的聊以塞责、患得患失而推定《文学》的"未必高明"，从而渐就回避了，直如他所说的那头躲进深山密林里舐伤的野兽。

当然，在鲁迅与傅东华之间，也还保持着某种表面上的周旋，如继续给《文学》供稿，推荐一些青年作家的作品等，这是他基于对中国的整个政治文化环境的进一步恶化的认识，而不得已采取的变通手段。水至清则无鱼。当所有的出版机构都已经被权门所垄断或被俗物所把持，你当置文学于何地呢？只好迂回着干大众的事业。这是无法可想的。像他这样个性倔强的人，做起这些违拗本性的事情来，是不能不感到极大的悲哀的。

两年后，傅东华因私事求助于他，他一样没有拒绝。

傅东华的儿子傅养浩得了伤寒症，多方延医，却日见严重。后来，傅东华打听到鲁迅认识福民医院的院长，便托黄源求告鲁迅，希望能请这间医院的医生诊治。鲁迅是学过医的，知道这种致命的疾病，闻讯十分焦急，立即和黄源赶到福民医院，把小山濠一医生请到傅东华家里。诊毕，再由鲁迅陪送小山濠一返回医院。

结果，傅养浩被送进福民医院治疗。住院期间，鲁迅还曾几次前往探望。这种殷勤，傅东华是不无感动的。傅养浩出院后，傅东华专门写了一封信向鲁迅致谢，鲁迅没有回复。他没有必要回复。因为奔走的本意，乃在"救救孩子"，并不是为了傅东华。

鲁迅逝世时，在众多的吊唁的人群中间，有一个十七岁的学生。他是特地向学校请了假，跑到万国殡仪馆里来的。在鲁迅的遗体前，他眼含热泪，恭恭敬敬地鞠躬三次，还是不忍离去。他就是傅养浩。

在他的心中，鲁迅是使他重获第二次生命的人。

1933年临近结束的时候，在上海文坛，还有一场引人注目的论争，在鲁迅与施蛰存之间，围绕着《庄子》与《文选》问题而展开。

9月29日，《大晚报》副刊《火炬》登出施蛰存按表格填注的书目，一共两项,在"欲推荐于青年之书"一格写着:《庄子》,《文选》(为青年文学修养之根基);《论语》,《孟子》,《颜氏家训》(为青年道德修养之根基)。

这份书目不能不引起鲁迅的重视。

《大晚报》固然是对他攻击最烈的一份报纸,而类似的书目,十年前也曾由《京报副刊》征求过一班名流的意见。当时,他自己所作的答复,不是遭到普遍的攻击吗?然而,中国的事情总是翻来覆去,所谓新问题其实还是老问题。

由施蛰存的一份书目,鲁迅不禁联想到青年当中许多复旧的现象:学写篆字,填词,自刻古式信封,把新诗写成方块,除掉做新诗的嗜好之外,简直同光绪初年的雅人一样,所不同的是,缺少辫子和有时穿穿洋服而已。这些新青年,进的是学校,丝毫没有沾染过八股毒,怎么竟会变成这个样子呢?这时,他又想起了光绪末年的所谓"新党",甲午战败以后,他们要"维新",三四十岁的中年人,也看《学算笔谈》和《化学鉴原》,还要学英文、日文,硬着舌头怪声怪气地朗诵,对人却毫不愧色。他们看洋书,目的是要给中国图"富强",当然不会感到有什么可羞愧的。如此看来,历史岂非倒退了吗?

他用"丰之余"的笔名,写了《重三感旧》一文,并加一条副题:"一九三三年忆光绪朝末",用一个"忆"字把两段时间连缀起来。

文中以一个显豁的比喻,对"反复"的历史性现象做出警辟的提示:"旧瓶可以装新酒,新瓶也可以装旧酒,倘若不信,将一瓶五加皮和一瓶白兰地互换起来试试看,五加皮装在白兰地瓶子里,也还是五加皮。这一种简单的试验,不但明示着'五更调''攒十字'的格调,也可以放进新的内容去,且又证实了新式青年的躯壳里,大可以埋伏下'桐城谬种'或'选学妖孽'的喽罗。"

鲁迅批评的,是一大队遗少群的风气,并非专为施蛰存而发。而施蛰存看了,总觉得是针对他的,于是立即起而辩难,写了《〈庄子〉与〈文选〉》,鲁迅答以《"感旧"以后(上)》;同一天,又连带写下《"感旧"以后

（下）》；虽然不是直接与施文有关。接着，施蛰存写了《推荐者的立场》、《突围》、《致黎烈文先生书——兼示丰之余先生》等，一直纠缠不放。鲁迅也真韧得可以，回敬的文章不下半打，称之为"洋场恶少"。在《扑空》、《〈抄空〉正误》、《答"兼示"》之后，他又以不同的笔名，分别写了《反刍》、《归厚》、《难得糊涂》、《古书中寻活字汇》等。至此，论争才算告一段落。

双方论争的一个重大触点是：如何看待"五四"传统问题。

鲁迅从思想革命和文学革命两个方面进行统一的考察。他以刘半农为例，批评了当年白话运动中的一些战士，他们因胜利而爬了上去，不但不再为白话战斗，反而将它踏在脚下，拿古字来嘲笑后进的青年。他提出继续"为白话战斗"的论题，指出：必须从新的道路上去企图发展，打出新的局面。所谓语文的新生，就是大众语的实现。而语言同大众的结合，在鲁迅看来，还是表层意义上的问题。关键是思想的施入。在白话运动中，鲁迅就极其看重思想革命，他始终把语言当作思想的载体。在这场论争中，他反对在古书中寻活字汇，字汇所表达的是僵死的思想，即使能使字和词复活，也无非像古墓里的贵妇人似的，徒具满身的珠光宝气而已。人生不在拼凑，而在创造，几十百万的活人在创造。而施蛰存却向青年推荐《庄子》的文法，《文选》的语汇，用来写发挥《论语》、《孟子》和《颜氏家训》的道德的文章！孔孟且不说，《家训》的作者，及其中所记的齐士，自身为儒士，却又归心于佛，或教子弟习鲜卑语，弹琵琶，以服侍贵人——胡人。庚子义和拳败后的达官、富翁、巨商、士人，也是一样的思想：自己念佛，让子弟学"洋务"，使将来可以事人。但现在，这样的"二重思想"者也不少。现在的时代是什么时代呢？论危机，与北朝时期很有相似的地方。然而，当此变化急速、斗争剧烈之际，"颜氏的渡世法"难道会是有益于青年的吗？鲁迅在先后两篇文章中一同指出：在中国社会上，保持这种"颜氏式道德"、"北朝式道德"是一个严重的问题，很有荡涤的必要。

在论争中，鲁迅以他惯用的"春秋笔法"，旁及第三种人，胡适，"放下官印，立地成佛"而终于又"放下念珠，立地做官"的人，还有谣言文学，以及二丑艺术等等。因为讽刺的尖刻，使得文章也发不出去。

即使如此，他还是觉得这次论争消耗太大了，本来是无须动什么笔墨的。在致姚克的信中，他写道："我和施蛰存的笔墨官司，真是无聊得很，这种辩论，五四运动时候早已闹过的了，而现在又来这一套，非倒退而何。我看施君也未必真研究过《文选》，不过以此取悦当道，假使真有研究，决不会劝青年到那里面去寻新字汇的。"既然如此，对付起来又何必认真呢？

"五四"时代的那种犁庭扫穴的彻底的反叛精神，再度唤起他的追思。十几年过去了，当中国在战争和动乱之后重新建立起大一统的秩序，这种精神便开始窒息了！

他前后写信给北京的台静农说："北大堕落至此，殊可叹息，若将标语各增一字，作'五四失精神'，'时代在前面'，则较切矣"；"北平诸公，真令人齿冷，或则媚上，或则取容，回忆五四时，殊有隔世之感。"京沪两地虽殊，而时代现象则一。在题《彷徨》的诗中写道："寂寞新文苑，平安旧战场"，其实也都不只是对五四退潮时期的写照。今天，白话文已经全面占领了教育和文化阵地，居然还有青年在鼓吹《庄子》、《文选》之类，事情还不可怕吗？既是"新文苑"，又是"旧战场"，处此不尴不尬的历史局面，战斗之余，他是不能没有寂寞、彷徨之感的。

直到1935年，施蛰存还写了《"不得不读"的〈庄子〉与〈颜氏家训〉》，为复古主义进行辩护。此外，又写了《服尔泰》、《"杂文的文艺价值"》等文，算是对鲁迅放了一通冷箭。但是，鲁迅没有在同样的反复古的主题底下正面回击他，只有当施蛰存也当了"检查官"，同"第三种人"在一起，并且发表一些反苏的论调时，这才轻蔑地提到他的名字。而在私人通信上，则称之为"卑怯的叭儿"，足见愤慨之深。

鲁迅是孤傲的。

在鲁迅眼内，没有哪一个敌手具备可以与之长期论战的资格。

"但是,经验使我知道,我在受着武力征伐的时候,是同时一定要得到文力征伐的。"所谓"武力",也就是权力。政权是有力量的,所以鲁迅也曾把执掌政权的阔人称之为"有力者"。文人乖巧,往往依附者多。只要专制政治存在一天,叭儿文人的种子是不会断绝的。

这时,文坛日益复杂化,事件不断发生:献检查之秘计,施离析之奇策,起谣诼兮中权,藏真实兮心曲,立降幡于往年,温故交于今日……对于鲁迅,最先有《中央日报》的讨伐。得风气之先,自然不愧为"中央"。接着,有《时事新报》;后起的有《大晚报》和《大美晚报》的合伙的讨伐。此外,还有《社会新闻》、《微言》,等等。鲁迅已经完全成了众矢之的。1933年末,他曾预言:"恐怕会有检查制度出现。"到了1934年末,他又预料将要"另结新样的网"了。事态的变化总要比他的预料来得快,来得严酷。一个心存忠厚的人,无论怎样的明敏,在铁幕之下也要显得鲁钝的。所以,他也就不得不多次慨叹:"局面为有生以来所未尝见。"然而,又无论局面如何,也只好一味领受。这是小民的本分。只是生来就不守本分,于是除了战斗,便剩下自嘲了。

他写过一首旧诗赠柳亚子,诗云:

> 运交华盖欲何求,未敢翻身已碰头。
> 旧帽遮颜过闹市,破船载酒泛中流。
> 横眉冷对千夫指,俯首甘为孺子牛。
> 躲进小楼成一统,管他冬夏与春秋。

横眉冷对是一回事,千夫所指又是一回事。经过闹市,旧帽遮颜,岂是天生孤僻?破船载酒,亦人生一乐,奈何泛于中流,又何其险乎!对于所谓"党国"的一统天下,尾联不失为辛辣的讽刺,然而,入沪以来,自己确乎认认真真地躲过好几回;即以目下而论,连住址也不敢示人,甚至朋友,不也仍然在"躲"吗?

十五　内战与溃散

在集团内部,要保持人格的独立是困难的。

他倾全力对付迎面而来的敌人,却又不得不提防来自背后的"工头"的鞭扑,和"同人"的暗箭。这种境遇,不能不使他的心灵受伤。然而,他忍耐着,支持着,决不因此叛卖自己的信仰。

109　刨祖坟——中国文化心理探微

中国的所谓"民主",与西方很不相同。它不是建立在维持个人自由、平等和独立权利的基础之上,而是"王道"的产物,是自上而下的恩赐的东西。延续了几千年的专制政体的坚硬妊娠,根本不可能产生真正意义上的民主;新的胎动,只能来自世界现代政治和思想潮流的外部撞击。在中国社会的封闭状态没有改变之前,监督舆论,查禁书刊,各种利于统一控制的行政措施日趋强化,这种现象是必然的。

2月,国民党中央党部下令禁止一百四十九种文艺和社会科学书籍,以及七十六种期刊的出版和发行;3月,特别市党部相应发出查禁书刊的密令。鲁迅的著译,均在被禁之列。5月,国民党中央宣传委员会图书杂志审查委员会成立。这是专司文化暗杀的机关。许许多多作品,在这机关里被肆意删改、禁止、没收,而且不许声明,像衔了麻核桃赴法场一样。比较捣毁上海良友图书公司、神州国光社、艺术电影公司等文化机关的暴力行为，是又一种暗暗的死。允许刊行的不得不编的杂志，如《现代》、《文学》，或者填塞莫名其妙的文字，慢慢转向；或者稿子被抽得了无生气，以致终于完结。

与此同时，蒋介石亲自发起一场"精神方面的重大战争"——"新文化运动"。一个大独裁者，政治流氓，厚颜无耻却偏要鼓吹"礼义廉耻"，毁灭文化却偏要大谈"文化建设"。他把"新文化运动"说成"救国建国复兴民族一个最基本亦最有效的革命运动"，要求人们"做国家的一个良民，家庭的一个肖子，在学校里做一个规矩的学生，在社会上能做一个守礼法的君子"。总之，尽小民的本分，驯服到底。此外，国民政府还拨出巨款修建孔庙，明令规定孔子纪念日，积极推行尊孔读经，力图把外来的法西斯主义同传统的封建专制主义结合起来，以求维护"安定"的局面。

这种政局，对于一个已遭党国通缉的著作家，自然增加了更大的压力。

鲁迅除作品被禁之外，还受到御用报刊的各种诬陷和攻击，谣言不断，他向来深居，不大出门，却说他远走青岛、香港；又说他得了脑膜炎；最可怕的还有"汉奸"帽子。他的信件遭到检查。母亲鲁瑞的来信，便赫然打着"检讫"的印记。

单是应付关于脑膜炎的谣言，便不胜其累。天津《大公报》载同人所办的《盛京时报》的消息，说鲁迅因患脑炎，医生劝诫从此"辍笔十年"云，鲁迅的亲友和读者，于是惊扰纷纷，不断写信前来探问。单为更正，便写了几十封信。他写诗赠台静农说："横眉岂夺娥眉冶，不料仍违众女心。诅咒而今翻异样，无如臣脑故如冰。"一副满不在乎的戏谑调子。其实，他的内心是苍凉的。一个月后，为南宁博物馆书写的条幅，所选便是明末清初画家项圣谟的《自画大树诗》："风号大树中天立，日薄沧溟四海孤。杖策且随时旦暮，不堪回首望菰蒲。"漫溢在文字间的，显然是另一种情调。

5月底,他作七绝一首,书赠日本友人新居格:

> 万家墨面没蒿莱,敢有歌吟动地哀。
> 心事浩茫连广宇,于无声处听惊雷。

本人就是千千万万奴隶中的一人,论命运,只配一例地沉埋草野,哪里还会有动地的哀歌呢?心通万里,混茫一片。如果说,到底还有愤怒的爆发,也只能听于无声了!……

鲁迅深知他的危险处境,总觉得有什么事情即将临头。但是,他又不想离开上海,对于山本初枝邀他旅日,以及萧三转达的苏联请他参加全苏第一次作家代表大会的意向,全都加以婉谢。他告诉山本初枝说:"日本风景幽美,常常怀念,但看来很难成行。即使去,恐怕也不会让我上陆,而且我现在也不能离开中国,倘用暗杀就可以把人吓倒,暗杀者就会更跋扈起来。他们造谣,说我已逃到青岛,我更非住在上海不可,并且写文章骂他们,还要出版,试看最后到底是谁灭亡。"他这样答复萧三:"大会我早想看一看,不过以现在的情形而论,难以离家,一离家,即难以复返,更何况发表记载,那么,一切情形,只有我一个人知道,不能传给社会,不是失了意义么?也许还是照旧的在这里写些文章好一点罢。"

他何尝不想歇歇,玩玩,然而不能。命中注定要受苦,挣扎,拼杀,注定要受大人物的嫉恨和小东西的围困,有什么办法!

知识分子的属性并不在于拥有知识,犹如技术之于工匠一样,而是由知识培养起来的理性和批判意识。他们对人类命运终始给予最大的关注,现实问题不是他们所能回避的。可是,在一个专制国度里,莫谈国是是必须恪守的原则。而知识分子一旦失去了思想的自由和批判的权利,也就失去了自己。他们不能不忍受物质上和精神上的双重痛苦。

鲁迅发表时事评论已经非常困难,他不能不迂回到敌后去重新开辟战场,把文化学范围作为他的扫瞄对象,这类杂感,构成为《准风月谈》和《花边文学》两个集子的主要内容。

文坛上的"京派"与"海派"之争,可以说是一场具体的文化问题的争论。

1933年10月,沈从文在天津发表了《文学者的态度》一文,讥笑上海作家"赋闲";接着又发表《论"海派"》,说"京派"作家态度"诚朴","海派"作家则"投机取巧","见风转舵",明显的扬"京派"而抑"海派"。"第三种人"苏汶起而反驳,发表《文人在上海》,为"海派"辩解。鲁迅无意介入文人之间的这种近乎无聊的争论,然而,他却从中洞见了争论背后的文化心理结构的更深层的东西。

在同一天,他作了相应的两篇短文:《"京派"与"海派"》及《北人与南人》,剖析处于不同的文化区域和文化中心的人们,尤其是文士的文化特质。

他指出,北京是明清的帝都,上海乃各国之租界,帝都多官,租界多商,所以文人之在京者近官,没海者近商,"京派"是官的帮闲,"海派"则是商的帮忙,如此而已。在说到北京学界的时候,他特别评价了五四运动,以为是最大的光荣,而且迄今仍然留有历史上的光辉。五四运动是对于中国传统的官本位文化的反叛,但是时过境迁,当年的战士功成名遂,身退者有之,身隐者有之,身升者更有之,好好的一场恶斗,几乎令人有"若要官,杀人放火受招安"之感。"昔人已乘黄鹤去",完完全全的向传统复归了。"海派"在"京派"的眼中跌落,这是毫不足怪的。因为官之鄙商,在中国几千年的官僚政治中,已经相沿成习。至于北人卑视南人,作为一种传统,也都同样与权势者有关。他指出,那大原因,是在历来的侵入者多从北方来,先征服中国的北部,再携北人南征,于是南人在北人的眼中,也是被征服者,这里隐含着他所经常批评的卑劣的奴性。统治者必须治心,必须培养奴性。文化性格,文化心理,不能不打上阶级统治的烙印。他认为南人的缺点,是由权贵南迁带来的。那么,腐败颓废的风气,也就不独由近商者所招致。在这里,他看到了被称作资产阶级文化中同样混有封建主义文化的东西。亦官亦商,总之,是统治阶级的文化,上流社会的文化。这是为他所憎恶的。

一年以后,他又写了《"京派"和"海派"》一文,揭露"京海杂烩"——"京派"与"海派"文人握手言欢的最新趋向,指出这种官商合作,都因为帮闲帮忙一样的"不景气",一样的不能挽救其没落。对京沪两地为此喋喋不休的文人,他感到十分可厌,在介绍法国作家法朗士描写名妓泰绮思的小说之后,自白说:"我宁可向泼剌的妓女立正,却不愿意和死样活气的文人打棚。"

在《北人和南人》中,鲁迅这样分析了北人和南人的文化特点:北人厚重,但厚重之弊也愚;南人机灵,机灵之弊也狡。从改造国民性出发,他借相书提出一个救治的办法是:北人南相,师法南人的机灵;南人北相,吸收北人的厚重。并且明确指出,这是中国人的一种小小的自新之路。

北京和上海是鲁迅先后生活过的地方,对栖聚在这两个地方的文人有过多方面的接触。因此,在关于"京派"与"海派"的论争中,他能够很好地结合自身的生活经验,以及对于文化历史的考察,把文化意识和阶级意识统一起来。在他的眼中,"京派"作家是封建主义意识的代表,拜权主义是其特征;"海派"作家是资产阶级、小市民意识的代表,拜金主义是其特征。前者封闭,倒退,墨守;后者势利,圆滑,善变。对中国文人的种种卑劣根性的揭示与批判,在鲁迅晚期杂文中有更充分的展开。

随着知识分子在现代中国所表现出来的越来越重要的政治位置,作为启蒙思想者的鲁迅,给予严重的关注是必然的。

知识分子问题既是政治问题,又是文化问题。中国知识分子有着自身的历史特点。鲁迅虽然对他们在政治上和经济上所受的压迫抱有同情,对他们潜在的能量多所期许,但突出的仍然是否定,是对植根于中国官僚政治社会的文化寄生性的批判。如果说这种批判,在北京时期集中在政治方面,如对章士钊、陈西滢等在女师大问题的斗争,那么在上海时期,则更多地集中在文化方面,文章有《二丑艺术》、《各种捐班》、《四库全书珍本》、《帮闲法发隐》、《登龙术拾遗》、《"商定"文豪》、《大小骗》、《考场三丑》、《读书忌》、《略论梅兰芳及其他(上、下)》,等等。后来论"文人相轻",一至于七,都说明了他对文人的重视。其中,他的批判锋芒主要指向"飞腾"的、"'爬'了上去"的大知识分子。这是可以理解的。因为中国所期待的是知识分子的平民意识和干预意识,而这一点,又是大知识分子所最薄弱的,他们往往远离平民阶级和社会现实,而通过"天梯",同专横、虚矫、颓靡的上流社会更直接地联系起来。在鲁迅认为,知识分子必须在改造社会的同时改造自己。这种改造,不等于屈从于政治压力的人格畸变,而是人的自觉建设。人的建设问题是实践中的问题。

这个时期的杂感,涉及众多的文化项目,诸如:饮食,居住,衣饰,器具,娱乐,礼节,婚姻,宗教,神话,歌谣,语言,艺术,等等。不同于一般的知识小品的是,不仅在它们的灵智和文采,重要的是贯穿其间的文化批判意识。"刨祖坟"是一种办法,他试图以此动摇现代官僚政治及其文化思想的根柢。

中国的畸形社会,在这里是通过不同层面的文化现象加以呈示的。每一个现象都具有独立的认识价值,但又具有互涉性,从而构成为文化丛,表现出综合的文化意义。《上海的少女》、《上海的儿童》、《男人的进化》、《"小童挡驾"》等由人类自身的生产、延续和发展问题构成同一组杂文;《推》、《"推"的余谈》、《抄"靶子"》、《"吃白相饭"》、《"揩油"》、《爬和撞》、《冲》等,由上海所见的日常生活现象构成另一组杂文。这种横向组合,在更大层面上揭示出一个日趋商品化的社会的病态。取习惯经验的角度写成的杂文有:《礼》、《打听印象》、《吃教》、《喝茶》等;取神话、风俗的角度写成的杂文有:《中国的奇想》、《〈如此广州〉读后感》、《过年》、《迎神和咬人》等。这些杂文更多地从文化积累方面纵向组合而成,深入发掘传统文化模式中的同类价值意识。横向与纵向的交叉组合,又构成为一个个坐标,一个个网络,互相关联,互相生发,层层推进。鲁迅指出,中国是世界上国耻纪念最多的国家,凡纪念,"礼"而已矣。礼既是一种行为规范,但也是一种形式主义。如果说中国人最重形式未必便对,有时候又最重视实际,譬如"推"、"爬"、"撞"、"冲",譬如"吃白相饭",譬如"揩油",譬如"吃教"都是。如果说中国人专重实际也未必全对，却又最爱奇想的，总是拼命的救死、逃死，回避现实。有些文章发挥得十分漂亮，如《爬和撞》所总结的"跪着的革命"：向上爬而爬得上者太少，于是发生撞，那些早已爬在上面的人们，就天天替下面的人制造撞的机会，使大家花些小本钱，而预约一种好生活。这样，大家便都愿意来试试，爬着来撞，撞不着再爬……不断"革命"，死而后已。又如《吃教》，文章说小百姓叫耶稣教徒是"吃教"的，其实这两个字可以一样移用于许多"'吃革命饭'的老英雄"。什么"革命"，什么"主义"，对于他们只是一种时髦，一种招牌，根本不存在信仰。文章还说，"吃教"有"专吃"和"合吃"两种，宜于专吃的时代是必须定于一尊的，至于合吃，诸教也本非异致，所有主义都可以为我所用的。不同的是一碟全鸭，一碟杂拌儿，吃是一致的。

十里洋场的上海，是商品经济在中国较为发达的地方。对于初步形成的商业文化、市民文化，鲁迅是文化人中最早予以关注的一个。但是，他并没有像后来更多的经济学家和社会学家那样，礼赞商品对固有的自然经济的瓦解和冲击，从而带来社会全面松动的杠杆作用。他有他的关切点。作为一个启蒙家，他所注意的是商品经济与传统文化相结合的畸形的精神产物。由于大工业生产和商品经济所造成的类似西方的社会病，在乡土中国远未构成严重的威胁，所以，他的主要力量仍然放在对黑暗政治和官僚文化的挞伐上面。

此间，进攻性最强的，要算在日本《改造》月刊发表的一篇文字：《关于中国的两三件事》。

所谓"两三件事"，指的是中国的火、王道和监狱。有关"火"的一节，把神话和典故同现实中的烧书事件等联系起来，揭示广大奴隶的某种心态，即在《马上支日记》中曾经说过的，中国的一些人，对于神、宗教、权威是怕和利用。文中分析他们祭火神的心理说，倘有火灾，则被灾的和邻近的没有被灾的人们都一样要祭火神，以表感谢之意，被了灾的如果不祭，据说第二回还会烧，所以还是感谢了的安全。然而，感谢火神之类，并非连心也全被征服了的证据。这就是奴才与奴隶的区别。至于火神,权势者,又决不会因为有过讴歌感谢的人们而施行王道的。在中国,其实是彻底的未曾有过王道。人们由事实而有所省悟,好不容易开起学校来,无奈学生们又年年闹事,于是到了国民党掌握政权,作为改正的手段,除了大造监狱,什么也没有。对于思想犯,则有着另一种叫做"反省院"的特种监狱,遵奉某种主义,排击某种主义,如此可以反省到死。所谓中国,不就是一座思想统治的监狱吗?

关于王道,文章这样指出:

> 在中国的王道,看去虽然好像是和霸道对立的东西,其实却是兄弟,在这之前和之后,一定要有霸道跑来的。人民之所讴歌,就为了希望霸道的减轻,或者不更加重的缘故。……倘说先前曾有真的王道者,是妄言,说现在还有者,是新药。

在内山书店的漫谈会上,鲁迅对儒家思想和儒士的最高理想王道之类有过很深入的剖析。他说,儒家思想的东西,都是为政治家而写的信条,是政府加以利用的东西,总之并非是庶民自己的东西。只要建立一个政府,就一定用儒家思想强制人民,这是中国自古以来不成文的律法。这种思想统治过度强化时,就会发生有名的东西——革命,革命一旦巧妙获得成功,革命政府就出现了。在最初阶级,政府还不能不据什么主义说点新事情,后来不知不觉间又要跑回到原先以传统思想强制人民的地方去了。这时候,什么言论自由啦,结社自由啦,天下为公啦,宗教是鸦片烟啦,都会忘得一干二净。一面说教,声称要符合时代需要,一面毫不留情地去镇压言论自由,禁止结社。说到文禁,甚至不问文章内容如何,只根据作者的名字就可以绝对禁止,对这种野蛮的行为竟至于满不在乎,世界不论哪一国也没有这么干过的。

为了刨掉国民党政府的文化专制主义的老根,在一段时间内,鲁迅集中搜购了一批明清时期的笔记、野史、禁书和档案等,边读边写了《隔膜》、《买〈小学大全〉记》、《病后杂谈》、《病后杂谈之余》等文,以明清的文字狱史反照了现实。

《隔膜》和《买〈小学大全〉记》都写到奴才文人。前者写生员冯起炎,闻乾隆将谒泰陵,身怀著作,意图呈进,以"形迹可疑"被捕,那著作也并非反动,只是以《易》解《诗》,信口开河而已,结果得了个"于圣王之前,混讲经书"的"狂妄"的罪名,发配黑龙江给披甲人为奴。后者写名儒兼孝子尹嘉铨致仕回家后,使儿子给乾隆送了两本奏章,一为父亲请谥,二请许一群名臣从祀孔庙。结局是:"照大逆律凌迟处死",因为皇上加恩,才改为处绞立决。文章说,惨案的来由,都只为了"隔膜":不了解主奴是有着严格的区分的,奴隶只能奉行,不许言议;评论固然不可,妄自颂扬也不可,这就是"思不出其位"。向主子进言,自以为在尽忠,而其实却犯了罪,因为另有准其讲这样的话的人在,不是谁都可以说的。一乱说,便是"越俎代谋",当然"罪有应得"。奴才是不能高出于主人的。比主人高明当然大"不可恕",试想若非自以为高明,怎么会提起意见来呢? 文章对乾隆一类"英主"的心态有着很深刻的披露:"清朝虽然尊崇朱子,但止于'尊崇',却不许'学样',因为一学样,就要讲学,于是而有学说,于是而有门徒,于是而有门户,于是而有门户之争,这就足为'太平盛世'之累。况且以这样的'名儒'而做官,便不免以'名臣'自居,'妄自尊大'。乾隆是不承认清朝会有'名臣'的,他自己是'英主',是'明君',所以在他的统治之下,不能有奸臣,既没有特别坏的奸臣,也就没有特别好的名臣,一律都是不好不坏,无所谓好坏的奴子。"

作为统治者的"文艺政策",或"文化统制",一方面是砍头,禁书,甚至"销毁",不使与世人见面。为了文字狱,使士子不敢治史,尤不敢言近代事。这是消极的一面。积极的一面,则如钦定的《四库全书》,于有关系的历史著作,无不加以修改,作为定本,不是鉴定,便是评奖,使文苑中没有不被蹂躏的处所。还有,就是以统治者的思想形成一种势力,一种潮流,并且使知识分子有意无意地迎合这种潮流。总之,文字狱这东西,是不能说它没有效的,中国人的奴性,就很可以从那博大和恶辣的策略中明白它的由来。

《病后杂谈》和《病后杂谈之余》,继而叙说文字狱,以及文字狱以外的统治者的虐政。笔调悠徐,却是十足的"舒愤懑"之作。

医术的虐刑,是都需要生理学和解剖学知识的。中国医书上的人身五脏图,草率错误到见不得人,但虐刑的方法,则简直让人相信古人早懂得了现代科学。从周到汉,有一种专施于男子的叫"宫刑",施于女性的叫"幽闭",那办法的凶恶、妥当,而又合乎解剖学,令人吃惊。单说剥皮法,中国就有种种,粗分就有流贼式、官式。两篇文章都援用过的史例,是关于明朝永乐皇帝的。在他惨杀的忠臣里,有一个叫铁铉的,油炸致死后,将其妻女发付教坊做婊子,还要她们"转营",就是每座兵营里都去几天,目的是使她们为多数男性所凌辱,生出"小龟子"和"淫贱材儿"来。所谓"守节",在那时还是只准"良民"专利的特典呢!自有历史以来,中国人就这样一直被同族和异族屠戮、奴隶、敲掠、刑辱、压迫下来的,非人类所能忍受的楚毒,也都身受过,每一考查,教人觉得不像活在人间。

然而,中国的文人,却偏能从血泊里寻出闲适来。种种残酷的事实,自然是最好莫如不闻,也即"是以君子远庖厨也"。无奈现实总是逃不掉,君子自己也就亲临了庖厨。大道是对于世事"浮光掠影",随即忘掉,不甚了然,仿佛有些关心,却又并不恳切;或对于现实"蔽聪塞明",麻木冷静,不受感触,先由努力,后成自然。还有一种轻捷的小道,是彼此说谎,自欺欺人,撒一点小谎,可以消解闷气,到后来便忘却了真,相信了谎,于是心安理得,天趣盎然了起来。譬如铁铉的女儿发付教坊的事,让士大夫知道了,就有了她们献诗于原问官,被永乐所知,赦出,嫁给士人的佳话。在中国的作者里面,也曾有过很有些骨气的人,虽或被权势者的出色的文字狱手段所遮掩。不过,总爱无中生有,移花接木的造出故事来,更是代不乏人。"他们不但歌颂升平,还粉饰黑暗。"

汉儒白云"舒愤懑",那是什么东西呢!?

文章把治者的凶残和文人的乖巧对照着写,处处流露出作者对以各种好看的名目逃避中国现实的才子们的轻蔑和愤慨。在《病后杂谈》的结尾,他竟把自己的未来的死也拉了上去,说:

……我想在这里趁便拜托我的相识的朋友,将来我死掉之后,即使在中国还有追悼的可能,也千万不要给我开追悼会或者出什么记念册,因为这不过是活人的讲演或挽联的斗法场,为了造语惊人,对仗工稳起见,有些文豪们是简直不恤于胡说八道的。结果至多也不过印成一本书,即使有谁看了,于我死人,于读者活人,都无益处,就是对于作者,其实也并无益处,挽联做得好,也不过挽联做得好而已。

文章送到《文学》月刊,检查时被删去了五分之四,只剩下第一段,即鲁迅戏称的"只剩了一个头"。他要求将删剩的部分照样发表,意在悬头示众。但发表出来以后,就有作家据此评论道:鲁迅是赞成生病的。至于《病后杂谈之余》,由于检查官不说不准登,也不说登,发行人就找作者自己删改了一些,然而还不行,终于由发行人执笔,检查官动口,再删了一遍,并且把题目改作《病后余谈》,删掉"关于舒愤懑"这样一个副题,然后准予发表。直到结集出版时,被删改的文字才得以补正。但鲁迅是从旁加了黑点的,目的是要留下一个痕迹,以存"中国文网史上极有价值的故实"。

鲁迅的小说《呐喊》与《彷徨》,通过典型化的形式,几乎动用了他的全部的生活积累,确立农民和知识分子两大主题,囊括了中国社会最本质的恒定的东西。散文《朝花夕拾》和散文诗《野草》,从社会转向自身,从外部转向内部,后者在小说的抒情性与讽刺性两大叙述风格的基础上增加了象征性。从艺术审美的角度看,以上创作,足以构成一个自足的文学体系。任何一个作家都不是万能的,都存在着某种能源危机。对于一个善感而又富于理性的学者型作家鲁迅来说,在生活上陷于囚人般的无法走动的境况底下,就只好借重固有的深厚的知识,发挥无尽的思想。自然,论创作的动机,鲁迅也并不在乎美学殿堂的建造。杂文的写作,就这样成了一种"合目的性"的生成物。在长达二十年的写作历程中,他的杂文是在不断的腾挪变化中获得丰富的。《热风》带有哲理性,《华盖集》、《华盖集续编》、《三闲集》富于论辩性,《二心集》则以科学性和逻辑性见长,《伪自由书》可读作一组时事评论,新闻性、政论性非常突出。

《南腔北调集》、《准风月谈》、《花边文学》从内容到形式进行了新的整合，显然是作者有意识地向文学回归。最新时期的杂文，多近随笔、小品，融合了前期的各种特点，而偏重于启蒙性、文化性和知识性。鲁迅杂文，原来包容了多种的文体风格，惟此时更趋精粹、成熟和稳定，从而构成为后人所称的"鲁迅杂文"的基本格局。文化意识和政治意识的密切结合，是他在这一时期的杂文的一大特点，是区别于其他小品文作家的地方。正因为这样，在发表时，它们才特别蒙了检查官老爷的注意、修整和扣压。鲁迅一生中使用的笔名共一百四十多个，单从1932年到1936年启用的就多达八十多个，可见此间的杂文的战斗性。

鲁迅曾经对许寿裳说："我所抨击的是社会上种种黑暗，不是专对国民党，这黑暗的根源有远在一二千年前的，也有在几百年、十几年前的，不过国民党执政以来，还没有把它根绝罢了。现在他们不许我开口，好像他们决计包庇上下几千年一切黑暗了。"的确，黑暗势力是彼此相通的，即使在看来极不相干的地方有一个小小的缝隙的暴露，都足以牵动他们的神经。种种行政强制手段，其实是虚弱的本质的体现。尤其是权力者，几乎无时不在提防着自身的崩溃，所以镇压，暗杀，是一刻也不能松弛的。

包庇是决定了的，而暴露和抨击也是决定了的，倘使黑暗长存，作为人类的存在还有什么意义呢？可以有奴隶，但不可能都是奴才。当同乡老友张梓生代替了黎烈文而主持《申报·自由谈》，向他索约稿件，他作诗答道：哪里有甘美的酪果供菩萨们享用呢？生来就不像莲花六郎有漂亮的脸蛋可以邀宠，还是算了罢——

　　　　绮罗幕后送飞光，柏栗丛边作道场。
　　　　望帝终教芳草变，迷阳聊饰大田荒。
　　　　何来酪果供千佛，难得莲花似六郎。
　　　　中夜鸡鸣风雨集，起燃烟卷觉新凉。

新凉即晨凉。每当黑暗的压迫使他感觉窒息般的痛苦时，他就在心里安慰自己：天快要亮了，天快要亮了……

天亮是一种感觉。

感觉未必可靠，最可靠的，莫如绝望的抗争。

110　分道扬镳：笑是什么？

高度的政治文化专制往往令人紧张、挣扎、奋起，但也容易使人变得逍遥、淡漠，日渐消沉。谁愿意做文字狱中的主角呢？

20年代的"学匪派"之一、《剪拂集》的作者林语堂，于1932年9月创办了《论语》半月刊。该刊以发表小品文为主，提倡写实主义的"幽默文字"，泛谈社会政治、世道人心，颇具自由主义色彩。待到销行正盛时，因"产权"关系，林语堂退出主编的位置，交陶亢德接办，杂志也就日益沦为"滑稽式的笑谈"了。接着，林语堂又邀集同人创办《人间世》半月刊，宗旨与《论语》差不多，标榜"以自我为中心，以闲适为格调"，推重晚明式小品，而更显超脱。

从作者的阵容看，这两个刊物都带有兼容的性质。为此，虽然知道鲁迅并非同道中人，林语堂和陶亢德仍多次写信约稿。开始时，鲁迅也送过几篇文章给《论语》发表，以后便婉辞加以拒绝了。

这同他对刊物的看法有关。《论语》，由可恶的邵洵美所开办的时代图书印刷公司发行，成为"盛家赘婿商品"，固然是一个原因，更为不满的，还是内容的油滑无聊。《人间世》令人作萧然出尘之想，作风本来与他很两样的。他在信中回复陶亢德说："搏战十年，筋力伤惫，因此颇有所悟，决计自今年起，倘非素有关系之刊物，皆不加入，藉得余暇，可袖手倚壁，看大师辈打太极拳，或夭矫如攫空，或团转如摸地，静观自得，虽小品文之危机临于目睫，亦不思动矣。"所谓"大师辈"，其实就是指林语堂、周作人们。《人间世》为了借重名家，曾几次要求刊登鲁迅的照片。他说，自己"向来厚于私而薄于公"，倘非私人请托而公诸读者，他是不愿意的，又说当作家是滥竽充数，自己实实在在是一个"伪作家"云云。

凡这些,都不过托辞而已。这个带有严重洁癖的人,总是耻于与阔人雅士为伍,他不愿出卖灵魂。

1934年秋,国民党上海市党部翼下的微风文艺社曾讨论声讨鲁迅林语堂应如何办理案,呈请党政机关严厉制裁"鲁迅林语堂两文妖",并吁请出版界、报界拒绝发表他们的作品。

把鲁迅和林语堂并称是带有历史的反讽意味的。的确,他们曾经共同战斗过,直到参加民权保障同盟;在《论语》创办初期,林语堂也还曾撰写过一批政治性较强的杂文,如《论政治病》、《谈言论自由》、《增订伊索寓言》、《中国何以没有民治》等,但是,随着专制统治的加剧,中国道家出世无为的思想和英国绅士稳健雍容的作风,已经完全支配了他。他说:"人到文明了,有什么忧愤,只在笔端或唇角微微一露罢了";又说:"东家是个普罗,西家是个法西,洒家则看不上这些玩意儿,一定要说什么主义,咱只会说想做人罢。"林语堂以"文明人"、"自由人"自居,而鲁迅恰恰是这类人物的敌对者,而站在"下等人"、"奴隶"一方的。他们终于分道扬镳了。所谓"故人云散尽",这也是一种"散"法。不同阶级不同文化的意向,就这样通过他们——社会舞台上的重要角色的分散聚合,演出许许多多令人感慨的场面。

对于林语堂,鲁迅是了解的,知道局面已经无法挽回。然而,为朋友计,他仍然一再劝诱林语堂尽一点文化人的责任,做一点有益于中国的事情。

他有信给曹聚仁说:"语堂是我的老朋友,我应以朋友待之,当《人间世》还未出世,《论语》已很无聊时,曾经竭了我的诚意,写了一封信,劝他放弃这玩意儿,我并不主张他去革命,拼死,只劝他译些英国文学名作,以他的英文程度,不但译本于今有用,在将来恐怕也有用的。他回我的信是说,这些事等他老了再说。这时我才悟到我的意见,在语堂看来是暮气,但我至今还自信是良言,要他于中国有益,要他在中国存留,并非要他消灭。他能更急进,那当然很好,但我看是决不会的,我决不出难题给别人做。不过另外也无话可说了。"朋友之道,所取的仍是一种古老的哲学:"知其不可为而为之。"

1924年,林语堂发表《征译散文并提倡幽默》一文,此后又写了不少提倡幽默的文章,但真正被誉为"幽默大师",还是在主编《论语》之后。

"幽默"一词原从翻译而来,指的是文章的语调和风格,后来林语堂进一步确定为"人生之一部分","一种人生观"。并且推庄子为"中国之幽默始祖"。在他这里,幽默是同"性灵"、"闲适"、"超脱"连在一起的。"人生在世是为何,还不是有时笑笑人家,有时给人家笑笑吗?"总之是尽可能地远离政治,无拘无碍,享受人生。这样,立足于批判的左翼文学,在他看来,未免太"急功近利",尖酸刻薄了。

由于"大师"们的提倡,幽默文学大有风行一时之概。文坛上的这种非政治化倾向,当然不是以文学抗争社会的作家所能接受的。特别是鲁迅,从青年时代起就激烈反对"平和之音",他势必要对所谓"幽默"实行坚决的揸击。他反对的不是一个作家、一份杂志,而是中国文人的一种普遍状态。此间陆续写作的系列的"文人论",与此大有关系。他简直痛恨中国式文人,在政治高压底下,没有什么比游戏人生、清谈艺术的态度更坏的了。

笑是什么?

在林语堂那里,笑是"会心的甜蜜的微笑",是"引起含蓄思想的笑",是符合"真正的喜剧的标准"的笑。鲁迅也说到笑。在他所译的契诃夫短篇小说集《坏孩子和别的奇闻》的前记里,就曾指出契诃夫式的笑"不是简单的只招人笑","笑后总还剩下些什么,——就是问题"。在《过年》里,他还特别强调蔑视统治者的笑,战斗的笑。文中说:

> 叫人整年的悲愤,劳作的英雄们,一定是自己毫不知道悲愤,劳作的人物。在实际上,悲愤者和劳作者,是时时需要休息和高兴的,古埃及的奴隶们,有时也会冷然一笑。这是蔑视一切的笑。不懂得这笑的意义者,只有主子和自安于奴才生活,而劳作较少,并且失了悲愤的奴才。

笑可以解脱，也可以讽刺。很有意思的是，鲁迅和林语堂都分别把"幽默"同"讽刺"联系在一起。《论语》第6期的编辑后记，就曾这样宣称："本刊的主旨是幽默，不是讽刺，至少也不要以讽刺为主。"林语堂在他的著名的长文《论幽默》中，同样把讽刺同幽默对立起来，从而加以排斥。与此相反，鲁迅多次明确指出：中国是没有幽默的。中国人本不是长于"幽默"的人民，而现在更是难以幽默的时候。虽有所谓"幽默"，实在也只是"寻开心"，是传统的"说笑话"和"讨便宜"。他在《"滑稽"例解》中还把"幽默"和"滑稽"作了区别。他说，中国有的是滑稽，但这和幽默相距甚远。日本人译"幽默"为"有情滑稽"，即是区别的所在。中国之自以为幽默或滑稽文章者，不过蒙"幽默"或"滑稽"之号的油滑、轻薄、猥亵之谈而已。

至于讽刺，是与幽默大两样的。鲁迅对讽刺的定义包含了两大要素：一是"有情"，一是"写实"。讽刺家必须是富于热情的战士。没有无情的讽刺，正因为讽刺家有了干预社会的热情和勇气，才能打破"瞒和骗"的空虚，写出真实来。他指出："非写实决不能成为所谓'讽刺'；非写实的讽刺，即使能有这样的东西，也不过是造谣和诬蔑而已。"《论语》创办一周年的时候，鲁迅应约写了《论语一年》的文章，其中举了萧伯纳，达尔文和赫胥黎作例子，指出必须从同一现象中辨识不同质的东西。同是蛆虫，猴子的亲戚，狗，就有大小、好坏的区别。就说狗，倘将"给阔人开心的吧儿和在雪地里救人的猛犬"一比较，何如？现代中国的"幽默"，还不是《笑林广记》式，唐伯虎、徐文长、金圣叹式，将屠户的凶残，使大家化为一笑，收场大吉的吗？

讽刺并非如开玩笑一般的容易。真正的讽刺家是社会讽刺家，他所对付的是全社会，主要是权力者社会和所谓有教育的知识者社会，因此也就必然要承担各种风险。没有独立人格的力量是无力承担的。在中国，讽刺家如此之少，事情还不是最明白不过的吗？

鲁迅在写给杨霁云的信中说："关于近日小品文的流行，我倒并不心痛，以革新或留学获得名位，生计已渐充裕者，很容易流入这一路。盖先前原是鬼迷,但因环境所迫,不得不新,一旦得志,即不免老病复发,渐玩古董,始见老庄,则惊其奥博,见《文选》,则惊其典赡,见佛经,则服其广大,见宋人语录,又服其平易超脱,惊服之下,率尔宣扬,这其实还是当初沽名的老手段。"中国文人的脾气,他是清楚的,中国现实的危机他一样清楚。在他看来,小品文的盛行是必然的,没落也是必然的。他指出:"皇帝不肯笑,奴隶是不准笑的。他们会笑,就怕他们也会哭,会怒,会闹起来。"有版税可抽者,尚且不容有"骚音怨音",怎么能希望那些炸弹满空、河水漫野之处的人们来说"幽默"呢?

1935年有过一场关于杂文问题的论争。归结起来,就是如何看待杂文的社会性和文学性。对此,鲁迅是坚持了他的一贯的原则的,即把讽刺的严肃性和审美的独特性结合起来。对于杂文,他不但是一个优秀的文体实践家,而且是一个出色的理论批评家。

中国现代杂文原是萌芽于"文学革命"以至"思想革命"的。鲁迅的杂文,作为他的文学观的一种体现,正好继承了"五四"的战斗传统。在他这里,文学首先是为人生的,因此它又不能不是否定的、批判的。在所有的文体中,杂文短小、轻便、灵活自然也宜于作"性灵"的载体,但因此也最能发挥直接的否定、批判的作用。他指出,杂文也即小品文不是"小摆设",它的生存是只仗着挣扎和战斗的。他说:"麻醉性的作品,是将与麻醉者和被麻醉者同归于尽的。生存的小品文,必须是匕首,是投枪,能和读者一同杀出一条生存的血路的东西;但自然,它也能给人愉快和休息,然而这并不是'小摆设',更不是抚慰和麻痹,它给人的愉快和休息是休养,是劳作和战斗之前的准备。"他最憎恨奴性。在《漫与》一文中,他这样描述了奴隶与奴才的差别,以及这种差别在文学上的反映:"自己明知道是奴隶,打熬着,并且不平着,挣扎着,一面'意图'挣脱以至实行挣脱的,即使暂时失败,还是套上了镣铐罢,他却不过是单单的奴隶。如果从奴隶生活中寻出'美'来,赞叹,抚摩,陶醉,那可简直是万劫不复的奴才了,他使自己和别人永远安住于这生活。就因为奴群中有这一点差别,所以使社会有平安和不安的差别,而在文学上,就分明的显现了麻醉的和战斗的不同。"显然，林语堂等提倡的幽默、闲适的小品文是属于麻醉一类的；而这批"高人兼逸士"，超庸奴，超现实，超责任，说穿了还是"万劫不复的奴才"。

讽刺是杂文的生命。只要世间还有黑暗的事物，落后的事物，有待改革的事物，就一定有讽刺，有杂文。鲁迅杂文的讽刺是广泛的、多样的，他不但讽刺了权势者、奴才，还有奴隶。因此，那种认为鲁迅的杂文只用于讽刺敌人，而与人民无涉，以及"鲁迅杂文的时代"已经过去的说法，是没有根据的。

对鲁迅来说，杂文创作始终是一种"严肃的工作"。

早在《论语》之先，周作人便联合了俞平伯、废名、冯至、曹聚仁等，在北京创办了一个同人刊物《骆驼草》。他们宣称"不谈国事"，决心"讲闲话，玩古董"，"笑骂由你笑骂，文章我自为之"。杂志虽然只办了一年，但却吸引了一批文士的注意，"闲适"一路散文于是以一种群体创作的方式出现。周作人的文字被林语堂推为"闲适"和"幽默"的典范，而他本人也就成了"小品文之王"，日后《论语》派的精神领袖。

1928 年，创造社曾经以"趣味"和"闲适"评论"语丝派"的周氏兄弟，鲁迅虽或写过"闲谈"、"漫笔"之类，但却以自己的愤火照见了历史，实在不能囿于题材的。周作人不同，一方面发表"人事的评论"，表现了他的政治敏感和"流氓"性格；另一方面又把为他所攻击的"旧文明"、"所谓礼"，奉为"生活之艺术"，鼓吹"忙里偷闲，苦中作乐"，"在不完全的现世享乐一点美与和谐"。当国民党在血的废墟上建立起了它们的"党治"世界，他就在专制政治中感到"被鬼吃"的恐怖了。他说："反动是什么呢？不一定是守旧复古，凡统一思想的棒喝主义即是。北方的'讨赤'不必说了，即南方的'清党'也是我所怕的那种反动之一，因为它所问的并不都是行为罪而是思想罪，——以思想杀人，这是我所觉得最可恐怖的。"于是，他声明不再写"祭器文学"，反对"一副野蛮神气"的"打架的文章"。即使偶有不平，也不过做做"精神上的体操"而已。这类略具"苦味"的"闲适"文章,结果,将对读者产生同等的作用:粗犷的人心,因此而渐渐变得平滑起来。然而,鲁迅并不改他的野气,他是始终好斗的。

在一次由黎烈文主持的宴会上,说到为《自由谈》写稿,鲁迅便说:"你要是能登骂人的稿子,我可以天天写。"

"骂谁呀?"陈子展问。

"该骂的多着呢。"

"怎么骂法?"

"骂法也多着。"

王映霞插话道:"尽管周先生会骂人,却骂不过他儿子!"

在大家的哄笑声中,林语堂说:"鲁迅的公子终不会忠厚的!"

是的。鲁迅不稀罕那份"忠厚"。在上流社会里,他不必讨好任何人。为什么要"忠厚"呢?他还嫌自己刻薄得不够呢!

对于二弟的思想变化,鲁迅是清楚的,他无时不在关注着周作人。其实,他对《论语》的"危机"与"出路"的说话,也都包含了对胞弟的批评和期待的。当周作人陷于众人的攻击时,他那深潜的温情,就汨汨流露出来了。

《人间世》以《知堂五十自寿诗》的题目,登了周作人的两首自寿诗:

前世出家今在家,不将袍子换袈裟。
街头终日听谈鬼,窗下通年学画蛇。
老去无端玩古董,闲来随分种胡麻。
旁人若问其中意,且到寒斋吃苦茶。

半是儒家半释家,光头更不著袈裟。
中年意趣窗前草,外道生涯洞里蛇。
徒羡低头咬大蒜,未妨拍桌拾芝麻。
谈狐说鬼寻常事,只欠工夫吃讲茶。

周作人的许多朋友都做了和诗,熙熙攘攘,热闹得很。但同时,也遭到一批青年人的批判。

对此,鲁迅没有公开表态,但在写给曹聚仁和杨霁云的信中,却都分别替周作人作了辩护,给曹聚仁的一封写道:

> 周作人自寿诗,诚有讽世之意,然此种微辞,已为今之青年所不憭,群公相和,则多近于肉麻,于是火上添油,遽成众矢之的,而不作此等攻击文字,此外近日亦无可言。此亦"古已有之",文人美女,必负亡国之责,近似亦有人觉国之将亡,已在卸责于清流或舆论矣。

对于国家的衰亡,当权者是无法推卸责任的。这是鲁迅的一贯观点。正是鉴于这种认识,他才表现出了对一般文士的宽容,其中包括周作人。从信中可以看出,一方面固然表示理解,而另一方面又不无惋惜之情。对社会的不满和讽刺,竟至于没有解人,这本身该是何等可悲的事——十年前,还是一个"思想革命"论者,写得一手"浮躁凌厉"的文章……

然而,两个人,早已分属两个不同的世界。事实如此冷酷。无论作何种努力,是再也无法寻得灵魂对话的机会了!

111 如此"同人":林默与田汉

鲁迅的战斗的杂文观念势必要受到挑战。但是,挑战竟然来自左联内部,这是他所意想不到的。

其中,有号林默者,曾经发表过一篇题为《人间何世》的文章,在批判《人间世》的同时,反对小品文,认为这种合"西方文学的自由主义同东方文学无力的骚人名士主义"的文章,是必须加以扫荡的。在左联,林默的意见具有一定的代表性。这些左倾青年还特地开了会,反对写杂文,要写"伟大的作品"。他们表示,希望取得鲁迅的支持。然而,老头子沉默了。

于是,引发了来自自己营垒的第一支暗箭。

在《自由谈》,鲁迅以公汗的笔名,发表《倒提》一文。文章从外国人倒提鸡鸭一事说起，对一些华人为此大鸣不平，以为洋人优待动物而虐待华人，竟至于不如租界的鸡鸭者，表示了不同的看法。他说，我们无须希望外国人待我们比鸡鸭优，即使顺提，又何补于归根结蒂的运命？古来就有所谓"仁人义士"解倒悬的各种胡说，直到现在，还不免总在想从天上或什么高处远处掉下一点恩典来。"莫作乱离人，宁为太平犬"，合群改革是不肯的。这类人物一多，当然大家要被倒悬，且送往厨房，也无人可以解救。在这里，鲁迅暴露了国民中的奴性心态，再度批判传统的恩赐观点。他说，我们究竟是人，该自有力量，自有本领，和鸡鸭绝不相同。"人能组织，能反抗，能为奴，也能为主，不肯努力，固然可以永沦为舆台，自由解放，便能够获得彼此的平等，那运命是并不一定终于送进厨房，做成大菜的。"

这意思本来是极明白的，但是，到了林默那里，却被理解为：第一是西洋人并未把华人放在鸡鸭之下；第二是受了西洋人的优待，不应该再鸣不平；第三是说明西洋人对华人的虐待必不可少，而且大可进一步；第四是从"古典"来证明华人没有出息。于是，他写文章下结论道：《倒提》的作者在替西洋人辩护，所以是"买办"！

文章叫《论"花边文学"》，发表在攻击鲁迅最烈的《大晚报》上。

林默在文中还顺势否定了所有的杂感，认为颇尽八股的能事，"虽然不痛不痒，却往往渗有毒汁，散布了妖言"。他把这种文章名之曰"花边文学"，而《倒提》正是"花边文学"的杰作，而且断言，这类"走入鸟道以后的小品文变种"终有流传不下去的一天。

鲁迅编杂文集《花边文学》，即以林默所赠的恶谥命名，此外还特意将林默的文章附在《倒提》的下面。在序言中，他以此同文公直攻击他是"汉奸"的来信并提，一例称为"鬼鬼祟祟，躲躲闪闪的攻击"。一方面，他吐露了在明诛暗杀之下，非写"奴隶文章"不可的愤懑；另一方面，对于"同人"的"背后的闷棍"，也表示了不得不加以"回避"的苦闷。

从形式到内容，林默全盘否定"花边文学"，理由之一是因为它与建设中的"'大众语'文学"相悖，鲁迅在《论"花边文学"》发表的同一个月里,有信给曹聚仁,谴责了一些"借大众语以打击白话"的"狗才"论者。后来解释说,"所说的狗才","指的是《谈言》和《火炬》上的有几篇文章的作者,虽然好像很急进,其实是在替敌人缴械"。虽然林默的文章并非专论"大众语",但当是包括在"急进"的论客之内的。他告诉曹聚仁说:"上海有些这样的'革命'的青年,由此显示其'革命',而一方面又可以取悦于某方。这并不是我的神经过敏,'如鱼饮水,冷暖自知',一箭之来,我是明白来意的。"

一段时间来,敏感而自尊的他,已经颇尝了一点左联里的青年战友所给的苦头。在回答青年作家关于文化团体处于停滞状态的说法时,说:"议论是有的,但大抵是唱高调,其实唱高调就是官僚主义。我的确常常感到焦烦,但力所能做的,就做,而又常常有'独战'的悲哀。"

这种悲哀,是越来越紧地攫住了他。

1923年5月,国民党教育部的汪懋祖在南京发表《禁习文言与强令读经》一文,鼓吹尊孔读经,提倡文言,得到复古派的支持。商务印书馆附属小学校长吴研因著文反驳,从此揭开关于"大众语"论战的帷幕。

在上海,陈子展、陈望道、胡愈之等提出"大众语文学"、"大众语运动"的口号,《申报·自由谈》、《中华日报·动向》和最新创刊的《太白》等报刊,分别刊出大批文章,痛击"文言复兴"的逆流,推进语文改革运动。

《社会月报》编者曹聚仁于7月间发出一封征求关于大众语意见的信,鲁迅先后两次复信,明确表示了自己的看法。此外,他还写了十多篇有关的文章,其中最有名的是《门外文谈》,可以看做是大众语运动的纲领。

方块汉字是和大众两立的,是特权者的东西,愚民政策的机器。为此,鲁迅坚决主张除去阻碍传布智力的结核:非语文和方块字。在他看来,现代人的生存问题才是至关重要的问题。为了实行"大众语文",就必须推广拉丁化的新文字。

但是，他是一个现实主义者，他知道普及拉丁化当是大众自掌教育以后的事情，根据一贯的"中间物"观点，他认为，现在一面要研究、推行罗马字拼音，一面当促进地方的语文的大众化，使提倡者先行写作一些大众能够看的东西，然后逐渐地过渡到大众自能写作的新阶段。不然，造出一种所谓的"大众语文"，也还是特殊阶级的独占工具。他反对林语堂的"论语派"，称之为"另一枝讨伐白话的生力军"，原因之一就在于他们提倡"语录体"，使白话向文言复归。在反对新旧复古派的同时，他又反对"迎合大众"，做"大众的新帮闲"。早在两年前的关于"文艺大众化"问题的讨论中，瞿秋白要求作家转换原来的路径，放弃"五四"以来所应用的欧化的口语，而去利用中国旧有的、原始的文艺形式。"大众语"与"文艺的大众化"问题是有联系的，鲁迅与包括周扬在内的一些"彻底"论者不同的是，他没有放过"大众语运动"的实行者乃是远在"大众"之上的知识阶级，以及运动必须在现存的政治文化专制制度底下进行这一基本事实，所以在谈到大众语文时赞成不得已仍可采用文言、白话，甚至于外国话，做切实的准备和过渡工作。

他的关于反对专化，主张多元的观点，在"大众语"讨论中是十分突出的。他的目光，总是一次又一次地超越文艺或学术的范围，而投射到整个的社会改革上面去。

在《门外文谈》里，有这样一段关于改革者的话：

> 由历史所指示，凡有改革，最初，总是觉悟的智识者的任务。但这些智识者，却必须有研究，能思索，有决断，而且有毅力。他也有权，却不是骗人，他利导，却并非迎合。他不看轻自己，以为是大家的戏子，也不看轻别人，当作自己的喽罗。他只是大众中的一个人，我想，这才可以做大众的事业。

《论新文字》的议论更为深刻：

> 易举和难行是改革者的两大派。同是不满于现状，但打破现状的手段却大不同：一是革新，一是复古。同是革新，那手段也大不同：一是难行，一是易举。这两者有斗争，难行者的好幌子，一定是

完全和精密,借此来阻碍易举者的进行,然而它本身,却因为是虚悬的计划,结果总并无成就,就是不行。

这不行,可又正是难行的改革者的慰藉,因为它虽无改革之实,却有改革之名。有些改革者,是极爱谈改革的,但真的改革到了身边,却使他恐惧,惟有大谈难行的改革,这才可以阻止易举的改革的到来,就是竭力维持着现状,一面大谈其改革,算是在做他那完全的改革的事业。这和主张在床上学会了浮水,然后再去游泳的方法,其实是一样的。

作为一个具有自省意识的知识者,鲁迅深知同类的作用和弱点,惟其过分地看重启蒙的责任,所以,他才对先天性的缺陷部分分外地感到痛切。

他写给曹聚仁的关于大众语的信,本是私人通信,不意被曹聚仁转发在《社会月报》上。更意外的是,因此引出署名绍伯的一篇文章《调和》:

"中国人是善于调和的民族"——这话我从前还不大相信,因为那时我年纪还轻,阅历不到,我自己是不大肯调和的,我就以为别人也和我一样的不肯调和。

这观念后来也稍稍改正了。那是我有一个亲戚,在我故乡两个军阀的政权争夺战中做了牺牲,我那时对于某军阀虽无好感,却因亲戚之故也感着一种同仇敌忾,及至后来两军阀到了上海又很快的调和了,彼此过从甚密,我不觉为之呆然,觉得我们亲戚假使仅仅是为着他的"政友"而死,他真是白死了。

后来又听到广东A君告诉我在两广战争后战士们白骨在野碧血还腥的时候,两军主持的太太在香港寓楼时常一道打牌,亲昵逾常,这更使我大彻大悟。

现在,我们更明白了,这是当然的事,不单是军阀战争如此,帝国主义的分赃战争也作如是观……

然而这是指那些军阀资本家们"无原则的争斗",若夫真理追求者的"有原则的争斗"应该不是这样！

最近这几年,青年们追随着思想界的领袖们之后做了许多惨淡的努力,有的为着这还牺牲了宝贵的生命。个人的生命是可宝贵的,但一代的真理更可宝贵,生命牺牲了而真理昭然于天下,这死是值得的,就是不可以太打浑了水,把人家弄得不明不白。

后者的例子可求之于《社会月报》。这个月刊真可以说是当今最完备的"杂"志了。而最"杂"得有趣的是题为"大众语特辑"的八月号。读者试念念这一期的目录罢,第一位打开场锣鼓的是鲁迅先生(关于大众语的意见),而"压轴子"的是《赤区归来记》作者杨邨人氏。这就健忘的读者也记得鲁迅先生和杨邨人氏有过不小的一点"原则上"的争执罢。鲁迅先生似乎还"嘘"过杨邨人氏,然而他却可以替杨邨人氏打开场锣鼓,谁说鲁迅先生器量窄小呢？

苦的只是读者,读了鲁迅先生的来信,我们知道"汉字和大众不两立"……似读了最后杨邨氏的文章,才知道向大众去根本是一条死路……

于是,我们所得的知识前后相销,昏昏沉沉,莫明其妙。

这恐怕也表示中国民族善于调和吧,但是太调和了,使人疑心思想上的争斗也渐渐没有原则了。变成"戟门坝上的儿戏"了。照这样的阵容看,有些人真死的不明不白。

文章一样发表在《大晚报》上,难道这竟是一种巧合？

善于调和。无原则。牺牲青年的生命,又太打浑了水。替杨邨人打开场锣鼓。器量。又是器量态度和年纪,苦了读者。"戟门坝上的儿戏"。

"调和"。首甲等人不也说是"调和"吗？

都是化名。林默即廖沫沙,绍伯即田汉,这他知道。然而,他们为什么要这般躲躲闪闪呢？互相间是否达成了某种默契？背后还有人吗？……

他从不期待别人对自己的尊重,但是,却不能容忍随意的戏弄,反击是必须的,当他想及作者乃系身边的"战友"时,便又立即打消了这种念头。他不愿意因此使敌人称快。林默的文章,不是也没有反驳吗?还是随它去吧!

只是,这种忍耐的确使他万分痛苦。

直到年底,他才在答复《戏》周刊编者的信中,顺便带及绍伯的文章。文字不多,但分明显示了他的愤慨:

……如果我被绍伯先生的判决所震慑,这回是应该不敢再写什么的,但我想,也不必如此。只是在这里要顺便声明:我并无此种权力,可以禁止别人将我的信件在刊物上发表,而且另外还有谁的文章,更无从豫先知道,所以对于同一刊物上的任何作者,都没有表示调和与否的意思;但倘有同一营垒中人,化了装从背后给我一刀,则我的对于他的憎恶和鄙视,是在明显的敌人之上的……

他声明,这并非个人的事情;接着又指出,绍伯所施展的是"老手段",言下是他所熟悉的,化什么装呢?

对于这段严肃的文字,左联内部有一些人是不以为然的。夏衍看了以后,就呵呵大笑道:"这老头子又发牢骚了!"

后来编集时,他在附记里完全拆穿这种把戏,指出:所以向《戏》周刊编者去"发牢骚",是因为编者之一是"田汉同志","而田汉同志也就是绍伯先生"。

在信里,鲁迅是把绍伯同林默挂在一起的。在另外给朋友的信中,这种并列的提法还有过三次。一者致杨霁云:"叭儿之类,是不足惧的,最可怕的确是口是心非的所谓'战友',因为防不胜防。例如绍伯之流,我至今还不明白他是什么意思。为了防后方,我就得横站,不能正对敌人,而且瞻前顾后,格外费力。身体不好,倒是年龄关系和他们不相干,不过我有时确也愤慨,觉得枉费许多气力,用在正经事上,成绩可以好得多。"二者致曹靖华:"去年春天,有人在《大晚报》上作文,说我的短评是买办意识,后来知道这文章其实是朋友做的,经许多人的质问,他答说已寄信给我解释，但这信我至今没有收到。到秋天，有人把我的一封信，在《社会月报》上发表了，同报上又登有杨邨人的文章，于是又有一个朋友（即田君，兄见过的），化名绍伯，说我已与杨邨人合作，是调和派。被人诘问，他说这文章不是他做的。但经我公开的诘责时，他只得承认是自己所作。不过他说：这篇文章，是故意冤枉我的，为的是想我愤怒起来，去攻击杨邨人，不料竟回转来攻击他，真出于意料之外云云。这种战法，我真是想不到。他从背后打我一鞭，是要我生气，去打别人一鞭，现在我竟夺住了他的鞭子，他就'出于意料之外'了。从去年下半年来，我总觉得有几个人倒和'第三种人'一气，恶意的去拿我做玩具。我终于莫名其妙，所以从今年起，我决计避开一点，我实在忍耐不住了。"三者，直到1936年1月，他还告诉徐懋庸说："年底编旧杂文，重读野容、田汉的两篇化名文章，真有些'百感交集'。"

4月，他在致曹靖华的信中慨然写道："近十年来，为文艺的事，实已用去不少精力，而结果是受伤。认真一点，略有信用，就大家来打击。去年田汉作文说我是调和派，我作文诘问，他函答道，因为我名誉好，乱说也无害的，后来他变成这样，我们的'战友'之一却为他辩护道，他有大计画，此刻不能定论。我真觉得不是巧人，在中国是很难存活的。"

田汉的复函是在鲁迅答《戏》周刊编者信发表之后两个月写的，不但毫无悔过的诚意，而且进一步采取隐瞒、戏弄的态度。

他说："该文虽与我有关，但既非开顽笑，也非恶意中伤，而是有意'冤枉'先生，便于先生起来提出抗议。"又说："至于先生对于我（？）的批评，——如'心口不如一'等，虽则自问缺点极多，然而那恰不是我的缺点，我与先生不但是多年文化上的战友，而且无论在什么意义也没有丝毫矛盾的地方，我有什么中伤同志特别是中伤您的必要？既然无此必要却会把友人当敌人那除非发了疯。"信末，还特意作了一个"简单的声明"："绍伯却是我的一位亲戚（表弟），他是一个很纯洁而憨直的文学青年，他写那篇文章的用意，却绝不在从暗地里杀谁一刀，他没有任何那样的必要，何况是对于鲁迅先生他从来就很敬爱的。""为了促起鲁迅先生的注意,绍伯便写了那篇文章","我也曾看过那篇文章,虽则很憨直的责备着贤者,却丝毫没有中伤鲁迅先生或曲解他的论点之处。这我以为是没有理由取得鲁迅先生的'鄙视'与'敌意'的。但鲁迅先生却再三的表示他的愤然了。那有什么办法呢?"最后说:"我不能不在这儿说几句话:'凡是在同一的阵营中的,我和任何人没有矛盾。''我们应该更分明的认清敌友。'"这样,鲁迅反倒多出一份不分敌友之嫌了。

这样的信函,他当然是不会理睬的。

但是,廖沫沙和田汉的先后化名的攻击,确乎使他的心灵受伤。在此前后,《支那研究资料》译载了左联作家穆木天出狱前给国民党当局所写的诋毁普罗文学的报告,田汉和阳翰笙出狱后为郑正秋所作的挽联,都不能不使他怀疑左联内部的一批青年作家的左翼立场。在他看来,中国没有真正的党徒,人们从来不为哪一个信仰或首领拼命,总是随风转舵。这是很可慨叹的。

还有,把持左联的周扬,那种"元帅"和"工头"般的种种作风和办法,于他是更为严重的刺激。如果说,已经显露原形的朋友令他伤心,那么尚未显出原形的"同志"则多少要使他感到可怕。

112　和青年奴隶在一起

鲁迅变得越来越孤独。

他简直不愿意接触任何陌生的客人,尤其是青年。他存在戒心。几年来,与他缠斗不已的,不是几乎全是青年吗?然而,就在他深居简出的时候,又有两个青年人前来纠缠他了。他命中注定要同青年厮混在一起,无论是好是坏。因为,对于一个死气沉沉的世界,青年是惟一的生机。

这是一对青年男女:一个叫萧军,一个萧红。

萧红,原名张乃莹,出生在中国最东最北部的呼兰河畔。那是白雪的故乡。她一生下来,就被家人当作不祥的种子而加以歧视。父亲是家里的暴君。九岁时,母亲因病故去,她便随同慈爱的祖父一起生活。老人常常抚摩着她的头发,祝福说:"快快长吧!长大就好了……"

长大以后,不料境遇反而更坏。二十岁时,残暴的父亲逼她中辍女中的学业,嫁给一个官僚地主的儿子。因为逃婚,她成了哈尔滨街头的流浪者。后来,由于别人的资助,她来到北平读书,但结果,还是被骗回到婚姻的笼子里。在哈市的一家旅馆,那位少爷纵情玩乐,过了一段的日子,突然逃之夭夭,留下她只身作为抵押房租的人质。当此走投无路的时候,她投稿《国际协报》求援。萧军、舒群查明地址,先后看望了她。借着哈市发大水的机会,萧军偷偷地从旅馆接出萧红,从此作为人生的伴侣,开始了长长的艰难的跋涉。

沿着温暖和爱的方向,萧红继续着她的追求。她的文学和绘画的天分都很高,做学生的时候,就画过电影广告,写过诗和散文。1933年5月开始小说创作,她以特有的抒情气质,写失业青年、佃农、惨苦的妇女,写革命者,写自由之魂。10月,她同萧军合印了第一个小说散文集《跋涉》,署名悄吟。然而,集子问世之初,却立即遭了禁止的厄运!实在太难了!活在这样的中国,要做成一件事情实在太难了!

但接着,两人连立足之地也将要失去,于是不得不像众多的东北流亡青年一样,漂流到关内来。

青岛是第一个停泊点。在这里,萧军任一家报社的副刊编辑,萧红则在家承担所有为家庭妇女所应承担的繁琐而沉重的工作:买菜,劈柴,烧饭,烙葱油饼,甚至变卖家具……在依然艰难的生活中,他们创作不辍,并且开始向长篇掘进。萧军写的是《八月的乡村》,萧红写的是《生死场》,虽然个人气质以及在作风上的反映很不相同,但是他们都一样深切地眷恋着失去的天空、土地、受难的人民,一样有热血的灌注,一样有不屈服的奴隶的心。他们具备了作为作家的最可珍贵的素质,对于命运的痛苦的皈依。但于创作的前途,却缺乏足够的自信:这样的题材是合适的吗?所表现的主题是否有积极的意义?是否与当前革命文学运动的主流合拍?恰好萧军从当地荒岛书店经理那里得到鲁迅的通讯地址，便鼓足了勇气，以个人名义给倾慕已久的导师发出第一封信。

鲁迅在收信的当天作了回复。针对信中提及的两个问题，他说：

一、不必问现在要什么，只要问自己能做什么。现在需要的是斗争的文学，如果作者是一个斗争者，那么，无论他写什么，写出来的东西一定是斗争的。就是写咖啡馆跳舞场罢，少爷们和革命者的作品，也决不会一样。

二、我可以看一看的，但恐怕没工夫和本领来批评，稿可寄"上海、北四川路底、内山书店转、周豫才收"，最好是挂号，以免遗失。

恍如一只孤舟，在茫茫夜海上寻见了灯塔的光芒！两个青年贪婪地读着来信，一遍又一遍，显得那么兴奋。信并不长，但是在他们的眼中，每一句话，每一个字，甚至每一个标点，都隐藏着深刻的意义，每读一遍，都会有新的发现。萧军写了信，并把《生死场》的抄稿连同《跋涉》，一起给鲁迅寄出。

就在这时候，共产党的地下组织遭到破坏，报社的所有工作即将结束，个别人员也及时作了转移。萧军闻讯，马上给鲁迅发了一封信，然后同萧红一起搭乘一条日本轮船来到上海。

刚刚安顿下来，他们就迫切地想望见到鲁迅。这里固然有着一种感情的牵系，也有着关于文稿的悬挂，但同严峻的生活本身是不无关系的。除了支付拉都路亭子间的房租，买一袋面粉，一只炭炉，一些木炭、砂锅和碗筷油盐之类，临行前从报社领取的四十元路费已经所剩无几了。这样，在大上海，将怎样生存下去呢？……茫然之际，惟觉鲁迅是惟一的依靠，但是，要是不能解决呢？他们想，只要能见上先生一面而被迫离开上海，也当心满意足了……

萧军直接提出了见面的要求。

但是，收到的复信却使他们陷于深深的困惑。"见面的事，我以为可以从缓，因为布置约会的种种事，颇为麻烦，待到有必要时再说罢。"这种拖延，会不会是委婉的拒绝？

又过了两天，来信重提了见面的事，说："你们如在上海日子多，就想我们是有看见的机会的。"在这举目无亲的冰原般的世界,现在,他们可以取暖了。信里还提醒说:"上海有一批'文学家',阴险得很,非小心不可。"只是这种用心,他们暂时还不可能理解。青年毕竟是单纯而傲岸的。

这回多出了一条内容,就是问候"吟女士"。萧红领头抗议了。

鲁迅的回答很风趣:"中国的许多话,要推敲起来,不能用的多得很,不过因为用滥了,意义变成含糊,所以也就这么敷衍过去。不错,先生二字,照字面讲,是生在较先的人,但如这么认真,则即使同年的人,叫起来也得先问生日,非常不便了。对于女性的称呼更没有适当的,悄女士提出抗议,但叫我怎么写呢?悄婶子,悄姊姊,悄妹妹,悄侄女……都并不好,所以我想,还是夫人太太或女士先生罢。现在也有不用称呼的,因为这是无政府主义式,所以我不用。"这里,他再次说明了一贯主张"硬译"和"重译"的根据,即中国人思维和语言的单一性和含糊性。老拳斗师轻轻一击,两个青年拳击者就伏倒在地了。

在接连的几次通信中,他们知道,鲁迅是深爱着稚气而不安定的青年的。但是,对于他们流露的稚气,他又很不放心。他一再告诉他们:稚气能找到真朋友,但也容易上当、受害。上海不是好地方,固然不必把人们看成虎狼,但也不可一下子就推心置腹。有一封信,还特别通告说:要警惕白俄。其中,以告密为生的人很不少的。因此万不能跟白俄说俄国话,否则疑心是留学生就将惹出麻烦来……

充满长者的温情的信,常常使萧红想起故去的老祖父。她的心头,乃一次又一次浮起一张有着幽默的微笑的、慈和而又充满战斗激情的面影……

一个月后,渴盼的时刻终于到来了。

按照约定的时间和地点,两个东北青年急急地来到内山书店。这时,柜台里面,有一个瘦小的老人正在检点着摊放在桌子上的信件和书刊,同两个日本人模样的人谈说着什么……

"你是刘先生吗?"老人瞥见萧军他们,立刻走了出来,问。

"是。"萧军点了点头,低声答道。

"那么我们走吧——"老人说了一声,走进内室,把桌面的东西快速地装进一幅紫地白花的包袱皮里,挟在腋下就往外走,谁也不打招呼。

这就是鲁迅先生吗?这就是鲁迅先生!……

萧军和萧红默默地跟在后面。寒风里,没有帽子,没有围巾;袍子,裤子,网球鞋,几乎全作深黑色。望着老人瘦削的背影,两个人的眼里都涨满了泪水,萧红差点要哭了出来……

鲁迅走路很快。不一会,他们便来到了一家咖啡馆里。

整个厅堂里几乎没有几个客人,其中竟没有一个是中国人。鲁迅拣了靠近门边的座位,招呼两个青年坐下,介绍说,这咖啡馆主要靠后面的舞场赚钱,白天这里很僻静,所以他常常把这里当成和陌生人接头的地方。

过了一会,许广平和海婴也来了。

"这是刘先生,张先生……这是密司许……"

鲁迅介绍过后,许广平立即把手伸了过来。萧红一面微笑着,一面握着手,眼前渐渐地变得模糊起来。她太激动了。

席间,萧军说了他们从哈尔滨辗转到上海的原因和经过,还讲述了东北人民在日本侵略者的铁蹄底下挣扎和反抗的情形。鲁迅简略地介绍了上海左翼文坛面临高压的现状,以及左翼内部一些不正常的现象,希望他们以后多加注意。

"他们已经通缉我四年了。"他说这句话时,特别缓慢,沉重而有力,如同喑哑的钟声在青年的心头震响……

最后,他把一个信封交给了萧军,说:"这是你们所需要的。"

萧军知道,这是所要借的二十元钱。即使如此,由于回去的坐车的零钱也没有,他还是直白地说了。

鲁迅听罢,笑了笑,立即从衣袋里掏出些银角子和铜板,放在桌子上……

把《八月的乡村》的抄稿交给许广平以后,萧军便同萧红一起告辞走了。走时,许广平向萧红说:"见一次真是不容易呵!下一次不知什么时候能够再见?"萧红没有话,只有默默地扬着手。

走进车厢,他们发现:远处,鲁迅直直地站着往这边凝望,许广平招扬着手帕,小海婴的一只小手也在不停地挥舞,庄重一如远别。

其实,他们很快又在一起聚面了。

大约过了半个月,二萧突然接到鲁迅请吃饭的信。地点是梁园豫菜馆。这意外的邀约,使两个青年人同时呆住了。两颗在漂泊生涯中磨砺得近于僵硬了的灵魂,因了伟大的热情的浸润,而变得从未有过的温柔。一封短简,由一只手转移到另一只手,然后又转递回来,两只手一起把它平展开来。手在颤抖。字迹模糊。读着,读着,萧红的眼泪就簌簌地落下来了……

赴鲁迅安排的宴会,对他们来说是一件重大的事情。萧军立即抄出一份上海的市街地图,查抄菜馆的位置;萧红跟着出门为萧军买了一块绒布料,日夜赶制新"礼服"。她不能让他像平时那样穿着破罩衫去见鲁迅的朋友们。

除去鲁迅夫妇和小海婴,赴宴的客人有茅盾、叶紫、聂绀弩和夫人周颖,连同萧军、萧红一共九人。此外,还有两个座位空着。

那是留给胡风和梅志夫妇的。按照鲁迅的解释,宴会本为他们的儿子做满月而设,至于缺席,他猜想当是没有接到信的缘故。

酒菜上来后,许广平到门外转了一会,看看没有什么可疑的人,回来向鲁迅耳边说了几句,鲁迅便以主人的身份开始介绍客人。介绍到二萧,特别说明道:"他们是新从东北来的。"席间的谈话常常使用隐语,颇类土匪的暗话,其实他们全是熟识的,只有二萧是"闯入者"。然而,萧军并不客气,他见到聂绀弩尽是不停地给夫人挟菜,也就学他的样子,向萧红的碗里夹取她不易夹到的,或不愿把手臂伸长才能挟到的菜。这样,弄得萧红很不好意思,只好暗暗用手在桌下制止他……

总之,这一顿吃得很好,谈话也很愉快。在归去的路上,他们高兴得彼此挽着胳膊,飘飘然地小跑起来……

鲁迅这次宴客的目的,究其实,还是为了慰抚两位远来青年的寂寞,平日格外给他们多写信,也是这个意思。在通信中,萧军常常感叹在上海没有朋友。除茅盾外,其余包括胡风在内的几个人,此后的确成了很要好的朋友。他们都十分珍惜由鲁迅亲自培种的友谊。

其中,叶紫是鲁迅选定作为二萧的向导和"监护人"的。对于萧军的恃强蛮闯,鲁迅一直不大放心,认为必须有人从中加以诱导和制约。宴会结束时,独有叶紫,主动把地址开给萧军,这就和鲁迅的特别介绍很有关系。

叶紫是可信赖的:热情,善良,正直,坦诚,萧军几乎从见面的时候起就喜欢了他。而且,他一样有着曲折的经历。早在少年时代,他的父亲、姐姐和叔父都因为参加革命而惨遭杀害,于是开始逃亡。到了上海以后,先后做过教师、编辑,还曾为西林寺和尚抄写经文度日,生活一直非常困顿。目下,他正在同聂绀弩一起编《动向》,有时便带了萧军到几个编辑部之类的地方走走,见见"世面",或者也可以算作是改造"土匪"吧。

有一次,叶紫告诉萧军:"人们说你浑身有一股'大兵'的劲儿,又像'土匪'!"后来,黄源也曾经开玩笑说他"野气太重"。这些评语,颇使萧军感到屈辱,为此先后征询过鲁迅的意见。鲁迅回答说:"我最讨厌江南才子,扭扭捏捏,没有人气,不像人样,现在虽然大抵改穿洋服了,内容也不两样。"因此,他主张不要故意改掉身上的"匪气"或"野气"。由于环境的关系,一个人的习气总会多少有些变化的。但是,他又不得不一再告诉这位单纯的青年,说:"装假固然不好,处处坦白,也不成,这要看是什么时候。和朋友谈心,不必留心,但和敌人对面,却必须刻刻防备。我们和朋友在一起,可以脱掉衣服,但上阵要穿甲。"这样教青年学会沉重,却常常要使鲁迅感到无奈与悲哀。

萧军能够领会鲁迅消解的话,由是,他更加深爱自己的灵魂。奴隶的灵魂。

叶紫的短篇小说集《丰收》正在印刷中,萧军的《八月的乡村》也已经脱稿了。一天,叶紫对萧军说:"我们的书虽然是非法出版的'私书',也应当像点'公书'的样子,譬如有个社名,有个发行的店之类,这样外面看起来就很有声势,于买书和卖书都方便,而且书官方也不致马上禁售,这是'私盐官售'的战法……"萧军欣然同意,当即起了个社名,就叫"奴隶社"。至于乌有书店的名称,叶紫管它叫"容光书局"。计划最先出版的十种书籍,相应地,自然也就成了"奴隶丛书"。

他们把关于"奴隶丛书"的总体设想向鲁迅说了。鲁迅十分赞同,说,"奴隶社"的名目是很好的,奴隶和奴才不同,奴隶造反,奴才是不会造反的。在他的支持下,叶紫和萧军以"奴隶社"的名义共同起草了一个《小启》:"我们陷在'奴隶'和'准奴隶'这样地位,最低我们也应该作点奴隶的呼喊,尽所有的力量,所有的忍耐。"可以说,《小启》是几个不甘做奴隶者面对社会和文坛发出的公开宣言。

《丰收》出版后,被列为"奴隶丛书"之一,《八月的乡村》列为"奴隶丛书"之二,萧红的《生死场》原打算由生活书店公开出版,被检查老爷压了半年多,结果是不许可,只好自费印刷,列为"奴隶丛书"之三。

丛书三种的序文,都是鲁迅的手笔。因为是奴隶写的书,所以自有不同于"为艺术的艺术"的战斗的标准,正是从这里出发高度赞誉了小说的成就。

对于《丰收》,他指出,这个由六个短篇构成的集子,与活在现中国的读者有着大关系。作者虽然是一个青年,经历却抵得太平天下的顺民的一世纪的经历,在对于压迫者的斗争中,是已经尽了当前的任务的。回顾封建专制的历史,他指出,中国没有一部像样的历史著作,文学作品更不必说。然而,关于东三省被占的事实,《八月的乡村》却是一部很好的小说。他几次引用胡适"要征服中国民族,必须征服中国民族的心"的话,然后说,这书是于"心的征服"有碍的。一方面是奴隶,一方面是奴才;一方面是庄严的工作,一方面是荒淫与无耻。序文以黑白分明的比较,显示着小说的主题:中国的一份和全部,现在和未来,死路与活路。《生死场》同样是一部不能见容于中华民国,大背"训政"之道的作品。

他十分欣赏作者以女性的笔触而能越出常轨,富于力度,它是能给奴隶们以坚强和挣扎的力气的。

丛书从写稿到出版和发行,耗费了鲁迅的大量心血。《八月的乡村》是萧红用很薄的日本美浓纸抄写的,字又小,几乎每页都要衬上一张白纸才能看清楚。为《丰收》代寻木刻家插图,也颇费周折,最后还是自己拿出五元钱,买了木板,交给黄新波刻制。即使短序一篇,也都颇费苦心,如《生死场》刻画人物的缺点,到了鲁迅这里,评介就转换成了另一种肯定的方式:"叙述写景,胜于描写人物",显然意在袒护初露头角的年轻作者,难怪官方的走狗报纸对"奴隶丛书"的狂吠,总是处处同他的名字连在一起。

——这个老奴隶!

总之,鲁迅不会错过任何机会,推举年轻奴隶。在此前后,他曾经向美国记者斯诺和伊罗生介绍了大批左翼作家的小说;在自己编选的中国小说集中,也都是侧重于后起的一代的。

斯诺是通过宋庆龄认识鲁迅的。他同情中国革命,对中国的社会问题有着较为深刻的了解。正因为如此,他能够感受鲁迅的伟大,认识到鲁迅作为一个社会改革家和思想启蒙者在中国历史上的重要价值,心灵的相通未必依赖神圣的血缘关系。不同的国度存在着同一度思想空间。鲁迅一直认为,有少数几个外国人对中国的热爱,是远在于同胞之上的,因此他愿意聆听他们对中国的诅咒,而不能接受炎黄子孙在祖先祭坛上的喃喃颂辞。从接触中,他觉得斯诺是明白的、可信任的。因此,对斯诺和他的助手姚克共同编译的小说集《活跃的中国》,始终给予热情的支持。

"民国以前,人民是奴隶。"有一次,鲁迅向斯诺说道:"民国以后,我们变成了前奴隶的奴隶了。"

奴隶的命运,在他的思想中,一直是缠绕不散的基本主题。

"既然国民党已经进行了第二次革命,难道你还会认为阿Q跟从前一样多吗？"斯诺问。

"更坏。"他大笑道，"他们现在管理着国家哩。"

"那么，你认为俄国的政府形式更加适合中国吗？"

"我不了解那里的情况，但是读过很多关于俄国革命前的东西，知道同中国很有些相似之处，没有疑问，我们可以向苏联学习；当然也可以学习美国，但是，对中国说来，只能有一种革命——中国的革命。我们还应当向我们的历史学习。"

当然，他所谓向民族的历史学习，是旨在寻求现代化改革的现实根据，而不是对专制主义传统的眷顾或回归。在这里，他展示了中国改革道路的多种可能性，他反对任何国家不变的模式，而倾向于批判的综合，主体的选择。

《活跃的中国》的编译工作，最先在上海进行，后来斯诺移居北平，便通过姚克同鲁迅保持直接的联系，持续几年，终于在1935年完成。正是接受了鲁迅的建议，他们才在专译鲁迅的原定计划的基础上，选择了柔石、张天翼、萧军、巴金、丁玲等人的作品。斯诺在介绍《活跃的中国》时，特别指出它的思想价值，说："作为艺术，这本小书可能没有什么意义，但是，它是中国文学中抗争和同情的现代精神日益增长的重要表征，是要求最广泛规模的社会公平的重要表征，在中国文学发展史上，它第一次确认'普通人'的重要性。"中国文学的现代性、人民性、战斗性，是主要通过"现在新出台的作家"去表现的。

伊罗生选编的《草鞋脚》，是与《活跃的中国》属于同样性质的中国小说集。

鲁迅同茅盾一起，应伊罗生的要求，完成本书的初选工作。为了介绍新人，他们努力推荐哪怕是幼稚、脆弱的作品。"草鞋脚"一词，来源于鲁迅的演讲，书的序文也是鲁迅作的。在序文中，他指出，这"新的小说"，是战斗的产物，是"文学革命"时代的关于"人性的解放"这个文学基本要求的又一发展。为了文学事业的进步，许多青年在黑暗中以生命殉了他的工作。

如果说《活跃的中国》和《草鞋脚》是一个横切面，所显示的是中国小说的现实状况，那么手编的《中国新文学大系·小说二集》，则是一个纵剖面，呈示着新小说的创始阶段的全历程。

《中国新文学大系》是由良友图书公司编辑出版的大型文学选本，时间跨度很大，包括从1917年至1927年间的理论和作品，可以看做是新文学运动第一个十年的总结。小说共分三集，第二集即文学研究会和创造社以外的其他文学团体和作家部分，计划由鲁迅负责编选。当编辑赵家璧找他具体商议的时候，他就考虑到了检查官的问题。鉴于书报审查制度的严密，又要确保选本的客观性和完整性，鲁迅认为以他这样被政府通缉的"堕落文人"身份是不大相宜的。赵家璧答应愿意在通过审查方面作出努力，他便把事情答应下来了。果然，官方要将鲁迅的名字从编选者中除掉，另换别人。良友公司方面只好走后门，收买检查官，以保证鲁迅的选本和序文不受损害。

事情进行得比较顺利，这时候，鲁迅突然通知说"决计不干这事"了。

原来，他所写的《病后杂谈》发表时，被检查官删去四分之三，使他大为愤懑。他不想中检查官的诡计，把自己为《大系》所写的序文重新送交断头台，并声明，要用硬功对付他们。这件事弄得赵家璧相当紧张，再度约见鲁迅，把《大系》的整个进程说了，恳求收回成命。书店方面因此而白折费用，自然也在他的考虑之中。在赵家璧答允争取做到保持选本导言的本来面目的情况下，他犹豫良久，才决定着手编选。

他也不是不知道赵家璧的难处的。所以，临别时说，将来序文和选稿送审后如有删改之处，可由书店方面代为决定。

在这部艰难编就的小说集中，对于与他彻底决裂的"狂飚"的一群，虽然有所批评，却并未遮掩他们曾经有过的光耀。他不但收入了这些青年的作品，还在导言中摘录了高长虹、向培良等的大段引文，展示他们的特色和成就。

他喜欢他们的讥刺、暴露、搏击，喜欢他们内心的热烈，且所有这些都是属于奴隶的。集内还收编了为他一度讽刺过的陈源夫人凌叔华的作品,而且做出肯定性的评述,指出:她以谨慎的文风,创造了与众不同的人物,从而显示了世态的一角、高门巨族的精魂。重要的是不要忘却"世态"。一些"才子"所以为他所憎厌,都因为连这么一点俯视人世的真诚也没有。而做人的真诚不是容易具备的。

萧军写信给他说,高尔基对人民的爱是近于母性的,容易流于姑息。他回信说,在他自己,大约也是属于"姑息"一面的。其实,战斗者并非与"宽容"相敌对。不懂"宽容"为何物的人,不可能成为真正的战斗者,自然,也惟有战斗者的宽容,才是卓具成效的宽容。

113 家庭:"以沫相濡究可哀"

人们无论是思念亲故,或是祈祷上苍,都无非在寻找归宿,寻找某种精神依靠。萧红见到鲁迅以后,对于这位旷代的智者,便产生了深深的依恋。或许羁泊的灵魂,更加需要一个安定的处所?"绕树三匝,无枝可依",这境遇确乎是难以忍受的。

鲁迅,一株傲兀的大树,却以低垂的柔条伸向落寞的行客。

头一次到鲁迅家里做客,那情景,使善感的萧红终身难忘。是11月的雨夜。过11点了,萧红想到鲁迅身体不好,又听许广平说他伤风了一个多月才好,心里十分不安,几次拉着萧军想走,都被鲁迅留住了:"再坐一下,12点以前终归有车子可搭的。"这样,一直坐到快12点,他们才穿起雨衣告辞。鲁迅非要送出铁门外面不可。他为什么要送呢?对于这样年轻的客人,值得这般的送么?站在铁门外面,鲁迅指着隔壁茶店上面挂着的写着"茶"字的大牌子,说:"下次来记住这个'茶',就是这个'茶'的隔壁。"他伸出手去,几乎触到钉在铁门旁边的那个9号的"9"字,一再叮嘱说:"下次来记住'茶'的旁边9号。"

9号。当然记住了。9,那是一个代表长久、永恒的中国字眼。

对鲁迅来说,又何尝没有一种依恋感?他凝听他们叙述着已经沦亡的故乡，大片苦难的土地和苦难的人们，一颗心便全然融入了一片苍茫岁月。他出身于破败的官宦家庭，却是十足的农民的儿子，每当想到乡村和农人的生活，就感到痛苦不安，难于自禁。折磨人的乡土感情呵！整整一个夜晚，老奴隶和年轻奴隶的心在一起汩汩交流……

大陆新村9号——鲁迅辗转一生的最后的定居点。

弄堂入口处，满地铺着大块的水泥砖，出出进进有不少外国人，一些外国小孩也常常在院子里玩。鲁迅寓所的西邻住的是白俄巡捕，东邻是日本人，这种"半租界"的环境往往把人弄得很难堪。

铁门后面是一个小花园，种着他喜欢的桃树、石榴树、夹竹桃、紫荆花。还有丝瓜和南瓜等。可以说，这是复制的百草园，关于少年时代的记忆的储藏地。可是，纵有阳光、乌雀，暮年多病的主人也已经很少有观赏的余绪了。

底层的前面是客厅，右边为餐室，中间用玻璃屏门隔开。客厅西面靠墙摆着瞿秋白走后留下的一只单人写字台，中央摆着黑色长桌，一个绿豆青色的花瓶里伸出几株大叶子的万年青，周围是七八张木椅子。另一边并排摆着两个带玻璃的书架，放着《陀思妥耶夫斯基全集》和别的外国作家的全集。此外，还有许广平使用的缝纫机，海婴的玩具橱。

三楼前间是整幢楼房居住条件最好的地方，南面有小阳台，可以享用充足的阳光和新鲜的空气。可是，鲁迅让给保姆和小海婴了。后间是空着的客房，放着一张单人床、写字桌，也有书橱，供给少数远地来访的朋友，或是流亡者。

鲁迅住二楼。二楼也有两间，前间是工作室兼卧室，后间是储藏室，放着木刻镜框及其他什么。卧室横着一张铁架大床，上面遮着许广平做的白布刺花的围子，旁边站着抽屉柜。进门的左面摆着八仙桌，两旁躺着两只藤椅，大衣柜站在方桌的一排的墙角，但衣服很少，都让糖果盒子、饼干筒子、瓜子罐子给塞满了。沿着墙角靠窗的一边，有一张旧式小妆台，上面是一个方形的玻璃缸，养着一种不知名的扁肚子的灰色小鱼。

不是金鱼。还有一只圆形小闹钟,三幅带框的木刻画,其余那上边都装满了书。铁架床靠窗子那头的书柜里里外外都是书,写字桌上边也是书,后楼还是书。书的世界。

写字桌放置于南窗的中央,铺着黑漆布,四角周围用钉按着。桌面是冯雪峰赠的带绿灯罩的台灯,白瓷的烟灰盒,戴盖的茶杯,小砚台,乌龟笔架,数支插放的"金不换"。除了书,就是写文章用的材料和来信,重重叠叠,把桌子给压满了,简直腾不出可以伸手写字的空隙地。

属于他的全部的时光都几乎用在这里。这里,是他与整个世界对抗的地方。写作习惯在下半夜,正是最黑暗的时刻。倦了,就坐在藤躺椅上,燃一根烟。到了害病严重的时刻,还在这里会客。客人走尽,就又燃一根烟,想一贯的主题,或是寂寞地想其他的心事……

平时,许广平很少上来。

女主人太忙了。

白天,她得外出买办日常生活的各种用品,有客人来,便上街买菜,回来还得下厨。此外,还得抄写、校对,甚或派送稿子。如果说有闲,就打毛线衣、剪裁、缝纫。海婴是极顽皮的,又得常常哄他,陪他讲故事。待到鲁迅卧病,她就更忙了。每餐,亲手把小心选好的饭菜端上楼去,按时间给病人吃药,按时间探试体温,试过以后还要在医生发给的表格上填写度数。为了鲁迅能够静养,一般的客人都由她在楼下接待。还有书报信件之类,都要她亲自拆看,必要的时候就告诉鲁迅。家庭的许多琐事,一一要她照管,比如年老的保姆病了,需要请假;海婴脱了牙齿,需要看牙医之类。她简直成了一部每天都在磨损着而又从不停止运转的机器。她陷入大量的事务里了。

像中国众多的家庭主妇一样,她勤劳而且俭省。女人都喜欢打扮的。然而她不讲究,在家里穿的衣服没有一件是新的,洗的次数多了,连纽扣也洗脱了。有一次和萧红在小花园里一起拍照,就是因为纽扣掉了,才把萧红拉到她前面给遮住的。她不但做衣服,穿的一双大棉鞋,也都是自己的手艺。

她是一个刚毅的人,承受着沉重的家务,以及各种忧患,却没有一个亲属朋友可以分担。她也不需要分担。她把一切辛苦默默地吞在肚里,没有怨恨,没有倾吐,积蓄多了才化做泪水悄悄溢了出来……

鲁迅深切地体会到许广平的那一份牺牲。平时,当他觉察到许广平的疲倦,会催促她赶快休息,抱歉于自己的不断工作而没有多聚谈的机会。许广平临睡前,他每每赎罪似的陪坐几分钟。"我陪你抽一支烟好吗?""好的。"于是他便躺在旁边,从容地谈些国家大事,文坛情形,直到友朋往来,家中琐事。谈到高兴时,还会说:"我再抽一支烟好吗?"同意了就更起劲地谈下去,直到许广平睡熟了,他才轻轻走开,回到写字桌跟前去。

他曾经写过一首诗,题在《芥子园画谱》的扉页上,赠与许广平。全诗是:

十年携手共艰危,以沫相濡究可哀。
聊借画图娱倦眼,此中甘苦两心知。

回首间,流露着内心的深深的感激。

但是,两个人也不是没有隔膜的地方,甚至可以说,愈到了后来愈见隔膜,这才真正是"可哀"的。年龄的差异,师生的尊卑,生理上的病态与健康,都在无形中造成了一定的距离。作为女人,许广平对鲁迅更多地表达着一种敬爱与同情。此中的关怀是无微不至的。当鲁迅病重时,她把纸烟听子从床边拿走,若想吸一根,则由她亲自付给。收电费的打门,她得赶快往楼下跑,生怕多打几下,要惊醒睡去的病人。有一回说到鲁迅的病情,她对着客人哭了,但不敢以泪眼对鲁迅,在鲁迅要她上楼找东西的时候,她也是背转着身问要什么。她怕鲁迅多虑而引起伤感。她的面容坦荡,镇静,但是毕竟柔弱,内心有不可言说的凄苦。她是女人。

男女之间的性别差异,不能不表现为不同的心理欲求。鲁迅是善感的,他渴望温柔。极其有限的活动环境,漫长而枯燥的写作生涯,病肺的特殊的生理现象,加强了这种渴望。然而,在许广平那里,作为女性的柔弱的部分也许太少了些,因而在鲁迅的意识和潜意识里,都无法得到足够的补偿。妆台上方放置的三幅木刻,都是以女性为主题的,其中两幅是裸女,其实也不为无因。一幅《夏娃与蛇》:在茂密的花草丛中,一条蛇口衔苹果向她游来,这是一种供献?一种诱惑?夏娃头向外侧,却以性感的眼睛窥视苹果。一幅《入浴》:还是幽幽的花草丛,一个女人正在低头洗浴。池水澄澈。丰硕的臀部一半在水上,一半在水中,中间环绕着一圈又一圈细密的波纹。此时,有两只乌鸦落在头顶的弧形花墙上,也在作蛇一般的窥视。两幅木刻都是德国画风,但不是珂勒惠支的,而是毕亚兹莱式的。鲁迅出版毕亚兹莱的画集,主要是因为深爱那画面的纯净美丽。严格地说,带有若干的病态美,但是比起众多的圣母和维纳斯画像来,它却是本来意义上的健康,而纤细明净的曲线,充满着生命的原欲。裸体木刻所呈现的女性美,正是神秘的生命美。爱与死:永恒的生命主题。

还有一幅木刻画,小得和纸烟包里的商标画差不多,是鲁迅放在枕边不断拿出来自赏的。画面上,一个诗人手捏诗卷在朗诵,地面盛开着红玫瑰;远方,一个穿大长裙子飞散着头发的女人在大风里跑。她是谁?她在追逐什么?爱情?春天?谁知道她在追逐什么?鲁迅有那么多画,为什么单单选了这张放在床上呢?……

萧红不得其解,曾经问过许广平,许广平也不知道。

鲁迅有他自己心灵的隐秘。或许,每个人都有着自己的心灵的隐秘。

他一面渴望温柔,一面又排拒温柔。他执著于自己的工作,在工作时间,任何外界事物的干扰都是他所厌恶的,无论是塞耳的噪声,或是似水的柔情。内心的神圣使命是至高无上的。为此,也就往往使得爱人受伤。许广平是一直不高兴鲁迅专在深夜写作的习惯的。还是初来上海的时候,许广平见他良久伏在灯下写作,没有休息,便把双手揽在他的肩脖上,劝他把笔放下来。但是,她没有想到,他的笔是放下来了,却满面的不高兴,全身顿然像从温室里坠落里冰窖之中。稍后,他才解释说:

"写开东西的时候,什么旁的事情是顾不到的,这时最好不理他,甚至吃饭也是多余的事。"

无论如何,这是一种自我破坏。他属胆汁质,又属抑郁质。过分的严肃、沉静,突如其来的孤独感,都会使他得不到世俗的幸福。许广平承认,由于他永远处在奋斗的途中,对于家庭多少较一般人冷淡。从鲁迅写给萧军、萧红的信中,可以知道,他是意识到两人之间,冷静是有缺点的。当然,这也不仅仅出于自省。

除了年龄、性格、境遇的关系,鲁迅在家庭中的疏离感恐怕更多的源于许广平在思想意识方面的变化,现在,她已经从原来的"五四"新女性、学运领袖的反封建立场,向中国传统女性一面回归。为了应付家务,她跟笔绝交了,完完全全成了爱人和孩子的附庸。关心家庭多于关心社会,关心鲁迅的病体多于关心他的心灵,她倦于跟踪鲁迅思想的发展,作为个人的或是共同的理想已经不复具有原来的魅力。甘于庸常,可能不失为一种美德,但是在一个不断探索前进的思想战士看来,未免太遗憾了。

这能怪她吗?你自己没有责任?事务的泥沼注定要淹没思想的,难道你不知道?你为什么把一切家务全都搁在她的肩上呢?一篇《伤逝》,其实所伤并非已逝的过往,而是望中的将来。阿随跟着子君,子君跟着涓生。生物链。都是"阿随"。那是一个总结,也是一个预言。全人类共同的家庭悲剧,无法逃避的存在……

他一面渴求理解,一面又满足于孤独。感激,反抗,无奈,就这样一直纠缠下去。大大小小的冷战,也就相应地循环出现。

冷战是可怕的。有时候,只要许广平说了一句在他听来不以为然的话,他就沉默,沉默到要死,最厉害的时候,连茶烟也不吃,像大病一样,一切不闻不应。或者在半夜里大量地喝酒,或者像一匹受伤的羊,躲到草地去舔自己的伤口一样,走到没有人的空地方蹲着或睡倒。有一次夜晚过后,他就睡到黑暗的阳台地上,后来海婴寻到了,也一声不响地并排睡下,这时他才爬起身来……

"做文学家的女人真不容易呢,讲书时老早通知过了,你不相信。"事后,他常常抱歉似的说。

"我得反抗一下,实地研究研究看。"这有时是许广平的答复。

他或者会叹息着说:"我这个人脾气真不好。"

许广平会回答说:"因为你是先生,我多少让你些,如果是年龄相仿的对手,我不会这样的。"

这时,他会说:"这我知道。"

冷战虽不可免,许广平和海婴毕竟成了他生命中不可分割的部分了。每到灾难降临,他都会立刻意识到自己作为保护人的身份。他所以不愿意到异地疗养,固然有政治上、创作上的缘由,但也因为放不下家室之累。他说过:"相依为命,离则两伤。"他愿意承受这份负累。他是一个充满赎罪感的哲人,他比谁都更为清楚人类的宿命。

他无法超越。

到过9号小楼以后,萧红便成了这里的常客,尤其在与萧军闹矛盾以后,简直天天来,有时一天来两次,甚至整天的耽搁着不走。

鲁迅的家,成了她的精神避难所。

她喜欢鲁迅,鲁迅总会使她想起儿时的保姆,疼爱她的老祖父。她喜欢他那乡下老人般的平易、慈爱与安详。鲁迅也特别喜欢萧红,喜欢她英武中的柔和,活泼中的沉郁与孤傲,喜欢她过人的才气、不屈的追求,沉浸在乡土文学中的如同自己的那般苦恋的情怀。他希望她常来,她的到来,就会像浓云里的一束媚人的阳光,为他唤回青春,驱去心头的寂寞。

9号。他们亲热得就像一家人。一起谈话,一起用饭,一起看电影。连小海婴也喜欢萧红,喜欢她连同她的小辫子。而在鲁迅面前,她永远是一个长不大的、可以撒娇的小姑娘。

对于萧红的要求,鲁迅是无不加以满足的。萧红记得,连她提议做韭菜合子,做合叶饼,做这样那样吃的,每一提议鲁迅都必然赞成。萧红做得不好，他还是喜欢吃，在饭桌上举着筷子问许广平："我再吃几个吧？"

鲁迅平时不大注意人的衣着，说："谁穿什么衣裳我是看不见的……"可是，却很注意萧红的装束，时间过去许久，也还记得很清楚。

有一天，萧红穿着一件留着很宽袖子的火红色上衣进来，很高兴地问鲁迅："周先生，我的衣裳漂亮不漂亮？"

鲁迅从上往下看了看："不大漂亮。"

过了一会，他评论说："你的裙子配的颜色不对，并不是红上衣不好看，各种颜色都是好看的，红上衣要配红裙子，不然就是黑裙子，咖啡色的就不行了，这两种颜色放在一起很混浊……你没看到外国人在街上走的吗？绝没有下边穿一件绿裙子，上边穿一件紫上衣，也没有穿一件红裙子而后穿一件白上衣的……"

他就在躺椅上看着萧红，说："你这裙子是咖啡色的，还带格子，颜色混浊得很，所以把红衣裳也弄得不漂亮了。"

又说："……人瘦不要穿黑衣裳，人胖不要穿白衣裳；脚长的女人一定要穿黑鞋子，脚短的就一定要穿白鞋子；方格子的衣裳胖人不能穿，但比横格子的要好；横格子的，胖人穿上，就把胖子往两边扯，这样就更胖了；胖子要穿竖条子的，竖的把人显得长，横的把长显得宽……"

他很有兴致，连萧红往常穿的一双短统靴子也一并地给予批评，说那短靴是军人穿的，因为靴子的前后都有一条线织的拉手，这拉手，他说是应当放在裤子下边的……

"周先生，怎么靴子穿了那么久你不告诉我，到现在才记得起来呢？现在我不是不穿了吗？穿的不是另外的鞋子吗？"萧红诧异地问道。

他笑了，说："你不穿我才说的，你穿的时候，一说你该不穿了。"

恰好当天下午要赴一个宴会，萧红要许广平帮忙找一点布条或绸条束一束头发。许广平拿了许多种颜色的来，她们共同选定的是米色的。许广平为了取笑，把那桃红色的举起来放在萧红的头发上，并且很开心地说：

"好看吧！多漂亮！"

萧红也十分得意，规矩而又顽皮地等着鲁迅往这边看她们。

鲁迅一看，就生气了，眼皮往下一放："不要那样装她……"

许广平有点窘了。

这时，萧红也安静了下来……

又是一天的下午。鲁迅正在校对着一本别人的著作，见萧红走了进来，立即把椅子转向这一面，说：

"好久不见，好久不见。"

刚刚不是来过了么？怎么说好久不见？即使上午来的一次忘记了，可是每天都来的呀……怎么都忘记了呢？

萧红怔住了。

鲁迅转身坐在躺椅上，笑了起来……

萧红以为他在开玩笑，其实不然。"好久"不是物理时间。

在我的胸中积满了沙石，
因此我所想望的只是旷野，高天和飞鸟。

萧红在诗里写道。

她实在无法排解内心的苦闷，为了逃避，决计远走东京。虽然，从异乡到异乡，不是她所愿意的。

这是 1936 年 7 月。

走前，鲁迅在家里为她饯别。对于她，改换一个生活环境好不好呢？鲁迅了解她，可是他没有说。他只叮嘱她在日常生活上所需注意的事情，说："每到码头，就有验病的上来，不要怕……茶房就会说：验病的来啦！来啦！……"

萧红没有想到，这是她所能听到的一生最敬爱的人的最后一次说话。

一去之后，渺渺茫茫，关于东京的一点消息也没有。这是很可以叫人悬念的。萧红，悄吟太太，小耗子，你为什么不写一个字呢？你不知道有人在惦记你吗？然而，要是能写，又能叫她写些什么呢？……

当感情深沉起来的时候,是往往没有话说的。

114　瞿秋白死讯·《海上述林》·《译文》事件

　　政府对思想文化方面的进一步箝制,使文学创作的局面更趋萎落。鲁迅在《中国新文学大系·小说二集》的《编选感想》中表示,奇怪于现在的有些作品,仍然赶不上新文学运动开始的时候,就是对文学现状的一种检讨。

　　当然,这里面也有着文学内部的原因。作家或者偏重社会的解放运动而忽略人类的心灵世界,偏重文学的历史价值而忽略审美价值;或者片面强调个体自由而遗忘了时代,鼓吹艺术至上而失去应有的内容,各种主义的单向扩张与消解,致使新文学从五四原初的多元综合的饱满生命导向偏枯。翻译界也同样的不但没有起色,反而蜕化了。轻视翻译于是成了一种风气。无论书店或是杂志社,几乎都一例拒绝译稿。鉴于翻译的厄运,以及中国文学的生态环境的恶劣和创作力量的单薄,鲁迅决计创办一个纯文学的翻译杂志。

　　1934年夏天,黎烈文由于无力抵抗上海市党部方面的政治压力,和张资平等"无赖"文人的人身攻击,终于被挤出了《自由谈》。他是翻译的好手,这样,正好多出一个同道。为了使黎烈文在生活上和事业上不致造成很大的损害,就在他离职不足一个月的时间内,鲁迅特地约请他和茅盾一起,共同商议成立译文社,编辑出版《译文》月刊。

　　考虑到文学社编辑黄源同生活书店比较接近,又同茅盾有些交往,因而托请他出面交涉关于承印的事,并挂名做个编辑。

　　接洽的事进行得相当顺利。书店的条件是:先试办三期,稿费编辑费一概不拟开支,如果销数能超出几千再订合同补算。当然,补给的数目是很小的,反正办刊物也不是为了赚钱,能够找到一个答允出版的地方就很满足了,何况在鲁迅他们看来,条件也不见得很苛刻。

　　关键在刊物本身。

自从双方做出《译文》于9月出版的决定以后，鲁迅便认真编辑起来了。8月9日这一天，他是从早到晚一刻不停地进行着的，以致引起剧烈肋痛。其时正值酷暑，雅士闲人，也当避往哪一处明山秀水去了，惟战士困守亭子间，不肯稍息。他致信给增田涉时，还很堂吉诃德地说："上海又是九十度以上，鄙人正以满身痱子，作为光荣的反抗旗帜而奋斗着。"

《译文》第1期的稿件、插图等等均已准备就绪，鲁迅便通过茅盾约黄源到他家里会面，洽谈有关事宜。

不用茅盾介绍，他们本来早就认识的。鲁迅初来上海时有两次演讲，就是黄源做的记录。后来黄源为书店编一套新文艺翻译丛书，鲁迅介绍了一部稿子，付排以后，黄源把校样带到内山书店去，也都偶尔遇见过。因为听人说，鲁迅是不容易对付的，最好不要同他发生关系，便有意回避了。

这次见面，黄源才发现，鲁迅原来是一个最没有名人架子的人。他从前门进来，脱去长衫挂到衣架上，坐下来便谈话，想到什么说什么，随便得很。过了一些时候，他解开包袱，把稿子和画册等都交给了黄源。黄源一看，稿子的次序已经排定，内文用几号字体，插图缩多少大小，都一一加以注明。关于开本，他建议用23开，这样在书肆里可以同习惯使用16开的其他杂志一下子区别开来。茅盾和黄源听了，一致表示赞成。

"排印的格式怎么样？"黄源接着问。

"只要大方一点，由你计划去吧。"鲁迅随口应道，那口气，就像对极熟识的老朋友说话一样。

"那么，等样子排出来，我再送给你们。"黄源说。

"好的，你有信可以寄到内山书店，有事情请茅盾先生找我。"鲁迅嘱咐说。

"校样出来后，也送到内山书店吧？"

"不用了。路很远的，送来送去不方便，还是由你校吧。"

仿佛在故乡遇见多年不见的眼看着自己长大起来的父执辈，黄源感到十分亲切,立刻答道:"好,我来校。"

《译文》的前三期完全是由鲁迅亲自一手编定的。编到第三期的时候,他对黄源说:"从下期起,我不编了,你来编吧!"

以自己的能力担负得起吗?黄源迟疑着,没有说话。"你已经毕业了。"

黄源永远记住了耳边的这个声音。对于每个具有良知,愿意为中国做事的人,鲁迅都极力设法激发他的信心和勇气,尤其是青年。对此,黄源在《译文》的整个编辑过程中是深切感受到了的。黄源接编以后,每遇稿荒,要求鲁迅寄一点稿子,或写或译,总是立即寄来,从来没有拒绝过。但是在平时,黄源是不大向他要稿子的。那原因,固然有怕他太忙太累的成分,但主要还是为了多刊新进者的译品。即使鲁迅的稿子寄来了,在编排上,黄源也是竭力地把它放在一个不很重要的位置上。黄源愿意以认真的工作,体现鲁迅办刊的一贯精神,却不愿把他当做一面大旗来号召。

对于这种做法,鲁迅是满意的。

他愿青年人能够跨过自己前进,而且,完完全全地忘记他自己。

一天,鲁迅得到瞿秋白被捕的消息。他的心,像一件失去牵系的重物一样,一下子沉了下去。虽然消息未经最后证实,但他是相信自己的不良的预感的。

在上海,或许只有瞿秋白一人才真正当得起谈话的对手。故人一去,那份寂寞的记念是可以想知的。瞿秋白在三楼住过的房间,条桌,雪白的桌布,桌面削好了的铅笔、毛笔、墨盒、信封、拍纸簿,桌前的靠椅,单人床,一切布置依旧。他不愿挪动任何一件小器物,仿佛害怕因此给纯净完好的记忆弄出了一道褶皱似的。平时在家里,或是建人来了,有时候他会突然说:"不知何苦怎样了?"与其说是问别人,无宁说是追怀中的独语。

但是,谁也不知道,连杨之华也不知道。

是一个大雪纷飞的黑夜。因为鲁迅生病,杨之华特地跑去探望他。

在二楼的房间里,她看见鲁迅坐在火盆边烤火,头发、胡子都很长,脸瘦削得厉害,眼睛深深陷下去,她坐在火盆旁边,问他身体好了一些没有?他没有回答,却问:"听说何苦在苏区病死了,这消息确实吗?"杨之华说:"还没有听到什么消息,恐怕不会吧。"他让杨之华把情况打听清楚以后告诉他,又叮嘱说:"你自己也应当多加小心。"

为了免得他挂念,杨之华走后,特地给他写了一封信,说是瞿秋白牺牲的消息并不确。

不久,周建人亲自带来了一封信,上面赫然画着"福建长汀监狱署"的血红的大印。

一看就知道是瞿秋白写的,署名却是"林其祥"。信里的内容说,"我在北京和你有一杯之交,分别多年没通消息,不知你的身体怎样?我有病在家住了几年,没有上学。二年前,我进同济医科大学,读了半年,病又发,到福建上杭养病,被红军俘虏,问我作什么,我说并无擅长,只在医科大学读了半年,对医学一知半解。以后,他们决定我作军医。现在被国民党逮捕了,你是知道我的,我并不是共产党员,如有人证明我不是共产党员,有殷实的铺保,便可释放我。"在这里,瞿秋白暗示了入狱的情况和口供,希望设法营救。

鲁迅立即把信转给了杨之华。

然而,怎样营救?

实在无法可想,而时间又不容拖延,鲁迅真想变卖了家产,由自己开一家店铺,出面进行保释。后来,杨之华找到一位牧师,说有一个开旅馆的朋友答应作保。他知道情况后,给杨之华送了五十元钱,同铺保一起,由他从邮局寄往汀州。

第二天,报纸便以巨大篇幅登载了瞿秋白被捕的消息。

杨之华知道他不能活了,马上派人去看鲁迅。这时,鲁迅已神情麻木,没有言语,连头也抬不起来了……

但是,即便全然无望,鲁迅仍然极力设法进行营救。后来,许寿裳南来告诉他,说国民党在南京召开高级干部会议,讨论究竟要不要杀瞿秋白时,蔡元培提出像瞿秋白这样的天才人物,在中国不可多得,主张不杀;但戴季陶等坚决要杀。这样,最后一条线路也被切断了!

他写信告诉曹靖华:"它事极确,上月弟曾得确信,然何能为。这在文化上的损失,真是无可比喻。"此间,在给其他几位信得过的朋友的信中,也都同样表露了这种难言的悲愤。

6月18日,瞿秋白从容就义。为了保卫灵魂不受损害,他终于扔掉了自以为无用的躯壳。

鲁迅束手接受这一系列的打击。区区文人,还能做些什么呢?痛定之余,他觉得确有许多事情可做,而且得赶快做。首先想到要做的事情是,将死者的遗文搜集起来出版。除了做事,还是做事。做事就是对抗,是战斗,是生存者的全部价值。

过了几天,他在信中对曹靖华说:

> 它兄文稿,很有几个人要把它集起来,但我们尚未商量。现代有他的两部,须赎回,因为是豫支过版税的,此事我在单独进行。
>
> 中国事其实早在意中,热心人或杀或囚,早替他们收拾了,和宋明之末极像。但我以为哭是无益的,只好仍是有一分力,尽一分力,不必一时特别愤激,事后却又悠悠然。我看中国青年,大都有愤激一时的缺点,其实现在秉政的,就有是昔日所谓革命的青年也。
>
> 此地出版仍极困难,连译文也费事,中国是对内特别凶恶的。

关于出版瞿秋白的遗文,鲁迅跟杨之华的看法不一样。杨之华认为,作品最重要,翻译倒在其次。鲁迅表示说,遗作一时搜集较难,而且单是翻译,已有相当字数。全部付印恐怕既拖时间,又增加了经费,不容易办。因此,倒不如先将翻译出版,一面收集作品,等经济可以周转然后再作他图。集资刊印的几个人,也都一致同意这个意见。

至于出瞿秋白的纪念册,鲁迅是不同意的,声明不予加入,这个主张壕堑战的人,是以此为赤膊上阵,徒然暴露自己呢?还是以为"纪念册"一类的东西太空,不及出版文集实在呢?他不愿意说明理由。

鲁迅一面抚慰杨之华,一面搜集、整理、编印瞿秋白的译稿。其实,在鲁迅本人，是更加看重他的翻译的。

全稿计六十万字。从8月22日至11月4日，编成上卷；次年4月17日起编辑下卷，至9月连同校稿一并完成。在他重病不能执笔时，则由许广平赶校，毫不耽搁。在整个编印过程中，除了编辑校对之外，还得亲自设计封面，选择插图，搜购纸张，拟定广告，几乎承担了全部的工作，只有从排字到打制纸版，由另外几个人出资托开明书店办理。

他是一个十分细心的人，从翻译小说前面的小引，他看出瞿秋白是因为看了原著的插图而萌生翻译的动念的，编印时，也就顾不得体例的一致，将原有的图画全数插入。以插图增加读者的兴味，在这里实在不是重要的，用他的话来说，只是一点"悬剑空垅"的意思而已。

译文集取名《海上述林》。上卷《辨林》，所收为文学论文，1936年5月出版。下卷《藻林》，同年10月出版，所收为文学作品。全书共印五百部，一百部皮脊麻布面，四百部蓝天鹅绒面，装帧和印刷质量是中国第一流的。因为上卷的价值，鲁迅还准备出版普及版。校印的名义是"诸夏怀霜社"。"诸夏"即中国，"霜"是瞿秋白的原名，含义是很清楚的。

《海上述林》上卷出版后，他很宽慰地说："这一本书，中国没有这么讲究的出过，虽则是纪念何苦，其实在我也是一种纪念。"

许广平听了，觉得不大悦耳，好像包含了什么恶兆："为什么？"

鲁迅似乎看出了她说话时不大宁静的神气，立刻解释说："一面给逝者纪念，同时也纪念我的许多精神用在这里……"

到9月份，译文社同生活书店签订的一年合同正好满期。在新的合同签订之前，黄源提出，《译文》从第3卷起增加经费和页数。书店方面询及鲁迅，他说不知道，于是有人便对黄源大加攻击。这时，鲁迅赶紧弥缝，将增加经费的说法取消，但每期须增添十页，也不增加译费。合同经书店同意签字后，他也便签了字，然后再挂号寄给黄源。

黄源刚刚收到合同，还来不及转交书店，就突然面临了一场风波。

《译文丛书》的创办是重要的诱因。还是元旦的第二天，黄源和黎烈文同去鲁迅家里贺年,漫谈之间,产生了出版一套翻译丛书的构想。事情仍由黄源和生活书店接洽。书店经理徐伯昕接受了这个计划,于是工作开始进行。2月,郑振铎从北京来到上海,筹划《世界文库》,并决定由生活书店出版发行。对于这个杂志,鲁迅是热心的支持者。他译《死魂灵》,就是这个时候开始的。8月,邹韬奋回国,情况起了变化。邹韬奋决定由毕云程代替徐伯昕的经理职务,并通知黄源,说生活书店已经有了《世界文库》,不准备出版《译文丛书》。就这样,原来的计划完全被推翻。丛书必须另谋出路。

9月8日,鲁迅还在做着出版作为丛书之一的《果戈理选集》的好梦。他写信给孟十还,叫他赶紧译完《密尔格位特》,好着手译果戈理,说:"假如定果戈理的选集为六本,则明年一年内应出完,因为每个外国大作家,在中国只能走运两三年,一久,就又被厌弃了,所以必须在还未走气时出版。"当晚,黄源就跑来把生活书店不拟出版的情况告诉他了。

"你看怎么办?"鲁迅听了,丝毫不动声色,反问道。

黄源想了一想,说:"要么同文化生活出版社接洽一下看。"

这家出版社是由吴朗西和巴金主持的,吴朗西担任经理,巴金负责编辑。黄源很早以前就认识吴朗西,在东京时期,还曾一起住过。不过,他忧虑的是,他们都是文人,本钱又小,在原来的《文化生活丛刊》和《文学丛刊》之外,再加出《译文丛书》,在经济上是否有能力负担。

鲁迅说:"你先谈谈看。"

过了两天,黄源告诉鲁迅说,吴朗西和巴金愿意出版《译文丛书》,说:"定个日期,约他们在什么地方同周先生亲自谈谈,事情便马上可以定下来。"

"好的。你接洽停当后再告诉我。"

"沈先生和黎先生也请你去约请。"

黄源即刻到巴金那里,商定15日由黄源在南京饭店请客,译文社和文化生活出版社双方正式商定《译文丛书》的出版问题。

这一天晚上,同席一共十人。除译文社四人和文化生活社二人外,还有四位客人：许广平和海婴，鲁迅邀的胡风，以及黄源邀的傅东华。商谈十分顺利，出版条件以及初步计划印的书，也都谈到了。在把出版丛书的事情肯定下来后，大家便任意地谈天。席上，鲁迅还答应给巴金一部小说稿，编入《文学丛刊》。

一次亲切愉快的夜饭过去，紧接着，另一次气氛完全不同的夜饭在新亚公司举行。

17日晚间，茅盾和郑振铎来到鲁迅寓所，说是生活书店请饭，然后三人一同前往。同席的七人是：邹韬奋、毕云程、胡愈之、傅东华、郑振铎、茅盾、鲁迅。

晚饭时，毕云程突然提出撤换黄源的《译文》编辑职务，要鲁迅承认。

这是未曾有过的恶例，到底出了什么事？

肯定是有人把15日夜饭的情况报告了生活书店，因此才迁怨于黄源，以为他从中捣鬼。傅东华？茅盾？为什么事先不打个招呼？茅盾不知道？《译文》又不是我的私产，黄源也不是我的私人，他也是《译文》的主持人之一，为什么不可以表态？我们自己先商量好改换一个人，不是很容易的事吗，何必来这一套？……

局势完全布置好了，——阴谋！什么请吃饭，分明"吃讲茶"！……

鲁迅没有回答书店的问题，连饭也没吃上一口，放下筷子就走了。临走时，他告诉茅盾，请他约黎烈文明天下午到他家去一趟。

这一切，都是黄源所不知道的。

次日上午，恰好黄源收到鲁迅寄出的合同，加上《译文》有一些具体的编辑事务，便到鲁迅家里找他商量。"你来得正好，"鲁迅一见到黄源，就说，"昨夜生活书店约我在新亚开个会，谈《译文》问题，我说有关《译文》的事，是我们译文社自己的事。我已经约了沈先生、黎先生下午到这里来，你就在这里吃午饭，然后一起谈吧。"

下午2时左右，茅盾和黎烈文如约前来。奇怪的是，鲁迅这一天很少说话，脸色很严峻。平时座谈，他不会是这样的。大家坐下不久，鲁迅就从衣袋里取出他已经签了字的《译文》的合同,放在桌面上。

他说:"昨晚的事,沈先生大概和黎先生谈过了吧?"

"谈过一下。"茅盾应声说。

鲁迅接着说:"我在这里不谈了。《译文》第二年的合同,我已经签了字的,昨天他们出来推翻了。"他随手指了指桌上的合同,又说,"这样,这合同不算数了。"接着,他拿起合同,将它撕成纸条,放下后,抬起头说道:"生活书店要继续出版《译文》,我提议,与黄源订合同,由黄源签字。"

茅盾和黎烈文同声应道:"好的。"

"那么,"鲁迅转换了缓和的口气道:"请沈先生通知生活书店。完了。"

会议就这样结束了。

茅盾和黎烈文告辞走后,许广平大约怕弄出什么事情,急忙从内室赶出来。

这时,鲁迅才把新亚夜饭的事情对黄源简单说了:"那天晚上,他们应当找你一起去的,可是没有,搞缺席裁判。我的立场,他们难道还不知道吗?"

许广平等鲁迅转过身,告诉黄源说:"那晚上,大先生气极了,一进门,帽子一丢,就说,'闹翻了,闹翻了。'大先生这样拼命出力,他们却这样对付大先生……"

鲁迅要黄源签署合同的提议,打乱了生活书店的计划。第二天,由邹韬奋亲自安置在书店里协理事务的胡愈之当面指斥了黄源,并且批评鲁迅,说他在新亚的态度是官僚主义的。最后他提出:"你去向鲁迅先生提出,要他收回成命,申明你不能签字,仍旧由他签字,如果你不答应,后果由你负责。"

三天后,黄源电话里告诉胡愈之,说他不敢向鲁迅说那样的话。胡愈之听了,砰然一声扔下话筒。

黄源挂起电话,立刻去找鲁迅,把胡愈之要挟性的谈话和自己的答复——如实说了。

"你不应该说你不敢去说，"鲁迅看定黄源，微笑着说，"你要说，我去说了，鲁迅不答应。让他来对付我好了。他们用的是釜底抽薪战术。不过你已经说了，算了，看下一步吧。"

又过了几天，黄源收到鲁迅的一封信，知道《译文》的事情已经结束了。

信里说：

> 前天沈先生来，说郑先生前去提议，可调解《译文》事：一、合同由先生签名；但，二、原稿须我看一遍，签名于上。当经我们商定接收，惟看稿由我们三人轮流办理，总之每期必有一人对稿子负责，这是我们自己之间的事，与书店无关。只因未有定局，所以没有写信通知。
>
> 今天上午沈先生和黎先生同来，拿的是胡先生的信，说此事邹先生不能同意，情愿停刊。那么，这事情结束了。
>
> 他们那边人马也真多，忽而这人，忽而那人。回想起来：第一回，我对于合同已经签字了，他们忽而出了一大批人马，翻了局面；第二回，郑先生的提议，我们接收了，又忽而化为胡先生来取消。一下子对我们开了两回玩笑，大家白跑。
>
> 但当时我曾提出意见，说《译文》如果停刊，可将已排的各篇汇齐，出一"终刊号"。……他们如付印，就这样的付印，一面并将原稿收好，以免散失，因为事情三翻四复，再拉倒也说不定的。
>
> …………
>
> 我想，《译文》如停刊，就干干净净的停刊，不必再有留恋，如自己来印终刊号之类，这一点力量，还是用到丛书上去罢。

对于《译文》的停刊，黄源是深感惋惜的。不过，留恋也没有用。好在这几天，他已经有了足够的精神准备；对于未来的出路，也有了具体的想法。

当天，他就到鲁迅家里去，告诉鲁迅说，《译文》既已停刊，在《文学》

也站不住了,因此决定向傅东华提出辞职。

鲁迅无所表示。事到而今,不得不如此,但也只能如此了。

接着,黄源提出辞职后将马上去日本的打算。鲁迅也没有什么劝阻的话。本来,人手如此之少,他是很希望黄源留在国内做事的。但是,他想,黄源既做这样的打算,总有一些为自己所不可能理解的原由在的吧?

十天后,他写信给萧军,对于《译文》的停刊,黄源的出走,《死魂灵》的译载诸事,表示了自己的看法:

……对于《译文》停刊事,你好像很被激动,我倒不大如此,平生这样的事情遇见的多,麻木了,何况这还是小事情。但是,要战斗下去吗?当然,要战斗下去!无论它对面是什么。

黄先生当然以不出国为是,不过我不好劝阻他。一者,我不明白他一生的详细情形,二者,他也许自有更远大的志向,三者,我看他有点神经质,接连的紧张,是会生病的——他近来较瘦了——休息几天,和太太会会也好。

丛书和月刊,也当然要出下去。丛书的出版处,已经接洽好了,月刊我主张找别处出版,所以还没有头绪。倘二者一处出版,则资本少的书店,会因此不能活动,两败俱伤。德国腓立大帝的"密集突击",那时是会打胜仗的,不过用于现在,却不相宜,所以我所采取的战术,是:散兵战,堑壕战,持久战——不过我是步兵,和你炮兵的法子也许不见得一致。

《死魂灵》已于上月底交去第十一章译稿,第一部完了,此书我不想在《世界文库》上中止,这是对于读者的道德,但自然,一面也受人愚弄。不过世事要看总账,到得总结的时候,究竟还是他愚弄我呢,还是愚弄了自己呢,却不一定得很。至于第二部(原稿就是不完的)是否仍给他们登下去,我此时还没有决定。

现在正在赶译这书的附录和序文,连脖子也硬的不大能动了……

至于我的先前受人愚弄呢,那自然;但也不是第一次了,不过在他们还未露出原形,他们做事好像还于中国有益的时候,我是出力的。这是我历来做事的主意,根柢即在总账问题。即使第一次受骗了,第二次也有被骗的可能,我还是做,因为被人偷过一次,也不能疑心世界上全是偷儿,只好仍旧打杂。但自然,得了真赃实据之后,又是一回事了。

那天晚上,他们开了一个会,也来找我,是对付黄先生的,这时我才看出了资本家及其帮闲的原形,那专横,卑劣和小气,竟大出于我的意料之外,我自己想,虽然许多人都说我多疑,冷酷,然而我的推测人,实在太倾于好的方面了,他们自己表现出来时,还要坏得远。

…………

我们都好的,我比较的太少闲工夫,因此就有时发牢骚,至于生活书店事件,那倒没有什么,他们是不足道的,我们只要干自己的就好。

10月8日晚,黄源同吴朗西一起去鲁迅家里,签订《译文丛书》合同,并向鲁迅告别。出来后,他们再到新亚饭店去。在那里,巴金和吴朗西早已约定了几个朋友,设宴为黄源饯行,可是,到了新亚,黄源竟出人意料地说,他不出国了。

其实,当他还没有走出鲁迅的弄堂时,就做出了这样的决定。他想,留下来还是可以做点事的,至少在翻译方面。他总觉得对不起鲁迅,不愿意离开他……

鲁迅是一定要做完他要做的事情的,即使失败了,他也得采用各种迂回的方式奔向既定的目标。

在他的努力下,《译文》终于复活了。在复刊词里,他否定了关于终刊的"折本"说,不无感慨地写道:"这一回,将来的运命如何呢?我们不知道。但今年文坛的情形突变,已在宣扬宽容和大度了,我们真希望在这宽容和大度的文坛里,《译文》也能够托庇比较的长生。"

他所翻译的《死魂灵》第2部,就发表在这上面,不再交给《世界文库》,即便那是有众多名人撑持的巨制鸿篇;就连在那里发表的第一部,也声明不给生活书店汇印。至此,实际上等于宣布完完全全跟他们决裂了。

115　鞭子从背后抽来

自从瞿秋白和冯雪峰先后离开了上海以后,鲁迅与左联之间就失去了一层润滑剂。这中间,胡风也曾作过一段弥合的工作,但很快也就被迫中断了。在左联里,这个曾经在名义上被当成盟主的人,实际上处于被孤立的状态。

1930年4月,茅盾从日本回到上海,不久加入左联。由于冯雪峰的安排,他在1931年下半年和1933年下半年两次担任行政书记。无论作为盟员还是领导者,他除了出席会议,很少参加其他活动。对于把左联这样一个群众性的文学团体变为"政党"的做法,他是持保留态度的。因此,诸如示威游行、飞行集会、写标语、散传单、到工厂中作鼓动工作,以及帮工人出墙报、办夜校等,一次也没有去过。应当说,这同他缺乏实际工作的热情也不无关系。他是一个书斋型作家。他的作品,与其说直接来源于生活斗争的经验积累,无如说更多地出自理论的演绎与知识的组合,在巨大的理性框架中,虽然不乏客观具体的细节描写,却少有主观介入的血肉相搏的激情。《子夜》也如此。不过,像这样结构恢弘的作品,在中国现代小说史上究竟是罕有的,出版以后,大大巩固了他在左联以及文学界的地位。这时,他辞退了书记的职务。

接替茅盾的是胡风。这项工作,是周扬要他担任的。

在留学日本的时候,胡风参加了日共党员小组,接着又参加了左联东京支部,进行普罗文化活动。其间,曾经回上海一次。在上海,他会见了冯雪峰和丁玲,周扬也是这时开始认识的。这次同左翼文化界的接触,他已经觉得,鲁迅和创造社在思想上的对立有很深的根源和社会基础，而且明显地反映在冯雪峰和周扬、穆木天的对立上面。当冯雪峰要他做文总的组织工作，或是做左联的宣传部长，他都没有答应。他感到惶惑。一方面，他担心资历和学力的不足，另一方面他害怕陷入宗派纠纷中间。但是，作为党组织的决定，这次他无论如何也推不掉了。

胡风以全副的热情投入左联的工作。名义上由周扬兼管的宣传部门的工作，这时，也都一样原封不动地由他担负起来。他认为，作为一个文学团体，左联应当把重点放在文运工作上面。经过一段时间，他在宣传部下面分设了理论、诗歌和小说研究会，不定期地开会、研究，推进理论建设和各类创作。另外，还出了一个油印的内部刊物《文学生活》，刊登有关左联的工作情况，分给盟员，借以维持一种组织上的联系。

每期《文学生活》，都由胡风亲自送给鲁迅。借此机会，他可以向鲁迅谈些工作上的情况，并且拿取每月二十元的必要费用。

认真工作的胡风，很快赢得了鲁迅的信任。共产党内的一些重要的、机密的工作，比如搜集情报，筹措资金，甚至交通联络，都是通过胡风获取鲁迅的帮助的。被蒋介石逮捕关在南昌的红军将领方志敏的密信，仍由鲁迅交与胡风，鲁迅的具体意见也都由胡风一并转达。

在组织工作确定以后，为了解决生活问题，胡风通过朋友的关系，到孙科出钱主办的中山文化教育馆当日文翻译，为他们出版的《时事类编》翻译有关各国政治经济文化诸方面的文章。这份职业，胡风曾向茅盾和周扬谈起过，而他们也都主张他前去的。1934年秋，穆木天被捕获释，突然向左联党团报告说胡风是南京派遣的内奸。空穴来风。然而，党团书记周扬并没有对胡风及有关方面进行必要的调查，反而利用了穆木天的不实之词。一段时间以来，周扬发现，胡风爱闹独立性，经常表示不同意他的意见。在常委会议上，除了胡风，任白戈和何谷天都是一致拥护他的。对于胡风的所谓"内奸"问题，文委领导林伯修、田汉，还有郑振铎、茅盾，也都先后起过传媒作用，产生很坏的影响。

而这一切，对胡风本人是实行保密的。

有一天，韩侍桁无形中透露了这种情况。他指责胡风说："你老兄倒不错,又拿共产党的钱,又拿国民党的钱,穆木天在公安局,公安局对他什么人都问到了,就是不问你老兄。"这时,胡风知道已被出卖了,只好马上离职。

接着,他向周扬辞去左联职务。周扬顺顺当当地让任白戈代替了他。在左联里,他只挂一个名,不再参加任何活动;为了生活,也为了工作,从此开始了专业作家的生涯。鲁迅说:"在中国,靠笔来生活颇不容易。"可是,对这时候的胡风来说,他别无选择。

左联自成立之日起,就被纳入党组织的范围内,这样,自然使它有别于先前出现的诸如创造社、文学研究会之类的一般的文学社团。党领导的路线、思想和作风,直接关系着它的存在状态,决定着它未来的命运。

左联成立后不久,便与相继成立的社联、剧联组成中国左翼文化总同盟,简称文总。左联和文总都设有社团,也即党组,直接受党领导文化运动的机构文委的领导。这种组织形式与苏联的"伏阿普"和"拉普"模式差不多,机构重叠臃肿。文总的党团成员本来就是文委的成员,一套班子,却用两套招牌。其实,后来成立的"临委",也还是这样一批人。

从1933年起,周扬、夏衍、田汉、阳翰笙都上升到了整个左翼文艺运动的领导位置。这时,周扬是左联的党团书记,阳翰笙是文委书记。1935年阳翰笙被捕后,周扬接任文委书记,左联党团书记则由任白戈接替。夏衍、田汉分管电影和戏剧,他们都是文委的领导成员。

左联设有执行委员会,鲁迅最初也是执委之一,但很快就辞退了。实际上到了后来,执委会也形同虚设,党组完全代替了它的活动。当胡风被任白戈接替以后,左联内部的统一局面遂告形成。周扬大权在握,许多事情他已经无须直接出面指导或干预,而让任白戈,乃至夏衍、田汉进行。最初,夏衍曾经说过重大的事情可以找鲁迅商量的,而这时,田汉已经明确告诉任白戈:鲁迅说不想管左联的事,以后有事情不必找鲁迅,可直接找他。任白戈去日本后,由他介绍加入左联的徐懋庸接替了他的职务。徐懋庸也一样少有见到周扬的机会,周扬的指示,通常通过周立波和何家槐传达下来。

在左联内部，鲁迅根本无意做什么权威。早在集团成立时，他就主动撤出领导核心的位置，但也不想因此退居幕后，非要听所谓汇报不可。他不需要那份特别的尊重，他只是作为一个普通盟员而存在，而且愿意作为一个普通盟员而存在。当然，既在一个组织之内，他就必须关心整体的命运，同集体的战斗倾向保持一致。这是不成问题的。其实这也是他早年加入"新青年"之意，做自己愿意做的"遵命文学"。但是，这并不等于从此把自己变成某种工具，绝对服从来自"众数"或如旧式衙门里的"上峰"的意旨。在一个集团里面，他不能容忍存在任何形式的人身依附的关系，他憎恶对于人的任何形式的奴役。他要保持自己的思想和行动的独立性，保留自由选择的权利。

领导核心所以引起他的严重的关注，准确地说，主要来自对他本人所构成的实际的压迫。他对集团的全体命运的关怀，这时候，便同个人的压迫感统一到一起来了。当他一旦把握到了这种现实状况，自然地表现出一种警觉，对于民族未来的疑虑与怆怀。比起第一代的共产党人，他的个人阅历毕竟多出一个时代。对于封建帝制的专制压迫，他有着切肤之痛，并且由此培养出了超乎常人的敏感，和近乎本能的反抗意识。对于政党所由产生的中国这块古老的土壤，他太熟悉了。

他是一个对国民性素有研究的人，对左联领导人的个人素质，他也有着很好的了解。他认为，周扬是一个喜弄权术、心术不正、气量又狭窄得像白衣秀士王伦式的人物。他曾经表白说，周扬同他见面时是一副虚伪的面孔，说同他感情很好，可就是不知道周扬那时心里想的是什么。他说夏衍表面上是一个上海绅士，笑嘻嘻的，其实诡计多端，是站在背后的军师。至于田汉，他倒认为是一条糊涂虫，浪漫蒂克，敌我不分，所以一旦被捕，即在南京大演其戏，是毫不足奇的。

其中，最不满的还是周扬。

他在信中玩了点小幽默，对胡风说："我本是常常出门的，不过近来知道了我们的元帅深居简出，只令别人出外奔跑，所以我也不如只在家里坐了。记得托尔斯泰的什么小说说过，小兵打仗，是不想到危险的，但一看见大将面前防弹的铁板,却就也想到了自己,心跳得不敢上前了。但如元帅以为生命价值,彼此不同,那我也无话可说,只好被打军棍。"这里的"元帅",就是指周扬。

党阀作风是他所憎恶的。周扬不但自己不做事,还指责别人不做事。令他特别生气的,就是指责他"懒","不写文章"。他说:"他们个个是工头,我有时简直觉得像一个戴了脚镣的苦工,不管做得怎样起劲,总觉得背后有鞭子抽来。"在信中,他还多次谈到过所受的这种指责。

在他看来,以"指导家"自居的周扬,不但故作激烈,吓唬别人,打击内部的不同意见者,而对于敌人,却是心平气和,且有"取悦"的现象。他认为,不少对于他的中伤,包括后来的"托派"、"破坏统一战线"等等罪名,都是周扬他们散布的空气,他们同"第三种人",同上海滩一些以造谣污蔑为业的小报是有联系的。处在一个集团之中,却不能不承受一种"独战"之苦。他这样诉说道:"有时甚至使我多疑的毛病又起来了,想到要提防同营垒中人设置的圈套和陷阱。"

他是多么希望自己能够变得明快起来的呵!他苦闷,他愤慨,他无法可想。有一次,杨之华到他家里去,提起周扬等人,他生气地说:"像这样的党员,你们为什么不清出去?"

有一件事情是鲁迅不时提起过的,即关于左联的内部刊物问题。

胡风离开领导位置以后,便再也收不到《文学生活》了。他所说周扬他们出过一期,将左联从前的工作批评得一文不值,但又秘密起来,不寄给他看,也不寄给别的一些人看,感到特别愤慨。他在一连写给曹靖华的三封信里都谈到这件事,指出这样一种可怕的局面:"到处是用手段。"

后来,周扬他们又要出《文艺群众》了,主持其事的徐懋庸向他募捐,他便说:"我没有钱。"以后,徐懋庸因为凑不够印费,又向他要过一次,他仍答道:"我没有。"其实,他的想法很简单:既然是大家的刊物,也就应该大家出一点,大家都负点责任,可是有人自己不做事,不想负责任而全然推给别人,怎么行呢?让别人做苦工,你光拿鞭子,这公平吗?但因此，便又说他"悭吝"了。令人奇怪的倒是，当徐懋庸把新出的刊物寄去给他的第三天，随即收到他寄来的二十元钱。

他对徐懋庸解释说："开初我不给钱，是有原因的。左联已经有两年多不出机关志了，但常说要出，却竟不见出。我出了钱，刊物又不见，反而落得一个坏名声，说我有钱捐班，才配做左翼作家的。现在你们让刊物和我见面了，这一回总算没有失信，所以就寄给你那几张单子。"

周扬等人的作为对鲁迅身心的影响是严重的。因为是"同人"，所以他尽量地加以回避，这种苦境，他只有向个别朋友才谈起过。

4月23日，他在给萧军、萧红的信中写道：

> 我看中国有许多智识分子，嘴里用多种学说和道理，来粉饰自己的行为，其实却只顾自己一个的便利和舒服，凡有被他遇见的，都用作生活的材料，一路吃过去，像白蚁一样，而遗留下来的，却只是一条排泄的粪。社会上这样的东西一多，社会是要糟的。
>
> ……敌人不足惧，最令人寒心而且灰心的，是友军中的从背后来的暗箭；受伤之后，同一营垒中的快意的笑脸。因此，倘受了伤，就得躲入深林，自己舐干，扎好，给谁也不知道。我以为这境遇，是可怕的。没有什么灰心，大抵休息一会，就仍然站起来，然而好像终究也有影响，不但显于文章上，连自己也觉得近来还是"冷"的时候多了……

总之，对于左联的核心，他已经完全失望，甚至对于左联也如此。萧军有意想加入左联，他的意见非常明确，就是："现在不必进去。"总结起来，他觉得几年来，还是在外围的人们中间出了好几个新作家，有一些新的成绩，一到里面去，就酱在无聊的纠纷中，变得无声无息了。

9月，他在信中这样向胡风讲说自己：

> 以我自己而论，总觉得缚了一条铁索，有一个工头在背后用鞭子打我，无论我怎样起劲的做，也是打，而我回头去问自己的错处时，他却拱手客气地说，我做得好极了，他和我感情好极了，今天天气哈哈哈……真常常令我手足无措，我不敢对别人说关于我们的

话,对于外国人,我避而不谈,不得已时,就撒谎。你看这是怎样的苦境?

我的这意见,从元帅看来,一定是罪状(但他和我的感情定仍旧很好的),但我确信我是对的。将来通盘筹算起来,一定还是我的计划成绩好。现在元帅和"忏悔者"们的联络加紧(所以他们的话,在我们里面有大作用),进攻的阵线正在展开,真不知何时才见晴朗。倘使削弱外围的力量,那是真可以什么也没有的。

这时候,他居然寄希望于左联之外的力量了。对于一个在左联最困难的时候宣称自己为"左联之一员"的忠诚的老战士来说,这种变化,是相当富有悲剧意味的。

116 "一二九"运动·萧三来信·左联的溃散

长征红军在艰难中行进,经过遵义会议的斗争,长期遭受压抑和打击的毛泽东,终于打败了惟共产国际之命是从的教条主义者。虽然,他只是作为军事委员会的三人小组成员之一,重返军事舞台的前沿,但是他那脱胎于中国传统而又富于灵活变化的个人思想,对于众多来自广大乡村的红军将士来说,显然具有越来越大的精神凝聚力。1935年10月,红军胜利到达陕北。这时,毛泽东思想的涵盖面开始遍及边区的政治、军事、经济和思想文化各个领域,并且渗透到国统区内,产生意义深广的影响。

共产国际和斯大林对远东及整个国际形势的估计,确定为帝国主义企图发动反苏战争,因此,极力要把日本点燃的战火控制和熄灭在中国土地上。"武装保卫苏联",成了苏联这一时期对华政策的出发点。斯大林认为,中国共产党还未足以壮大到可以成为反侵略斗争的领导者,只有蒋介石才能领导中国抗日,于是把大量的军事援助倾注于国民党,对于共产党,只提供急需的药物、医疗设备和政治读物,以及不容违拗的指示。七八月间,共产国际召开了第七次代表大会。中共驻共产国际代表团以中国共产党的名义发表《为抗日救国告全国同胞书》,即《八一宣言》,要求停止内战,一致抗日,并号召全国人民不分阶级,不分党派联合起来,组织国防政府和国防联军,挽救民族的危亡。会上,共产国际的主要负责人季米特洛夫作了《法西斯的进攻与共产国际的任务》的报告,中共代表王明作了《论反帝统一战线问题》的报告,关于统一战线的建立,报告虽然提及对右倾机会主义和反对削弱共产党的领导作用的必要性,但是基本精神,仍然反映了莫斯科方面的政策立场。

自东北四省沦日以后,华北五省"自治运动"相继发生,亡国灭种的大祸迫在眉睫。12月9日,北平学生开始走上街头,愤怒地喊出"打倒日本帝国主义"、"反对华北自治运动"、"停止内战,一致对外"、"争取爱国自由"等口号,集中涌向新华门。国民党当局不但拒不接见请愿学生,还出动军警,用水龙、木棍、大刀等进行驱赶。在搏斗中,学生有百余人受伤,三十多人被捕。第二天,全市宣布总罢课。16日,市学联召集全市学生再一次举行集会和示威游行,声势浩大的斗争浪潮,打乱了政府的计划,以致傀儡组织冀察政务委员会也不得不延期成立。学生的爱国行动,得到北平广大市民的热烈同情和支持,他们纷纷送水和面包前往慰劳,抗议军警的无理镇压。

学潮的发生不是什么偶然性的爆炸事件,它反映了中国潜伏已久的深刻的政治危机。"一二九"运动以后,全国各地学生迅速响应,并且扩大到社会各阶层,形成为不可遏止的抗日救国的洪流。12月下旬,平津学联组织了南下扩大宣传团,上海大中学生组成了救国宣传团,深入乡村进行宣传。可是,没有工人、农民和士兵的斗争的配合,学生运动要冲破反动政府的戒严令,警察、侦探、学棍、法西斯的破坏和屠杀政策而获得持久的发展是不可能的。接着,南下宣传团便被强令解散,成员遭到拘押,斗争只能以别样的方式继续下去。

对于这次继"五四"以来的最大规模的一次学潮,鲁迅是关注的。但是,他有他的观察和评价角度。在本月19日致曹靖华的信中,他慨然道:"青年之遭惨遇,我已目睹数次,真是无话可说,那结果,是反使有一些人可以邀功，一面又向外夸称'民气'。当局是向来媚于权贵的，高教此后当到处扫地……"两天后，他又在给台静农的信中说："北平学生游行，所违与前次无异，闻之惨然，此照例之饰终大典耳。上海学生，则长跪于府前，此真教育之效，可羞甚于陨亡。"次年1月，他还在信中向曹靖华说及学生问题，说："北方学校事，此地毫无所知，总之不会平静，其实无论迁到那里，也决不会平安。我看外交不久就要没有问题，于是同心协力，整顿学风，学生又要吃苦了。"总之，他是以悲悯的态度看待学生运动的。在学潮刚刚过后所写的《"题未定"草（六至九）》里，虽然他也称赞说北平的学生和市民并非庸愚，被愚弄诬骗压迫到现在而仍然"明黑白，辨是非"，也强调说"石在，火种是不会绝的"，但最后的话，仍然是九年前的主张的重申："不要再请愿！"在他看来，官民严重对立的现象是无法消除的。如果政府可以足够地代表国民，那是无须乎请愿的；但是，要是不足以成为国民的代表，请愿下跪，流血呼号，又有什么用处！

鲁迅不相信一个专制、腐败的政府有可能成为爱国的政府。在学生斗争的压力面前，国民党政府做出某种保护人民的姿态，借以影响社会舆论，这是不足奇怪的。但是，它的反人民反民主的实质决不可能因此而有任何改变。在同一天内，他写信给两位朋友，几乎完全重复同样的说话：国事至此，政府将有"保护正当舆论"之说，"正当"二字，加得真真聪明，但即使真加"保护"，也须付出极大的代价。在这国难当头的时刻，如果不是依靠千百万奴隶自身觉醒的力量，而是寄希望于政府，在一批军阀政客屠夫的身上，难道可以得救吗？

12月，中共中央政治局在陕北瓦窑堡举行了会议，着重讨论民族统一战线、抗日联军和国防政府问题，进一步确定了"把国内战争同民族战争结合起来"的基本方针。会后，毛泽东在党的活动分子会议上作了《论反对日本帝国主义的策略》的报告，报告明确指出，抗日民族统一战线的领导权，必须属于中国工人阶级及其政党——中国共产党。在领导权问题上，毛泽东从党的利益出发，对蒋介石所作的必要的揭露和谴责，与鲁迅对国民党政府的敌对态度是相一致的。但是，鲁迅并不十分了解共产党的真实立场，在上海，凭借国民党管制下的有限的几个报纸，他不可能获得更多的关于共产党和红军方面的信息。这时，左联党组本来就处于与党中央隔绝的悬空状态，何况"周扬之流"又从中把他间隔开来呢！

在时局面前，他时时感到愤慨、苦闷与悲凉……

12月5日，他曾书写了自作的七律一幅赠许寿裳，云：

曾惊秋肃临天下，敢遗春温上笔端。
尘海苍茫沉百感，金风萧瑟走千官。
老归大泽菰蒲尽，梦坠空云齿发寒。
竦听荒鸡偏阒寂，起看星斗正阑干。

同一天，还为友人写了两幅字，其一是唐人钱起的《湘灵鼓瑟》："善鼓云和瑟，尝闻帝子灵。冯夷空自舞，楚客不堪听。苦调凄金石，清音入杳冥。苍梧来怨慕，白芷动芳馨。流水传湘浦，悲风过洞庭。曲终人不见，江上数峰青。"再就是明人项圣谟的"风号大树中天立"的一首，只是，他写的已不只一次了。

数天后，他以唐代刘长卿的《听弹琴》书赠日本朋友："泠泠七弦上，静听松风寒。古调虽自爱，今人多不弹。""苦调"可堪怨慕而曲终人杳，"古调"虽然自爱却为世所弃，都是一种无人理解的寂寞。3月间，他为徐讦写："金家香弄千轮鸣，扬雄秋室无俗声。""金家"，实系他所说的"文坛之闻人绅士所聚会之阵营"；这里说的"无俗声"，分明是阿Q式的自矜。又为今村铁研写："顽绝绝顽绝，以笑为生业。刚道黑如炭，谁知白似雪。笑煞婆娑儿，尽逐光影灭。若无八角眼，岂识四方月？""婆娑儿"既有人面狗心的文氓，也有善于变化的"同人"，"笑煞"此辈，当是何等自傲！但无论如何，这种近乎自恋情结的东西，是含有很深的孤独感在里面的。仍在同一天为增田涉所写的条幅，选取南宋郑所南的《锦钱余笑》，就不是偶然的了。诗云："生来好苦吟，与天争意气。自谓李杜生，当趋下风避。而今吾老矣，无力收鼻涕。非惟不成文，抑且错写字。"一切豪情都如虹霓在眼，瞬息而逝，幽默里包含着无力收拾的辛酸。

八年前,因为梦境的放逐来到上海,经过几番意气风发的论战,现在仿佛又回复到了当年的孤独彷徨的状态。所不同的是,现在的政治意识更强烈了,更深邃成熟了,他的寂寞感和悲凉感,无时不与复仇的意志胶结在一起。他的悲哀是独战的悲哀。他不再如过去那样,自觉孤独时就纵酒自戕,而是时时想到玩,歇,虽然实际不能。他要尽量地保存自己,以继续进行他的战斗。一场意义特殊的战斗,在他的意识中,其实才刚刚开始。

死亡的阴影……

共产国际第七次代表大会之后,王明两次指示国际革命作家联盟的左联代表萧三写信回国,在组织上取消左联。另一位中共代表康生也以反对左倾关门主义为由,从中做说服工作。这样,萧三终于写了一封信寄往上海,由鲁迅转给左联。

信里写道:

这封信愿和你们谈一件事——一件重要的事。

左联自成立至今五年余以来,尤其是从满洲被占及上海战争后,在严重的白色恐怖之下,而能积极努力,克服一切困难,作了不少的工作……

……但是由于左联向来所有的关门主义——宗派主义,未能广大地应用反帝反封建的联合战线,把这种不满组织起来,以致"在各种论战当中,及以后的有利的情势之下未能计划地把进步的中间作家组织到我们的阵营里面来"(见去年左联向 I. U. R. W 的报告),许多有影响的作家仍然站在共同战线之外,"新月"固然仍然是"新月","沉钟社"和周作人等仍退避现实,林语堂只是"幽默"而继其"一笑了之"的态度,"第三种人"多数以中立自命……

同志们!在这里我们要追溯一番左联关门主义之由来。我们以为左联之关门,要从其唱"普洛文学"说起,因为这个口号一提出,马上便把左联的门关上了,因为这一口号,这一政策,便不能团结一班先进的,但仍未能一旦普洛化的文人以及自由派的作家,尤其在当初的时候普洛文学家对非普洛者的态度更只是漫骂,大有"非我族类,群起而诛之"之概,这和苏联过去"拉普"之"非同盟者即仇敌"口号很相符合。这样一来便也使我们忽略了反帝反封建的文学,于是我们不能打破一切政治上的困难,取得较公开的地位。……

因为左联内部工作许多表现,也绝不似一个文学团体和作家的组织,不是教育作家,吸引文人到反帝反复古之联合战线方面来的组织,而是一个政党,简单说,就是共产党!

一般人也认为左联便是共产党。加入左联便要砍头——这在文人是要想一下子才能决定的呵。

……我们的工作要有一个大的转变。我们认为:

在组织方面——取消左联,发宣言解散它,另外发起,组织一个广大的文学团体,极力夺取公开的可能,在"保护国家","挽救中华民族","继续'五四'精神"或"完成'五四'使命","反复古"等口号之下,吸引大批作家加入反帝反封建的联合战线上来,"凡是不愿作亡国奴的作家,文学家,知识分子,联合起来!"

——这,就是我们进行的方针。

…………

自从巴黎举行的世界作家保障文化大会后,我想同志们已经很看得出这一趋势,I.U.R.W的命运,所以也会是很短的了。一个时代有一个时代的策略,我们不是死板的书生。过去所做的有其过去的价值,现在如仍照过去的作下去,则是有妨碍于现在和将来的发展,即以苏联取消"拉普"而改组苏维埃作家统一同盟一例亦可知是何用意了。何况在今年巴黎保障文化大会之后呢?

这是一个主要的重大问题,也就是我这封信的中心问题,很希望同志们过细讨论。

其次在创作方面。……我们追溯一下左联成立至今五年多以来的创作，或则专写工人斗争，或则专写农民暴动；而关于工人领导农村革命及反帝反封建的这一点，无论大的或小的作品差不多完全没有。这决不是一个偶然的现象，这应该以左翼作家没有充分了解中国革命现在阶段之革命动力，不了解工农联合革命来作解释，再，即检讨一下反帝的文学时，有大意义的保护上海战争，左翼作品很少很少描写过，写东北义勇军也是很关门的写法，此外描写工农民主政权的作品有一些，但写英勇的红军的也差不多完全没有……

第三在策略方面。……他们提倡"民族主义文学"，我们不必空口反对他们这一招牌，而应把它夺过来占为己有，即充实它的内容。多写民族救国英雄，如东北义勇军事实，复活岳飞，文天祥，史可法……痛骂秦桧，吴三桂，袁世凯……使成为革命民族战争时代的革命民族文学。……

末了，再重复一句：当此国亡无日，全国民众只有共同起来组织广大的人民反帝——抗日统一战线才可图救。政治上的口号，策略，我们作文学运动的至少是要追随它，符合它。说到这里，同志们大概都已很明白了，用不着多赘了，我便就此收笔。

鲁迅很清楚，萧三的信不只代表他个人。

信里的许多观点，在他看来是混乱的，糊涂的，错误的。怎么可能把"新月派"和"第三种人"也拉到同一条战线里来呢？提倡普罗文学能算是关门吗？以前的几场论争，是不是都成了军阀混战？"非我族类，群起而诛之"，是普罗文学家对非普罗者的态度呢，还是权威者及其叭儿对普罗文学的态度呢？林语堂、老舍式的幽默算什么？文学界的郑、陈可以作政治社会组织的宋、蔡……等着看吧。关于创作，为什么写农村就一定要写工人阶级领导？没有工农出身的作家，怎么可能要求他们写出工农化的作品？"东北义勇军也是很关门的写法"是什么意思？《八月的乡村》呢？算什么呢？复活岳飞、文天祥，大家做臣子，"臣诚惶诚恐死罪死罪"，笑话！

"统一战线"是什么战线？"统一"到哪里去？国家，民族，不要忘记这样的字眼从来有利于权力者！

茅盾在他家里看了信。他没有多说什么，只说：看一看再说。

对于解散左联，他内心充满了矛盾，其实要说也说不清。左联内部的关门主义和宗派主义的严重性，他比任何人都有着更清楚的了解。他对人说过，"他们实际上把我也关在门外了"，岂止关在门外而已？还要鞭扑不止！1935年至1936年间，"鞭子"作为一种譬喻，也在信中就不知使用过多少次！但是，这种恶劣倾向的出现，并非因为组织本身的缘故，而是出于党组领导，有周扬他们的那里做。他们不会因为没有了左联，就从此不做了……

其实左联早已布不成阵了，名虽存而实亡。那么，现在当有人提出要在名义上也将它取消掉，他为什么又不愿意呢？

左联成立时，他甘愿被利用，一者因为盟员们都属于文学青年，二者是为了对付当局。那时候，说起态度来，还不算怎么积极坚决的。可是，等到柔石他们牺牲以后，他就从感情深处把自己同左联的命运连结在一起了。这是血的连结，真真正正的"血缘"关系。现在，要他把这笔血债忘记掉，全盘放弃这个柔石们为之付出鲜血和生命代价的组织，他能够做到吗？不久前，瞿秋白也是被处死了的，单是处死一个瞿秋白，就足以判杀人者为罪大恶极！现在就要同杀人者携手联合吗？因为要联合，就要非把为杀人者长期以来必欲除之而后快的组织拆掉吗？而且得由自己人亲手拆掉！左联毕竟是战斗过来的。在左联内部，即使受中伤，受鞭扑，受压迫，他宁肯暗暗包扎伤口，也不愿意把内情公开。这种隐忍，不正是不愿看到仇者的快意的笑脸吗？现在，宣布解散它，简直等于向敌人宣告自己的失败！来信说，作文学运动的要追随符合政治上的口号、策略。什么叫政治？奴隶同奴隶主讲"统一"是哪一家政治呢？他常常说他自己不大懂政治。他的所谓不懂，只是不懂从事政治的手段或策略罢了，即使懂得也不会应用，懂得应用的是政治家，政治家和文艺家的歧途就出在这里……

此外，对于由外部或上面指示解散的做法，也不是他所能接受的。组织的成立与解散，都是组织内部的事情。关系到左联命运的大事，不管是谁的命令，都不能代替盟员自己的意向。因此，在把信转给党组之后，他期待大家有一次平等的讨论或磋商……

但是，他没有想到，解散左联的计划实际上早已在酝酿之中了。

早在10月上旬，"文委"在同中央失去联系的情况下，完成了它的重建工作。"文委"成员为周扬、夏衍、章汉夫、钱亦石、吴敏。其中，章汉夫和吴敏都是周扬介绍夏衍认识的。

周扬仍被推举为书记，兼左联党团书记，他要夏衍在分管电影、戏剧之余，再做一些上层的联络工作。在此前后，周扬还和"中国共产党上海临时工作委员会"，也即临委的胡乔木、邓洁取得联系。"临委"同样是未经中央批准，由原文委系统下的一些党员自动成立的。

新"文委"组成后不久，周扬等从巴黎出版的《救国报》和共产国际机关报《国际通讯》上分别看到了《八一宣言》和季米特洛夫在共产国际大会上的报告，为了适应新的形势需要，他们开始为建立抗日联合战线而积极行动，萧三的来信，促进了具体计划的完成。12月间，周扬在他家里召开了一次"文委"扩大会，决定解散"文委"所属各联，其中包括左联，并且把成立中国文艺家协会提到了议事日程上。会上还决定"文总"解散后，成立一个新的党团实行统一领导。

左联解散问题，就这样很轻易地解决了。

但是，要解散左联，必须取得鲁迅的同意。这是一个大问题，他们都知道，这个老头子是不好对付的。研究的结果，最后决定由夏衍先找茅盾，通过茅盾了解一下鲁迅对萧三来信的意见，然后再考虑下一步的做法。

1936年正月初，夏衍约了茅盾到郑振铎家会面，把解散左联和成立新组织的决定说了。他问茅盾有什么意见，茅盾便说，还要考虑考虑，等同鲁迅谈过以后再说。茅盾处事从来是谨慎的。夏衍说，因为鲁迅不肯见他们,所以,这事情只好托请茅盾转告。完后,他们约定三天以后听候回音。

茅盾向鲁迅转达了夏衍的意见。鲁迅的回答很简明:组织文艺家抗日统一战线的团体我赞成,"礼拜六派"要是赞成抗日,参加进来也不妨。但是,这个组织的核心必须是左联,倘使左联解散了,组织就没有了核心,这样我们不但统不过来,结果恐怕还得被人家统了去。看来,这个问题他早已考虑成熟了。

茅盾如约将情况告诉了周扬和夏衍。夏衍极力辩解说,组织不会没有核心的,我们这些人都在新组织里面,不就是核心嘛!茅盾表示愿意把这个意见再传达给鲁迅。

第二天,茅盾到鲁迅家里,把夏衍的话原原本本地说了,谁知鲁迅听了,什么意见也没有,只是笑了笑,说:"对他们这班人我早就不相信了!"茅盾见这么说,知道事情不会有什么结果,而且弄不好还会被鲁迅怀疑是周扬的说客,于是托郑振铎把鲁迅坚持不解散左联的意见转告夏衍,自己尽量回避不再与夏衍见面。

事情不能因此耽搁下来。周扬决定让徐懋庸以组织的名义,再次找鲁迅谈。鲁迅毕竟是鲁迅,绕开走是不行的。

然而,无论徐懋庸或是茅盾,出使都没有结果,鲁迅一点没有改变原来的意思:不赞成解散左联。

在左联常委会上,徐懋庸汇报了有关鲁迅的情况,并且表示赞同鲁迅的意见。这回出席指导的不是周扬,而是胡乔木。在徐懋庸讲话之后,胡乔木作了长篇发言,说,统一战线团体是群众团体,左联也是群众团体。在一个群众团体里面秘密存在另一个群众团体,就会造成宗派主义,这不好,而且会使左联具有第二党的性质,更不好。

讨论结果,大家一致同意把左联解散。会后,胡乔木还特地找徐懋庸谈了话,要他继续去打通鲁迅的思想。

于是,徐懋庸第二次去见鲁迅,把会议的决议和胡乔木说的一套道理向他说了。他听了以后表示:左联是大家的,既然大家主张解散,我也没意见了。但是,我主张在解散时发表一个宣言,声明"左联"的解散是在新的形势下组织抗日统一战线文艺团体而使无产阶级的文艺运动更扩大更深入。倘若不发表这样一个宣言,而无声无息地解散,社会上就会认为我们禁不起国民党的压迫,自行溃散了,这是很不好的。

徐懋庸把这意见带回给周扬。周扬起初说,这意见很好,等讨论一下再说。但是,过了几天,他对徐懋庸说:"讨论过了,认为文总所属的左翼文化组织很多,都要解散,如果都发表宣言,太轰动了,不好。因此决定左联和其他各联都不单独发表宣言,只由文总发表一个总的宣言就行了。"

为了这事情,徐懋庸第三次找鲁迅。这一次,鲁迅的答复很简单:"那也好。"

过了几天,周扬又说,文总也不发表宣言了,理由是,此时正在筹备组织文化界救国会,不久将要成立。如果文总发表宣言解散,而救国会又成立,就会被国民党把救国会看做是文总的替身,于救国会的存在不利。

于是徐懋庸第四次去见鲁迅,说明这一切。鲁迅听了,脸色一沉,一言不发。徐懋庸觉得很窘,赶紧告辞走了。

一度轰轰烈烈的左联,就这样从中国文坛上悄然消失!

1936年4月,徐懋庸看到日本的《改造》杂志有这样一段记录,"改造社"社长山本实彦来华时,向鲁迅问起左联的情况,鲁迅回答是:"我本来也是左联的一员,但是这个团体的下落,我现在也不知道了。"接着,又在《光明》半月刊上看到鲁迅复何家槐的信:"我曾经加入过集团,虽然现在竟不知道这集团是否还在,也不能看见最末的《文学生活》。……"他觉得鲁迅意气用事,不顾事实,于是给鲁迅写了一封信,说:"左联解散问题,我是前前后后多次报告了你的。解散得对不对,是另一问题,但你说不知下落,则非事实。"

他很快收了鲁迅的回信:

……集团要解散,我是听到了的,此后即无下文,亦无通知,似乎守着秘密。这也有必要。但这是同人所决定,还是别人参加了意见呢,倘是前者,是解散,若是后者,那是溃散。这并不很小的关系,我确是一无所闻。

....

至于"是非","谣言","一般的传说",我不想来推究或解释,"文祸"已够麻烦,"语祸"或"谣祸"更是防不胜防,而且也洗不胜洗,即使到了"对嘴",还是弄不清楚的。不过所谓"那一批人",我却连自己也不知道是"那一批"。

……我希望这已是我最后的一封信,旧公事全都从此结束了。

显然,这是一封绝交信。

但是鲁迅所拒绝的,绝不只是一个徐懋庸。鲁迅不会不知道徐懋庸的角色的分量,在给杨霁云的信中,就曾经这样指出:写信的虽是他一个,却代表着某一群。

即便是一群又如何呢!这个几十年前便曾神往于尼采歌颂过撒旦且为"人国"呼吁的人,是不能为"众数"所改变的。个人的独立与尊严,对他来说,是太重要了!

117　中国文艺家协会·两个宣言

随着左联的解散,一个新的统一组织的成立也就必然地提到议事日程上。其实,作为实践中前后出现的这样两个问题,在周扬方面最先是同时加以考虑的。

而贯穿此间的,是"国防文学"口号在文艺界的影响。

早在1934年10月,周扬就以"企"的笔名在《大晚报》副刊"火炬"上介绍苏联的"国防文学",并且在文中提出"国防文学"作品的创作在中国的急迫性。一年过后,周立波进一步撰文确定"国防文学"的内涵,"是反帝反汉奸的广大群众运动中的意识上的武装"。他说:"国防文学营盘里的任何朋友的通行证,上面只有简单的两句话:'我是中国人!

我反对汉奸和外敌'!"与此同时,何家槐等也发表了关于"国防文学"的文章,还列举了岳飞、文天祥、史可法等古代的文臣武将,鼓吹"民族英雄"的"复活"。在中国,"国防文学"作为一个统战口号被大力提倡,是由周扬定调的。1936年2月,他征得文委内部的章汉夫、胡乔木、夏衍等人的同意,设法在组织上传达贯彻这个口号的精神,然后通过各种渠道和媒介进行广泛的宣传。一时间,不仅上海、北平、广州,连日本东京的左联盟员和文化界,也都纷纷发表赞成这一口号的文章,于是,迅速形成了一股"国防文学"热。

3月间,原先叫"作家协会"而后叫"文艺家协会"的新组织积极筹备起来。

出面同各方面联系的是郑振铎和傅东华,而这两个人,在左联常委分工中是归周扬负责联系的。郑振铎和傅东华为了加强号召力,又拉了茅盾做发起人。茅盾自觉到他在文坛中的特殊地位,当左联内部明显地分成两派的时候,他不愿意失去任何一方,总是小心翼翼地保持着大体均等的距离。现在,平衡打破了,"国防文学"派,也即大家所称的"周扬派",已经明显地呈现出压倒的优势。他必须趋同,即使不想重新获得什么,至少也要保持原有的位置。

对于茅盾,鲁迅是了解的。他最不满意茅盾的地方,是在《译文》事件中的暧昧态度,以及传播有关胡风的谣言。

《子夜》出版后,左联内部有过很热烈的讨论,周扬还曾写过一篇讨论总结。大家认为,《子夜》是五四新文学运动以后,特别是左联成立以后,我国长篇小说的最大成就。而它最重大的意义所在,就是以艺术的形式,形象地回答了思想界关于中国社会性质大论战中所接触的问题。鲁迅对此是持保留态度的。虽然他也认为《子夜》的创作为叭儿文人所不及,但是作为一个艺术家,他并不认为这部作品具有永久的价值。他不喜欢太客观的东西,茅盾求他为《子夜》的英译本作一篇序,他不愿意写,便把这件"很麻烦的事情"转托了胡风。让茅盾求助于一个有"内奸"嫌疑的他的朋友,本身就是一件很带戏剧性的事情。

虽然在他与茅盾之间存在一定的隔阂,但是,还不至于发展成为很大的矛盾。总的说来,茅盾还是尊重他的意见的。

在一封信里,茅盾谈到全国的救亡形势时说:"看来春天真的要来了。"他回信说:"现在就觉得'春天来了',未免太早一点——虽然日子也确已长起来。恐怕还是疲劳的缘故罢。从此以后,是排日＝造反了。我看作家协会一定小产,不会像左联,虽镇压,却还有些人剩在地底下的。惟不知想由此走到地面上,而且入于交际社会的作家,如何办法耳。"对于这个在左联中还能较为保持中立的人,他一如从前,坦率地表白自己的看法,根本想不到茅盾居然会成为作家协会的核心。

他一直认为协会与郑振铎的经营有关。在4月1日致曹靖华信中,他批评郑振铎使用权术,指出许多青年作家远而避之的情况。到4月26日,他告诉曹靖华,茅盾已经同郑振铎站在同一阵图里了,并且掌握了指挥权。究其本意,是为了"救《文学》"。也就是说,这里边同样包含了借"统一战线"以营私的性质,保护的还是个人或小团体的利益。十天后,他信中再次讲述了这种情况,说:"此间莲姊家已散,化为傅、郑所主持的大家族,实则藉此支持《文学》而已,毛姑似亦在内。旧人颇有往者,对我大肆攻击,以为意在破坏。但他们形势亦不佳。""莲姊家",即左联;"旧人",包括了左联的同人;"毛姑",就是茅盾。

在同一封信内,鲁迅还写道:

《作家》、《译文》、《文丛》,是和《文学》不相合的,现在亦不合作,故颇为傅郑所嫉妒,令喽啰加以破坏统一之罪名。但谁甘为此辈自私者所统一呢,要弄得一团糟的。近日大约又会有别的团体出现。我认为这是好的,令读者可以比较比较,情形就变化了。

这里透露了一个新的消息,就是文艺家协会以外的"别的团体"的出现。

鲁迅所以对组织别的团体发生兴趣,是因为可以借此打破由周扬等人计划,傅、郑出面主持的"大家族"的一统天下。整个文坛的情状令人十分忧虑。曾经与鲁迅发生论争的创造社的一群,开始同原来对立的文学研究会合流。人际关系发生新的变化和组合。多年来尚未消除的思想矛盾,经过左联这一共团体的阻遏,而今有了进一步扩展的趋势。集结在鲁迅侧面甚至背面的这批人,当年还是文学新人,现在快要成为"元老"了。这是一股无论凭资历或是实力都是足于左右文坛的力量。如果能够端正方向,致力于中国现代文艺运动的建设当然很好,但是问题恰恰不是这样。这个由少数几个人以党或国家民族的名义组织起来的"众数",居然以最时髦最堂皇的理论和口号威吓同类,排斥异己,把大众的事业当成为"大家族"的产业。鲁迅何尝不知道"统一战线"的重要呢?早在左联成立的时候,他就一再强调战线的扩大问题。他指出,"联合战线是以有共同目的为必要条件的",还警告说,"我们战线不能统一,就证明我们的目的不能一致,或者只为了小团体,或者还其实只为了个人"。然而,"统一战线"的倡导者而今居然成了"破坏"者,甚至还放出有关他的什么"托派"之类的流言!所谓"统一"的目的是什么呢?据说是"国防"。如果说,"国防"在苏联还可以看做是防卫工农国家的话,那么在中国,防卫的岂不正是屠杀工农的国家吗?"国防文学"的引进,一开始出于周扬等少数人的教条思维,可是到了后来,这一口号从理论到实践都直接受到了宗派主义的影响。作为一个以"统一战线"为目标的组织,文艺家协会表面上是扩大了"团结"的范围,骨子里头仍然是关门主义。宗派主义本质上具有排他性。惟"国防"中心,惟"国防文学"中心,像这样一种中心意识怎么可能有浩浩荡荡呢?如果这也可以算作"统一"的话,那么,它跟历来的封建主义"大一统"有什么大区别?

鲁迅的批判思维使他无法接受一个与中国的政治现实不相符合的结论,不论它来自共产国际或是其他的权威机构,而他的反抗众数的尼采思想和叛逆性格,也都支持了他的选择。我们固然不能做外国人的奴隶,但也决不能做本国人的奴隶。奴隶的地位是没有优劣之分的。因此,不管周扬怎样反复派人游说,让他加入协会,他都加以拒绝。具体到人事问题上,无论是周扬、夏衍,或是郑振铎、傅东华,这时候都是为他所厌恶的。这老头子太倔了。他宁肯一个人独立于飞沙走石的世界上。

在一次谈话中,邓洁对他说:"我们有现代武器,何必用原始武器呢?"

他立即回答说:"要看这现代武器掌握在什么人手里。"

所谓"现代武器",就是指的这类统一的庞大组织。相对言之,"原始武器"当然是指独立作战的方式了。问题是,鲁迅并不注重组织形态。左联前后的变化所给予他的教训太深刻了!

从2月到5月,他在多次通信中,表明了对于协会的决绝态度。

另一方面,随着协会的筹组所显示出来的可预期的效果,以及在实际上给予他和其他一些青年作家的压力,成立另一团体以打破目前的作家阀式的垄断局面,一度成为他的意愿。但是,也仅仅属意愿而已。从根本上说,他不属于周扬一类的组织家和活动家。

中国文艺家协会经过四个月的酝酿,终于在6月7日正式成立。

成立大会在大西洋西餐馆举行。到会有七八十人,青年人不多。会议通过了主席团,宣读了茅盾起草的宣言,还有协会章程。按照会章规定,加入者得由会员两人介绍,再经理事会通过;会员要缴一元入会费,两元年费,资历和经济条件都有着严格的限制。在组织方面,由会员大会选举理事九人,候补理事五人,成立理事会;由理事会选出常务理事五人处理经常事务,理事会设总会、出版、调查、研究、联谊等五部,每部设正副主任各一人及干事若干人。机构重叠,颇有衙门化的倾向。照章选出的九位理事,其中四位是《文学》的主编和支持者,还有两位是原文学研究会的,另两位是《光明》的主编,徐懋庸则属文委。茅盾是常务理事召集人,计划中是可以统领整个协会的工作的。周扬、夏衍不在宣言上列名,宣言中不提"国防文学"的口号,都是会前早经布置好了的。虽然会上也仍然有人提议把"国防文学"写入宣言,但是没有被通过。这时候,人们已经开始习惯于听从领导的安排了。

会议议决,把周扬等人办的期刊《文学界》当作协会的会刊,由徐懋庸负责。此外,还一致通过了致鲁迅的慰问信。给一个拒绝本团体的人致以慰问,也当算是会议上的一件颇具喜剧色彩的事情。

不过，鲁迅曾经参与筹划的别一团体始终没有成立，只是在文艺家协会成立后的一个星期，发表了一个宣言，名为《中国文艺工作者宣言》。

《中国文艺工作者宣言》由巴金和黎烈文起草，经过鲁迅作某些文字上的修正。与《中国文艺家协会宣言》不同的是，它不是通过大会上宣读通过的办法，而是采用分头联系，说明原委，个别协商，征求签名的方式。两个宣言在字面上没有太大的区别，实际内容却也有着微妙的出入。《中国文艺家协会宣言》强调"全民族一致救国的大目标"，贯穿着"国防"的精神。《中国文艺工作者宣言》一开始就从民族危机的长期存在引发对"现实"的思考，在"争取民族自由"的大前提之下，强调宣言者保持"各自固有的立场"，本着"原来坚定的信仰"，沿着"过去的路线"，加紧"从事文艺以来就早已开始了"的工作，也就是强调斗争的持续性和多面性，强调构成"民族"的分子的自由。这种个体自由，不应因为"统一战线"的确立而泯灭。

有一个名叫时玳的文学青年，写信请教鲁迅是否加入文艺家协会，鲁迅的答复是："我看你也还是加入的好，一个未经世故的青年，真可以被逼得发疯的。加入以后，倒未必有什么大麻烦，无非帮帮所谓指导者攻击某人，抬高某人，或者做点较费力的工作，以及听些谣言。国防文学的作品是不会有的，只不过攻打何人何派反对国防文学，罪大恶极。这样纠缠下去，一直弄到自己无聊，读者无聊，于是在无声无臭中完结。假使中途来了压迫，那么，指导的英雄一定首先销声匿迹，或者声明脱离，和小会员更不相干了。"信中还说到文艺家协会的发起人向他射"冷箭"的事，劝他不妨和大家接触，以便在实际中明白协会是怎一回事，以及所谓的"作家"，还有"指导的英雄"到底是什么东西。

恰好，在写给时玳的另一封信中，谈到协会之外的流产了的别一团体的宣言：

《文艺工作者宣言》不过是发表意见，并无组织或团体，宣言登出，事情就定，此后是各人自己的实践。有人赞成，自然很以为幸；

不过并不用联络手段,有什么招揽扩大的野心,有人反对,那当然也是他们的自由,不问它怎么一回事。

无论有无组织和团体,鲁迅所看重的是"各人自己的实践"。实践来源于各人的自觉性和自主性,那是不能以行政或非行政的"手段"来加以规限的。

协会成立后,除了热衷于口号问题的争论,并没有什么活动。在章程中所列举的像组织分会、召开例会、从事研究诸项,都不过是慷慨一时的空言。当然,这同会员的立场本来不够坚实,战线是"吓成的战线"有关;而鲁迅态度的公开化,对于这个统一体也不无分化的作用。到了10月份,协会的重要领导人茅盾便离开上海,回家乡写他的长篇去了。

早在协会成立前夕,鲁迅就这样向曹靖华说起这个组织的情况:"作家协会已改名为文艺家协会,其中热心者不多,大抵多数是敷衍,有些却想借此自利,或害人。我看是就要消沉,或变化的。"推测的话,竟成了一种预言。

118 《故事新编》·匆匆来去的《海燕》

1935年12月,正当左联面临解散的危机时期,鲁迅一连写了四个取材于上古史的短篇小说:《理水》、《采薇》、《出关》、《起死》。这种特别的兴致和出手速度,实在是很出人意料的事。

早在北京时期,他就说过,史书是可以翻翻的。其价值就在于:"知道我们现在的情形,和那时的何其神似,而现在的昏妄举动,胡涂思想,那时也早已有过,并且都闹糟了。"年头,他在给萧军、萧红的信中,重提了翻阅史书的事,说:"近几时我想看看古书,再来做点什么书,把那些坏种的祖坟刨一下。"这四篇作品,正是"刨祖坟"的产物。作者为现代社会形形色色的人们找到了各自的原型,是关于现实的伟大而深刻的寓言,在自称"油滑"的叙述中,到处闪耀着天才的隐喻的光辉。

同时,它们又是作者借以"抒愤懑"的最合适的情感形式之一。在这里，生活内容和形象画面不但丰富了杂文般的讽刺力量，而且抒写了内心深处的孤独感、爱，与无助的悲哀。

《理水》，可以看做是一篇放大了的"包围新论"。

"我们从古以来，就有埋头苦干的人，有拼命硬干的人，有为民请命的人，有舍身求法的人……虽是等于为帝王将相作家谱的所谓'正史'，也往往掩不住他们的光耀，这就是中国的脊梁。"鲁迅曾经写道："这一类人们，就是现在也何尝少呢？他们有确信，不自欺，他们在前仆后继的战斗，不过一面总在被摧残，被抹杀，消灭于黑暗中……"《理水》中的大禹，就是这类"脊梁"人物的代表。小说写他处在三层包围之中，最近的一层是"大员"，也即特权阶层，他们即使下去考察灾情，也是前呼后拥，威风十足，吃喝玩乐，不识民间疾苦为何物；所谓工作，也无非是听汇报，看"条陈"而已。外面一层是文化人，他们聚集在文化山上，食粮也都是从奇肱国用飞车运来的，因此不怕缺乏，有余裕研究学问。当洪水浸野，民不聊生的时候，他们养尊处优，清谈终日，满嘴谀词，粉饰太平，是一群现世制度的辩护士。最基层的是所谓"百姓的代表"，他们的职责一是传达"大人的吩咐"，二是把"体面"化了的民情呈报"上头"。这三层包围都可以统称之为"文化包围"，目标全在于使被包围者脱离大众，昏于世事，结果"龙驭上宾于天"。

但是这种结果，作品并没有直接显示出来，与其说，大禹一样的"脊梁"人物被"消灭于黑暗中"，毋宁说是被黑暗所"消融"。有意思的是，黑暗是以充满光明的太平景象加以透达的。

在鲁迅的笔下，大禹是一个面貌黑瘦粗手粗脚的大汉，连袜子也不穿，满脚底都是栗子一般的老茧。他出门没有仪仗，连随员也是乞丐似的；议事毫不虚骄，没有繁文缛节。首先，他是一个实践家，为了查明山泽的情形，征求百姓的意见，不辞辛劳，到处奔走，以致在外八年，三过家门而不入。他有主见，不但不惮于关于他的各种流言，也不顾大员们尤其是老官僚的实际阻挠；坚持以富于创造性的"导"法代替"老大人的成法"——湮。在整个混浊的环境中，大禹的确是一位举世罕见的光辉的人物。然而,悲剧也恰恰出现在这里。传统的保守势力,毕竟占据了统治地位,而他的改革方案又得不到百姓的了解,在大众传媒中,他始终是一只黄熊,跟他的父亲一样。所以,他最后的演变是必然的。当舜爷确定他为接班人,托他管理国家大事之后,皋陶就赶紧下一道特别的命令,叫百姓都要学禹的行为,不然立刻就算是犯了罪。个别领导人改变了,但是,作为统治集团的全体却丝毫没有改变,制度和法律,仍旧是专制的老一套。

小说的结尾写道:

……商家首先起了大恐慌。但幸而禹爷自从回京以后,态度也改变一点了:吃喝不考究,但做起祭祀和法事来,是阔绰的;衣服很随便,但上朝和拜客时候的穿着,是要漂亮的。所以市面仍旧不很受影响,不多久,商人们就又说禹爷的行为真该学,皋爷的新法令也很不错;终于太平到连百兽都会跳舞,凤凰也飞来凑热闹了。

制度法令没有本质的改变,人民的文化心态依然如故,习惯和适应着这一切。古老的僵死的政治内容,于是从新领导新法令中得到合理的延续。大禹的蜕变是渐进式的,将来如何不得而知,然而这开始却不是好兆头。

小说饶有意味的结尾令人想起年头写的另一个短篇《非攻》里的墨子,也是一个禹似的人物,连外表也都一样像乞丐。那劳形苦心、扶危济急的"贱人的东西"是他所具备的。他活在一个战争频仍、灾难深重的时代。在得知楚王打算攻打贫弱的宋国时,他一面布置学生在宋国备战,一面长途跋涉到楚国,凭自己的口舌——"义的钩拒",先后降服了公输般和楚王,解除了宋国的危险。

墨子一生行义,只求有利于人。他的只身使楚,就并非为了个人的利益,也不是接受了哪一位王者的派遣,而是出于"兼爱",——内心的使命。但是,正是这样一个义士,一心为了宋国反而为宋国所拒绝。

故事的最后这样写道:

墨子在归途上,是走得较慢了,一则力乏,二则脚痛,三则干粮已经吃完,难免觉得肚子饿,四则事情已经办妥,不像来时的匆忙。然而比来时更晦气:一进宋国界,就被搜检了两回;走近都城,又遇到募捐救国队,募去了破包袱;到得南关外,又遭了大雨,到城下想避避雨,被两个执戈的巡兵赶开了,淋得一身湿,从此鼻子塞了十多天。

此种无路可走的晦气,实在不能比大禹结局的辉煌。然而,两个具有喜剧色彩的结尾,都一样带着深隐的悲剧意味。墨子和大禹,在中国历史上,是代表底层民众利益的坚苦卓绝的象征性形象。在这里,鲁迅一方面检讨传统文化,一方面考虑现实政治。远在塑造阿Q的时候,他就思考了"阿Q党"在几十年后的存在问题。近几年的政治经验,同一营垒内部的矛盾与斗争,环绕左联党团为中心而活动着的一些党员人物,不能不唤起他的新的警觉和某种不信任感。通过《非攻》和《理水》,他表达了对未来中国的前途的隐忧。

《采薇》、《出关》、《起死》三篇,更多地把焦点放在文人集团上面。

伯夷、叔齐兄弟并非《采薇》所要着意表现的人物,甚至可以说,他们只是一个坐标,一面反光镜。由他们所反射出来的对面的人物才是重要的。

他们原是辽西的孤竹君的儿子,因为逊让王位,先后一起逃走。两人在路上遇见,便一同找西伯——文王,进了养老堂。不料文王死后,周王竟然扔下老子不葬,"以臣弑君",出兵讨伐起纣王来了。他们认为国王不仁不孝,于是冒死进谏,遭到拒绝后,决计离开养老堂,不再吃周家的大饼,到华山去吃些野果和树叶打发残年。又不料,遭到华山大王小穷奇的搜劫,而且勒令滚蛋,他们不得已坚守首阳山,不食周粟,采吃薇菜度日。倒霉透顶的是,不用多久就又来了一批看客,还引动了首阳村的第一等高人小丙君,以及阿金。"'普天之下,莫非王土',你们在吃的薇,难道不是我们圣上的吗!"在这样的质问底下,他们不胜羞惭,只好绝食饿死了事。

这两个古典式人物,是坚守主义者。为了一个信仰,他们可以交付生命的代价,姑不论信仰的内容如何。比较起来,小丙君简直不名一文。他原是妲己的舅公的干女婿,做着祭酒,因为知道"天命有归",便带着五十车行李和八百个奴婢来投明主了。而这个变节小人,居然大义凛然,斩钉截铁地指责起他们在吃"我们圣上"的薇,气势汹汹地批判他们,说不肯安分守己,"为艺术而艺术",既不是孝子更不像良民。鲁迅不只一次慨叹中国人缺乏真正的信仰,多的是见风转舵的党徒。这里的小丙君,可谓其中的代表人物,没有信仰正是他的信仰。

阿金是小丙君府上的婢女,奴才的奴才。她的聪明,全在于通晓主子的心思,留声机一般重复主子的语言。奴性的发展,甚至使她比主子更势利、更刻薄,当伯夷、叔齐死去,她散布关于"故意饿死"的谣言,说是上山奚落了他们几句,傻瓜就撒赖绝食。老天爷看见他们快要饿死了,就吩咐母鹿,用它的奶去喂他们。可是贱骨头不识抬举,得步进步,居然动手杀鹿来吃。老天爷讨厌他们贪嘴,便叫母鹿从此不要去。因此,他们的饿死全在于自己的贪心。这样,她就又很轻松地把可能的责任推卸干净了。她是一个十足的谣言家。以谣言杀人是更可怕的。

还有小穷奇。他以打劫为业,却有一套十分动听的君子言辞,露骨的虚伪令人作呕。要钱,就说"请你老赏一点马路钱";要物,就说"小人们也遵先王遗教,非常敬老,所以要请您老留下一点纪念品";要搜查,就说"小人们只好恭行天搜,瞻仰一下您老的贵体。"当他确定他们是两个穷光蛋时,便做出十分恭敬的样子,拍着伯夷的肩膀说:"老先生,请您不要怕。海派会'剥猪猡',我们是文明人,不干这玩意的。什么纪念品也没有,只好算我们自己晦气。现在您只要滚您的蛋就是了!"比起伯夷、叔齐的迂直,相去实在太远。鲁迅在介入文坛论争之后,多次描画过这类人物,如《论辩的魂灵》、《牺牲谟》,还有1928年关于"流氓"的杂文系列。大半年以后,他愤而写《半夏小集》,开头一小节就是类似的暴露:他们以最时髦最漂亮的名义,掩盖剥夺别人的勾当。

看客形象的创造,是《采薇》一篇中的重要内容。鲁迅早期的"反庸众"思想,可以在这里找到继续发展的线索。对于一个启蒙战士来说,群众必然要成为他关注的对象和主题。

当周王出兵时,大路两旁就挤满了民众,站得水泄不通。人们在威风凛凛的王爷面前,个个肃然起敬。伯夷、叔齐的进谏,使人们万分惊恐;而听得姜太公称之为"义士",便又赶紧让开道,恭而敬之地放他们走了。民众没有定见,因为无须思索,重大的事情惟听帝王和圣贤的训示。战争发生后,无论哪里,总有一群人眉飞色舞地听讲来自战地的故事,津津乐道于纣王的宝贝,头,姨太太,以及姨太太是否漂亮,妲己是否为狐狸精所变,娘儿们的脚如何等等。还有特地上首阳山看伯夷、叔齐的人。有的当他们名人,有的当他们怪物,有的当他们古董。甚至于跟着看怎样采薇,围着看怎样吃薇,指手画脚,问长问短,令人头昏。而且对付还须谦虚,略不小心,皱一皱眉,都会有人说是"发脾气"。也有几个小姐太太之类看了,回家去都摇头说是"不好看",上了大当云,于是,参观者日渐减少。但当伯夷、叔齐死于石洞的消息一传开,就又哄动了一大批来看的人,一直闹到深夜。人们听到阿金姐说兄弟俩死于贪嘴的故事,临末都会觉得肩膀的轻松,甚至恍恍惚惚地想像着他们拼命的大口吃鹿肉的情形……

仍是自私、愚昧、凉薄的一群。他们简直无始无终地存在,从《呐喊》、《坟》和《热风》的时代一直绵延至今。

所有这些人物,都是环绕鲁迅而实际活动着的,是以构成可怕的生存环境。但是,他是一个意志力十分顽强的人,他必须持续着他的对抗,而至于陷入情绪的纠缠,无论悲哀,无论愤怒。《出关》中对老子的刻画,便鲜明地表示了他的态度。

《出关》发表后,就有不少的批评,或者以为攻击某一个人,或者以为是作者的自况。左联的人邱韵铎指作者本人就是老子,说:"至于读了之后留在脑子里的影子,就只是一个全身心都浸淫着孤独感的老人的身影,我真切地感觉着读者是会堕入孤独和悲哀去,跟着我们的作者……"为此,鲁迅特地写了《出关的"关"》,否定以上两种意见,并且指出邱韵铎是用了"巨大无比"的抽象的封条,将一篇无利于老子的具象的作品封闭了。邱韵铎把仅有的"孤独和悲哀"这样一份无为的精神遗产硬派给作者,当是一种有意的错误,如作者所疑心的。

但是,老子形象有着作者的影子,却是一个无法推脱的事实。

说老子与作者有某种相似之处,是因为:一、小说里说孔子和老子"道不同",譬如同是一双鞋,孔子是上朝廷的,老子却走的是流沙。流沙是与朝廷对立的。鲁迅自己就曾有置身于沙漠之中的比喻,他并不惧惮,也不想遮盖"灵魂的荒凉和粗糙",甚至有些喜欢这"转辗而生活于风沙中的瘢痕"。二、老子非常明敏,他看透了别人背地里算计或掇弄他的鬼把戏。对于知己知彼这点,鲁迅每论起来,是颇有点自得的。三、老子被称为"老头子",而且小说里面还笔涉"牙齿",他是被说成爱"发牢骚,闹脾气"的人,这些都是读者所熟悉的称呼和说法。在小说中,老子一直被利用,这是无法避免的。而在鲁迅的书信中,也都不时有着被利用的记录。

然而,鲁迅并不承认老子是一种自况,最重要的是:孔老相争,孔子以柔进取,老子却以柔退走;孔子是"知其不可为而为之"的事无大小,均不放松的实行者,老子则是"无为而无不为"的一事不做,徒作大言的空谈家。因此,他不惜将老子加以漫画化,然后送出关去。结末的关尹喜讥讽老子道:"这家伙真是'心高于天,命薄如纸',想'无不为',就只好'无为'。"这段话,可以看做是鲁迅对老子思想批判,至于出关的结局,自然也如关尹喜说的:"我看是后来还要回到我们这里来的。"逃避现实的人最终必将为现实所报复。就整个的精神实质而言,鲁迅是道家思想最坚决的反对者,因此把老子说成是他的自况是他所不能同意的。就对现实的态度而言,应当说,他更倾向于孔子式的积极进取,只是相反的与"朝廷"对抗而已。而老子式的"'大而无当'的思想家",满口空谈,不做实事,与他印象中的左联的一些领导者倒是十分近似的。

关尹喜是一个很有特色的政客式人物。在全篇里,除了一声吆喝以外,并不显得凶险,但比起周围一类的角色,却是城府甚深的。当远走流沙的老子来到关上,他听到报告,见面就即刻滚鞍下马,说是"机会难得"，躬请"老聃馆长"到关上讲学。然而，还不待回答，四个巡警就把老子扛上牛背带走了。为了郑重，讲学的时候，关尹喜让巡警、签子手、探子、书记、账房和厨房全来听取"教训"。这种牛头不对马嘴的安排，作为导演的关尹喜不是不知道。要老子写讲义的事情他不在场，实际上，仍然是出于他的意旨。所以，当老子交稿的时候，他显得非常高兴，非常感谢，又非常惋惜，坚留多住一些时，看见留不住，才又换了一副悲哀脸相，答应了，命令巡警给青牛加鞍。一面自己亲手从架子上挑出一包盐，一包胡麻，十五个饽饽来，送给老子做路上的粮食，并且声明：这是因为他是老作家，所以非常优待，假如他年纪轻，饽饽就只有十个了。

这一切都做得非常得体，无可挑剔。直到老子走后，他才解下了虚假的面具。这里，他的所有议论、作为，都几乎无一不暴露着内心的阴暗。

关尹喜让老子折腾了那么长时间，让公家花费了不少的饽饽，按理应当非常珍重《道德经》讲义稿，其实不然。小说的最后一段，就是写他把两串木札"放在堆着充分的盐，胡麻，布，大豆，饽饽等类的架子上"。一个令人颇为费解的问题是：既然关尹喜如此作贱哲学手稿，那么又何必装得那么认真的留老子写它呢？在这里，"充公"的字眼是很可注意的。关尹喜打发老子的时候，所选的饽饽恰恰也是装在一个"充公"的白布口袋里的。表面上，关尹喜不徇私情，不谋私产，一切为"公"；而骨子里头，却掩藏了更大的私欲，即盗名欺世。为做官而做官，这是有别于《理水》中的大员的又一类官僚的哲学。

有人认为，鲁迅在借关尹喜讽刺傅东华。的确，译文事件给了他很大的刺激，他憎厌一些人的精于算计，善于盘剥。此外，文坛中的作家阀倾向也是他所反对的。然而，即使关尹喜的形象构成借用了与傅东华有关的细节，也并不等于傅东华。鲁迅是向来不用单独的模特儿的。倘要从某一具象中寻出原型来，在鲁迅的小说中是不易做到的；尤其是这类的新编故事，一个人物，往往身首异处。在《出关》中，关尹喜是把握着一定权力的人，如果把作为关官的关尹喜同老子的部分表现结合起来，或许倒可以看做在实际生活中间,致使鲁迅不得不横站相向的"工头"、"总管"式人物的肖像画。

《起死》里的庄子,其唱高调与老子相近,无赖之处颇类小穷奇,而善于做戏,又很像孔子和关尹喜。杂取了种种人而合成的这一个,从整体上,则更具"第三种人"的特色。

庄子说:活就是死,死就是活,奴才也就是主人公。这种相对主义的理论,是必然导致"做人要圆滑"的处世哲学的。司命知道他能说不能行,于是使一个在庄子看来不知是活是死的骷髅还原成一个汉子,赤条条的向他索取衣服。开始时,他指责汉子"胡涂得要死"——"专管自己的衣服,真是一个彻底的利己主义者";待到被汉子缠住不放,他就威胁说要把汉子扭去见保甲了。最后,当汉子揪住他,并且扬言要揍死他时,他便图穷而匕首见,从道袍的袖子里摸出警笛吹起来,巡士应声跑来以后,他任由汉子与之互相纠缠,自己竟逃之夭夭了。他身为"隐士",却一心见王者;以超脱自命,却备有警笛,趋附权门,实际的寻求庇护;斥人为"利己主义者",自己倒是自私至极的小人,所谓"彼亦一是非,此亦一是非",十足的滑头主义、机会主义,无非借貌似客观、辩证的理论掩盖自己的实质性倾向罢了。

鲁迅指出:"我们的有些人,阵线其实倒和他及第三种人一致的,虽然并无连络,而精神实相通。"可以认为,庄子形象的创造,是包含了鲁迅对"第三种人",以及在左翼文艺队伍内部,鼓吹为适应形势的变化而变化自己的一类人物的憎恶和讽刺的。

这几个小说,形象地凝聚了他在这一时期里的紧张思考,和深受压抑的战斗激情,它们在短短一个月内完成,足见其中人物,在他的胸中已经存活许久了。

1936年1月,他把它们,连同数年前写作的同类故事编在一起,交由巴金在文化生活出版社出版。这就是《故事新编》——一生中的最后一个小说集。

鲁迅的处境越来越艰困。这时，连可供发表作品的地方也变得非常有限了。

《申报·自由谈》、《太白》、《涛声》等都已经停刊，有些刊物，如《现代》、《文学》则是他主动退避的，个别的像《作家》虽然保持着正常的联系，但也渐渐不满于它的平和，过多的从营业上着想，以致为了自身的安全起见而排斥一同进军者。

外力的围剿且不必说，他的过分的坚持与执著，就要把他逼到一个孤独者的位置。他要求太高了。曲高和寡。

对于杂志，他还是很想由自己来办，就像当年办《莽原》一样。这时，恰好萧军和聂绀弩都写信给他说要办刊物，他担心这样会分散火力，便建议他们同胡风合在一起来办。大家同意了。于是，聂绀弩找曹聚仁出面负担编辑和出版的法律责任，虚拟了"史青文"的假名字做编辑人，"海燕文艺社"发行，总代售则是"群众图书公司"。解决有关"钻网"的必要的技术性问题之后，由胡风把稿子集合，刊物很快就出来了——《海燕》。

刊名是胡风提出来的，鲁迅所写，借用的是高尔基的同名散文诗的寓意。可以说，这是鲁迅继《萌芽》、《前哨》之后在左联内部，同青年奴隶们一起战斗行动的又一新计划，但也是最后的计划。

第1期，他送去小说《出关》和杂文《"题未定"草（六至七）》，还有两则小杂感，以及瞿秋白译的高尔基的文学论文。第2期，他又为刊物续写了《"题未定"草》的两章，为日本读者写的文论《陀思妥夫斯基的事》，还有一篇因被审查机关禁登而搁了一年多的随谈《阿金》。此外，还有两篇小杂感。他是尽了全力支持这个刊物的。

《"题未定"草》最后四章，提供了知人论世的方法，这些方法是与他看重时代与人民的整体的价值观念相联系的。在文章中，他批评了各式的说梦者，痛斥了现代中国的或一群人的无聊，无耻与下流的"文学"，鬼蜮，变节者。《陀思妥夫斯基的事》评述一个伟大的天才作家因专制时代的重压而被扭曲了的残酷的事实，与此同时，严正指出中国"一般的人们"是没有陀思妥夫斯基式的百分之百的忍从的,"忍从的形式,是有的,然而陀思妥夫斯基式的掘下去,我以为恐怕也还是虚伪"。他说:"因为压迫者指为被压迫者的不德之一的这虚伪,对于同类,是恶,而对于压迫者,却是道德的。"这是一个天才的发现。在压迫者和被压迫者之间,他从来反对调和和统一;在这里,也多少可以窥见他在日益变得响亮的"国防文学"的口号面前拒绝参与的实质性的东西。《阿金》借说俗事而论国事,全篇充满机警的隐喻。的确,所写是一个貌不出众,才不惊人的娘姨,然而她所具有的足够闹出大乱子的威力全在于主子是外国人。身为奴才而以主子自居,阿金可谓画出了某些中国官方人物的嘴脸,同时隐含了将为"自己的主人所回复"的悲剧命运。难怪它要遭到扣压,鲁迅自己就怀疑,审查官是认定他讽刺宋美龄的。另外的四篇小杂感,或抨击专制主义,或反对奴才思想,大都是同民族革命战争中的专制中国这一大环境相关的。在这一时期,他特别喜欢谈论主人与奴才变节者一类名目,应当是很引人注目的。可是,人们却偏偏忽略了这些文字符号后面的伴随着灵魂震颤的伟大而深刻的思想。

《海燕》第2期出版后,政府有关方面就马上找曹聚仁算账了。这时,曹聚仁不得不把他知道的关于刊物的情况说了,并且声明不做它的发行人。

事后,曹聚仁写信给鲁迅作了解释。鲁迅答复说:"我不会误会先生。自己年纪大了,但也曾年青过,所以明白青年的不顾前后,激烈的热情,也了解中年的怀着同情,却又不能不有所顾虑的苦心孤诣。现在的许多论客,多说我会发脾气,其实我觉得自己倒是从来没有因为一点小事情,就成友或成仇的人。我还有不少几十年的老朋友,要点就在彼此略小节而取其大。"他是始终把仇恨投向统治者社会的。

但不管如何,《海燕》再也无法呼啸着飞翔了。它永远消失了。四围所看到了,依然是一片翻滚的乌云,喑哑的大海,灰的低矮到快要贴近波涛的天空……

十六　反抗死亡

在最后的岁月里,他横站着作战,瞻前顾后,格外艰难,终至于在心力交瘁中仆倒——

然而,无声的中国,犹在倾听他的日夜呼啸的灵魂……

119　冯雪峰返沪·"两个口号"论争

1936年4月下旬,冯雪峰从陕北来到上海。

他此行担负着共产党中央给的四个任务:一、在上海设法建立一个电台,把获得的情报及时报告中央。二、同上海各界救亡运动的领袖沈钧儒等取得联系,宣传共产党的抗日民族统一战线政策,并同他们建立关系。三、了解和寻找上海地下党组织的情况,为中央下一步恢复上海党组织的工作做好准备。四、附带管一下文艺界方面的工作,首先是传达党的抗日民族统一战线政策。

行前,中央总书记张闻天(洛甫)几次嘱咐说,到上海后,务必先找鲁迅、茅盾等,待了解一些情况后,再找党员和地下组织。

到达上海后的第二天,冯雪峰立即来到鲁迅家里。这时,鲁迅同许广平看电影去了,幸好老女工还认识他,便把他领到二楼去。在静候的当儿,他总抑制不住内心的兴奋,想象着别后几年第一次见面的愉快的情景。

终于,传来熟悉的脚步声。

冯雪峰立刻站起来，迎上前去同上楼的鲁迅握手。客人的突然出现，并没有使鲁迅感到特别兴奋。他不习惯地伸出手来握了握，就抽了回去，悄然说道："这两年我给他们摆布得可以！"

这倒是冯雪峰没有想到的。

当晚，冯雪峰留住在三楼的后楼，直到两个多星期以后找到了房子才搬走。住下来以后，冯雪峰才发现，先生的精神面貌起了相当大的变化，虽然仍然固守着人格中的那些最基本的成分，而某些信念却遭到了损害。

冯雪峰认为有必要向鲁迅灌输更多的光明的、乐观的信息，因为他一直陷身于黑暗的包围中间，要完全避免压抑的情绪是困难的。晚饭前和吃晚饭的时候，冯雪峰滔滔不绝地谈苏区，谈长征，谈党和毛泽东，还有目前的政治形势以及党的最新制订的策略，全都告诉了他。他微笑着，一面慢慢呷酒，撕火腿，不发一言。只是临末，他才半认真半开玩笑地说了这么一句：

"你们从那边打过来，该不会首先杀掉我吧？"

晚饭后，继续着同一主题的谈话。鲁迅在藤躺椅上从容地抽着烟，脸上泛着酡红，不知是因为烧酒或是话题本身的刺激，样子颇有点亢奋。但当冯雪峰停止了说话，微笑着期待着他的反应的时候，他却又用嘲讽的口吻说话了："看来，我可真的要落伍了……"由于冯雪峰一点也不了解他的处境，不明白他的感慨到底从何而来，一时没有话说；而他也并不需要什么回答似的，自说自的话。他说话时很平静，简直让人怀疑，他在独自赏玩着他的牢骚：

"近来我确实觉得有些乏味，真想到什么地方玩玩去，什么事情也不做……"

"我成为破坏国家大计的人了……"

"……脾气也确实愈来愈坏，我可真的愈来愈看不起人了……"

牢骚话说得多了，便不能不引起冯雪峰的注意。

可是，鲁迅又好像不以这样的牢骚为然，偶尔也会说些笑话，缓和一下空气。最后,他还说了他很想到什么富翁家里去做门房的话来,认为那是最省力和最不会惹是生非的职业,说得自己也笑了。

"不",冯雪峰接着说,"那也不见得安静,人家哪里会打听不到呢?鲁迅做门房——又是小报最好的题目!那时候,将会天天有人访问你,人数加起来,肯定比到动物园里看动物的人还要多!"

说罢,两个人就忘记了一切似的高声哄笑起来……

哄笑过后,鲁迅忽然记起了什么,起来走到桌子跟前,检出两年间他所印的画集和插图的书,送给冯雪峰;接着说起他正在编校瞿秋白的《海上述林》的事情,这时,冯雪峰也就把瞿秋白在瑞金时的情形,以及被捕和就义时的一些事情告诉了他……

第二天,鲁迅比往日起来得早,9点过后,就衔着纸烟上三楼看冯雪峰来了。这时,他谈得最多,大约在他的观察中,冯雪峰同周扬他们毕竟不是同一气类的人,是可以信赖可以说话的吧。他毫无保留地倾泄着对周扬、夏衍和田汉等人的不满和憎恶,在列举他们的种种表现以后,就不只一次地说着这样的话:"就是这样一群'战友'!一群'指挥家'!……"说的时候,有时皱着眉头,有时又流露出轻蔑的态度,并且加以哄笑。最令他气愤的,是因为不赞成"国防文学"的口号和拒绝在"文艺家协会"发起人中签名而遭到的各种攻击。他说:"'国防文学'不过是一块讨好敌人的招牌罢了,真正抗日救国的作品是不会有的。"又说:"还提出'汉奸文学',这是用来对付不同派的人的,如对付我。你等待着看吧。"他还告诉冯雪峰:"我曾经几次被指为'汉奸',去年小报上又说我将要'投降南京'。现在,他们又说我'破坏国家大计','托派'……"

关于生活书店、《译文》,以及茅盾日渐疏远他的情况,他也都说了。他并不想到要冯雪峰为他做什么事情,他说起这些,仅仅出于一吐积悃的愿望而已。孤独是一种哲学。他不需要借助任何力量拯救自己,而且根本不相信存在这样的力量。

冯雪峰不愧为党的忠实的卫士。对于鲁迅,他一方面力图以党的政策立场影响他、改造他,使他符合党外布尔什维克的标准要求,符合某种规范;另方面又把鲁迅当作战斗的工具,武器,一种伟大的力量加以利用,以实现党的战略意图。在他返沪以后,鲁迅实际上成了统战的对象,同时又是统战的力量。当然,鲁迅始终没有忘记坚持自己,例如加入文艺家协会一事,就拒绝了冯雪峰的劝告。鉴于斗争情势的逼迫,他也不是没有过任何克制,迁就,或妥协的地方。如对茅盾、对郭沫若、对周扬,甚至关于"托派"一类时行的提法。但是,所有这些,并不意味着他可以放弃一贯的原则。无论是个人的人格,还是大众的利益,都不许蒙受损伤。

按照原定计划,冯雪峰很快同茅盾见了面。一个星期之内,他还会见了宋庆龄、沈钧儒,以及史沫特莱等人。关于上海文艺界,他了解到,茅盾的基本倾向接近周扬,而与胡风相对立。对于胡风,茅盾竟毫无掩饰内心的不满情绪,这是他所意想不到的。

最早见到的党员是周文,其次是王学文。大约过了二十天左右,冯雪峰请王学文约周扬见面,周扬拒绝了。周扬不相信他是从陕北来的,要他把证件拿出来,并且散布说他"假冒中央名义"、"钦差大臣"、"勾结胡风"、"假借鲁迅名义"等等。其实,冯雪峰遭到拒绝的真正原因,是他来到上海以后没有首先找周扬和"文委"的人,而先找了胡风,特别是没有同他们商量之前,就和胡风商量提出与"国防文学"口号相对立的"民族革命战争的大众文学"的口号,显然,周扬拒绝会见是对冯雪峰的抗议。

面对这样一个充满矛盾和纷争的文坛,应当如何动作呢?冯雪峰经过一段时间的调查和体验,心里颇感为难。

从个人情感上说,冯雪峰是偏于胡风而远离周扬的;从党性原则上说,周扬的确有着严重的宗派主义、关门主义和投降主义倾向。但是,"国防文学"的口号是有号召力的,事实上也已经产生了很大的影响。他们把它当作一面旗帜挥舞,容易投合人们的爱国热情,在"统一战线"的名义底下,可以网罗许许多多人物,包括左翼文坛的反对者。作为一种现象来看,又有谁说得清楚权力欲和革命性的区别呢?周扬长期担任左联的领导人,左联解散以后,他不但没有失去如鲁迅所说的"元帅"、工头、"总管"的位置,反而扩大了影响,而几乎覆盖了整个的上海文坛。局面已经形成。在与周扬为代表的错误倾向做斗争的同时,是必须注意维护党内的团结的。不要一下子就搞乱了。平衡斗争与团结是一门吃力的艺术。说到底,周扬还是同志。

从思想到行动,冯雪峰不可能成为一个独立的战士。他首先是属于党的,然后才是个人的。以同周扬斗争的全部情况来说,他既是新口号的制订者、论战的参与者,又是中间的调停人。而这,也正是他与鲁迅所表现的很不相同的地方。

胡风是在内山书店得知冯雪峰返沪的消息以后,主动到鲁迅家里看望他的。

征得冯雪峰的同意,鲁迅让许广平把胡风引到楼上。这时,他们正在静静地谈话,招待胡风坐下后,又继续说下去。

前几天,中央特科的吴奚如要胡风替军委向鲁迅要了三十元钱,然后把一个小纸卷给了胡风,算是收条。胡风把这收条交给鲁迅,鲁迅连看也不看,就把它放进烟灰缸里。

冯雪峰用谈闲天的口气谈长征情况,谈党内斗争,和毛泽东从中表现出来的出色的策略和顽强的性格。他说:"周先生的韧战精神,后继有人了……"

对于毛泽东,他是十分佩服而且友善的,并且力图以此感染和影响鲁迅。所以,才有了以鲁迅的名义赠送火腿,在他代鲁迅草拟的公开信,以至后来的鲁迅治丧委员会的名单上写上毛泽东的名字一类事情。从正统的马克思主义文学理论工作者到走过二万五千里路的革命实际工作者,他不能不为领袖的个人魅力所吸引。而对中国传统宗法社会的一切生成物,包括思想意识的透彻理解,他究竟缺乏一种更为宏放的超越的目光。

次日,胡风如约去看冯雪峰。话间,提到"国防文学"口号,冯雪峰觉得不大好,还说潘汉年也觉得不妥当,让胡风提一个口号试试看。胡风想了想,提出了"民族解放斗争的人民文学"。冯雪峰说,不如用党中央提的"民族革命战争","人民文学"则改作"大众文学"。胡风说,"大众文学"在日本是指类似中国鸳鸯蝴蝶派和武侠小说的,冯雪峰认为,以前有"大众语"、"文艺的大众化"的说法,有一定基础,加上在正确的意义上使用,是不至于引起误解的。

又过了一天,冯雪峰告诉胡风,口号确定为"民族革命战争的大众文学",周先生也同意了,要胡风写文章正式提出来,当晚,胡风翻阅了手头的有关材料,便以饱满的激情,写了《人民大众向文学要求什么》。

文章针对"国防文学"口号在政治原则上的阶级投降主义和在文学思想上的反现实主义,阐明"民族革命战争的大众文学"这个口号的现实的生活基础,以及反映在文学方面的新的美学基础。它着重提出,"民族革命战争的大众文学"应该说明劳苦大众的利益和民族利益的一致,说明在民族革命战争中谁是组织者,谁是克敌的主要力量,谁是自觉的或不自觉的民族奸细。文中强调作为反帝运动的最高形态的民族革命战争,以及以民族革命战争为统一主题的文学同人民大众生活的血缘关系。

胡风把文章送给冯雪峰,冯雪峰不作任何改动就交还了他,并说鲁迅也看过了,认为可以,要他找个地方登出。结果,他交给聂绀弩,转给《文学丛报》发表了。

徐懋庸以同样的题目,著文在《光明》予以反击。他责问在提新口号的同时,为什么只字不提"国防文学"口号,说:"这在胡风先生,是不是故意标新立异,要混淆大众的视听,分化整个新文艺运动的路线呢?"文章仍然是这样一种逻辑:我们的民族革命战争乃是国防战争,需要国防政府,所以文化工作也需发挥国防作用,文学之应为"国防文学",其理自明。

半个月以后,周扬同在《光明》发表《现阶段的文学》一文,对胡风作了同样的指责,说"如果不是一种有意的抹杀,就不可能不说是一个严重的基本认识的错误"。

胡风感到有责任再作一些解释,正当他试图撰文反驳时,被冯雪峰制止了。

冯雪峰说,沉默有时是最好的回答,一切由他调整处理,胡风服从了。冯雪峰担心把事情闹大,给"统战"工作带来不必要的阻力。其实,应当说,他是力避同周扬们发生正面冲突的。前些天,他曾通知胡风说已特准入党,并在组织上和他单线联系,但是后来又说党内难搞,让胡风留在党外。显然,他有他的难言之隐。

此前,徐行有文章批评"国防文学"口号。虽然文章强调斗争而否定联合,存在着如其他一些"彻底"论者的不切实际的缺陷,但是其对大有产者的揭露,和对穷苦大众的反帝力量的披示,无疑地给了"国防文学"口号以有力的针砭和补正。此刻,"国防文学"派的所有枪头,都从徐行那里掉转来对准胡风,和由他著文提出的"民族革命战争的大众文学"的口号。至此,正式揭开了中国现代文学史上一直烟腾雾罩的所谓"两个口号论争"的帷幕。

胡风是沉默了,但支持"民族革命战争的大众文学"口号的文章也都陆续在《夜莺》、《现实文学》、《文学丛报》上发表;《夜莺》还出了一期"民族革命战争的大众文学特辑"。徐懋庸和周扬的文章一发表,同类的文章也就纷纷出现在《文学界》、《光明》等刊物上面,以及于日本东京《质文》;《文学界》也出了"国防文学特辑"。比之对方,攻势愈加猛烈。

这时,冯雪峰觉得很棘手,甚至有些惶然。

当胡风的文章还未发表以前,文艺界便已经引起了有关新口号的各种议论,有说口号是陕北来人某某提出的,有说胡风提的口号是陕北来人批准的,有说是请示过鲁迅的,不一而足。"国防文学"派的文章有许多反对胡风的话,其中有不少是针对鲁迅的。这样,他,还有鲁迅,便同胡风的名字一起,被连带扭到两个口号的纷争里去了。

他的任务本来是搞统战工作的,结果是分裂和对立的情况更为严重。然而，撒手不管已不可能。作为调整手段，除了压胡风以外，就是通过王学文，或者茅盾，劝告周扬从根本上改变对鲁迅的态度，不要再散布说鲁迅"反对统一战线"之类的话。对于口号问题，也从原来的立场上退了一步，试图采取正确解释"国防文学"口号的办法，以期达到和新口号同样的目的，于是提出两个口号并存一说。最重要的是，借用鲁迅的威望，动员鲁迅正面发表拥护党的抗日民族统一战线的意见。无论如何，鲁迅的作用是无人可以替代的。

就在这个最需要旗手的时刻，鲁迅病倒了！

也恰好在这个时候，鲁迅收到一个署名"陈仲山"的来信，以及附寄的刊物。此前，不是有流言说他是"托派"么？如今"托派"果然找上门来了，可见影响之巨。他从来无党无派，十年前就明确反对许广平加入严密的政治团体，现在竟然有人拿什么组织的罗网来套他，怎么不叫他愤怒呢？

来信首先反对的是"斯大林党"、"莫斯科官僚"，其次是"中国康缪尼斯脱"，再就是联合战线这"背叛的'新政策'"。在苏联，大规模的清洗运动虽然没有开始，但是在显示着卓著的建设成就的同时，确也并存着不少制造冤案和死亡的事实。由于后者尚未成为足以威胁全社会的重要趋势，因此，在苏联仍然处于帝国主义的包围，包括为国民党政府所敌视的情况下，维护苏联的声誉仍然是每一个有良心的中国人的责任。对于苏共党内的派别斗争，鲁迅应当有所了解，不管他的留苏朋友对此做出怎样的反应，至少他的书账中就列有《论新反对派》的书目。但是，现在不是全面评价托洛茨基，"托派"，以及苏联党内斗争的时候，重要的是打破关于"托派"的流言的包围。他必须一边倒。斗争的情势不容许他有片刻的犹豫或耽搁。而到了需要公开表态的时候，他也决不会像一些聪明的理论家那样只说些不着边际或模棱两可的话。关于政党，他所重视的并非纸片上的纲领，而是政治实践中的表现。在中国，比较在朝的专制腐败的国民党，他只能选择在野的，至今仍在为人民大众的事业而流血奋斗的共产党。即使在实际生活中出现周扬一类共产党员的纠缠,也未致改变共产党在他心目中的整体形象。他在《"题未定"草(六至九)》中论及"党社",说是应当以"好人多还是坏人多"为判断根据,不会是无的放矢。对来信称共产党把战略重点从城市转向农村的政治军事路线为"军事投机",他是不以为然的。他不满意这种类乎诬陷的说法。为什么一定要仿照苏联十月革命的范式呢?他最了解中国,尤其是中国的现代统治者。虽然,"在农民基础上制造 Reds",将会在未来的历史上出现许许多多难以克服的弊端,但是,道路别无选择。而这些"中国的康缪尼斯脱",却的确是在踏踏实实地战斗着的。对于战斗的人们,还有什么可以指责的呢?如果说到民族的希望,希望不在这里在哪里呢?难道可以指望一个以屠杀同胞为惟一事业的政府,统领整个民族去抵御外侮?他们不是早就把自己的民族推向黑暗的深渊里去的吗?

关于战争,鲁迅曾经指出:"战争又的确是他们在指挥着,这指挥权是不肯让给别人的。"所谓"国防文学",其"国防"不也正是对他们的指挥权的确认吗?"昨夜的魔鬼,今朝的良朋",这样的"联合战线"不是他所能接受的。从前,他在《〈行路难〉按语》中写道:"要别人承认是人,总须在自己本国里先争得人格。否则,此后是洋人和军阀联合的吸吮,各处都将和香港一样,或更甚。"作为奴隶的一群,不但不去努力争得自己的基本人格、基本权利,反而出让这种权利!一个丢失了个体人格的国度,有什么可能赢得独立健全的"国格"?

然而,争取个体人格并不意味着对联合战线的否定。惟有联合战线的力量才有效地阻遏、抵抗政治当局的叛卖行径,有效地打击侵略者。重要的是,在联合的同时,必须确立它的主体和核心,不要由自己出卖自己。除了帝国主义及其走狗,谁也不会赞成取消联合战线的,为什么要如此嫉恨联合战线呢?

在接受《救亡情报》记者的采访时,鲁迅对于联合战线的态度,已经有了再明确不过的表达。他说:"民族危机到了现在这样的地步,联合战线这口号的提出,当然也是必要的,但我始终认为,在民族解放战争这条联合战线上,对于那些狭义的不正确的国民主义者,尤其是翻来覆去的投机主义者,却望他们能够改正他们的心思,因为所谓民族解放斗争,在战略的运用上讲,有岳飞文天祥式的,也有最正确的,最现代的。我们现在所应当采取的,究竟是前者,还是后者呢?这种地方,我们不能不特别重视。"所谓"最正确,最现代"的民族解放斗争,就是同社会解放斗争结合在一起的斗争,是人的解放的斗争。

基于这种思想,他同意提出"民族革命战争的大众文学"的口号。这里不仅仅是一个"领导权"问题,对他来说,作为一个文学运动的口号,就不但是几年来的普罗文学的合理的发展,而且应当是一定程度的由于前者的偏枯,以及其他原因而致濒临中断的以"人的文学"为标志的五四文学运动的启蒙精神的连续。他的思想深度,超越了具体的现实政治而到了无人追及的境界。即使冯雪峰,即使胡风,或者侧重于确立共产党的领导,或者侧重于反对国民党政府,都无法对这样一颗伟大的心灵做出全面透彻的理解。

某种程度的隔膜,误解,善意的利用,在他都可以想见的,可以接受的。最令他愤慨者,是有意的歪曲和无耻的诽谤,而且竟出于"同人"!现在,叫"陈仲山"的不就找上门了吗?"托派"居然把你引为同志,向你表示亲热,你有何话说呢?

一天下午,冯雪峰去看他。他见到冯雪峰进门,马上从床上竖起身来,探手到枕头底下取出"陈仲山"的信和随寄的几本刊物,递给冯雪峰说:"你看,真的来了!可恶不可恶!"

冯雪峰来前,便打算劝他就统战问题发表一个意见,这时正好碰上了机会,读罢信,随即鼓动说:"他们自己碰上来,就给他们一个迎头痛击吧!"

鲁迅说:"让你处理吧!"

冯雪峰回到自己的寓所,立即代鲁迅拟了一封回信。写好以后,便约了胡风夜里一道去见鲁迅。这时,鲁迅的病情很严重,静静地躺在床上不能动弹,听得冯雪峰念完以后,没有说什么,点点头算是表示同意。

他从中注重的只能是大的方面,实在无暇顾及任何细节了。

鲁迅的同意鼓励了冯雪峰,回去后又用鲁迅答问的形式拟了《论现在我们的文学运动》一文,试图总括鲁迅,实际上也是他所要求的关于两个口号的意见。其中说:

> 新的口号的提出,不能看作革命文学运动的停止,或者说"此路不通"了。所以,决非停止了历来的反法西斯主义,反对一切反动者的流血的斗争,而是将这斗争更深入、更扩大、更实际、更细微曲折,将斗争具体化到抗日反汉奸的斗争,将一切斗争汇合到抗日反汉奸斗争这总流里去。决非革命文学要放弃它的阶级的领导的责任,而是将它的责任更加重,更放大,重到和大到要使全民族,不分阶级和党派,一致去对外。这个民族的立场,才真是阶级立场。

第二天夜晚,冯雪峰带上稿子,又约了胡风一道去见鲁迅,念给鲁迅听。鲁迅依然没有说话,只略略点了点头。

关于口号,本来他无须再说什么。提口号发指示一类本不是他要做的事情。他从来不把自己看做是运动的领袖。他重视的是实做,何况对此早就表示过自己的态度。但是,既然冯雪峰出于工作的需要,认为有必要由他再声明几句,那么就再说一回吧。文稿说"民族革命战争的大众文学"是一个总的口号,"国防文学"是随机性的具体的口号,又说两个口号并存是无碍的、有益的。这种表述符合他一贯的开放态度。左联解散了,虽或说新口号可以算作它的灵魂而存在,然而,这灵魂是只能以自身的强壮吸引和改变异己者,而不是排斥异己者的。他重视实质性的问题,可是又并不主张把所有作家"统一"到一个口号之下,尤其是文学思想,那是无法以同一个模式来规限的。无论批评或创作,文学应当有着非常宽广的道路。对于冯雪峰来说,从原来提出新口号以代替旧口号,到主张两个口号并存,则多少融合了协调文艺界关系这样一种实际的考虑。他们在步调一致的情况下,反映了十分微妙的差异。又如对周扬的批评,鲁迅始终没有放过人格方面的审视,正如当年批评"创造脸"一样,而冯雪峰则完全出于党内的思想原则的斗争。

两篇文章都署名O.V笔录,故意使人猜想是胡风的笔名谷非的头字,免得怀疑到是冯雪峰自己。看来,他现在每走一步都颇费苦心。

文章在创刊的《现实文学》中同时刊登了出来。为了扩大影响,冯雪峰还送到周扬等领导的《光明》半月刊去,但是被拒绝刊登。后来,他找了茅盾,又请托茅盾把文章转给周扬、徐懋庸主持的《文学界》。结果,《文学界》只登了其中的一篇,即《论现在我们的文学运动》,排在后面一个很不显眼的位置。但是,跟着排了茅盾以致编者信的形式写成的对于此文的解释,再就是编者写的《附记》,说明编者实际上仍然是重视它的。

茅盾假借胡风的文章引起青年方面的疑问和不安这一情况,努力表明胡风的"缺陷与错误"。他提出一个简直无懈可击的观点,说"口号本身并不是万能的,口号的力量,在于给它的解释者如何以及它的正确的运用",实际上是要保持"国防文学"口号已经占得的地盘。

《文学界》的编者按走得更远。它一再指责新口号的提倡者对"国防文学"口号采取无视的态度,还说新口号的理论基础是错误的,大背"统一战线"的原则。编者利用鲁迅的名字作为招牌,却以摘句的办法歪曲了鲁迅的基本意向。如果说,茅盾的文章以拥护两个口号并存的方式肯定"国防文学"口号,那么编者按则以"阶段的特殊的现实"推翻并存说,维护"国防文学"口号的正统地位。

鲁迅的文章发表以后,赞成的文章并不多,而宣扬"国防文学"口号,反对"民族革命战争的大众文学"口号的文章却连篇累牍,有增无减。

上海是两个口号论争的漩涡中心,但是波及的范围很广,远至日本东京,也都引起过不小的骚动。

东京左联支部建立于1933年秋冬之际,由魏猛克、陈辛人、欧阳凡海、黄新波、林焕平等流亡青年逐步组成,长期以来,一直被置于周扬的领导和影响之下。1935年7月,任白戈就是受命到日本领导东京支部的。在一个短时间内,还仿照上海方面的机构模式成立了文总,把左联、社联、剧联、学联等工作一并统了起来。

左联相当活跃,经常举办文艺座谈会和各种活动,先后出版的刊物有《东流》、《杂文》、《质文》等。大革命失败后亡命日本的郭沫若,成了左联盟员和留学生群的精神领袖,他住在千叶,不时出席左联的聚会,指导工作,甚至修改文章。刊物约他写稿,丛书要他作序,是从来没有被拒绝的。

几乎与鲁迅发表《答托洛斯基派的信》和《论现在我们的文学运动》两文的同时,郭沫若在上海《文学丛报》和《文学界》分别发表了《在国防的旗帜下》和《国防·污池·炼狱》。其实前者是后者的初稿,是作者认为有必要改变笔调而"流产了的东西",基本精神是一致的。

在文中,他把"爱国"分为两种,凡帝国主义国家的国民,其主张"爱国",所爱的自然是帝国主义的国,可称为污池式的爱国主义者;而生在被帝国主义侵略的国家,大家觉醒起来要认真地爱国,那么所当取的必然是反帝国主义的行动,是炼狱式的爱国主义者。在中国,除了像"国家主义者"等替"强权"做内应工作的"国贼"以外,都可以看做是炼狱式的爱国主义者的。所谓"国防",是由救亡运动,即积极的反帝运动的大联合,而目前文艺界树起的"国防文学"的旗帜,得到多数派的赞成,正是广大的统一战线,它的出现,是体现了时代的要求的。因此,他建议把"国防文学"进一步扩张为"国防文艺"以期团结更多的文艺家,他认为,"国防文艺"应该是作家关系间的标帜,而不是作品原则上的标帜。关于文艺创作,他反对一色的涂抹而主张多样的统一,表现了一个富有创作经验的诗人的识见。但是,以"国防文艺"的口号统一作家,毕竟为宗派主义留下了可容隐匿的洞穴。实际上,他在文章中也都流露了这样的倾向,把怀疑和反对"国防文艺"口号说成是"对于统一战线不肯积极地参加",是一种带白手套革命的"洁癖"。所以,他最后颇带挑战意味地说:"前进的主义不是跨在云端里唱出的高调,不是叫人洁身自好地在亭子间里做左派神仙。请大家把'白色的手套'脱下吧。"

"左派神仙"当是有所指的。恰巧,在三年前的一封"假名夹杂着真名",其中有"郭冰若"者攻击鲁迅的公开信里,就曾经出现过"戴白手套的革命论"之说。

稍后,郭沫若又以答记者问的形式在《东方文艺》表示了对于国防文学的意见。

在答问中,他明确地表明自己的立场,是"站在国防文学旗帜下边的"。其实,周扬等在正式提出"国防文学"口号时就已征得了他的同意。他说,因为在政治方面,早就有国防政府的提倡,文学界的人,又以国防作为联合战线的标帜,所以得到多数派的同意是当然的。他批评了对国防文学的不信任态度,特别严厉指出:"更有一部分人,标新立异地提出了什么'民族革命战争的大众文学'这个口号来和国防文学对抗。这些都很明白的是错误的理论和举动。"

这时,周扬找人写信给东京支部,要他们对"国防文学"口号表态。魏猛克和任白戈去找郭沫若商量,决定召开一个座谈会。会上,大家的发言一致支持"国防文学"口号。郭沫若亲自把会议记录编成专辑,名为《国防文学集谈》。

在这篇"集体论文"中,要点也无非辩护"国防文学"口号,以及批判"民族革命战争的大众文学"口号的扰乱和破坏统一战线的错误。比起论战的其他文章,不见得有什么特别的地方。其中,郭沫若的意见是值得注意的。他以插科打诨的态度,嘲笑了据说是由什么"理论家"编出来的口号——"民族革命战争的大众文学",高度评价"国防文学"口号对巩固统一战线的作用。话间,他还把夏衍的《赛金花》和洪深等的《走私》两个剧本看做是国防文学的重要建树。当与会者一致指责胡风的时候,他惟一的一个批评了鲁迅,说:"鲁迅先生把国防文学分为岳飞式与非岳飞式而立在后者的立场,我看这里有点语病的。我们应该分为'真岳飞式'与'假岳飞式'。真正的岳飞我们是应该欢迎的。"应当说,他所批评的并不仅仅是所谓的"语病"问题。在这里,"岳飞"是一个符号,是某种意识的代表。对"岳飞"的欢迎与否,表现为民族救亡中的两种不同的思想倾向。在郭沫若的发言之后,林林附和说:"郭先生所说的岳飞和鲁迅先生所说的岳飞不同,我们欢迎郭先生所说的岳飞!"

这不是没有根由的。在此以前,"国防文学"派还曾召开过几次大型的座谈会,讨论"国防文学"问题,《赛金花》的评价问题等。以集团行动的方式,人为地强化某种理论的优势,实为四五十年代以后文艺批判运动的滥觞。这时,为郭沫若在会上所推崇的《走私》,也是最初的集团创作。

集团势力是可利用的。以政治手段推行文艺运动,是一大发明。

茅盾读到郭沫若的《国防·污池·炼狱》,其时正在病中。他觉得文章对"国防文学"的解释很有见地,于是引发了他的思路,认真比较了两个口号的不同:"国防文学"是文艺家抗日统一战线的口号,是作家关系间的标帜,而"民族革命战争的大众文学"则是对左翼作家说的,是左翼作家的创作口号。

其实,对于两个口号的实质性的区别,茅盾仍然缺乏透彻的理解,也就是说,他至今还没有从根本上改变最初作为"国防文学"口号的拥护者的立场。

冯雪峰探看他时,对他说,读过一些论战的文章,总的印象是周扬他们没有要停止论争的样子,对鲁迅和他的意见并不尊重。又说,他们反对两个口号并存,是排斥不同意见、"只此一家"的宗派主义。他说,胡风他们有宗派主义,而周扬他们又以宗派主义回敬。冯雪峰说,目前要害是周扬他们的宗派主义。

说到对两个口号的解释,茅盾表示了自己的看法,认为把"国防文学"看做创作口号是欠妥当的,有关门主义和宗派主义的危险。冯雪峰听了,建议他写一篇文章把这个观点提出来。

文章由茅盾夫人孔德沚的弟弟孔另境草拟了初稿,标题定为《关于引起纠纷的两个口号》。初稿基本上把茅盾的意见写进去了,只是对周扬的批评严厉了一些,而且还点了徐懋庸的名。茅盾觉得不妥,在草稿上作了修改,加重了对胡风的批评,删掉了对徐懋庸宗派主义的批评,对周扬则着重指出他把"国防文学"作为创作口号的危害性。此外,文章还表示,希望善于"内战"的朋友即速停止"内战"。

文章由徐懋庸在《文学界》登了出来,但是,紧排在本文后面的便是周扬的反驳文章:《与茅盾先生论国防文学的口号》。原来编者把原稿先送了周扬审阅,所以文章还未发表,反驳的文章就已经写好了。这种"内定"的作法,也未尝不可以看做是一种发明。

周扬全盘否定了茅盾提出的观点,坚持"国防文学"口号既是作家关系间的标帜,又是创作活动的指标。他反对在"国防文学"口号之外另提别的口号,自外于文学上的统一战线的运动。他是始终不忘把"国防文学"同"统一战线"联系在一起的。他批评茅盾滥用了宗派主义、关门主义等等的名词,对于茅盾在文中阐述的在抗日旗帜下联合起来的作家在创作上需要更大自由的观点,也同时给予驳斥,并引用高尔基的话说:"创作的自由不是没有限度的,绝对的创作自由的说法是有害的幻想。"

周扬的文章和《文学界》编者做的手脚,使茅盾十分恼火。本来,他是站周扬一边的,即今的对于两个口号的解释,也不过对"国防文学"口号的一次小小的修正和补充罢了。他根本想不到周扬会如此拒绝他的意见,而且,如此地急于反驳!

这时,冯雪峰又上门做争取工作来了。冯雪峰对茅盾说,你主张对他缓和,现在该有了教训了。目前阻碍文艺界团结的是周扬,是他的宗派主义和关门主义。胡风是错误,但我批评了他,他就不写文章了;而周扬,谁的话都不听,自以为百分之百的正确。于是,建议茅盾再写一篇文章,把主要问题放在周扬的宗派主义和关门主义上面,集中予以反击。

茅盾同意了。

这回的题目叫《再说几句——关于目前文学运动的两个问题》。文章送到《生活星期刊》时,正当鲁迅的答徐懋庸的公开信在《作家》上发表而引起轰动的时候。邹韬奋婉转陈词,建议茅盾不要发表,还劝告说是以不介入文艺界的纠纷为好,茅盾坚持发表,说周扬连调解人都打了,是非答复几句不可的。

文章发表后,周扬再没有回答。在周扬看来,茅盾是出卖他的人,因此特别忿恨。一天,他同苏灵扬、周立波、沙汀等四人一起拿了棍子,要到茅盾家里去揍茅盾一顿,恰好被夏衍遇见,当场阻止了。也许,周扬最终觉得棍子和文章都不见得奏效,所以才放弃了的。

120　万言长文《答徐懋庸并关于抗日统一战线问题》

树欲静而风不止。

在《答托洛斯基派的信》和《论现在我们的文学运动》发表后,鲁迅以为文章总算较为清楚地解释了"民族革命战争的大众文学"口号,多少澄清了一点容易引起混乱的思想理论上的问题,对于类似"托派"、"破坏统一战线"等横加于自己的罪名,也都因此一并有了辩诬的机会,应当可以有安静一些的时候了,想不到英雄们不但没有退隐,反倒更为神气,雄赳赳地打上门来。

是徐懋庸的一封信:

> 在目前,我总觉得先生最近半年来的言行,是无意地助长着恶劣的倾向的。以胡风的性情之诈,以黄源的行为之谄,先生都没有细察,永远被他们据为私有,眩惑群众,若偶像然,于是从他们的野心出发的分离运动,遂一发而不可收拾矣。胡风他们的行动,显然是出于私心的,极端的宗派运动,他们的理论,前后矛盾,错误百出。即如"民族革命战争的大众文学"这口号,起初原是胡风提出来用以和"国防文学"对立的,后来说一个总的,一个是附属的,后来又说一个是左翼文学发展到现阶段的口号,如此摇摇荡荡,即先生亦不能替他们圆其说。对于他们的言行,打击本极易,但徒以有先生作着他们的盾牌,人谁不爱先生,所以在实际解决和文字斗争上都感到绝大的困难。

我很知道先生的本意,先生是唯恐参加统一战线的左翼朋友,放弃原来的立场,而看到胡风们在样子上尚左得可爱,所以赞同了他们的。但我要告诉先生,这是先生对于现在的基本的政策没有了解之故。现在的统一战线——中国的和全世界的都一样——固然是以普洛为主体的,但其成为主体,并不由于它的名义,它的特殊地位和历史,而是由于它的把握现实的正确和斗争能力的巨大。所以在客观上,普洛之为全体,是当然的。但在主观上,普洛不应该挂起明显的徽章,不以工作,只以特殊的资格去要求领导权,以至吓跑别的阶层的战友。所以,在目前的时候,到联合战线中提出左翼的口号来,是错误的,是危害联合战线的。所以先生最近发表的《病中答客问》,既说明"民族革命战争的大众文学",是普洛文学到现在的一发展,又说这应该作为统一战线的总口号,这是不对的。

再说参加"文艺家协会"的"战友",未必个个右倾堕落,如先生所疑虑者;况集合在先生的左右的"战友",既然包括巴金和黄源之流,难道先生以为凡参加"文艺家协会"的人们,竟个个不如巴金和黄源么?我从报章杂志上,知道法西两国"安那其"之反动,破坏联合战线,无异于托派,中国的"安那其"的行为,则更卑劣。黄源是一个根本没有思想,只靠捧名流为生的东西。从前他奔走于傅郑门下之时,一副诣佞之相,固不异于今日之对先生效忠致敬。先生可与此辈为伍,而不屑与多数人合作,此理我实不解。

我觉得不看事而只看人,是最近半年来先生的错误的根由。先生的看人又看得不准。譬如,我个人,诚然是有许多缺点的,但先生却把我写字糊涂这一层当作大缺点,我觉得实在好笑。(我为什么故意要把"邱韵铎"三字,写成像"郑振铎"的样子呢?难道"郑振铎"是先生所喜欢的人么?)为此小故,遽拒一个人于千里之外,我实以为不对。

我今天就要离沪,行色匆匆,不能多写了,也许已经写得太多。以上所说,并非存心攻击先生,实在很希望先生仔细想一想各种事情。

真是骄横恣肆,达于极点!

信中虽然攻击的是巴金、黄源、胡风几个人,其实是向没有加入"文艺家协会"的人们挑战,不放过任何异己者。写信的虽然是徐懋庸一人,背后却是一伙。他们何尝维护什么统一战线?白天里讲的冠冕堂皇,暗夜里做的又是一些离间、挑拨、分裂的勾当,有左联的时候如此,现在仍然如此!忍耐了这么久,早就想做一篇文章,写它几万字,把历来所受的闷气都说出来,或也可以算是留给将来的一点遗产。然而,都因为找不到合适的机会,一直拖了下来。而今,箭在弦上,是不得不发的了!

就在鲁迅收信的当天,冯雪峰来看他。他余怒未息,一边把信递给冯雪峰,一边说:"真的打上门来了!他们明明知道我有病,这不是挑战是什么呢?过一两天我来答复!"

冯雪峰觉得,这是公开批评周扬和解决两个口号纷争的一个很好的机会,是非答复不可的;但是,看鲁迅的身体远没有恢复健康,又因为六月间曾以"O.V"笔录的形式,代他草拟过两篇文章,还算符合他的意思,看完信后便说:"还是由我按照先生的意思去起一个稿子吧。"

"不要了,你已经给我替过两次枪了。这回,我可以自己动手。"

临走时,冯雪峰仍然向鲁迅要了徐懋庸的信,说:"让我带去再看看。"回到住处,当晚就动笔起草了一篇公开信模样的文章,用意是给鲁迅做个参考。如果可用,他想就这么发出去,省得让一个病人再耗费心思,而且也免得拖时间。

鲁迅看了拟稿以后,平静地说:"可以的,但我要重新写过。"隔了一会,又补充说:"前面部分都可用,后面部分,有些事情你不清楚,我来弄吧。"

过了二三天,冯雪峰再到他家里来时,稿子已经由许广平誊抄出来了。拟稿几乎全被红笔勾画过,还有整整四页,是他用毛笔在白宣纸上加写的。

全文的题目是:《答徐懋庸并关于抗日统一战线问题》。

前面部分基本上是冯雪峰代拟的,说的是鲁迅对于抗日统一战线和文艺界统一战线的态度,以及和"民族革命战争的大众文学"口号的关系。其中说这个口号是鲁迅提的,是冯雪峰有意借鲁迅的威望,以图缓和空气,停止国防文学派的攻击。鲁迅接受了这个要求,关于两个口号的解释,即使有些地方与本人的原意不大切合,鲁迅也没有作什么改动,只要在大的方向上没有太大的出入,就无须字斟句酌,尽可以让它在实践中加以修正和完善。

统一战线问题。文章说:文艺家在抗日问题上的联合是无条件的,只要他不是汉奸,愿意或赞成抗日,则无论叫哥哥妹妹,之乎者也,或鸳鸯蝴蝶都无妨。但在文学问题上我们仍可以互相批判。应当说:作家在"抗日"的旗帜,或者在"国防"的旗帜之下联合起来;不能说:作家在"国防文学"的口号下联合起来。文章对各种不同派别的文艺家表现得相当宽容,但是对动辄加入以"破坏统一战线"罪名的"指导家",则是十分的严厉。文章说:"据我的经验,那种表面上扮着'革命'的面孔,而轻易诬陷别人为'内奸',为'反革命',为'托派',以至为'汉奸'者,大半不是正路人;因为他们巧妙地格杀革命的民族的力量,不顾革命的大众的利益,而只借革命以营私,老实说,我甚至怀疑过他们是否系敌人所派遣。"

两个口号问题。文章认为,问题不在口号由谁提出,只在它有没有错误。"民族革命战争的大众文学",是为了推动左翼作家奔赴抗日的民族革命战争的前线,为了补救"国防文学"这名词本身的在文学思想的意义上的不明了性,以及纠正一些注进"国防文学"这名词里去的不正确的意见而提出来的。这名词在本身上,比"国防文学"的意义更明确,更深刻,更有内容。文中特别驳斥了"标新立异"的说法,说:"拒绝友军之生力的,暗暗的谋杀抗日的力量的,是你们自己的这种比'白衣秀士'王伦还要狭小的气魄。我以为在抗日战线上是任何抗日力量都应当欢迎的,同时在文学上也应当容许各人提出新的意见来讨论,'标新立异'也并不可怕。"

为了有效地孤立和反击周扬、徐懋庸等人，冯雪峰在拟稿中对茅盾和郭沫若有意做出让步和妥协的姿态。

文中有几处提到郭沫若，并且引用了他的话，其实不是不可以省略的，郭沫若明显地属于国防文学派，但是只要有那么一点意见，或几句说话是可取的，就立即加以利用。说提出"民族革命战争的大众文学"口号一事曾经同茅盾商计过，算是冯雪峰撒了一个小小的谎。为了表明新口号在文艺界中的代表性，同时也为了表明鲁迅一向愿意同茅盾合作的态度，冯雪峰在拟稿之前和茅盾商量，要求同意有这样一个事实。既然冯雪峰以共产党和他个人的名义要求他，他也就同意了。此外，质问《红楼梦》、《子夜》、《阿Q正传》是"国防文学"或"汉奸文学"，也的确是很牵强的。这里以几部名作并提，无非为了提高《子夜》的声价，以换取茅盾的好感，争取他对参加议决新口号一事的确认，和在实际行动中对新口号予以进一步的支持。

如果说拟稿的前面部分在于政策和口号的理论分析，倾向于理性的冷静，那么后面增写的部分则主要从事人格批判，充满着搏战的激情。

增写的部分是从这里开始的：

> 去年的有一天，一位名人约我谈话了，到得那里，却见驶来了一辆汽车，从中跳出四条汉子：田汉，周起应，还有另两个，一律洋服，态度轩昂，说是特来通知我：胡风乃是内奸，官方派来的。我问凭据，则说是得自转向以后的穆木天口中。转向者的言谈，到左联就奉为圣旨，这真使我口呆目瞪。再经几度问答之后，我的回答是：证据薄弱之极，我不相信！当时自然不欢而散，但后来也不再听说胡风是"内奸"了。然而奇怪，此后的小报，每当攻击胡风时，便往往不免拉上我，或由我而涉及胡风……

从此，在"章士钊"、"陈西滢"、"创造脸"之后，又多出了一个新名词："四条汉子"。

在交代和胡风、巴金、黄源诸人的关系时，鲁迅更多地说到胡风，从而证明"田汉周起应们"的发昏、说谎、诬陷、造谣，如何的"左得可怕"。

其中,"我倒明白了胡风鲠直,易于招怨,是可接近的"这样一句近于定评的话,是原稿没有,后来加上去的。他严正声明说:"不能提出真凭实据,而任意诬我的朋友为'内奸',为'卑劣'者,我是要加以辩正的,这不仅是我交友的道义,也是看人看事的结果。"友情之于他,其神圣并不亚于信仰。正由于过分地看重友情,所以才不惮于"同人"的背叛,"朋友"的反目,而至于珍爱孤独。

文章几次提到上海的一份小报《社会日报》。它任意诬陷鲁迅和鲁迅的朋友如胡风、巴金、周文等,到底是出于什么原因呢?鲁迅在年初有信给茅盾说:"我已连看了两个月,未曾发见过对于周扬之流的一句坏话,大约总有'社会关系'的。"这种关系无非是宗派关系,因宗派性活动而成文中所说的"天罗地网"。

宗派主义与权力的结合是十分可怕的。由于领导者的运动,于是才有了大布围剿阵的"群仙",或是纠集在大纛之下的"群魔"。鲁迅多次在信中作过类似的表示:"有些手执皮鞭,乱打苦工的背脊,自以为在革命的大人物,我深恶之,他其实是取了工头的立场而已。"在这篇公开信里,他丝毫也不掩饰对于周扬和徐懋庸的憎恶。所称无论是"文坛皇帝"、"奴隶总管",或是别的什么名目,都无非说明他们实际上在维持某种旧式威权,不但于革命毫不相干,相反是可以将革命扼杀的。

他的憎恶是有道理的。在原稿的"周起应之类的青年"那里,他多加了一个"轻易诬人"的限制词。最后一段,在说到徐懋庸时,也加重了严厉的语气。"否则"之下,原稿为"只一味的这样卑劣下去,就毫无救药,这样的青年于中国毫无用处的",终于改定为"抓到一面旗帜,就自以为出人头地,摆出奴隶总管的架子,以鸣鞭为惟一的业绩——是无药可医,于中国也不但毫无用处,而且还是有害的。"但是,在批评的同时,也可看出鲁迅为人宽厚的地方。譬如原来"周起应如果肯好好认识自己的错误,仍无妨碍他将来成为一个革命者的"一句,改成"自然周起应也许有他的优点,也许后来不复如此,仍将成为一个真的革命者",便透露了内心对于青年的希望,虽然两个"也许"的使用,同时也强调了一种不信任感。至于徐懋庸,文中也把他同用谣言来分散文艺界的力量,近于"内奸"行为的"破落文学家"区别开来,说他"还没有坠入最末的道路",虽然"已经胡涂得可观"。

严厉也好,宽容也好,当鲁迅从事批评的时候,他所关注的就不只限于目前中国文坛的病象,中国的未来是他所忧患的。青年就是未来。如果今日的青年可以在这样的大题目之下,罗织人罪,戏弄威权,从修身上来打击异己者乃至采取"实际解决"的行动,那么一旦放大了"领导权",将会出现一个怎样的局面呢?多年以前说的"阿Q党",岂非不幸而言中了吗?

最使他无法忍受的就是专制和奴役。他知道,在中国,"朕"即天下的皇权思想是如何的深厚广大,源远流长。所以,他在指出无凭无据,即加给对方一个很坏的恶名这种在中国近来已经视为平常的恶劣倾向以后,特别强调说:"首先应该扫荡的,倒是拉大旗作虎皮,包着自己,去吓呼别人,小不如意,就倚势(!)定人罪名,而且重得可怕的横暴者。"所谓革命,就是人的解放运动。解放别人,也解放自己。如果在革命的队伍中复又产生新的"横暴",就必须以新的革命手段把他除掉!人不是生而为奴隶的,自然也不是生而为"奴隶总管"的。人应当是,而且也只能是自己的主人!

这篇答徐懋庸的公开信,已经远远超出了个人问题,也超出了文艺问题。它是关于抗日统一战线和文艺统一战线的个人宣言,是对于被诬枉的有为的青年的辩护词,是投向左得可怕的横暴者的挑战书。

它一经发表,便被称为"万言长文",立刻在上海、北平、东京文化界引起强大的反响……

这时,茅盾给郭沫若寄去一封信,希望他在两个口号的论争中能与鲁迅的步调保持一致,正确地引导青年,使论争早日结束。郭沫若没有回信。他不但没有接受茅盾的意见,反而写了一篇颇长的文章,明确地把矛头从胡风那里引向鲁迅。

文章在9月10日《文学界》1卷4号刊登了出来,题为《蒐苗的检阅》。全文充满反语,把鲁迅提出"民族革命战争的大众文学"的口号,称作调遣大家作"现代的模拟战","把自己人认成为假想敌",是有意挑起"文艺家的内战"。文中假借某些"朋友"对公开信的所谓"家丑外扬"、"使仇者称快"的评语,表明影响的严重性,从而要求撤回新口号!

郭沫若一再表示说,新口号的提出在手续上不完备,在意识上欠明确,是不大妥当而且没有必要的,不仅是"标新立异"而已。它的出现,使文学界起了一种类似离析战线的纠纷。他认为,鲁迅对两个口号的解释是"不正确"的,"不大妥当"的,因而"青出于蓝"的茅盾从那儿出发,为安置两个口号的苦心也是空费了的。两个口号的对立之所以使人们感到棘手,都因为鲁迅的存在。因此,为了消除这种对立状态,只好由鲁迅主动撤回一法。这就是文中所说的问题的"明朗化"。他引用鲁迅公开信中的"问题不在争口号,而在实做","为着同一的目标,决不日夜记着个人的恩怨"等语,进逼一步,说:"我据这些语句来推想鲁迅先生的意思,大约是在这场纠纷上,要叫胡风诸君委曲一下,让'国防文学'这个口号继续着它的顺当的进展,而从此愈加'实做'起来。假使我这个揣测是不错,我是极端赞成的,我想茅盾先生也不会有甚么不同意。"又说:"以那样见解,态度鲜明的鲁迅先生,我相信他决不会一意孤行到底,以不正确不正当的口号来强迫青年来奉行。"又说:"像这样明达事理时常为大局着想的我们的鲁迅茅盾两先生岂肯在大家得到了明白的解决之后,一定要为争执一个口号使纠纷纠纷到底吗?……"

此外,文中还曲解了鲁迅关于文艺家在抗日问题上的无条件联合的观点,以及茅盾关于"创作自由"的口号的阐释,不指名地攻击他们当人们"焦头烂额地从事着救亡的时候",为佳人才子和鸳鸯蝴蝶派文学争"特权",使之产生消极作用和负面效果。对公开信中提到的悔过转向的问题,也都有着别有意义的申说。他反对"把敌人的武器当成武器"。

这样的文字,是只有郭沫若能写的。直至现在,应当说,他仍然没有能够摆脱原来的"才子"气和"流氓"性。9月下旬,《今代文艺》以醒目的标题登出他的《戏论鲁迅茅盾联》:"鲁迅将徐懋庸格杀勿论,弄得怨声载道;茅盾向周起应请求自由,未免呼吁失门。"更为明显地反映了他的认识和心态。

茅盾不敢正视郭沫若的挑战,反而认为:"郭沫若先生的《蒐苗的检阅》是'澄清'空气的一大助力。"在《谈最近的文坛现象》一文中,他居然把郭沫若文内的称鲁迅"态度很鲜明,见解也很正确"一类反语当作正面的论点加以引证,虽然在文章的结尾,仍然坚持了他后来的意见,即两个口号并存说。

冯雪峰对茅盾的争取工作是有一定成效的,茅盾在两个口号论争中的立场的偏移,多少增加了"民族革命战争的大众文学"口号的影响力。然而,这样一来,也就造成了他在文学界中的尴尬地位。他本来是"文艺家协会"的中心人物,而周扬们的系列行动,在鲁迅、巴金等人看来是意在向协会以外的人们挑战的。因此,他势必要失去原来的大批簇拥在周围的人们。而当他倾向于新口号之后,又与胡风等不相融洽。处在宗派主义阴沟四布的地带,这个一贯精明而谨慎的人,便不能不考虑人际关系的平衡,以防失足落水。

但是,在东京,一个统一的团体开始分化了。

"龟裂"的现象不是产生在新口号提出之后,而是在郭沫若建议撤消的时候,这也是颇带戏剧性的。东京支盟分成两派,魏猛克、陈辛人等表示赞成新口号。就是这个魏猛克,曾经撰文嘲笑鲁迅从"坟"里爬出来欢迎萧伯纳,还曾画过一张《鲁迅与高尔基》的漫画,把高尔基画得很高大,鲁迅画得很矮小,意在讽刺关于鲁迅是中国的高尔基的说法。不过,后来总算彼此消除了隔膜。鲁迅的人格是具有感召力的。

随着形势的变化,文学队伍的变化,随着《文艺界同人为团结御侮与言论自由宣言》的发表,以及后来的鲁迅逝世等重大事件的发生,两个口号的论争也就渐渐地自行消失了。

徐懋庸在乡下看到朋友寄来的载有鲁迅长文的《作家》,心里很不服气。回到上海以后,又遭到周扬、夏衍和从前左联常委会的几个人的批评,陷入了里外夹击的境地。

周扬他们认为徐懋庸给鲁迅写信惹了大祸,于是批评说是"个人行动"、"无组织无纪律"、"破坏"了他们"同鲁迅的团结",等等。使徐懋庸不满的是,他们自己却毫无检讨之意。况且,说是"个人行动"也不全是事实,信里的基本内容,还是批评者经常议论到的,只是由他捅了出去而已。对于左联的解散,他原来是不同意的,然而既然解散了,又还有什么"组织"和"纪律"可言呢?说起同鲁迅的"团结",还好意思说出口吗?这几年与鲁迅方面的联系工作,还不是靠他去做的吗?还有,鲁迅在文章里所揭露的事情,绝大部分是他们所干而他竟不知道的,现在居然要他一个人负起责任来了!

徐懋庸极力争辩,但是没有结果。

他既感委屈,又不免愠怒。过了些时候,他又开始采取"个人行动",把一封已经写好的公开信,叫《还答鲁迅先生》,交《今代文艺》发表。

在信中,他指责鲁迅不应公布私信,说藉此引起多人的恶感相威胁,是一种"恶劣的拳经"。鲁迅因替胡风辩护而尽情暴露左联内部的人事,形迹近于"告密";尤"糊涂得可观"者,是对于周扬等人的公开批评,"株连","诬及"他以外的"他们",是有违极通常的情理的。他在信中坚持了对胡风、巴金、黄源等人的看法,还称胡风为"鲁府的'奴隶总管'",继续进行攻击。此外,还引了鲁迅的话打击鲁迅,说所谓"信口胡说,含血喷人,横暴恣肆,达于极点"者,正是鲁迅自己的行为,鲁迅是企图通过他而打击大批的青年的。最后,他以反语写道:"为鲁迅先生的'威严'计,我是宁愿发现一切真是如他所说的那样的。不过如果真是那样,则足见两间之正气,一贯的真理,实为鲁迅先生独占得太多,而青年们分有的太少,这在鲁迅先生,当然是光荣的,但对于中国,恐怕也是'不但毫无用处,而且还有害处的'罢!"

发表前,徐懋庸曾经给周扬等人看过,他们不让发表,怕惹出更大的乱子。但是,他毫不理会这个"集体"的意见。他豁出去了。

自鲁迅的公开信发表以后,周扬在文艺界中的地位大不如前,要像先前一样开展工作并非易事。还有一个很重要的情况,就是组织上人事上的变动。7月底,共产党中央决定成立上海办事处,潘汉年为主任,冯雪峰为副主任。这时,冯雪峰可以名正言顺地管文艺界的事情。他有过一个想法,就是改组或撤消原来的文委,停止周扬对文艺界的领导工作。虽然,计划没有最后实行,但是其中的矛盾和压力,周扬不会感受不到的。9月20日,《作家》就曾发表过冯雪峰化名吕克玉的《对于文学运动几个问题的意见》一文,对周扬等的宗派主义、关门主义以及理论上的机械论观点,给予了原则上的批评。其中,称周扬等为亭子间里的"土皇帝",希望他革除动不动称对手为"反革命",为"汉奸",为什么派的恶习,"虚心点,不再胡闹",都是很严厉的警告。

鲁迅逝世后,文艺界曾经成立过一个临时核心组织,周扬没有参加。卢沟桥事变后,他便从上海到南京,经南京办事处到延安去了。

郭沫若在《蒐苗的检阅》里,指责"民族革命战争的大众文学"口号的提出,违反了"对内的纪律"。原来"国防文学"派的人,用鲁迅的话来说就是"徐派",也有认为鲁迅在公开信中是用了对敌人的讥笑怒骂的态度,对待自己同一战线的人的。于是,《社会日报》闹哄哄地接连发表《鲁老头子笔尖儿横扫五千人,但可惜还不能自圆其说》、《读鲁迅先生关于统一战线问题应向徐懋庸先生辩白的几句话》、《梅雨以大义责鲁迅》之类的文章,对鲁迅施以攻击。显然,这是称鲁迅为"托派"、"破坏联合战线"等流言的一脉余波。

鲁迅憎恶那些动辄以维护"联合战线",捍卫"民族利益"的名义,绞杀个人正当权利的行为,正如当年憎恶那些麇集在"正义"、"公理"的旗子底下,参与镇压学生运动的正人君子者流一样。他甚至把这种纯然从个人或集团的私利出发,任意诬陷和打杀民族精英的作法,称为近于"内奸"的行为。但是,这并不意味着他否认社会正义的存在。他所否认的,只是非正义的正义形式而已。而他本人,正是一个独立不羁、无所畏惧的正义者,所以才敢于在所有人都宣称"一致对外"的时候,发动这场"内战"。在他看来,惟有"内战",才能除去迷幻的毒饵和专事破坏的蚁冢的。这个观点,早在左联时代他就强调过。何况这次"内战",严格说来并非出于他的发动;只是从他那无法阻挡的凌厉的攻势,以及论战的彻底性来判断,反而显得是挑战的一方。

挑战就挑战。其实,他一点也不在乎名分上的这种纠缠。他习惯了。如今,写下"万言长文",犹觉意兴未尽呢。文界败象,公开信只不过公开了很少的那么一点罢了。他几次写信告诉朋友说,拟收集材料,待一年半载过后,再作一文,使徐懋庸辈的嘴脸暴露更加清楚而有趣。

其中,致王冶秋云:

> 这里的有一种文学家,其实就是天津之所谓青皮,他们就专用造谣,恫吓,播弄手段张网,以罗致不知底细的文学青年,给自己造地位;作品呢,却并没有。真是惟以嗡嗡营营为能事。如徐懋庸,他横暴到忘其所以,竟用"实际解决"来恐吓我了,则对于别的青年,可想而知。他们自有一伙,狼狈为奸,把持着文学界,弄得乌烟瘴气。我病倘稍愈,还要给以暴露的,那么,中国文艺的前途庶几有救……

可是,等不到文章写成,他就一病不起了。

121 以工作对抗死亡

"不克厥敌,战则不止。"对鲁迅来说,世界上没有不可以战胜的敌人。但是,现在,有一个敌人是他所无法对付的,那就是死亡。

凭着对于生命的敏感,他知道属于他的日子已经不多了,尤其是看了一些来信和文章的好意的或是恶意的不断的提示之后,心头不时地蒙上一层阴影,连文字也都不免透露出某种悲怆的气息。他不是那种"视死如归"的人。他是那么顽强地眷恋着生命,眷恋着中国,眷恋着那许许多多与他紧密相关的死去的和活着的人们。死去的使他意识到生存的责任,所以活着,就不仅仅为了亲属和朋友,为了众多的辗转于重轭之下的劳苦大众,也为了对头,为了不可一世的权势者、叭儿,"同人"中的英雄、昏虫、高贵的忏悔者。每当想起死后的情景,想起小报的恶意的诋毁和众多快意的笑脸,他就感到浑身发热,骚动不已。只要活着,他宁愿长此遭受通缉,过囚人般的日子,忍受所有非人的折磨。只要活着,他宁愿放弃一切,留下一支"金不换"就足够了。他对生命的欲求是无限的。生命"金不换"。如果换了别人,也不是没有办法拖延死亡的,譬如休息、疗养,与尘嚣隔绝的生活,然而,他却不能接受这类姑息的方式,只要能坐立,他就必须工作,谁都没有办法劝止或禁止他,使他停顿下来。每当他体温升高,告诉他那是因为工作的缘故,他总是马上否认,说是正因为晓得什么时候要发热才赶快把工作做完的,后来甚至说出这样的理论:如果不会发热,固然可以做工;但是如果发热,那么就得赶快做工。生命与工作,对于他是二而一的东西。如果生活仅只意味着悠闲与安适,不是别一形式的死亡吗?

命运注定了这个珍惜生命的人要以加倍的速度损耗生命。没有谁命令他这样做,全凭内心的指示。

他陷于生存的最大的悖论,他无法解脱。

就这样,他和死亡彼此缠斗不息,直到一个战胜了另一个。

自从3月初到狄思威路的藏书室找书,中寒骤患气喘之后,他身体便日见消瘦,大不如前了,但他是仍旧工作着,并不特别地注重休息,除了翻译《死魂灵》的第二部以外,还为殷夫的诗集《孩儿塔》作了一篇序文,写下《写于深夜里》、《三月的租界》、《〈出关〉的"关"》等好几篇很带分量的文字。

到了5月的前半月,他的精神呈现出极度疲惫的状态。许广平劝他休息,找医生疗治,几位美国友人,亲自带了鲜花来看他,还带来了宋庆龄馈赠的茶叶和糖食代致探候之意。爱人和朋友的关怀使他感激,但是,他谢绝了一切劝告。他不想像一个病人那样过生活。到了月中,不管他是如何固执,也不能不去看医生了。

这里,连日记也得由许广平代抄,日本医生须藤诊断为胃病,其实是不确的,18日以后,每天的日记都有发烧的记载,病情渐深,就注射"荷尔蒙"之类。但是人倒更难看了,整天靠着藤躺椅,脸色铁青,不言不食,不想动弹,差不多永不离手的纸烟也放弃了,睡觉是似睡而睡的。可怕的"无欲望状态"。28日,等胡风到来,许广平就偷偷把内心的焦虑告诉他,托他向内山老板研究一下病情。次日,须藤来给他注射强心针时,无论牛奶、橘子水等通通都不想吃了,情状十分危急。

冯雪峰找到茅盾,让他通知史沫特莱,转请她的治肺病的专家朋友立即前来为鲁迅诊治,但是事先并没有告诉他,大家都认为,他是决不会同意的。因为前不久,史沫特莱也曾向他提起过这意见,结果不能实行。他的病一直由须藤诊治,一旦请别人诊断,就等于不信任须藤了,他觉得有失朋友之道。当史沫特莱把邓医师请来后,许广平仍旧怕鲁迅拒绝,不敢上楼对他说,只好请冯雪峰先谈。冯雪峰把一切都推到史沫特莱身上,说她实在太热情,而且医生既已请来,就让看看也没什么的,否则太使她为难了。他听了,皱了一下眉头,也就同意了。

听诊以后,邓医师走到史沫特莱面前,神色很异样。史沫特莱问病情如何?回答说"严重";又问严重到什么程度?回答是"恐怕过不了年"。这时,史沫特莱忍不住流下了眼泪。

医生说,鲁迅是他平生所见第一个善于抵抗疾病的典型的中国人。像这样两肺都有病,而且病得这么厉害的,如果是欧洲人,早在五年前就已经死掉了。他建议,找一个设备好的外国人办的医院,开个病房,由他亲自诊治。只要病人同意,马上就可以办的。"当然,"医生最后补充说,"他不会听从我的劝告。这些老守旧派、愚昧无知的中国人,是不相信现代医学的。"

他的观察没有错。的确,鲁迅最终坚持了自己。但是这并非出于愚昧和保守,他不知道,鲁迅本来就是一个学习现代医学出身的人。

医生走后,作为临时翻译的茅盾把医生的诊断,以及住院的建议告诉了鲁迅,甚至把如果是欧洲人,则早已死掉了之类的话也都说了,大家都觉得没有隐瞒的必要,反而以为,告诉实情会增强他对于身体的信心,同时也可以由此使他真正重视治疗。可是他不相信,他说大家骗他,就算做医生的说得严重一点也不是什么可骇怪的事。接着,他简直用了责问的口气说:"当别的人正在斗争,吃苦,死,而你们却要我在床上安安静静地躺上一年,对吗?"

史沫特莱哭了。她知道,要打动这样一个钢铁般的汉子,她已经无能为力。

鲁迅虽然不同意住院检查,但在心里,却是很感谢史沫特莱的。事后说起来,他还感叹道:"她实在太感情了,感情对于病人,其实是不好的。况且外国人看生命又比中国人看得重。……好在我不会受什么影响。"

但是以后不多几天,他果然病得连日记也持续不下去了。

这时,住在医院里的宋庆龄,闻讯立即给他写了一封信:

周同志:

方才得到你病得很厉害的消息,十二分的耽心你的病状!我恨不能立刻来看你,但我割治盲肠的伤口,至今尚未复原,仍不能够起床行走,迫得写这封信给你!

我恳求你立刻入医院医治!因为你延迟一天,便是说你的生命增加了一天的危险!!你的生命,并不是你个人的,而是属于中国和中国革命的!!!为着中国和革命的前途,你有保存,珍重身体的必要,因为中国需要你,革命需要你!!!

一个病人,往往是不自知自己的病状的,当我得盲肠炎的时候,因为厌恶入医院,竟拖延了数月之久,直至不能不割治之时,才迫着入院了,然而,这已是很危险的时期,而且因此,还多住了六个星期的时间,假如我是早进去了,两星期便可以痊愈出院的,因此,我万分盼望你接受为你耽忧着,感觉着极度不安的朋友们的恳求,马上入医院医治,假如你是怕在院内得不着消息,周太太可以住院陪你,不断的供给你外面的消息等等。

我希望你不会漠视爱你的朋友们的忧虑而拒绝我们的恳求!!!

祝你

痊安

　　　　　　　　　六月五日　　宋庆龄

　　这般的言辞恳切,你能漠视吗?

　　除了上海的朋友,还有远方的也都不断写信来,如萧三,如曹靖华甚至亲自前来探候,如许寿裳、郁达夫、许钦文,还有过海而来的增田涉。他们也都怀着同样的忧虑,同样以恳切的言辞劝你入院治疗,或易地休养,你能漠视吗?

　　其实,你不是不知道得了肺病的,早在十年前大病过那么一次,你就已经把病情完全弄明白了,但是你不愿让人知道,尤其是许广平,你不愿让爱人苦痛。现在,事情已经无可隐瞒了,你如何减轻她的苦痛呢?虽然一切她都默默顺从了你的意思,难道她心里没有执拗和违抗么?譬如这么多朋友的规劝,你能说,没有她的意见参与其中?怎么能够漠视呢?

　　关于疗养,应当说,他不是没有让步的。

　　到了7月,他的病开始转好,能够按日写日记了。这时,他开始较为认真地考虑关于离开上海到外地疗养的问题。总之苏联是不去的了,即使连住地、路线、联络人等,都曾几度有人做出过安排。一是不懂话,行动不便,二是先前曾经有过说他"拿卢布"的流言,他不愿这么轻易地为流言所俘获。当然,还有别样的原因。至于日本,那是消磨了他一生中最为热烈激昂的青春时代的一个地方。二十年来,他是时时有所系念的。这一切,内山和须藤都各自挑选了自认为合适的住地劝他前去:一是长崎,一是镰仓。在镰仓,还有须藤的很漂亮的别墅呢。他在给朋友的信中多次表示离沪之意,甚至面约了郁达夫同去,看岚山如丹的枫叶,但也每每踌躇。直至8月底,因肋膜病尚未痊愈,还不能停止服药,加以时分已入秋凉,居处山中海滨,容易伤风,于身体更为不利,这才初步取消了转地疗养的计划。

　　最后促使他全盘放弃这个计划的,还是南京来人的缘故。

　　9月下旬的一天上午,他来到内山书店,对内山说:"老板,无论如何也得停止到云仙去了,现在那边来人说,是不是可以到德国去？意思是这干扰了蒋介石,所以希望我去德国。说到云仙去就是逃跑,是我的失败。因此我不去了,总而言之我不去了。"

这人正是他从前的学生李秉中。

6月间,李秉中曾经来访过,接着来信专门提及解除通缉一事。信中问到鲁迅对此的态度,如果有意,说一切手续可由他担当处理,并且保证无损于师长的尊严。鲁迅根本不愿向政府求情,他也同时认为,李秉中这样做,不可能没有交换条件的,因此,婉言回绝说,自己余命已经不长,所以,至少通缉令这东西是不妨仍旧由它去的。

早在蒋介石自任教育部长的时候,就曾派鲁迅留日时的同学张协和找过鲁迅,说很想同他会会面。并且说,只要鲁迅愿意去日本住一些时候,不但可以解除通缉令,职位也当然可以保留,而且如果有别的要求,也可以办到。但是,鲁迅拒绝了,结果,大学院的"特约著述员"的职位也就随之被裁撤。

李秉中的信,是否与这段往事有联系呢？

几年来,形势的确起了不小的变化。蒋介石从主张他去日本到去德国,也都不是没有理由的,至少可以被认为,鲁迅是听命于他的,这样,一旦宣传起来,就又热闹了许多了。现在不就颇有人在传说关于他出国的消息吗,他们料定要走的,什么地方也不去,如何呢！他作为知识者的代表,是有比权力者的代表更为强悍的地方在的。

当然,鲁迅要为此付出很大的代价:身体的代价,安全的代价。逝世前,他化名刻制"周裕斋"图章,十分急迫地托周建人觅屋,打算搬迁,这不能不说是一个很重要的原因。

从根本不打算离沪疗养,到多次反复拖延实行,甚至最终抛弃整个计划,这中间有着许许多多的干扰因素,而最大的内驱力,仍然是他不愿离开工作;而且这种工作,只要离开中国这块土地,这种氛围,是无法有效地进行下去的。须藤警告他不要多动,以防疲劳,只需静静地躺着。他的答复是:"我一生没有养成那样的习惯,不做事,不看书,我一天都生活不下去。"接着,他告诉须藤:"我请你看病是有条件的。"须藤问:"什么条件?"他说:"第一,是要把病治好,是要活命。第二,假如一动不动的一个月可以治好,我宁愿动动的化两个月治好。第三,假如治不好,就想法把生命拖延着。"拖延是为了工作,不工作而一味拖延,在他是办不到的,他还几次说过这样的话:"我觉得,那么躺着过日子,是会无聊得使自己不像活着的。我总是想,与其不工作而多活几年,倒不如赶快工作少活几年的好,因为结果还是一样,多几年也是白活的。"

他以工作麻痹自己,慰藉自己,鼓舞自己;以工作对抗死亡。

他以工作答谢所有关心他的朋友,回敬憎恶他的仇敌。

赶快做,是他的一个原则。

只要疾病能够允许做轻微的活动,他就立即恢复了写作。7月,他开始写了一篇《〈呐喊〉捷克译本序言》,8月继续进行,9月的成绩超过8月,10月又写了好几篇。虽然有些文章题目有点可怕,而笔意纵横,强劲泼辣,却是一如从前。

在民族危难最深重的时候,驯良的人们往往容易宽容或忽略国内统治者的专制本性;叭儿或昏蛋,甚至将最高统治者当成为"民族领袖"而加以鼓吹。在答徐懋庸的信中,鲁迅虽然迁就了冯雪峰关于"国防"的某些提法,但是,却始终没有放过目前在"国防"口号掩盖下的机会主义和投降主义的斗争。民族压迫到底还是阶级压迫。在最后一个年头,他不惮"破坏统一战线"以及"汉奸"等等的恶谥,以明确的阶级意识,更为猛烈地抨击了中国整部国家机器的反动性和虚伪性。

《写于深夜里》就是这样一篇文章,全文充满了一种激情的呼喊,而且透着彻骨的讽刺的力量。它给史沫特莱以深刻的印象,称之为"一篇显示一切天才迹象的散文"。

有一个叫曹白的青年,因为从事木刻运动而一度被捕,过了一年多的监狱生活。出狱后到上海教授艺术劳作课,业余时间仍从事木刻创作。出于对鲁迅的敬爱,他创作了《鲁迅像》,《鲁迅遇见祥林嫂》等木刻作品，并送往即将在上海展出的全国第一回木刻联合展览会。展出前，上海市党部检查官对参加展出的作品进行审查，把其中的《鲁迅像》抽去。曹白十分愤慨，把它寄给了鲁迅，接着在信中诉说了因为从事木刻创作而坐牢的个人历史。鲁迅复信时，要求曹白把坐牢的经过写出来，准备介绍发表。后来，他考虑到可能因此引起当局对曹白的进一步的迫害，终于以曹白的《坐牢记略》为基本材料，扶病写成《写于深夜里》，交给史沫特莱送英文刊物《中国呼声》发表，并将中文原稿发表在《夜莺》月刊。文章由五个互相关联又各自独立的章节构成。它从介绍珂勒惠支的版画说起，说明世界上许多地方还存在着"被侮辱和被损害的"人，是和我们一类的朋友，而且还有为这些人们悲哀、叫喊和战斗的艺术家。接着是论"暗暗的死"。这两节都联系到曾经是中国现代木刻的提倡者而暗暗死掉的柔石。中国在革命以前，死囚在临刑可以呼冤，或骂官，或自述英雄行为，或说不怕死。到壮美时，观看的人们还可以喝彩，并且宣扬开去。现代的统治者连这样一点"恩惠"也没有，他们缺乏"成功的帝王"有胆放死囚开口的自信的力量，其实是更为残酷的。于是，他悲愤地写道：

> 我每当朋友或学生的死，倘不知时日，不知地点，不知死法，总比知道的悲哀和不安；由此推想那一边，在暗室中毕命于几个屠夫的手里，也一定比当众而死的更寂寞。
>
> ……我先前读但丁的《神曲》到《地狱》篇，就惊异于作者设想的残酷，但到现在，阅历加多，才知道他还是仁厚的了；他还没有想出一个现在已极平常的惨苦到谁也看不见的地狱来……

再接着，他以童话的形式，暴露整个反动国家的专制、虚伪、腐朽的上层建筑以及意识形态。这些权力者是根本不要"法治"的，惟其如此，才能以随意变化的策略，保护其压迫和屠杀人民的特权。他们也有所谓经典，法律，法院，但是所有这一切都是些什么东西呵？

中国现实的荒诞性：

> 有一个时候，有一个这样的国度。权力者压服了人民，但觉得

他们倒都是强敌了，拼音字母好像机关枪，木刻好像坦克车；取得了土地，但规定的车站上不能下车……

出版有大部的字典，还不止一部，然而是都不合于实用的。倘要明白真情，必须查考向来没有印过的字典。这里面很有新奇的解释，例如"解放"就是"枪毙"；"托尔斯泰主义"就是"逃走"；"官"字下注云："大官的亲戚朋友和奴才"，"城"字下注云："为防学生出入而造的高而坚固的砖墙"……

出版有大部法律，是派遣学者，往各国采访了现行律，摘取精华，编纂而成的，所以没有一国，能有这部法律的完全和精密。但卷头有一页白纸，只有见过没有印出的字典的人，才能够看出字来，首先计三条：一，或从宽办理；二，或从严办理；三，或有时全不适用之。

自然有法院，但曾在白纸上看出字来的犯人，在开庭时候是决不抗辩的，因为坏人才爱抗辩，一辩即不免"从严办理"；自然也有高等法院，但曾在白纸上看出字来的人，是决不上诉的，因为坏人才爱上诉，一上诉即不免"从严办理"……

最后，是直接引用了曹白的信：

有谁要看统治者的统治艺术的全般的么？那只要到军人监狱里去。他的虐杀异己，屠戮人民，不惨酷是不快意的。时局一紧张，就拉出一批所谓重要的政治犯来枪毙，无所谓刑期不刑期的……

…………

我还用得到"上诉"么？"服"得很！反正这是他们的法律！……

这是怎样的一个国度呢？难道一场全民族的战争，仅仅是为了保卫这样一个暴君和酷吏所统治的布满监狱和屠场的国家吗？如果说不，你的爱国立场丢到那里去了？正因为陷于这种集体意识的包围，所以，当"国防文学"口号颇为流行的时候，他保持了理论上的哑默，直到冯雪峰把他逼出来为止。但是，他没有放弃的工作是，努力打破对于中国现存的国家制度的幻想。可以说，这也是他对"国防文学"口号的一种间接的反应方式。他在这一阶段里对于中国的"黑暗国情"的暴露,是与他对被注入"国防文学"口号中的错误的解释的批判联系在一起的。

萧军的《八月的乡村》出版后,张春桥化名狄克在《大晚报》副刊《火炬》上发表《我们要执行自我批判》一文,批评小说"里面有些还不真实","技巧上,内容上,都有许多问题在"。他认为作者"还需要长时间的学习",不应早早地从东北回来,不等"再丰富了自己以后"便进行创作,文中说没有人指出"许多问题",实际上是射向鲁迅的一支冷箭。

为此,鲁迅也写了《三月的租界》一文,有力地予以反击。

躲在"三月的租界"里,却来指责"八月的乡村"的"不真实",事情本身就很富于反讽意味。文章说:"我们有投枪就用投枪,正不必等候刚在制造或将要制造的坦克车和烧夷弹。"而狄克的一味求全责备,是实行着抹杀《八月的乡村》的自我批判的任务的。而且,指责是如此含胡,大可令人揣测到坏到茫无界限,却分明是比列举十大罪状的做法更为有害。

为什么要提出"执行自我批判"呢?据说是因为"那些作家是我们底"的缘故。何谓"我们"?何谓"他们"?对于其间的阶级的界限,鲁迅一针见血地指出:

> 但我以为同时可也万万忘记不得"我们"之外的"他们",也不可专对"我们"之中的"他们"。要批判,就得彼此都给批判,美恶一并指出。如果在还有"我们"和"他们"的文坛上,一味自责以显其"正确"或公平,那其实是在向"他们"献媚或替"他们"缴械。

可以认为,这也是鲁迅对于"联合战线"的理解。

对于《八月的乡村》,周扬也写了一篇书评,对小说的缺点多所指摘。为此,鲁迅曾经很气愤地对徐懋庸说:"你看过一个美国电影片子吗?那是讲的白种人在非洲探险的事情的,白种人用暴力征服黑人之后,把黑人作为奴隶,却从黑人中挑选一个顺民作这些奴隶的总管。这总管,每当白人主子来察看的时候,就用鞭子打自己的同胞,而且特别起劲,表示对主子的忠诚。现在我们的人对一个新出的作家的很有意义的作品,百般挑剔,而对资本家所豢养的大作家却很客气,这不是同那奴隶总管一样的吗!"可见,《三月的租界》一文,并不只是针对张春桥一个人的。

在提倡"国防文学"口号的时候,周扬认为"国防的主张应当成为汉奸以外的一切作家的作品之最中心的主题"。这种"主题中心"论,割裂了生活,限制了作家,对于创作实践来说是十分有害的。鲁迅大病稍愈,即写了《这也是生活……》一文,对这种左倾高调,以及与此有关的创作现象,进行了含蓄的然而却是很有说服力的批判。

文章从病中的身边琐事写起,写喝水、休息,看看四近的东西如墙壁、苍蝇之类。于是说:"这也是生活。"而人们往往轻视这等平凡的生活,以为是"生活的渣滓",甚至一看也不看,所注意的是"特别的精华",毫不在枝叶。其实,生活是一个有机的整体。如果只是注重其中的"一片",即使如何重要,也不过如盲人摸象,以偏概全,陷于错误的。文中说:"中国古人,常欲得其'全',就是制妇女用的'乌鸡白凤丸',也将全鸡连毛血都收在丸药里,方法固然可笑,主意却是不错的。"又说:"删夷枝叶的人,决定得不到花果的。"在这里,鲁迅随手列举了被视作"国防文学"的代表性作品,即夏衍的《赛金花》,讽刺说:"作文已经有了'最中心的主题':连义和拳时代和德国统帅瓦德西睡了一些时候的赛金花,也早已封为九天护国娘娘了。"还有一些"激昂慷慨的文章",如教人吃西瓜时,也该想到我们土地的被割碎,像这西瓜一样,这种无时无地无事而不爱国,自然是无可訾议的,然而这是真实的生活吗? 即使是"最中心的主题",就可以游离于生活之外的吗? 文章强调生活的互涉性和整体性,以及在这一基础之上的多样性和真实性,指出:"其实,战士的日常生活,是并不全部可歌可泣的,然而又无不和可歌可泣之部相关联,这才是实际上的战士。"

8月间,鲁迅把几天中陆续写下的几则小杂感放在一起,以一种带毒的植物命题,曰《半夏小集》。

这些小杂感,对相当一些"国防文学"论者在立场上和思想上的投降的倾向,以及文坛上的其他一些乱七八糟的现象,作了十分简练、十分尖锐深刻的批判,最后的几则,则表述了他内心的无法遏止的愤怒和轻蔑之情:

> 用笔和舌,将沦为异族的奴隶之苦告诉大家,自然是不错的,但要十分小心,不可使大家得着这样的结论:"那么,到底还不如我们似的做自己人的奴隶好。"

> "联合战线"之说一出,先前投敌的一批"革命作家",就以"联合"的先觉者自居,渐渐出现了。纳款、通敌的鬼蜮行为,一到现在,就好像都是"前进"的光明事业。

> 这是明亡之后的事情。
> 凡活着的,有些出于心服,多数是被压服的。但活得最舒服横恣的是汉奸;而活得最清高,被人尊敬的,是痛骂汉奸的逸民。……
> 我希望目前的文艺家,并没有古之逸民气。

> 庄生以为"在上为乌鸢食,在下为蝼蚁食",死后的身体,大可随便处置,因为横竖结果都一样。
> 我却没有这么旷达。假使我的血肉该喂动物,我情愿喂狮虎鹰隼,却一点也不给癞皮狗们吃。
> 养肥了狮虎鹰隼,它们在天空,岩角,大漠,丛莽里是伟美的壮观,捕来放在动物园里,打死制成标本,也令人看了神旺,消去鄙吝的心。
> 但养胖一群癞皮狗,只会乱钻,乱叫,可多么讨厌!

> ……无毒不丈夫,形之笔墨,却还不过是小毒。最高的轻蔑是无言,而且连眼珠也不转过去。

>作为缺点较多的人物的模特儿,被写入一部小说里,这人总以为是晦气的。
>
>殊不知这并非大晦气,因为世间实在还有写不进小说里去的人。倘写进去,而又逼真,这小说便被毁坏。
>
>譬如画家,他画蛇,画鳄鱼,画龟,画果子壳,画字纸篓,画垃圾堆,但没有谁画毛毛虫,画癞头疮,画鼻涕,画大便,就是一样的道理。
>
>有人一知道我是写小说的,便回避我,我常想这样的劝止他,但可惜我的毒还不到这程度。

当鲁迅把原稿拿出来给冯雪峰看时,就说:"也许你不以为然。"待雪峰看完后,还没有表示意见,他又说:"其实也没有很大意思!倒不一定要发表的。这里也看出我的'小'来!"对于冯雪峰有关统一战线的思想理论和具体做法,鲁迅不是没有保留意见的。正因为连最亲密的朋友,也都有着一种距离感,他就很自然地觉得他的这些思想和情绪多少有点"不合时宜"。

还当他被疾病缠得透不过气来的时候,他曾经对许广平说出他做的一个梦。梦中,他走出去,看见两旁埋伏着两个人,打算给他攻击。他想:你们要当着我生病的时候攻击我吗?不要紧!我身边还有匕首呢!于是用力投出去,正好掷在敌人身上……

梦后不久,病减轻了。一切险恶的征候都逐渐消失了。

这种压抑的痛苦和宣泄的快意,都不是别人可以领会到的。

鲁迅说:"中国的人民,是常用自己的血,去洗权力者的手,使他又变成洁净的人物的。"他永不相信权力者能变得洁净起来;而当有人,不是用血而是用墨为权力者进行洗刷,他的憎恶就会远在权力者之上。他这样对人说过:"国民党,帝国主义都不可怕,最可憎恶的是自己营垒里的蛆虫。"使他不得不格外费力地横站着作战,就因为这批"蛆虫"的存在。他不能放过他们,因为他不能放过为他们所放过的双手沾满血迹的权力者。

在最后的日子里,他以最为强烈的欲望,表达着在所有作家中几乎惟他所独有的饱浸了个人情绪的一个主题:复仇。

最突出的例子是《女吊》和《死》。

《女吊》写的是他故乡社戏中的一个角色:女性的吊死鬼。因为做童养媳备受虐待,终于弄到投缳。然而,女吊不肯如此作罢,都准备作厉鬼以复仇。鲁迅用了极其优美的文笔,描绘了乡间这个刚烈不屈的鬼魂。他称女吊比别的一切鬼魂更美、更强,就因为她是带复仇性的。作为被压迫者的反抗精神的象征,女吊的确可以使上海的一群憎恶报复的"前进"的文学家和"战斗"的勇士们在她的形象的光照之下变做呆鸟!

文章一开头便引了故乡先贤王思任的话:"会稽乃报仇雪耻之乡,非藏垢纳污之地。"鲁迅承认,自己是很喜欢引用这句话的。有黄萍荪者,在呈请通缉鲁迅的许绍棣和叶溯中二人的嗾使下,主办小报《越风》。他一面在报上诋毁鲁迅,一面又接连写信向鲁迅约稿。鲁迅统统不复,最后,才写了一封不足一百字的短信回答他。其中说:"仆为六七年前以自由大同盟关系,由浙江党部率先呈请通缉之人,会稽乃报仇雪耻之乡,身为越人,未忘斯义,肯在此辈治下,腾其口说哉。奉报先生殷殷之谊,当俟异日耳。"所谓"奉报",就是"报仇雪耻"。

《女吊》的最后一段,也是以这样意思的话作结的,说:

> 被压迫者即使没有报复的毒心,也决无被报复的恐惧,只有明明暗暗,吸血吃肉的凶手或其帮闲们,这才赠人以"犯而勿校"或"勿念旧恶"的格言,——我到今年,也愈加看透了这些人面东西的秘密。

《死》当然可以看做是鲁迅写的遗嘱,因为里面的确有着这么几条:

> 一,不得因为丧事,收受任何人的一文钱,——但老朋友的,不在此例。
> 二,赶快收殓,埋掉,拉倒。
> 三,不要做任何关于纪念的事情。
> 四,忘记我,管自己生活。——倘不,那就真是胡涂虫。

五，孩子长大，倘无才能，可寻点小事情过活，万不可去做空头文学家或美术家。

六，别人应许给你的事物，不可当真。

七，损着别人的牙眼，却反对报复，主张宽容的人，万勿和他接近。

此外自然还有，现在忘记了。只还记得在发热时，又曾想到欧洲人临死时，往往有一种仪式，是请别人宽恕，自己也宽恕了别人。我的怨敌可谓多矣，倘有新式的人问起我来，怎么回答呢？我想了一想，决定的是：让他们怨恨去，我也一个都不宽恕。

但是，它又不太像遗嘱。五六月间，病得最严重的时候，他确曾预感过死，但临到写作《死》时，体力已经有了很大的恢复，觉得离死又有相当的距离了。所以，在文章中，他能够那么轻松地，甚至可以说是放肆地戏谑死亡。有日本朋友去探望他，问起他为什么要发表这样一篇"像遗嘱似的文章"，竟引得他哈哈大笑，以致感染所有在座的都愉快地笑了。当时，他给日本朋友的印象就是：淘气。

如果鲁迅仅仅懂得仇恨，懂得报复，他就会与那些嗜血的狂人无异。实际上，他并非如此而是充满着仁爱，充满着一种极其温柔细腻的感情。惟其有了这种人性的、人道主义的内容，他的报复性行动，才富于如此魅人的力量。在他那里，既有电闪、雷鸣，也有晴天朗月，有暧叇的云气。那是一个完美的人格世界。

爱，同时构成为他晚年创作的另一个母题。

他是那般深爱着他的故乡。愈到了后来，愈是怀念那里的山水和人物。而这一切，他都只能以一种无望的温情去抚摩。有一次，徐诗荃在他面前夸说故乡湖南的山水之美，如潇湘八景之类，不意被他打断了："唉！你莫说，到底是'山阴道上，应接不暇'……"在他的诗中，出现"禹域"、"吴娃"、"越女"的字样，都寄托了一种浓郁的乡思。而几次写"菰蒲"，其实是"莼鲈"的变换了悲剧色调的说法。连老屋都已经卖掉的故乡是无法返回的。故乡，至今对他来说，只能成为对抗上流社会的精神力量，以及自己受伤时的洗涤剂。他写《女吊》，还有《我的第一个师父》也都一样，既闪烁着战斗的意志，又浸透了忆念的深情，后一篇的结尾，平易叙来，却有着一种拂拭不掉的淡淡的哀愁，永久的哀愁：

> 我的师父，在约略四十年前已经去世；师兄弟们大半做了一寺的住持；我们的交情是依然存在的，却久已彼此不通消息。但我想，他们一定早已各有一大批小菩萨，而且有些小菩萨又有小菩萨了。

远在北平的母亲和兄弟，也无时不在他的记念之中的。对绝交的周作人，虽或有文章反对其观点的谬误，但在大关节上，却始终表示着兄长的关怀。他不赞成有些作者对周作人的过于苛刻的责难，以为这样，反而会使人陷于消极。对于周作人送李大钊之子李荣华赴日留学一事，他表示赞赏，对周建人说，在这个时候能做别人不肯做的事，可见是同情革命的。他还曾说过，周作人的某些意见要比俞平伯等高明，还引了周作人论文天祥的一段话，说有许多地方，革命青年也大可采用，而有些人却一笔抹杀，是不应该的。后来，当文艺界的一个救国宣言公开发表时，他曾在那上面仔细寻找周作人的名字，心里十分焦虑。连钱玄同、顾颉刚一班人都具了名，怎么会没有周作人呢？他特地告诉周建人，遇到这等大题目，是不可过于退后的。

在《女吊》完成之后，他曾打算写两篇类似的文章，一篇关于"母爱"，一篇关于"穷"。计划中还想一直写下去，凑成一本像《朝花夕拾》一样的小书。"这以后我将写母爱了"，他对冯雪峰说道，"我以为母爱的伟大真可怕，差不多是盲目的……"在日常说话中，他便常常讲起母性和母爱，譬如在攻击摩登妇女有乳不给儿子吃的时候，在谈及珂勒惠支及其版画的时候，或是谈及纯厚的农妇的时候。关于"穷"，他也多次谈到过。他说，个人的富固然不好，但个人穷也没有什么好。归根结蒂，以社会为前提，社会就穷不得。又说，穷的共产主义，我们不要。珂勒惠支作品的两大主题，其一是母爱，其一是反抗。而穷，也正是社会群体反抗的原因之一。穷人的命运始终是他所关心的。

当他深情地眷恋往事的时候，总会想到他的老师，特别是对他产了重大影响的两位:藤野和章太炎。

增田涉和佐藤春夫合作翻译《鲁迅选集》时,曾就选目征求过鲁迅的意见。他的回答是:"悉听尊便,只有《藤野先生》一篇,是我希望能够选入的。"他几次向日本朋友打听藤野的情况,一直没有结果,自然希望通过自己的文章寻得一点消息的。但无论寻到或寻不到,总不失为一份纪念吧,直到增田涉最后一次来看他,他在病床上仍然问起藤野,然后低低地叹息似的说:"先生还是没有消息,看来,他大概已经不在世了……"

10月份,他接连写了两篇关于章太炎的文章:《关于太炎先生二三事》和《因太炎先生而想起的二三事》。后一篇竟未定稿,他就在一种深深的缅想中逝世了。

关于章太炎,许寿裳和周作人或褒或贬,都不是他所同意的。许寿裳认为,章太炎以"佛法救中国"的主张应当得到弘扬,显然肯定了其中的思想糟粕。而周作人等,又以章太炎一生中的错失而加以否定,甚而做出"谢本师"的决绝的表示。的确,章太炎由革命家退而为宁静的学者,身衣学术的华衮,粹然成为儒宗,既离民众,渐入颓唐,是一生中的缺憾。但是,鲁迅认为,这也不过是白圭之玷,并非晚节不终。至于一些文侩作文大肆奚落以自鸣得意,他是不能压制内心的愤怒与轻蔑的,说:"真可谓'小人不欲成人之美',而且'蚍蜉撼大树,可笑不自量'了!"

在文章中,他高度评价章太炎的革命意志和光辉业绩,誉为"先哲的精神,后生的楷范"。所以,章太炎手定《章氏丛书》,删除了先前战斗的文章,他以为是十分有害的"儒风"。死去所以值得纪念,是因为曾经战斗过。对此,他不由得感慨系之:"先生力排清虏,而服膺于几个清儒,殆将希踪古贤,故不欲以此等文字自秽其著述——但由我看来,其实是吃亏,上当的,此种醇风,正使物能遁形,贻患千古。"在这里,他表示的仅有的一点不宽容,恰恰是章太炎的宽容。所谓"爱对头",就是爱斗争。惟有斗争,才不至于掩护邪恶。斗争于他是爱的重要的表达方式。

两年前写的《忆刘半农君》,也是这样一种表达。对于曾经一度作为《新青年》的战友之一刘半农,他称之为袭击敌人的"好伙伴"而表示亲近。他赞扬了刘半农的活泼、勇敢和在战斗中的创造。此外,还辩护了为人们所批评的"浅"。但是,他也毫不掩饰对"据了要津"之后的刘半农的疏远,以及内心的遗憾之情。文章的结尾写道:

> 现在他死去了,我对于他的感情,和他生时也并无变化,我爱十年前的半农而憎恶他的近几年。这憎恶是朋友的憎恶,因为我希望他常是十年前的半农,他的为战士,即使"浅"罢,却于中国更为有益。我愿以愤火照出他的战绩,免使一群陷沙鬼将他先前的光荣和死尸一同拖入烂泥的深渊。

为亡故的殷夫的诗集《孩儿塔》作序,他也是从革命的贡献这个方面给予热情的肯定的。序文说:"这是东方的微光,是林中的响箭,是冬末的萌芽,是进军的第一步,是对于前驱者的爱的大纛,也是对于摧残者的憎的丰碑。一切所谓圆熟简练,静穆幽远之作,都无须来作比方,因为这诗属于别一世界。"他维护了亡友,也同时维护了一种文学精神,表现了作为一个批评家的十分深邃的社会学眼光。

"一个人如果还有友情,那么,收存亡友的遗文真如捏着一团火,常要觉得寝食不安,给它企图流布的。"这是他的话。

为了《海上述林》下卷的出版,使他陷于重病之中仍然念念不忘。他托冯雪峰催促排字局赶快排印,在信里还写过这类意思的话:"翻译的人老早就死了,著作者高尔基也于最近去了世,编辑者的我,如今也快要死了。虽然如此,但书却还没有校完。原来你们是在等候着读者的死亡的吗!"简直是质问,是带泪的嘶喊!

他一生都在嘶喊。然而,嘶喊为了谁呢?

当他病了,当他不得不暂离了他的壕堑——书桌,只要从酣睡中醒来,他就得沉重地抬起眼睛,穿过屋内的熟识的墙壁,壁端的棱线,熟识的书堆,堆边的未订的画集,凝视外面的进行着的夜,无穷的远方,和无数的人们……

他的爱太博大了!

病中,他以瘦骨嶙峋的双手反复抚弄过两部画册,编选并催成了它们的出版。其一是《凯绥·珂勒惠支版画选集》,一是《苏联版画集》。后一部画册的序文,还是由他口授,许广平记录的。

他以画册,向中国读者直接呈示了珂勒惠支"为一切被侮辱和损害者悲哀,抗议,愤怒,斗争"的"深广的慈母之爱"。他让人们明白,画集中有不同于希特勒的别一种人,他们并非"英雄",却可以亲近,同情,美而有力,是和我们一类的朋友。这个一直被认为是"人性论"的反对者,还曾特意指出:"为人类的艺术,别的力量是阻挡不住的。"他介绍苏联版画,一样意在增进中国读者对苏联的了解,是不但在艺术方面的。

在回答日本朋友关于中日关系的问话时,他说:"我认为,两国的'亲善',要在中国的军备到达日本的水准时才会成为可能。但是,谁也不能担保要经过多少年才行。譬如一个懦弱的孩子和一个强横的孩子在一起,一定会吵起来,然而要是懦弱的孩子也长大强壮起来,就会不但不吵闹,反而会很友好地玩了……"他是何等焦灼地期待着中国,以及所有弱小国家的壮大成长,何等焦灼地期待着被压迫民众的壮大成长!这种期待,简直焚毁了他的心!"要彼此看见和了解真实的心。"他在《我要骗人》中这样写道。"人类最好是彼此不隔膜,相关心。"这是他稍后在《呐喊》捷克译本序言中写下的话。然而,世界上又并不存在达此目的的便当的方法,只好一面走,一面寻求着光明。他为他看不到人们彼此披沥真实的心的时光的到来,而深感悲哀。

每当内山完造讲到中国民族的富于悠久性,只要稍微讲到一点乐观的话,他就会马上说:"老板,我反对,我是非常悲观的。"他不是那样浅薄的历史进化论者,尤其对于中国的前途,他认为,循环和倒退是决不会没有可能的。他不只一次把将来的中国比做沙漠,自然,却也不只一次地表示他要为改造这沙漠而斗争。

无论是悲观,是激愤,是无情的战斗,都是爱的奔流。

他说过,创作总根于爱。其实他的一切行为都根于爱。他爱中国,爱人类；他由于这深沉的爱而成了伟大的解放和自由事业的忠实的服役者。

这时候，他一面跟病魔搏斗，一面跟世上的恶鬼搏斗。除了"赶快做"，跑步一般匆匆完成了摆在手头的那么多的工作以外，还计划着写作关于知识分子命运的长篇小说，完成一部中国文学史。这两项创作和学术计划，将更为直接地体现他对这个古老而多难的民族以及它的少数精英的热爱与期待。谁能彻底知道，他有着多少辉煌的梦想呵！然而，魔鬼们却过早地把他扼杀了！

一生中，他是那么顽强地一直向前开拓着，虽然也时时反顾，但几乎完全停顿下来作历史性的总结，在他是没有过的。

现在，他要出《三十年集》了。他怎么会想到这样一个大计划呢？难道是出于对生命的不良的预感？作为一种纪念，他感到安慰，抑或怀着昔日为《坟》写作后记时的哀伤？

7月间，当他同许钦文最后一次晤谈时，很郑重地说："从搜集印在《坟》里的稿子起，我已经写了三十年。翻译的不算，总有三百万字，出十大册，也已有点厚了吧。"当时，许钦文便暗自吃惊，以为这分明是关于后事的计划。

——这才是真正的遗嘱。

内心的忧伤是无法压抑的。当他一旦把手头的纸笔放了下来，那潜伏着的阴郁的情绪，就会立即前来袭击他。但看这种时晴时晦的不稳定的心情，就足以说明，他的最后的挣扎有多么的艰难！

122　木刻展览会・谈孔子、鬼、自杀　　及其他・在壕堑中仆倒

衰老与死亡，都是鲁迅所极力回避的。对于将尽的生命，他的态度是既超越又痛苦的。他是那般的热爱生活，怎么可能做到庄子式的随随便便呢！

这是两年前的事。

徐诗荃来访,赠了一方名印,文曰"迅翁"。他在日记中记录此事时,写道:"不可用也。"他不喜欢"翁"字。翁字太尊,且含"老头子"之意。从高长虹到创造社到最近的小报,都拿年纪来"射"他,自然是他所不愿意使用的。但有一层很深潜的心理因素,就是经不起老与死的提示。

即便在他想到战斗的时候,也都会因为这种提示,而有于心不甘又无可如何的伤感。他写信给山本初枝,说:"我有生以来,从未见过近来这样的黑暗,网密犬多,奖励人们去当恶人,真是无法忍受。非反抗不可。"紧接着,就是"遗憾的是,我已年过五十"。

这种憾恨,或隐或显地伴随他度过了最后的几年。直到 6 月大病期间,他的情绪,便临到了一生的最低点。

然而,病情一旦转好,他的情绪也就马上变得明朗起来。在一个晚上,他对冯雪峰说:"总不至于即刻'翘辫子'了……我在 1927 年住景云里的时候,也生过一次像这次一样的大病,真的昏迷,几乎要'翘辫子',但一愈就是十年。我不大相信西洋医生的话。今年的病,也和那次差不多,那么大概总还有十年吧。"说罢,胜利者似的哈哈大笑起来。

到了 10 月,他的病情的确好了许多。他自己,以至他的朋友,也都认定死亡离他是远了。

8 月。下午,鲁迅到八仙桥青年会参观"中华全国木刻第二回流动展览会"。

这位中国现代木刻之父,以他罕见的热情,提倡和推动着黑白木刻这一艺术运动的发展。对于木刻青年,他通过对话、通信、提供艺术范本等多方面的渠道,提醒他们不要忘记木刻是一门艺术,作为艺术的形式技法,是需要认真研究、实践和提高的。但是,青年在木刻队伍中建立健康的艺术倾向,显然是他更为关注的问题。关于"中国精神"、"中国风",关于"沙龙绘画",关于内容的"小资产阶级的气氛",以及艺术家重在"经验"的表现等等,他都不只一次地有过独特而深刻的表述。他强调新兴木刻的人民性、现实性,而又极富于开放性,富于广阔的艺术视野。他一直梦想着中国木刻运动能拥有一支旌旗蔽空的部队,现在,继去年由平津木刻研究会发起的木刻联展,又由广州现代版画研究会接力进行,这是不能不使他感到兴奋的。即使身体怎样不行,他也必须看一看,何况展出只剩下最后一天。

这一天,会场相当热闹。

像鲁迅这样身材瘦小、衣着平常的老头子是不会惹人注目的:惯穿的长衫早已褪色,衫襟和袖口都有明显的污痕;一顶至少用了十年的咖啡色呢帽,此刻仍然戴在头上,而且故意拉了下来,几乎要碰到鼻子,只露出半个瘦削的苍白的脸庞,和鼻下的一横厚厚的胡须……然而,人们还是立刻发现了他。大约等待已经许久了。

"鲁迅先生来了!"

"真古怪!"

"……"一片杂乱的笑声和问候。

曹白迎上前去,向鲁迅招呼。鲁迅仰起脸来很兴奋地说:"哦哦,你的信我收到了,你的信我收到了。仗不会打的:我不搬家。嘻嘻。"

"我也这么想。……不过,搬家的那种胡乱和吵闹,会使人很不好受的。"曹白再想不出什么话说了,只好一个劲地捏自己的手。

"受惯了。嘻,我们一起看画吧。"

这时候,另外几个青年也都围了过来,跟着他一起看。

看到一半的时候,他坐下来,拿了批评簿翻看着。当他看到那些题着"艺术之光"、"力的艺术"之类的批评时,他就指着说:

"这是匾。"

大家轰地笑了。

还有一些意见说,展览会最好开到贫民窟、灾区,或穷乡僻壤去。他看到这里,便说:"这些都是不会做事的呆鸟!"

大家又轰地笑了。

也许他有些累了，说："我们歇一歇吧。"说罢，把帽子摘下，额上冒着细微的汗气。

于是，大家围着小茶几坐了下来。除了鲁迅，其余还有四个人：曹白、林夫、陈烟桥、白危。

陈烟桥和白危有事情先谈，他们请求鲁迅为一个人的东西做一篇"序"。鲁迅听到这个人的名字，露出很反感的神色，摇着头说：

"什么？他在段祺瑞手里就压迫我的。——我不会做！我不会做！叫他请别人去！"

看见他这样子，陈烟桥和白危就不再说了。

这时，林夫插话问道："近来身体好了些吗？"

"稍好一些，不过也还时常发热，不能随便做事。"

"现在也还服药吧？"陈烟桥问。

"服的，……害肺病真没办法，要是我年轻倒还有法子想。……"他说到这个，一阵咳嗽就把话打断了。

"先生可打过空气针？"白危问。

"那没有。打的都是药针，一共打了六七针，现在好些了。"

"那么就再打打。"

"我也这样想。"他的呼吸急促起来，脸色显得有点可怕。

"先生应该休养了。"大家异口同声地建议说。

"呵，我怎么能够休养呢？像我这种人是无法休养的。"他笑了笑，接着说："我的父亲又没有留下遗产给我。病也没有法子想。不写文章就活不下去。嘻哈。"

"但你的毛病没全好，也得息息呢！"曹白说。

"息得太多，也就很无聊。"

曹白提起他答徐懋庸的公开信，他立刻说道："不要说他了！他明明晓得我有病，不能写什么，这么一来不就想气死我吗？哈哈，但我哪里会……我就斜躺着，用一只手搭在茶几上，写了四晚，写成功了。我是不放过他的，太可恶了！我不给他气死……哈哈！"

"但你的《死》也写得太悲哀了!"

"没有法子想,我只能这么写。"他伸手到衣袋里掏了一阵,很久才掏出一个小纸袋。白危以为他带来了药片,还问他要不要开水,不知道纸袋里装的是香烟,他掏出一支点着,后来连香烟灰也索性弹在里面。

他忽而记起了什么似的,问曹白道:"你就在新亚教书?"

"是的。"

"那学校——我的侄女儿在那里上过学,要打手心的。现在还打吗?"

"还打的。"

"为什么要打手心呢?"他望了大家一眼,叹息似的说:"孩子是最怕这种刑罚的。"

接着谈木刻,谈翻印画册,他又变得兴奋起来了,有时候笑起来,眼睛就像小孩子一样,眯起一条缝,只是说话多了,呼吸就会跟着迫促起来,连下颚和太阳穴也都痉挛般抖动着,露出久病的痕迹。

"我总是吃亏的,"他自嘲似的说,"几乎每印一次画集,都要赔本。例如《引玉集》、《珂勒惠支版画集》、《士敏土之图》……这些,现在都通通送光了。"

一支香烟刚刚抽完,第二支又接了上去。

"那本你告诉我的《拈花集》,什么时候出版呢?"曹白问。

"呵,恐怕一时还不能吧。钱都差不多赔光了:印珂勒惠支,印《海上述林》……"他说到这里,很有兴致地忽然问道:"珂勒惠支的选集印得怎么样?"

"好极了!"大家都说。

"这都是我亲自衬纸,亲自校阅,——多的抽出,少的补上去的。"

"你有病还……"

"嗯。别人做的不如意呢。"他说:"而且,我送了一本给作者。"

"珂勒惠支收得到吗?"

"不是直接寄给她,是叫人转去的。"

"谁?"

"武者小路实笃的哥哥。他是日本驻德的公使。不知会不会收到?"

"叫官转去,我想总不会有什么毛病的!"曹白笑着说。

"我也这样想。"他说着,嘻嘻笑了。

"先生可知道珂勒惠支现在住在哪里?"白危问。

"她现在已经回德国了。希特勒自然要抓她的,不过,大约已经订下了条件:不准教书,不准出版画集,要她安分守己地做个贤妻良母。"

"还有那位刻《士敏土》插图的梅裴尔德呢?"

"呵,那恐怕早已死在希特勒的'仁政'之下了。"他表示很惋惜,接着又说:"所以,我要翻印珂勒惠支的版画。在世界上的女画家中,她是最值得我们介绍的。现在那画集都选定了,可惜的是没有钱来再版。"

正当他说得入神的时候,座位旁边有人持着照相机"咔嚓"一声将瞬间的情景拍下来。他向那人扫了一眼,像怀疑,也像是厌恶,话也因此中断了一下,随后又照样无所顾忌地谈了下去。

这回谈的是苏联版画。他说,家里虽然已收藏了不少,但苦于没有时间整理,也没有钱翻印。有人问他能否拿出来公开展览,他摇了摇头,说:

"这恐怕很难。譬如在这里,政府是一定要和我捣蛋的。"说到这里,他提高了声调,神色也变得严肃起来,"借用日本青年会吗?日本领事馆要来看,也不行。上次我所以把法国的作品也拉来同苏联的摆在一起,就是为了让他们看得莫名其妙。"

说罢,他大笑起来……

又谈了一阵,第三支香烟也抽完了。这时,他站起身,扭了扭呢帽,把它戴在头上,说:"我们再来看一看吧。"然后,轻捷地走近墙壁跟前去。

大家又跟着他看了许多的木刻,听着他随时作出的中肯而委婉的批评。他指着画面说,这人的脚骨断了,手太长了,而不说是解剖学的错误；他说这不像中国人，饥民，而不说是轮廓和明暗的错误；他看见刻的群像，就说面孔都是一样的；他看见战争，就说战云不大对，去看看克拉夫兼珂的吧。

"先生以为这回的作品怎样？"陈烟桥问。

"自然进步不小，但人物总还刻不好，素描的功夫太差。"说到基本功夫，鲁迅又提到珂勒惠支，赞叹地说："她的功夫实在太深了，尤其是光线的凝散，布置的非常有力。"他说柔石死后，已经寄信给珂勒惠支，请她画一幅被害的图画，以作永久的纪念。但珂勒惠支来信说不能，因为她没有看过真实的情形，而且对中国的文物又太生疏，没有答应。又说对于同样的一幅画，她也要画上两三遍。于是，他总结道："那种作画的认真的精神，我们应该学学她。"

他主张多作素描，如果环境不允许，就作速写，又说，有关的参考书也要多看。当有人反映说真正可作参考的书并不多时，他很有同感地说："所以，即使赔钱赔功夫，也得印画册。只是画册要印得好，对于学习的人才有用。但那样，成本就要贵了。有钱的不想买，没有钱的又买不起——就只好送。哈哈！"

"赔钱赔功夫——你真是一个傻子呵！哈哈！"

"由他去吧。哈嘻……"

整个展厅沉浸在一片温和而又活跃的气氛中……

最后，鲁迅说要走了。曹白他们才知道，三个多小时已经过去。对于一个病弱之躯，要耽溺这么长的一段时间，实在是难于承受的。大家的心里充满歉意，然而又很希望能留住他，听到他更多一点关于木刻艺术的意见。这时，走过来两位洋记者，为首的一位同鲁迅打过招呼之后，就立刻向大家介绍他的太太：

"My wife,——"

"唔……"鲁迅若无其事地唔了一声，拉低了帽子，就急急地走开了。

萧军从青岛回到上海,就急于要看鲁迅。10月15日,他带上从北方带回来的五个石榴和一袋小米,约了黄源一同前去。

黄源带的是一个小小的高尔基木雕像,是一个刚从日本回来的朋友托他转交的。鲁迅拿过雕像,端详了一下,饶有兴致地对他们说:

"雕得不坏,很像。……"

这时,海婴拿着一个石榴进来,看见那雕像,立刻爬到桌子上,嚷道:"这是爸爸,爸爸……"

相随着进来的许广平也问道:"雕的真是你吗?"

"喔……我哪里配!……这是高尔基……"鲁迅说着,把小像轻轻地放在身边的桌子上,又让雕像的正面朝着自己,又说:"雕得很好,简单……这是'立体派'呢!……"

他把头靠在藤椅的枕托上,眼睛望着顶棚,思索似的静静地抽烟;接着,便起身呷了一口茶,向黄源发问道:

"《杜勃洛夫斯基》去看过了没有?很好。"

不久前,他重看了这部电影,曾特意写信催促黄源也到上海大戏院看去。那电影最后的复仇的一枪,使他感到十分痛快,简直逢人都要称赞一番。

"又在做宣传了。"许广平笑道。

"还没有,准备今晚同萧军一道去看。"黄源告诉他说。

"我没有看过原作,不知他是否完全依据原作改编的。譬如,其中有一场小杜勃洛夫斯基叫村子里的人放火烧死关在他家里的四个官员,普希金那时有这种想头,自然要被杀死了。……"

接着,他问起萧军北行的情形。萧军说了沿途所见的渔场、盐场,还有日本人经营的炭坑等等,然后说到泰山,问他:"你去过泰山吗?"

"我只是在外面看了看……我是瞧不起泰山的……"

不知怎样,在鲁迅的眼中,泰山总要跟孔夫子联系起来。

前不久,他为日本杂志写的《在现代中国的孔夫子》,说起这个由权势者捧起来的圣人,"留声机","敲门砖",他就表达了"愚民"的不敬,和自己的憎恶……

萧军说:"孔老二小天下的地方我也见过了,其实他还没有到全山三分之一的地方,就小起天下来了……"

"孔老二他是没有见过'山'的。"鲁迅接着说。

萧军告诉他,在游山时,还曾买了几张碑拓。他说,那上面也没有什么好碑的。总之,沾着圣人或阔人气味的东西,他都不会喜欢。

"我是不懂,也不管好歹,只是觉得好玩便买了两张,"萧军咧嘴笑道,"我还给你带来一个一角钱的'泰山石'笔架……今天忘了……没带来……"

"那不忙。"

为了不要太多地干扰他的休息,两位青年谈过一阵就告辞走了。

在归途上,萧军谈起他所得的印象,认为鲁迅的身体比以前好多了。黄源听了表示同意他的观察,但跟着责备他适才同鲁迅说话的声音太大,以致鲁迅也不得不提高声调,这样于一个肺病患者是很不好的。萧军一边解释着,心里一边想:下次再不要这样了!

17日午后,鲁迅同胡风一起来到鹿地亘的住所。

鹿地亘是亡命中国的日本年轻学者,由内山完造介绍认识。这时,他正在翻译《鲁迅杂感选集》。因为有了疑问,帮助翻译的胡风前去找鲁迅,这样,鲁迅就亲自来了。

见到鲁迅使鹿地亘夫妇十分高兴。池田幸子担心鲁迅被北风吹坏了身体,连忙关上所有的门窗。

"坐吧。"热心的主人让鲁迅坐家中惟一的帆布椅子。

"这似乎是不稳当的……"鲁迅说着,亲自拉过来一把方形的木椅坐下,池田幸子上前为他加放了一个小小的红垫子,同时大笑着说起有一次胡风坐折了椅子的事情。

"请把这个送给日本朋友。"鲁迅把《中流》连同英文的 *Voice of china*,以及两册珂勒惠支版画选集一同放在桌上。然后告诉鹿地亘说:

"这一次写了《女吊》。"

文章的写成,无疑给他带来莫大的快慰。说话时,脸部全被笑意挤成皱纹了。

"先生,我前个月写了《死》,这次又写了吊死鬼,下次该写什么呢?真可怕——"池田幸子听胡风说过鲁迅肺病的严重情况,以这样濒临死亡的人,竟一次又一次地寻找死亡的题目,是她所不敢想像的。

鲁迅笑而不答,突然问道:"日本也有无头的鬼吗?"

鹿地亘回答说:"无头鬼,没有听说过,但脚是没有的。"

"中国的鬼也没有脚,似乎无论哪一国的鬼都是没有脚的——"

于是,在鲁迅和鹿地亘之间,古今中外文字中的"鬼"便成了共同的话题。胡风和池田幸子因为从来未曾听见过别人把鬼这种东西说得这般有趣,不时地发出愉快的笑声。

鲁迅接着说起在绍兴教书时踢"鬼"的故事。

"从学校回家的路是这样弯曲的,"他用细长的手指在桌沿画了一条弧线,说:"但有一条斜行的近路,是经过坟地的。一天晚上,我在学校耽久了,回家时我选了近路。两边草很高,我在小路里走着走着,忽然看见有个白东西向面前走来,走到面前就像石头那样不动了。唉呀,我当然不信鬼类的东西,但也有点害怕,这里跳动起来了——"

他按着干瘪的胸部,继续说:"回头呢?还是怎样?没有法子想,只好仍旧往前走了……白东西不动……走近去一看,原来是一个人蹲在那里。我喝了一声:'在干什么呀!'踢了他一脚,他就向草中逃走了,到了家里以后,还尽是心跳,那似乎是个小偷。"

说起鬼来,好像他有许多特别的感兴,又说:"最可怕的是日本的鬼,在日本戏里有的,是叫做什么呀?呵,是的,叫牡丹灯笼……还有御岩。我在仙台时常常花费八分钱站着看戏,可是御岩很脏,是讨厌的。"

"中国的鬼非常奇特。"他介绍了女子常常变做鬼魂,又常常有与鬼魂亲昵的男人的故事,以为这是很真切地表现了小资产阶级的心理的东西。"因为是鬼,只好在夜里出来,在不必要时就隐灭了,别人不会知道,而且无须给予。我以前想:若有那样的鬼倒是好的。"

说罢,哈哈大笑起来。

这时候,风大起来了,鲁迅时时地咳嗽着。池田幸子几次想用空烟盒代替痰罐递给他,又怕他发烦,弄的心里非常不安。

"鬼的时节在日本是夏天,所以在那时演戏,现在已经是秋天了,鬼要渐渐隐退了吧⋯⋯"

鹿地亘说完这句总结性的话,鬼魂真也仿佛隐退了。只是,自杀接替它而成了新的话题。

"现在说吊死吧,这也是女人常做的。"鲁迅说:"在中国,吊死在男子是很少的。据传说是因为死了的鬼魂来把活人哄去,所以有这种自杀。古时候王灵官这个人把男吊打死了,所以剩下来的就很少,而女的却没有被打死,便常常出来带了活人去。因此说吊死鬼,照例是指女人无疑的。"

他又说:"女人自杀,近来往往用吞咽金子的办法。因为金子是重的,停在肠里会引起肠炎。这种自杀,因为不是直接的,要费相当时间,所以弄得有的人结果不愿意死了。医生使金子和排泄物一同出来的方法来救治。女人等痛苦停了之后,最先查问的事是:'先生,我的戒指呢?'⋯⋯"

大家不禁大笑。

鲁迅每说到鬼或自杀,都带有破坏偶像的启蒙意味,而且也像他的文章一样,时时闪耀着尖锐的讽刺的光芒。

"我要静默三分钟,"他从衣袋里取出体温计,说:"每天四点钟左右都要测一次体温。"说罢把体温计插进口内。一时默然。

"热倒没有。"过了一会,他说。

"时间太短咧。"

"这是因为必须给医生看的,这样就可以了。"他这样说,立刻把体温计装进衣袋里去了。

跟着的话题是对八仙桥的木刻展览会的批评。

"先生,听说你去看过展览会了。有那样的成绩,实在令人惊异。除了苏联以外,其他国家的木刻艺术运动像这样进步的还有吗?"

"嘿!的确很有进步,我也没有想到会进步这么快的。"说起木刻,鲁迅变得更加兴奋,眯缝了眼睛说话,好像木刻画就在面前展开似的。他说:"不过人的脸孔都像外国人,中国人是有中国人的脸孔的……可是青年们肯努力,这样就很好……"

说起青年,胡风不禁想起他在几天前说的一段话:"中国将来如要往好的方面走,必须老的烧掉,从灰烬里产生新的萌芽来。"完了还加重地说:"老的非烧掉不可。"……

他们又说了许多话,鲁迅才告辞回去。他阻止胡风送他,这样,胡风就同鹿地亘立即回到楼上工作了。

送他的是池田幸子。门外,她向一个瘦小的背影挥手道:

"好好保重,再会!——"

从鹿地亘那里回来,时候已经不早了。傍晚,周建人过来,便一直谈话到 11 点,没有丝毫歇息,他太亢奋了。

周建人走后,许广平立刻整理卧具,催促他休息。他坐在躺椅上,说:"我再抽一支烟,你先睡吧。"

睡下来的时候已经是 1 时了。3 时半,他忽然坐了起来。许广平见状也坐起来,仔细观察他的呼吸,像是气喘初发的样子,接着咳嗽,气息也渐渐变得急促起来。他告诉许广平说:"一直睡不好,净做噩梦。"这时正当深夜,请医生是不方便的,为了减轻他的痛苦,许广平把自己事先购置的"忽苏尔"气喘药拿出来给他服了。按照说明书的规定,陆续服过三次,然而病态仍然不见减轻。

后来,他连斜靠着休息也不行了,只能屈曲着身子,双手抱膝而坐。许广平坐在他身边,分明地听见他心脏咚咚的响动,心里十分难受。

他叫许广平早上 7 点钟去托内山打电话找医生。6 点半左右,许广平就匆匆盥洗起来,准备出去。他坐在写字桌前,要了纸笔,戴上眼镜给内山写便条。许广平见他气喘得厉害,要求他不要写了,由自己亲口托请好了。他不答应，仍旧执笔写下去，歪歪扭扭地，几乎每个字都要改正了又改正。写到中途，许广平又一次请求他，不要再往下写了。他听了很不高兴，放下笔，叹了一口气，又拿起笔来续写，许久才凑成短短的几行，然后交给许广平。

内山粗粗一看，立刻觉察到问题的严重，心里不免一阵悸动。鲁迅平时写信，字迹总是非常工整的，今天却凌乱得快不能辨认了：

老板：

　　出乎意料之外，从半夜起，哮喘又发作起来了。因此，已不能践十点钟的约，很对不起。拜托你，请你打个电话请须藤先生来。希望快点替我办！

　　草草顿首

L 拜　十月十八日

看完信，内山马上打电话给须藤，随后立即赶到鲁迅家去。

这时，鲁迅无言地坐在桌前的椅子上，右手拿着香烟，脸色很坏，呼吸是异常的困难，内山告诉他，须藤医生很快就会来，说罢就按摩他的背部。过了一会，许广平也过来按摩有关部位。

所有这些动作，似乎都不能缓解他的病情，内山只好劝他服用他从家里带来的鸡蛋油。他顺从地吃了，结果，还是不能生效。

当内山和许广平仍在按摩着他的背部的时候，须藤来了。鲁迅见到须藤，便断断续续地说："从4点钟起，哮喘又发作了，请快替我注射。"

须藤早已把注射的手续准备好了，马上在他的右腕上打了一针。过了一两分钟，他说："怎么搞的？总是没有效果。"须藤又加打了一针。几分钟过后，他的呼吸好像是平缓一点了。这时，须藤从旁观察着他那指甲已经发紫的手指，一边嘱咐给他用热水袋暖脚，再包裹起来……

过了一些时候，他要内山停止按摩，说自己已经好一点了。等到快8点，内山因店里有约会，只好拜托须藤照顾他，然后匆匆离去……

日报到了。

"报上有些什么事情？"他一直关心报纸。

"没有什么,只有《译文》的广告",许广平告诉他,"你翻译的《死魂灵》登出来了,在头一篇上。《作家》和《中流》的广告还没有。"

她熟悉他的脾气。敌人写他的文章,他倒未必急于要看,他最关心的还是和他有关系的书的出版。往常,到了晚间撕日历时,他常常要提起:"明天什么书的广告要出来了。"他怀着对自己的写作即将出版的兴奋的期待,熬到第二天早晨,等报纸到手,就急急寻找这方面的消息。如果报纸来得迟,或报纸上没有按预定的计划登出广告,他就会立刻显出失望的样子,于是也就虚拟了种种变故,直到广告出来或刊物到手为止。

许广平以为,他知道了《译文》和《死魂灵》的消息,就可以安静下来。然而他不,立刻要许广平把报纸和眼镜一并拿来。他一面喘息,一面细看《译文》的广告,看了许久才放下。原来,他记挂的并不仅仅在于他个人。

注射,吃药,中午还吃了大半杯牛奶,然而仍然喘息不止。下午,冯雪峰前来,但是他已经不堪病苦的折磨,不能说话了。

6点钟左右,内山叫来了看护妇,给他注射和吸入酸素、氧气。看来效果还不错,他已经能够安卧。须藤观察了一会,以为大约不妨事,交代说明天再来,便回家去了。随后,内山也回到了店里,但是仍然放心不下,先是派了一个店员到鲁迅家里住下,吃饭过后,又亲自请来了石井医生。

诊察的结果,说是非常严重,内山便同许广平商量把周建人也叫来。

周建人到来不久,冯雪峰又来了。这时,许广平劝内山回去休息。内山怕她太操心,一直过了子夜,这才起身告辞。

马蹄钟嘀嗒嘀嗒响着。无边的寂静,夜太可怕太漫长了!

连看护妇也睡去了。这时,由许广平看护病者,给他揩汗,好几次揩他的手时,他都紧紧地握住她的手,不肯松开……

"时候不早了,你也可以睡了。"声音是那么温柔。

"我不瞌睡。"

为了使他满意,许广平就在他对面的床脚上斜斜靠着。

他不时地抬起头来看她,她一样报以深情的凝睇。有时候,她还陪笑地安慰他说,病情似乎轻松些了。但他不说什么,就又躺下了……

后来,她给他揩手汗,他还是照样地把她的手紧紧握住。但是,她没有勇气回握了。她怕刺激他,怕他难过,便装作不知道的样子,轻轻放松他的手,给他盖好棉被。他似乎有些烦躁,好几次推开被子,她怕他受冷,又连忙盖好,过一刻,他又推开。看护没有法子,告诉他心脏十分衰弱,不可乱动的。他才不大推开……

过了5时,看护提前给他注射,叫许广平立即把医生找来。然而,等医生赶到时,他的心脏已经停止了跳动,体温也渐渐地消失了……

冯雪峰、胡风、萧军、黄源、雨田来了;

宋庆龄来了;

内山、鹿地亘夫妇来了——

整个房间笼罩在一种悲哀、沉重、静肃的气氛中……

人注定是要毁灭的。但是,有多少人是在抗拒的行动中毁灭的呢?毁灭于枪林弹雨的战场,也许能激起人们一种英雄主义的仰慕;如果在一个小房间里,在书籍和稿件的毫无危险的包围之中,在紧张然而悄无声息的连续的写作之后猝然毁灭,还能唤起那种搏战的悲壮感吗?……

《日记》写着"星期"二字就中断了——

然而,灯亮着。手稿摊放着。"金不换"无声地站在笔架上……

没有人怀疑他不是在战斗中仆倒的,倒在落满箭镞的壕堑内;倒在以他的血肉筑构的掩体旁边,倒在黎明前最黑暗的时刻。

123 民众的葬礼

鲁迅的死,给上海带来极大的骚动。

当天,《大晚报》刊登了由治丧委员会发出的讣告,次日的《大公报》、《新闻报》、《申报》等也都发表了讣告全文:

鲁迅(周树人)先生于一九三六年十月十九日上午五时二十五

分病卒于上海寓所,享年五十六岁。即日移置万国殡仪馆。由二十日上午十时至下午五时为各界瞻仰遗容时间,依先生的遗言"不得因为丧事收受任何人的一文钱",除祭奠和表示哀悼的挽词花圈等以外,谢绝一切金钱上的赠送。谨此讣闻。

消息从上海辐射出去,迅速传遍北平、天津、青岛、太原、开封、厦门、福州、广州、香港、无锡、昆明等全国各大城市。远届莫斯科、日本、朝鲜、南洋,以及更多的地方。报界纷纷称誉鲁迅为"文坛巨星"、"思想界的权威"、"中国文坛之惟一领袖"、"中国文坛底最高峰"、"中国民族解放运动的英勇战士",把他的逝世看做是中国以至全人类的重大损失。旬月之内,各政党、团体、个人的函电,接连不断飞来……

治丧委员会由十三人组成:蔡元培、宋庆龄、史沫特莱、内山完造、沈钧儒、萧三、曹靖华、许寿裳、茅盾、胡愈之、胡风、周作人、周建人。在冯雪峰最初起草的名单曾特意加入毛泽东的名字。但是,除了日文报纸《上海日日新闻》,其他报纸均未见披露。

宋庆龄,这个中国惟一的由一个女性组成的党,以光辉的民主思想和深厚的民族情感,在一个特殊的战斗场合——悼念鲁迅的全部活动中,起到了为任何人所无法代替的重大作用。

鲁迅是一直到死也没有被解除通缉令的,对于他的丧事活动,政府当局肯定要进行严密的监视。19日凌晨,冯雪峰对宋庆龄说,他不知怎样料理这个丧事,并且说如果他出面将必定遭到杀害。宋庆龄当即承担了公开出面主持丧仪的工作。虽然她的处境也很恶劣,长期深居简出,但是为了向敬爱的朋友作最后的告别,她愿意付出一切。

这时,她想到一位律师,就是救国会的领袖沈钧儒,当即赶到律师办事处,要求他帮助向虹桥公墓买一块墓地。沈钧儒一口答应下来,并马上办理。次日,她同冯雪峰、沈钧儒、许广平一起看过墓地,随后又在茅盾夫人孔德沚的陪同下,从许多家外国百货公司中挑选了一副价值三千元的西式棺木,盛殓鲁迅遗体。

当鲁迅遗体从瞿秋白生前赠送的藤架床上移至万国殡仪馆以后,冯雪峰就藏到周建人的家里,同沈钧儒、许广平和周建人等商量问题,布置胡风等负责治丧处的实际工作。他是遵奉中国共产党的指派参与丧事处理的。

按规定,瞻仰遗容的时间是从10时开始的。但是,因为凭吊者愈来愈多,早上6时左右,就有一群青年男女慌忙赶来了。开始在门口设了一张签名桌,并分发每人黑布一方,后来,因为凭吊者愈来愈多,赶制已来不及,于是只好签字,发布也就来不及了。到了10时,院子里实在无法容纳太多的人,便将殡仪馆的大门关起来,等一批人出来了,再让一批人进去。连一个个的行礼也改作一批数人行礼。在众多的凭吊者中间,有鲁迅的朋友,但更多的是从不相识的群众;有教授、作家、知识者,但主要是成长中的青年学生,甚至是目不识丁的工人和市民。他们国籍不同,阶级不同,信仰不同,职业不同,年龄不同,但都共同怀着对于鲁迅人格的崇高景仰,对于鲁迅精神,表达了一致的自愿的追随。

门口悬着"鲁迅先生丧仪"的白布横幅。在鲁迅遗像下面,放着许广平的献词:"……悲哀的氛围笼罩了一切,我们对你的死,有什么话说!你曾对我说:'我好像一只牛,吃的是草,挤出的是牛奶,血。'你'不晓得,什么是休息,什么是娱乐。'工作,工作!死的前一日还在执笔。如今……希望我们大众,锲而不舍,跟着你的足迹!"周围摆满了花圈、花篮,各式的挽联、挽诗和挽词。蔡元培的挽联:"著述最谨严,非徒中国小说史;遗言太沉痛,莫作空头文学家。"王造时的挽联:"死者赶快收殓,埋掉拉倒;生的主张宽容,那才糊涂。"姚克的挽联:"译著尚未成书,惊闻殒星,中国何人领呐喊;先生已经作古,痛忆旧雨,文坛从此感彷徨。"胡子婴的挽联:"国家事岂有此理,正需要先生不断咒骂;悲痛中别无他说,只好劝大众继续斗争。"郭沫若和徐懋庸也都送来了挽联,郭联是:"方悬四月,叠坠双星,东亚西欧同殒泪;钦诵二心,憾无一面,南天地北遍招魂。"徐联是:"敌乎?友乎?余惟自问;知我罪我,公已无言。"有的挽联,字迹就像小学一年级学生写的一般稚嫩,言辞也极其简单,如

"鲁迅不死"、"哭鲁迅"等，下面是一大堆陌生的名字，或者什么名字也没有，代替的是什么："工人识字班"、"店员读书会"之类，朴素的文字里有着更为沉痛的力量。

作家孟十还在悼文中记录了一则十七岁的孩子的日记：

十月二十一日，晴。

午后和两个同学到胶州路万国殡仪馆去看鲁迅先生的遗体。一进殡仪馆的大门，就挤在许许多多人中间了；大家都在签名簿上签名，我们也签了，都是横写，用的钢笔。随后招待员给我们缠了黑纱，我们就走进礼堂去了。我们在鲁迅先生前面连行了三次礼，心里觉得很难过，几乎要哭出来，因为我们都知道他是一位极可敬爱的大文学家，他是永远离开这个世界了。中国从此少了一位最有用的人物了！

我们半个月前才读完他翻译的《表》，很喜欢这书，容易懂，以后他再不能给我们译书著书了，想想，这有多么让人悲哀呀！我祷祝中国的学生们，都来学习鲁迅先生，将来把中国治好起来，使中国在世界上做一个强国。我们不可忘记鲁迅先生哪。尤其是他遗留给我们的精神的产业！

明天要到市中心参加运动会，没有方法来给他送殡了，想要请假，体操教员就一定先不允许，唉！

在鲁迅遗体旁边，有多少为泪水所充盈的眼睛缓缓地绕了过去。缓缓地，一队又一队，比行进在绝壁和滩涂之上的纤夫还要艰难。没有裂天的号子，只有迫促的呼吸、啜泣和哭声……

然而，都一样悲壮，一样需要内心的坚强……

22日下午，出殡前，万国殡仪馆的门口和马路上占满了人群。许多人为了最后看上鲁迅一眼，就像决口的河水，不断地往里面冲去。而湖水一般平静的地方，正在练习唱挽歌：

他是我们民族灵魂

他是新时代的号声

　　　　唤起大众来生存……

　　突然,有一个声音在空中叫道:"诸位!现在需要扛挽联的一百六十人!扛花圈的一百人!愿意替鲁迅先生扛挽联的,请站在草地的左边!愿意替鲁迅先生拿花圈的,请站在右边!其余的,请到门外去自动排队:四个人一排!……"

　　顷刻间,就有了挽联队、花圈队、挽歌队……巨大的白布遗像,用了悲悯而坚毅的眼睛,俯视着人群。由欧阳山、蒋牧良执掌着"鲁迅先生殡仪"的白布横幅走在最前面,紧跟着是鲁迅的灵柩,由鹿地亘、胡风、巴金、张天翼等七八个人抬着。歌声起了:"哀悼鲁迅先生……"于是,一支上万人的队伍与歌声相纠结,开始在长长的马路上蜿蜒……

　　　　他是我们民族灵魂
　　　　他是新时代的号声……

　　路线原定为:胶州路、赫德路、爱文义路、卡德路、同孚路、福煦路、大西路、虹桥路,而后至万国公墓。捕房以防止扰害秩序为由,进行阻挠。于是,人们不得不临时改变方向:胶州路、极思菲尔路、地丰路、大西路、虹桥路……队伍从租界经过时,骑马的印度巡捕得得得地在两旁巡逻。行出中国界,就由黑衣的缠腿的中国警察接代了,所有长枪,全都上了刺刀,短枪也挂好了把子,简直如临大敌。

　　但是,当群情激动的时候,是只有武器害怕思想,没有思想害怕武器的。一支哀军继续前进。前面,"民族魂"的绸旗逆风飘动,挽联如人们一样低垂着头,花圈上的花朵,在痛苦的颤抖中不时落下来,这时,女孩子们便连忙弯腰拾起……

　　　　他是我们民族灵魂……

　　巨大的遗像,仍用了悲悯而坚毅的眼睛,俯视着人群……

　　队伍沿途散发《鲁迅先生事略》、《纪念鲁迅先生要继续鲁迅先生救亡主张》、《哀悼歌》、《挽歌》,以及全国学生会《哭鲁迅先生》等传单,唱着歌,喊着口号:

"继续鲁迅先生遗志,打倒帝国主义!"

"鲁迅先生精神不死!"

"打倒汉奸!"

"打倒卖国贼!"

…………

后来,嘶哑的喉咙里终于像燃烧的子弹一样迸出了流行的救亡歌曲:"打回老家去!……""起来,不愿做奴隶的人们!……"

纠察队员忙碌地前后奔跑;救护队员提着热水瓶,给骄阳下烈风中喘息着的人们送水;电影公司的汽车驶过,在赶拍葬礼的新闻片子……所有这一切都是自发进行的,而且是在当局的压迫和监视下进行的。权力和金钱都不能驱使他们,他们服从的惟有民族生存的意志。现在,一个人死去了。他们知道,那是天地间的正气,是他们赖以拯救自己垂亡民族的独立、自由、民主的精神。

今天,鲁迅成了一个象征。

所以送葬的人才这么多,而且愈来愈多,将近虹桥路时,队伍足足有二里多长!

到达万国公墓,已是4时半左右。这时,太阳过早地沉没了,灰黯的云絮和古树的枝桠杂乱地压在人们的头顶。千万个喉咙一片哑然。凄厉的秋风扫过,枯叶纷纷飘坠,在人们的脚下发出簌簌的巨响——

葬礼开始了。

奏过哀乐以后,主席蔡元培作了简短的报告,说有欧美人参加,也有日本人参加,这是一个国际性质的纪念会。人们当即向挤在人群中的日本人鼓掌,喊道:"拥护日本劳苦大众!"

沈钧儒讲演说,像鲁迅先生这样的人,应该有一个"国葬",但是,今天这许多人里面就没有一个代表政府的人。他问:中国的政府哪里去了?人们又一次鼓掌,高声喊道:"民众的葬礼!""民众的葬礼!"……

宋庆龄始终陪着许广平。这时,她在热烈的欢迎中和群众见了面,但是,由于激动,她已经不能多说话。那精神,还是同《立报》记者说的:

鲁迅先生的死,是中国的一种重大的损失,纪念他的办法,是要把他那种为民族解放而斗争的精神,扩大宣传到全世界去,完成他未完成的事业。说完,不断揩着涌出的泪水。在杨铨遇害之后,她从来未曾这样痛哭过。

章乃器说,鲁迅先生之所以伟大,并不是因为他会写文章,而是因为他为世界上最大多数的被压迫的人说话。在他的一生中,永没有背叛了大多数而向少数人屈服的。又说,现在有许多人,他们在某一个时代,的确为大多数人谋利益而得了民心,可是过了一个时候,他们又把廉价买来的民心高价出卖掉了!……

邹韬奋也讲了话。然后,讲话的是萧军,他是代表了治丧处同人及鲁迅生前支持的四个刊物讲话的。他大声说道:"鲁迅先生的死是他的敌人逼死的——是他的敌人要他死。现在他已经死了,可是,难道他的敌人就胜利了吗?"

人们立刻呼喊着响应:"没有胜利!""没有胜利!""他的敌人绝对不会胜利!"

巨大的遗像,仍用了悲悯而坚定的目光,俯视着人群……

在安息歌的哀声中,在千万颗心的绝望的依恋里,一面白缎黑绒的"民族魂"的大旗,轻轻地覆盖在灵柩上面……

许广平一直在哭泣……

当群众中又跑出一些人来拥挤着把灵柩抬进墓穴,她向水泥椁上撒了第一把土——多么沉重的第一把土!

愿你安息,安息,
愿你安息在土地里!……

人们手拉着手,围在墓穴四周,歌声和哭声缠裹在一起。墓穴填平了。暮色降临了。伟大的地之子终于回归了大地。可是,当人们陆续走散,便只余一片苍茫、沉寂的荒原……

这时,西天竟出现了一弯微红的新月!

陪伴他的只有这一弯新月!

月亮,正是他所喜爱的。在无边的夜色里,它放着淡淡的光辉,但却是纯净的、惟一的光辉……

次年,许寿裳从北平到上海,特地来到墓地里看望他,带着一环花圈和万千思绪。寂寂归途中,吟成这样一首诗:

> 身后万民同雪涕,生前孤剑独冲锋。
> 丹心浩气终黄土,长夜凭谁叩晓钟!

是的,依然长夜,长夜,长夜漫漫……
然而鲁迅死了!
鲁迅死了——敲钟人在哪里?

1989 年 11 月 14 日深夜

修订版后记

书稿校改完毕，翻开当日的《南方周末》，恰好见到黄宗英回忆毛泽东与罗稷南对话的文章。

1957年7月。"反右"运动风云初起。

7日晚上，毛泽东在上海中苏友好大厦接见上海文教工商界代表人士，并举行座谈。席间，翻译家罗稷南向毛泽东发问："主席，要是鲁迅今天还活着，他会怎么样？""鲁迅么——"毛泽东略微动了动身子，爽朗地答道："要么被关在牢里继续写他的，要么一句话也不说。"

文中所载，最早见于周海婴的《我与鲁迅七十年》一书，文字略有出入，对话内容是一致的，但不久，这段故实即为学者所否认，以为证据不足。而今，"现场"中人站出来说话了，何如？然而事实又开出了另外的难题：果真如此，应当如何解释毛泽东关于鲁迅的前后论述的矛盾性？如何确定鲁迅在中国政治革命中的基本立场？

对于鲁迅，毛泽东从来是既有赞扬，也有批评的。抽象的赞扬如著名的《新民主主义论》中的"文化英雄"和"三个家"的论断，鲁迅逝世周年在延安做的新"圣人"的演讲；具体的有论鲁迅的晚期杂文、《阿Q正传》、《自嘲》诗等。毛泽东横空出世，雄视古今，从未如此高度评价一个人，因此很自然地被一些大学者和小丈夫当作"神化"鲁迅的滥觞。对鲁迅的批评则相当婉曲，如宣告"鲁迅的杂文时代"已经过去的讲话，通过对鲁迅杂文所作的时间性规限，实质上否定批判的普遍意义；也有明白批评的，在给周扬的信中，就指鲁迅对中国农民革命缺乏认识。由于批评性意见不多,流布范围较小,所以不曾引起大家的注意,只记得鲁迅称说的那类"阳面大文"的赞誉之辞。其实,在毛泽东那里,鲁迅的精神遗产以其固有的价值,已然被转化为一种文化资本。这样的资本,同样可以垄断,可以流通,可以随机使用。所谓"团结,利用,改造",毛泽东对鲁迅的态度,与他对待广大的知识分子的态度是一脉相承的。至于"毛罗对话"中的意见,相对而言应当算得是"私见",令人震惊的是,这私见却被毛泽东本人公开了。

毛泽东何以在这时公开他的私见?是否出于一种文化策略的考虑,即所谓"阳谋"?对此可以存而不论。重要的是,毛泽东这个适时公开的私见,是早已形成的成熟的看法呢,抑或率尔作出的错误的判断?这里涉及一个如何理解鲁迅的政治哲学的问题。

我认为,毛泽东的判断是准确的。他的判断包含了这样几层意思:一、无论是新政权还是旧政权,对于权力,鲁迅始终怀有个人主义的反抗;二、鲁迅对强制性的政治思想运动是反对的;三、鲁迅的反抗方式只能是写作,一旦停止写作便一无所有;四、鲁迅是不妥协的,自然无产阶级专政的铁拳也是不妥协的。早在20年代,鲁迅便做过一个题为《文艺与政治的歧途》的演讲,从政治文化学的角度,揭示政治家与文艺家的冲突的必然性;40年代,在延安一度"挂帅"的王实味也写过题作《政治家·艺术家》的杂文,明显地搬用鲁迅的观点。凡这些,毛泽东是清楚的。他的关于知识分子"两重性"的论述,就不仅来源于马列主义的经典,而且来源于中国的历史教训,以及他个人的人生阅历和斗争经验。他深知,像鲁迅一样的知识分子,本身含有反利用的成分。对于知识、观念形态的东西,他不抱信任的态度,对它们的工具性一直保持警惕;他认为,那是可以超越阶级和时代的界限,既能为革命所利用,也能为反革命所利用的。

在鲁迅的思想人格的深层结构中,我们观察到,真理、权力、自我三者形成怎样一种互动的关系。而权力,确实是居间最活跃的因素。对于权力,鲁迅同福柯的看法有相似之处,即认为它无所不在,具有很强的渗透性。权力可以通过话语进入真理，使真理异化或失效，思想的意识形态化就是明显的例证。对鲁迅来说，真理不可能是超验的实在；它是一团活火，通过对权力——首先是话语权——的对抗，同时通过自我关怀、自我证实与自我反思，进入道德主体并有助于自身的完善。人类的真理说到底是个人的真理，与人类主体性息息相关，所谓"根柢在人"，是认知与伦理的叠合。可注意的是，鲁迅自青年时代说过"悲真理之匿耀"的话以后，不复提及"真理"，甚至公然嘲笑"公理"、"大义"之类。他是坚持真理性而反对真理话语的。

政治权力无疑是多元权力的核心。当鲁迅以真理——"人"——的尺度审视国家的政治制度和权力机构时，他不能不一再陷入绝望之中。虽然他呼唤先觉战士的产生，自己却是后知后觉，所以不断有着蒙受"革命"的威吓和欺骗的记录，但也因此得以确认自己的"奴隶"身份。事实可以校正真理。现代奴隶的存在就是一个真理。鲁迅以权力划界，将社会分出权力者和无权者两部分，又以自由划界，将无权者分成奴隶与奴才。对于权力者，他是对立的，挑战反抗的。他的反抗立足于自我，是个人性的，即使介入斗争的集体，也常常与组织——形成新的权力中心——相冲突。在他那里，权力总是呈强势的、控制的、压迫性的，尤其是国家的权力。为此，他决不希图通过国家代理的方式，利用权势者实现自己的理念；他的理念，其实也是属于社会而非国家的。这正是他作为公共知识分子与胡适等智囊知识分子不同的地方。

在中国，发端于19世纪末而盛行于20世纪初的无政府主义思潮有两个思想成果：其一是宣扬个人自由与个体自治；其二，提出并实行以个人为起点的社会革命和文化革命。五四新文化运动接纳了这两个成果，在某种意义上，也可以说运动是这一激进思潮的产物。后来运动转向了，队伍分化了，或者高升，或者退隐，或者作新的聚合，这些都可以视作权力关系的变化；但是，权力的性质并没有发生任何改变。鲁迅这个堂吉诃德，依然坚持自己的选择，以个人的方式推进思想革命。在思想文化层面上进行的社会革命，是对政治权力的根本性消解，但是，由于目标过于远大,又是独立进行,故而看起来简直近于无效。学者指责鲁迅只有破坏而无建设,倘从国家权力中心的观点——"国家的理性"——看问题,自然是不无理由的。

知识分子的实际地位如何?无权者而已。从大清帝国到国民党的"党国",从随随便便杀人到书报审查制度,知识分子的生存空间极其有限,惟靠个人的自由的抗争。对此,鲁迅是清醒的,准备充分的,所以称作"绝望的抗战"。他不但反对专制统治,而且反对"奉旨革命",临到最后,还夺"元帅"的"鞭子",拒绝进入"统一"的"天罗地网"。一般而言,个人自由与社会责任是冲突的,鲁迅却很特别,社会责任直接体现在自由选择上面。在黑暗王国里,反抗即责任,何况为社会而反抗。

毛泽东在回答罗稷南的问题时,异常尖锐地指出鲁迅身上的突出的存在:个人主义与自由意志。其实在此,他已经有力地触及了个人行为背后的隐形结构。然而,鲁迅的自由—权力哲学长期成为禁区,即使有人论及,也都十分薄弱。而今,毛泽东以猜想的形式打破了这个禁区。我们发现,在科学研究中,猜想可能比实证准确。

1984年,"清除精神污染"运动刚过,即着手写作这部鲁迅传记,完成已是1989年。整个80年代中后期,我同时生活在两个世界——现实世界与鲁迅世界——中间,感受是深切的。传记的框架,也就是鲁迅的人间性,可以说就在真理、权力、自我三者的互动关系上展开,自由与权力构成基本的内在张力。90年代的空气很祥和,鲁迅的话题似乎颇吵闹。至今翻检旧作,仍然觉得没有什么特别需要增添的,除了根据新发现的材料订正一处史实以外,也没有太多的东西需要删汰。而这,正好是自己多年不见长进的根据,很教人汗颜的。

传记从写成到一版再版,深获李士非、岑桑、尚钧鹏诸先生的关怀与帮助;出版之后,又获不少专家与杂家的谬奖,尤其是辗转传来的一些无名青年的书信和电话,使我长怀感激而且不安。今年6月,安徽教育出版社唐元明先生诚邀再版,除了认真修订,言辞的答谢实属多余。

是鲁迅把我和众多相识或不相识的人们联系到了一起。由是,我再次被告知:一个人的力量有如许伟大!

2002年12月21日,旦祥村

第四版后记

承蒙王培元先生的盛意，在时隔八年之后，《人间鲁迅》得以新版面世，是很可感谢的。

上世纪90年代之后，有两大文化现象同鲁迅有关：其一是知识界把鲁迅当作"激进主义"的代表人物，群起而攻之，曰"褊狭"，曰"左"，曰"仇恨政治学"，如此种种，是同"告别革命"、"反思五四"一类宏论一起出现的。其二，是教育界把鲁迅作品清理出教科书之外，为此，还曾引发媒体一时的哄闹。对于前者，我曾作文略陈己见，于后者则未置一辞，无论怎样，却始终认为，这类现象的发生是正常的、必然的，无非是社会思潮的一种反映，不足怪异。至于鲁迅的声誉是否因此受损的问题，看看他本人的自白便可以知道，他说，"我所憎恶的太多了，应该自己也得到憎恶，这才还有点像活在人间；如果收得的乃是相反的布施，于我倒是一个冷嘲，使我对于自己也要大加侮蔑……"他原本便不想活着讨人喜欢，身后被人"纪念"，——简直太骄傲了！

仅仅因为有人对鲁迅施与攻击以显示其优越，至今觉得重版这部关于鲁迅生平的著作，还有那么一点意思，至少对我个人来说是这样。我不认为传记就一定是纯"客观"的书，在这部书里，一样寄存了我的爱憎，不平与抗争，向往与追怀。

此记。

作　者
2010年1月20日

新版后记

《人间鲁迅》完稿于 1989 年的一个风雨之夕。时间的流驶，是如此迅疾，转眼之间，距今竟有了三十四个年头了。

在此期间，本书先后有了五个版本，重印达二十余次，仅去年便印了三次。日前，责任编辑徐广琴君告诉我，社里又将推出新版。恰去年秋后，我编撰的另外八种关于鲁迅的书，也都已陆续再版。由是，我再次被告知：中国需要鲁迅，生活在中国的广大的人们，需要鲁迅的先觉之声、温煦之声。

后"文革"时代是改革的时代。临近世纪末，出现过一个近乎戏剧性的现象：一生致力于改造中国的鲁迅却为一些大呼"改革"者所排拒、讥嘲，以致攻击，其中不乏自诩为信奉"自由主义"的知识者。然而，事实胜于雄辩。近几年，种种否定的论调突然销沉了许多，相反在传媒界，鲁迅的名字越来越频密地为人们所提起；他的观点和文字，得以被大量地征引和传播。论身份，这些人大多不是鲁迅研究者，而是星散于全国各地的藉藉无名的网络青年。

鲁迅多次说过，希望自己的作品"速朽"，表现出一个改革家的眼光和气度。然而，近百年后，其不朽者若此，当是鲁迅生前意想不到的罢？

《人间鲁迅》是一部介绍鲁迅生平、思想和著作的书。当时写将出来，唯愿大众对这位"白象"式人物有所认识。今天，人民文学出版社广为印行，我对此深感慰藉；借此机会，谨表示至诚的感谢。

作　者

2023 年 2 月 15 夜记

LU XUN
IN THE WORLD